Thomas Retzmann, Tilman Grammes (Hrsg.)

Wirtschafts- und Unternehmensethik

15 Unterrichtsbausteine für die ökonomische und gesellschaftspolitische Bildung

WOCHEN
SCHAU
VERLAG

Bibliografische Information der Deutschen Nationalbibliothek

Die Deutsche Nationalbibliothek verzeichnet diese Publikation in der Deutschen Nationalbibliografie; detaillierte bibliografische Daten sind im Internet über http://dnb.d-nb.de abrufbar.

Bildnachweis

Picture alliance/dpa (Umschlag), Mopic - Fotolia.com (S. 28), lassedesignen - Fotolia.com (S. 41, 90), Dow Jones (S. 41), ty - Fotolia.com (S. 57 li., 72), Gudellaphoto - Fotolia.com (S. 57 re., 73), Wikimedia commons (S. 65, 71), fimg - Fotolia.com (S. 74), dilynn - Fotolia.com (S. 75), Picture alliance/dpa (S. 95), christian42 - Fotolia.com (S. 115), Dan Race - Fotolia.com (S. 115), Burkhard Mohr (S. 133), Jane Kelly - Fotolia.com (S. 159), Benjamin Merbeth - Fotolia.com (S. 179), stefan welz - Fotolia.com (S. 190), http://www.igsu.ch/downloads.html (S. 199), alejandro dans - Fotolia.com (S, 229), aleutie - Fotolia.com (S. 248), Maik Dörfert - Fotolia.com (S. 255), bluedarkat - Fotolia.com (S. 265), Photographee.eu - Fotolia.com (S. 268), yuliaglam - Fotolia.com (S. 270), Wiski - Fotolia.com (S. 273), Mark Oliver Meßmer (S. 291)

www.wochenschau-verlag.de

Satz und Layout: Klaus Ohl

Gesamtherstellung: Wochenschau Verlag

Gedruckt auf chlorfreiem Papier

ISBN 978-3-89974940-3

Inhalt

In dieser Einführung wird das fachdidaktische Konzept des ethos-Projekts erläutert, das in den nachfolgenden ethos-Bausteinen exemplarisch umgesetzt wurde. Lehrerinnen und Lehrer, die im Unterricht weitere, insbesondere eigene Beispiele thematisieren wollen, finden hier das theoretische Rüstzeug dafür.

Der ethos-Baustein nimmt seinen Ausgangspunkt beim ethischen Konsum und damit beim Individuum. Es wird untersucht, welche Orientierung Umwelt- und Sozialsiegel stiften können – und warum Konsumenten im sozial-ökologischen Schilderwald leicht die Orientierung verlieren.

Geht die Moral bei der Geldanlage zu Lasten der Rendite? Oder gibt es zum reinen Gewissen auch noch eine satte Rendite dazu? Neben dieser nutzenorientierten Sichtweise wirft dieser ethos-Baustein die wirtschaftsethisch spannende Frage auf, welche Kritieren ein ethisches Investment überhaupt erfüllen muss.

Dieser ethos-Baustein macht deutlich, dass Verbraucher in der Marktwirtschaft auch bei der „Kaltakquise" weder schutz- noch wehrlos sind! Doch reicht es nicht, allein nach schärferen Gesetzen – also nach dem Staat – zu rufen. Jeder Einzelne kann und muss selbst Verantwortung übernehmen.

Dieser ethos-Baustein problematisiert ein „Kavaliersdelikt". So wird eine geringfügige Regelüberschreitung bezeichnet, die allgemein moralisch nicht beanstandet wird. Wenn allerdings die Schätzungen über die Quoten fingierter Schadensmeldungen stimmen, sind die finanziellen Folgen von Versicherungsbetrug alles andere als eine Bagatelle.

Spätestens durch Edward Snowden ist „Whistleblowing" nicht mehr nur Experten ein Begriff. In diesem ethos-Baustein geht es um die Aufdeckung von Missständen in Unternehmen durch einen Insider. Es wird die Frage gestellt, ob und wann es sich beim „Whistleblowing" um Zivilcourage oder Illoyalität handelt.

Der ethos-Baustein hat seinen Schwerpunkt beim Unternehmen, das im Wettbewerb steht. Gefragt wird, ob das Unternehmen das moralische Richtige notfalls auf Kosten des eigenen Gewinns realisieren sollte oder ob es sich in der Marktwirtschaft grundsätzlich davon entlastet fühlen darf.

Dieser ethos-Baustein widmet sich anhand des allzeit aktuellen Themas „Korruption" der Frage, wie private Unternehmen und öffentliche Verwaltung die Einhaltung der Gesetze durch ihre Mitarbeiter gewährleisten können. Wie viel Vertrauen ist möglich? Wie viel Kontrolle ist nötig? Und ist die Legalität des Handelns wirklich ausreichend?

Im Volksmund heißt es nicht ohne Grund: „Recht haben und Recht bekommen – das ist zweierlei". Dieser ethos-Baustein reflektiert, ob die immer zahlreicher werdenden Ombuds- und Schiedsstellen in der Wirtschaft einen nennenswerten Beitrag zur Vertragstreue leisten, ohne die eine Tauschwirtschaft nicht gut funktionieren kann.

Dieser ethos-Baustein thematisiert eine weitere Institution auf Branchenebene, die zwischen Markt und Staat angesiedelt ist und deren Aufgabe es ist, die unternehmerische Freiheit zu wahren, moralische Grenzüberschreitungen aber zu verhindern und zu sanktionieren. Wie gut gelingt die ethische Selbstregulierung?

Dieser ethos-Baustein simuliert eine wirtschaftsethische Standardsituation durch ein leicht durchzuführendes Classroom Experiment. Wenn in dieser Situation jeder seinen individuellen Nutzen maximieren will, wird das bestmögliche Ergebnis für alle verfehlt. Ob dieses Unterrichtsexperiment wohl gelingt?

Dieser ethos-Baustein rückt ein exekutives Organ des Staates in den Mittelpunkt: den Zoll. In seinen Zuständigkeitsbereich fällt die Bekämpfung der Produkt- und Markenpiraterie. Seine Einfuhrkontrollen und ggf. Beschlagnahmen dienen dem Schutz geistigen Eigentums auch bei der Warenproduktion.

Dieser ethos-Baustein fokussiert die gesetzliche Rahmenordnung für Herstellung und Vertrieb einer ganz besonderen Ware: Medikamente für Krankheiten, die in Entwicklungsländern viele Opfer fordern. Kann das Gemeinwohl besser als durch Patente auf lebenswichtige Medikamente gesichert werden?

Dieser ethos-Baustein geht der Frage nach, ob Aufklärung, Verbote und Strafen den Drogenkonsum ausreichend hemmen oder ob sich auch bei dieser besonderen Ware jedes Angebot seine Nachfrage schafft. Dann müssten die nationalen Drogenpolitiken die ökonomischen Gesetze des Schwarzmarktes berücksichtigen, um wirksam zu sein.

Der ethos-Baustein bringt eine internationale Nicht-Regierungsorganisation ins Spiel: die Clean-Clothes-Campaign. Sie prangert soziale und ökologische Missstände bei der Warenproduktion an. Es wird gefragt, ob es legitim und wirksam ist, die Öffentlichkeit zu mobilisieren, um Druck auf hiesige Unternehmen auszuüben.

Auch dieser **ethos**-Baustein handelt von einer Nicht-Regierungsorganisation: der Stiftung Warentest. Ergänzend zu den klassischen Warentests stellt sie Unternehmen auf den ethischen Prüfstand. Sie macht damit transparent, wie sehr sich insbesondere Handelsunternehmen für gute Bedingungen bei der globalen Warenproduktion engagieren.

Vorwort

Moralökonomische Fragen sind in den Lebenswelten Jugendlicher allgegenwärtig und von hoher gesellschaftspolitischer Relevanz: Ist Versicherungsbetrug tatsächlich ein Volkssport ohne Nebenwirkungen? Wer gewährleistet in der Marktwirtschaft den fairen Wettbewerb? Ist ethisches Investment gut fürs Gewissen, aber schlecht für die Rendite? Sind Plagiate eine moderne Form von Piraterie oder die Triebfeder wirtschaftlicher Entwicklung? Dürfen lebenswichtige Medikamente patentiert werden? Sind Whistleblower Verräter oder moralische Helden?

Mit diesen und vielen weiteren konkreten und aktuellen Fragen werden die Schülerinnen und Schüler in den vorliegenden Modulen zur Wirtschafts- und Unternehmensethik konfrontiert. Die 15 vornehmlich für die Sekundarstufe II konzipierten und in sich geschlossenen Bausteine entstanden in den letzten Jahren unter der Leitung von Thomas Retzmann, Duisburg-Essen, und Tilman Grammes, Hamburg, im Rahmen des von der Hamburger Stiftung für Wirtschaftsethik und der Deutschen Stiftung für Warenlehre geförderten ethos-Projektes, das im Jahr 2012 den renommierten Max-Weber-Preis für Wirtschaftsethik in der Kategorie Schul-/Lehrbuch erhielt. Die Autoren sind allesamt erfahrene Berufspädagogen und Didaktiker aus Schulen oder Universitäten, so dass die wirtschafts- und unternehmensethischen Unterrichtskonzepte vielfach in der Schulpraxis erprobt, überarbeitet und evaluiert werden konnten.

Vor Drucklegung in diesem Sammelband standen die Unterrichtseinheiten als Erprobungsversion drei Jahre online zur freien Nutzung in Schulen zur Verfügung, so dass es sich bei der vorliegenden Sammlung um eingeführtes und praxiserprobtes Material handelt. Ganz bewusst ermöglichen alle als thematische Einzelfälle angelegten ethischen Problemlagen trotz ihrer Aktualität und ihres großen Praxis- bzw. Lebensweltbezugs, eine Übertragung auf die ordnungsethische bzw. politische Ebene.

Ihnen durchgängig zugrunde gelegt ist eine in Anlehnung an Peter Ulrich erweiterte Topologie der Ethik in der Marktwirtschaft, die als didaktischer Leitfaden nach dem Ort der Moral fragt. Diese Verortung zusammen mit der zwischen den Bausteinen wechselnden Perspektive auf die ethischen Streitfälle als Akteur, Adressat, Beobachter oder Bürger machen die vorliegenden Unterrichtsbausteine über ihren Einsatz in ökonomischen Fächern hinaus anschlussfähig für politische und sozialwissenschaftliche Bildung: Welche regulativen Ideen liegen den unterschiedlichen Orten der Ethik zugrunde? Sind diese normativ oder funktional begründet? Wie werden mögliche Zielkonflikte zwischen den Orten entschieden? Wie müssen Gesellschaft, Wirtschaftssystem und Unternehmen gestaltet sein, damit moralisches Handeln nicht zum Nachteil des Einzelnen wird? Welche Strukturen befördern ethisches Handeln? Welcher Zusammenhang besteht zwischen der Handlungssituation des Einzelnen und dem Bezugsort? Allen diesen Fragen gemein ist, dass sie stark perspektivabhängig sind, sich nicht isoliert ökonomisch oder politisch beantworten lassen und eine Näherung nur diskursiv möglich ist.

Vorwort

Ein derartiges Maß an Komplexität und Kontroversität von politischen Fragen führt in der sozialwissenschaftlichen Bildung oftmals zu einer gewissen Verunsicherung und Indifferenz der Schülerinnen und Schüler und steht der eigenen Verantwortungsübernahme oftmals eher im Wege. Dieser Gefahr begegnen die vorliegenden Unterrichtskonzepte, indem sie zwar kasuistisch vorgehen, aber durchgängig die didaktischen Prinzipien Kontextualität, Historizität, Komplexität und Kontroversität berücksichtigen. Dieser Zugang ermöglicht eine Zerlegung der ethischen Problemlagen in für Schülerinnen und Schüler analytisch fassbare Fragen und verhindert eine moralische Ad-hoc-Bewertung.

In eben dieser moralischen Vorverurteilung oder „Empörungspädagogik" besteht eine weitere Gefahr bei der Thematisierung moralökonomischer Fragen in der Schule, die vielem Material zu diesem Thema – oftmals herausgegeben von advokatischen Institutionen unterschiedlicher Provenienz mit jeweils starken Eigeninteressen – leider eigen ist.

Moralische Urteilsbildung erfordert aber unbedingt eine detaillierte Kenntnis der Fakten und Handlungszusammenhänge und ist idealerweise diskursiv und multiperspektivisch angelegt. Ziel der vorliegenden Bausteine ist somit nicht primär das moralische Urteil, sondern die Entwicklung und Stärkung der Diskurs- und Urteilskompetenz in moralökonomischen Fragen.

Den Autoren gebührt großer Dank für ihre umfängliche Arbeit, die Erprobung in der Praxis sowie die geduldige Abstimmung mit den Herausgebern.

Diesen – namentlich Thomas Retzmann und Tilman Grammes – danke ich für ihre Arbeit und das große Engagement, ohne das dieser Band nicht entstanden wäre.

Dr. Jesco Kreft – Vorstand
Hamburger Stiftung für Wirtschaftsethik

Thomas Retzmann, Tilman Grammes

Wirtschaftsethik in der ökonomischen und gesellschaftspolitischen Bildung

Die fachdidaktischen Grundlagen des ethos-Projekts

Das Projekt »ethos«: Ziel und Anspruch

Sind Umwelt- und Sozialsiegel für Konsumgüter aussagekräftig und glaubwürdig oder bloße „Rosstäuscherei"? Gibt es beim ethischen Investment zum reinen Gewissen noch eine satte Rendite dazu? Welche ethischen Normen und Werte sollten von der Werbung beachtet werden, wie viel Freiheit kann sie für sich reklamieren? Sollen hiesige Unternehmen die Einhaltung von Umwelt- und Sozialstandards bei ihren weltweiten Zulieferern gewährleisten oder wird Unternehmensethik dadurch zu einer „Ethik der roten Zahlen"? Können Unternehmen und öffentliche Verwaltungen den Kampf gegen Bestechung und Bestechlichkeit überhaupt gewinnen oder stehen sie von vornherein „auf verlorenem Posten"? Sind Patente auf lebensnotwendige Medikamente ein Lebensretter oder ein Todesurteil für Erkrankte? Schaffen die immer zahlreicher werdenden Ombudsleute und Schiedsstellen Waffengleichheit zwischen Unternehmen und Kunden? Sind öffentliche Kampagnen gegen Unternehmen ein legitimer und wirksamer Ansatz?

Mit diesen und weiteren Fragen wollen wir Schülerinnen und Schüler konfrontieren – anhand konkreter und aktueller Beispiele. Die Diskussion praktischer Fälle und ihre systematische Reflexion können Schülerinnen und Schülern helfen, ihre moralische Urteils- und Handlungskompetenz im Bereich der Wirtschaft zu verbessern – und zwar als Verbraucher, Erwerbstätige und Wirtschaftsbürger. Ziel des ethos-Projekts war daher die Entwicklung innovativer Unterrichtseinheiten zur Wirtschafts- und Unternehmensethik für die ökonomische und politische Bildung.[1]

»ethos« als Titel des Projekts betont, dass nicht ein ethisches System und moralphilosophisches Theoriegebäude im Zentrum des Curriculums steht, sondern die innere moralische, sittliche Grundhaltung eines Menschen, die sich nach bestimmten Normen und Wertmaßstäben richtet und ihn in seiner Praxis leitet. Ein handlungsorientierender Praxisbezug ist deshalb bei allen ethos-Bausteinen konstitutiv. Dieser reicht von der Diskussion alltäglicher Fälle über Simulationen und „ernste Spiele" bis hin zum projektartigen Realkontakt. Man kann vielleicht sagen: Es geht um die Ausbildung einer „Klugheit" und eines „Situationsgewissens", wie Sutor (1997: 47) mit Bezug auf das Konzept der Aristotelischen Kardinaltugenden formuliert; womit aller-

[1] Das Projekt wurde finanziell gefördert durch die *Hamburger Stiftung für Wirtschaftsethik* und die *Deutsche Stiftung für Warenlehre*, Tübingen. Ihnen gilt der Dank der Autoren und der Herausgeber.

dings nicht besagt sein soll, dass die vorliegenden ethos-Bausteine in der Tradition der aristotelischen Ethik stehen. Mit diesem konkreten und handlungsbezogenen Alltagsbezug soll ein fachdidaktischer Zugang eröffnet werden, damit das Thema „Ethik in der Wirtschaft" bzw. das „Ethos der Wirtschaftenden" zunächst niedrigschwellig, und dann vermehrt systematisch Eingang in Schulen und Ausbildung finden kann.

Bei jedem ethos-Baustein handelt es sich um ein empfehlenswertes Unterrichtsvorhaben für die sozio-moralische, ökonomische und gesellschaftspolitische Bildung. Alle 15 ethos-Bausteine sind als exemplarische Beispiele zu verstehen. Sie sollen die Lehrerinnen und Lehrer vor Ort ermutigen und befähigen, eigene Unterrichtseinheiten zur Wirtschafts- und Unternehmensethik zu entwickeln.

Die Bausteine wurden in der Praxis erprobt, in Lehrveranstaltungen kritisch geprüft und daraufhin von den Autorinnen und Autoren sorgfältig überarbeitet. Der Materialkompass des Bundesverbandes der Verbraucherzentralen hat mehrere ethos-Bausteine auf den didaktischen Prüfstand gestellt und positiv bewertet. Das ethos-Projekt wurde 2012 von einer hochkarätig besetzten Jury von Wirtschaftsethikern mit dem renommierten Max-Weber-Preis für Wirtschaftsethik in der Kategorie Schul-/Lehrbuch ausgezeichnet.

Wirtschaftsethik im schulischen Curriculum

Wirtschaftsethik kann als ein innovativer Themenbereich im schulischen Curriculum gelten. Wie jeder innovative Themenbereich muss er sich durch seinen Beitrag zur allgemeinen Bildung rechtfertigen.[2] Die 15 ethos-Bausteine ermöglichen eine Integration von moralischer, ökonomischer und gesellschaftspolitischer Bildung. Das Verhältnis von Moral, Wirtschaft und Politik ist eine der grundlegenden Problemstellungen der Ordnung menschlichen Zusammenlebens und verfügt über eine lange Tradition in der Geschichte des Lehrplans (Engartner 2010: 25; Grammes 2006).

Wie können wirtschaftsethische Einsichten gewonnen sowie moralische Urteils- und Handlungskompetenzen der Schülerinnen und Schüler entwickelt werden? Die Fächer ökonomisch-kaufmännischer und politisch-sozialwissenschaftlicher Bildung in der Sekundarstufe II sind dafür besonders geeignet. Die 15 Unterrichtsbausteine richten sich daher in erster Linie an Lehrkräfte der Fächer Wirtschaft und Politik an allgemeinbildenden und beruflichen Gymnasien. Sie ermöglichen die Gestaltung von Profilen „Wirtschaft – Ethik – Gesellschaft" in Profiloberstufen oder auch die selbstständige Schülerarbeit in Seminarkursen als Bestandteile der Allgemeinen Hochschulreife. Viele Unterrichtsmaterialien lassen sich auch in berufsbildenden Schulen einsetzen. Dies gilt natürlich besonders für Bildungsgänge im Berufsfeld „Wirtschaft und Verwaltung", weil sowohl der Unterricht in Lernfeldern als auch die ethos-Bausteine an Handlungssituationen festgemacht werden können. Einige Bausteine wurden aber auch in Ausbildungsgängen gewerblicher Ausbildungsgänge und in den Berufsfeldern „Gesundheit", „Kosmetik" oder „Ernährung" erfolgreich eingesetzt. Bereits in der Sekundarstufe I ist es im Sinne einer Propädeutik möglich, einzelne Fälle aus den themenorientierten Bausteinen für eine Diskussion herauszugreifen.

Um eine möglichst weite Verbreitung der Unterrichtseinheiten zu ermöglichen, wird auf deren thematische Anschlussfähigkeit zu traditionellen Inhalten des Unterrichts in den Fächern Wirtschaft/Ökonomie und Politik/Sozialkunde geachtet. Die Einleitung der Herausgeber zu jedem Baustein stellt deshalb die Bezüge zu den Lehrplänen ökonomischer und politischer Bildung heraus.

Ökonomische Bildung bereitet die Schülerinnen und Schüler auf die Anforderungen ökonomisch geprägter Lebenssituationen vor; Berufsbildung im Berufsfeld „Wirtschaft und Verwaltung" befähigt zur Bewältigung konkreter, beruflicher Anforderungen in kaufmännisch-verwaltenden Berufen. Ökonomische Bildung ist der Bildungsidee des mündigen Wirtschaftsbürgers verpflichtet. Die Standards, die die Deutsche Gesellschaft für Ökonomische Bildung vorgelegt hat, betonen deren Beitrag zu einem politischen Bildungsauftrag. Als ökonomisch gebildeter, mündiger Wirtschaftsbürger verfügt das Individuum über die Fähigkeit „zum eigenen Wohl

[2] In den Social Studies in den USA ist dies in viel stärkerem Maße bereits selbstverständlich, vgl. Whigh/Morton 2007; Marri et al. 2013, ein groß angelegtes Curriculumprojekt, das am Teachers College der Columbia Universität in New York entwickelt wurde und landesweit systematisch erprobt wird. Die in der Hochschulausbildung genutzten Lehrbücher für Business Ethics stützen sich in viel stärkerem Maße als kontinentaleuropäische Lehrbücher auf Fälle und Fallsammlungen, z. B. Peter A. Stanwick (2014): Understanding Business Ethics. Los Angeles: Sage.

wie auch zum Wohl Aller ökonomisch urteilen, argumentieren, entscheiden und handeln (zu können) ... Das ... Individuum soll befähigt werden, in ökonomisch geprägten Situationen und Strukturen des gesellschaftlichen Zusammenlebens angemessen zu entscheiden und zu handeln sowie an deren Gestaltung mitzuwirken, um eine lebenswerte Gesellschaft zu sichern und weiter zu entwickeln" (DeGöB 2004: 5). Das Gemeinwohl des politischen Gemeinwesens ist schon in der Bildungsidee mitgedacht.

Politische Bildung zielt auf politische Sach-, Urteils- und Handlungskompetenz. Funktionsweise, Ethik, Vorzüge und Probleme einer Marktwirtschaft gehören als Inhaltsfelder und Problembereiche zum Kerncurriculum der Sekundarstufe II (vgl. Behrmann/Grammes/Reinhardt 2004: 370). Ausgehend von der Eigenlogik der jeweiligen Sachbereiche wird für die Fallbeispiele und Problemstellungen nach verallgemeinerungsfähigen ordnungspolitischen Regelungen und Gesetzen gefragt. Demokratische Prinzipien und Regulative kommen auf den Ebenen der Lebensform (Konsumentenrolle), der Gesellschaftsform (Unternehmen, Berufsrolle) sowie der Staatsform – die Rolle von gesellschaftlichen und politischen Institutionen – in den Blick. Einige ethos-Bausteine thematisieren internationale Konflikte und Problemlagen in politischen Mehrebenensystemen, zwischen Staaten und auf transnationalen Ebenen einer globalisierten Weltgesellschaft.

Die ethos*-Bausteine: Ein einheitlicher Aufbau mit Wiedererkennungswert!*

Alle ethos-Bausteine sind einheitlich aufgebaut: Nach einem informativen Überblick über den Inhalt und einer Einstimmung in die Thematik durch die Herausgeber geht es ohne Umschweife gleich zur Sache! Auf die einleitende Darlegung der Problemstellung folgen kurz und verständlich die wichtigsten fachwissenschaftlichen und fachlichen Grundlagen. Die anschließende fachdidaktische Analyse erläutert die Unterrichtsplanung und schlägt einen Unterrichtsverlauf vor.

Der Schwerpunkt der Bausteine liegt auf den strukturierten und einsatzfertigen Unterrichtsmaterialien. Sie arbeiten überwiegend einen induktiv aufgebauten, fallbasierten Unterricht aus und beinhalten zu diesem Zweck anschauliche Fallbeispiele, schüleraktivierende Arbeitsblätter und Kopiervorlagen. Mit diesen Unterrichtsmaterialien gelingt es Schülerinnen und Schülern, sich dieses neue Themengebiet auf interessante Weise zu erschließen.

Der Einsatz der ethos*-Bausteine im Unterricht: einzeln oder in Kombination!*

Bei jedem ethos-Baustein handelt es sich um ein inzwischen mehrfach begutachtetes und erprobtes Unterrichtsvorhaben zu einem ausgewählten Thema der Wirtschaftsethik. In Summe sollen sie Lehrerinnen und Lehrer auch ermutigen, Unterrichtseinheiten zu weiteren wirtschaftsethischen Fragen, Problemstellungen und Lösungsansätzen zu entwickeln.

Als modulare Bausteine sind sie flexibel einsetzbar. Sie bauen nicht wie die Einheiten eines strukturierten und sequenzierten Lehrgangs streng aufeinander auf, weil für letzteres die zeitlichen und organisatorischen Voraussetzungen in aller Regel nicht gegeben sind. Man muss sie weder vollständig noch in einer vorgeschriebenen Reihenfolge absolvieren. Die ethos-Bausteine sind vielmehr in sich abgeschlossen und beinhalten deshalb alle Informationen und Materialien, die für die Durchführung des Unterrichts erforderlich sind. Der modulare Aufbau erlaubt dem Anwender, es beim exemplarischen Einsatz einer einzigen Themeneinheit zu belassen oder auch in einer Vertretungsstunde einen Fall aus einem Baustein herauszugreifen und zu diskutieren.

Der Auswahl der beispielhaft aufgegriffenen Sachverhalte waren und sind keine engen Grenzen gesetzt. Es wurde allerdings darauf geachtet, dass sich die ethos-Bausteine inhaltlich nicht oder jedenfalls kaum überschneiden. Jedoch ergänzen sie einander zu einem sinnvollen Ganzen. Die Lehrerinnen und Lehrer können dadurch das Themenfeld der Wirtschaftsethik ohne allzu große Redundanzen sukzessive erweitern, indem sie einen weiteren ethos-Baustein anschließen. Wenn etwa in einem fakultativen Kursangebot „Wirtschaftsethik" die zeitlichen und organisatorischen Voraussetzungen dafür gegeben sind, kann daher mit Hilfe der ethos-Bausteine auch ein größerer Unterrichtszeitraum bestritten werden. Alternativ können einzelne Aspekte mithilfe weiterer ethos-Bausteine vertieft werden, denn jeder Baustein setzt einen anderen Schwerpunkt.

Durch eine vorangestellte Analyse des zugrunde liegenden Problems sowie eine wissenschaftlich fundierte Sachanalyse ist gewährleistet, dass auch Lehrerinnen und Lehrer die Bausteine im Unterricht einsetzen können, die mit der Wirtschafts- und Unternehmensethik in Theorie und Praxis noch nicht so vertraut sind. Als darüber hinausgehende Einführungen in den Themenbereich der Wirtschaftsethik empfehlen wir Heidenreich (2012), Homann/Lütge (2013) oder Noll (2013). Vorausgesetzt wird allerdings Versiertheit auf dem Felde des Ökonomie- und/oder Politikunterrichts, zum Beispiel hinsichtlich der wissenschaftlichen Fachsprache, Konzepte und Methoden, was für die adressierten Lehrkräfte fraglos unterstellt werden kann.

Fachdidaktische Grundlagen der ethos-Bausteine

Nichts ist praktischer als eine gute Theorie. Sowohl der Wahl als auch der Aufbereitung der Beispiele liegt ein einheitliches, fachwissenschaftlich und fachdidaktisch fundiertes Konzept wirtschaftsmoralischer Bildung zugrunde. Dieses Konzept wurde originär von Thomas Retzmann unter Aufarbeitung der Konzeptionen für eine moderne Wirtschafts- und Unternehmensethik entwickelt (vgl. ausführlich Retzmann 2006). Am Beispiel der 15 ethos-Bausteine wird deutlich, wie die zugrunde liegende fachdidaktische Theorie und Konzeption unterrichtspraktisch werden kann.

Im Kern umfasst das Konzept vier fachdidaktische Instrumente: eine Systematik (Handlungsebenen und Topologie) sowie eine Kasuistik (Prinzipien und Perspektiven). Das damit formulierte fachdidaktische Konzept weist Bezüge auf zum Konzept einer Kommunikativen Fachdidaktik (Grammes 2002).

1 FACHLICHE SYSTEMATIK

Schulfächer sind, ebenso wie wissenschaftliche Fächer und Theorien, systematisch aufgebaut. Ihre strenge Systematik ist ihr besonderes Kennzeichen; ihre Systematik kann (und muss) man erlernen, weil man sonst ‚sein' Fach nicht beherrscht. Die Praxis ist dagegen unsystematisch. Das Gleiche gilt für die mitgebrachten Vorverständnisse und Alltagskonzepte der Lernenden. Jeder Fall scheint – trotz mancher Gemeinsamkeiten – ein ganz besonderer Einzelfall zu sein, der in dieser speziellen Gestalt noch nie dagewesen ist. Um seine Einzigartigkeit zu entdecken, muss man ihn kasuistisch studieren. Nur dann wird man bei den angedachten Problemlösungen den Besonderheiten des Einzelfalls gerecht. Das macht die Praxis aber nahezu unüberschaubar. Kaum, dass man sie begriffen hat, hat sie sich schon verändert.

Gerade in der wirtschaftsmoralischen Bildung darf man sich jedoch nicht damit begnügen, Beispiel an Beispiel zu reihen. Dann käme man über eine bloße Kasuistik und Gelegenheitsunterricht nicht hinaus. Schülerinnen und Schüler sollen ihre Alltagskonzepte und Vorverständnisse vielmehr durch verallgemeinerbare wirtschaftsethische Erkenntnisse systematisieren und ihre analytischen Fähigkeiten ausbauen. Das höchst vergängliche und letztlich austauschbare Beispiel führt dann im Erfolgsfall zu beständigen Erkenntnis- und Entwicklungsfortschritten der Lernenden. Um jedoch bei der wirtschaftsmoralischen Bildung nicht umgekehrt im Abstrakten zu verharren, bedarf es der Beispiele, die mal eine illustrierende, mal eine konkretisierende Funktion haben.

Die kognitive Lernpsychologie rät zu einem „Pulsschlag" von Induktion, Deduktion und Abduktion/Transfer, so dass im ethos-Projekt fachliche Systematik (Begriffe, Konzepte und Argumentationsschemata) mit praxisbezogener Reflexion aktueller Fälle kombiniert werden. Am exemplarischen Fall wird etwas Grundsätzliches gelernt, das auf andere Fälle und Situationen übertragbar ist (Grammes 2014b). Wie wird dies im ethos-Projekt gewährleistet?

1.1 TOPOLOGIE: ORTE DER ETHIK IN DER MARKTWIRTSCHAFT UND IHRE BEZIEHUNGEN

„Moral predigen ist leicht, Moral praktizieren ist schwer!"[3] Die skeptische Frage, die die Möglichkeit der Wirtschaftsethik fundamental hinterfragt, muss gestellt werden: Gibt es in der Marktwirtschaft überhaupt genü-

[3] Im Original heißt es bei Schopenhauer: „Moral predigen ist leicht, Moral begründen schwer."

gend Raum für die Ethik? Welche gestalterischen Varianten sind innerhalb marktwirtschaftlicher Ordnungen überhaupt praktizierbar? Gibt es grundsätzliche Alternativen?

Wenn die grundsätzliche Möglichkeit der Ethik in der Wirtschaft bejaht wird, stellt sich die Anschlussfrage: Wo ist in der Marktwirtschaft der richtige Platz für die Ethik?

Die ethos-Bausteine gehen dieser Anschlussfrage – Beispiel für Beispiel – systematisch nach. Die Topologie der Orte der Ethik in der Marktwirtschaft geht auf die Theorie der „Integrativen Wirtschaftsethik" von Peter Ulrich (1997/2007) zurück. Sie zeigt die wesentlichen Orte, an denen in der sozialen Marktwirtschaft ethisches Denken erforderlich und verantwortliches Handeln möglich ist. Es sind im Wesentlichen fünf Orte, die zueinander in Beziehung gebracht werden:

(1) die Wirtschaftsbürger,
(2) die Unternehmung,
(3) der Markt,
(4) die staatlich gesetzte Rahmenordnung und
(5) die kritische Öffentlichkeit.

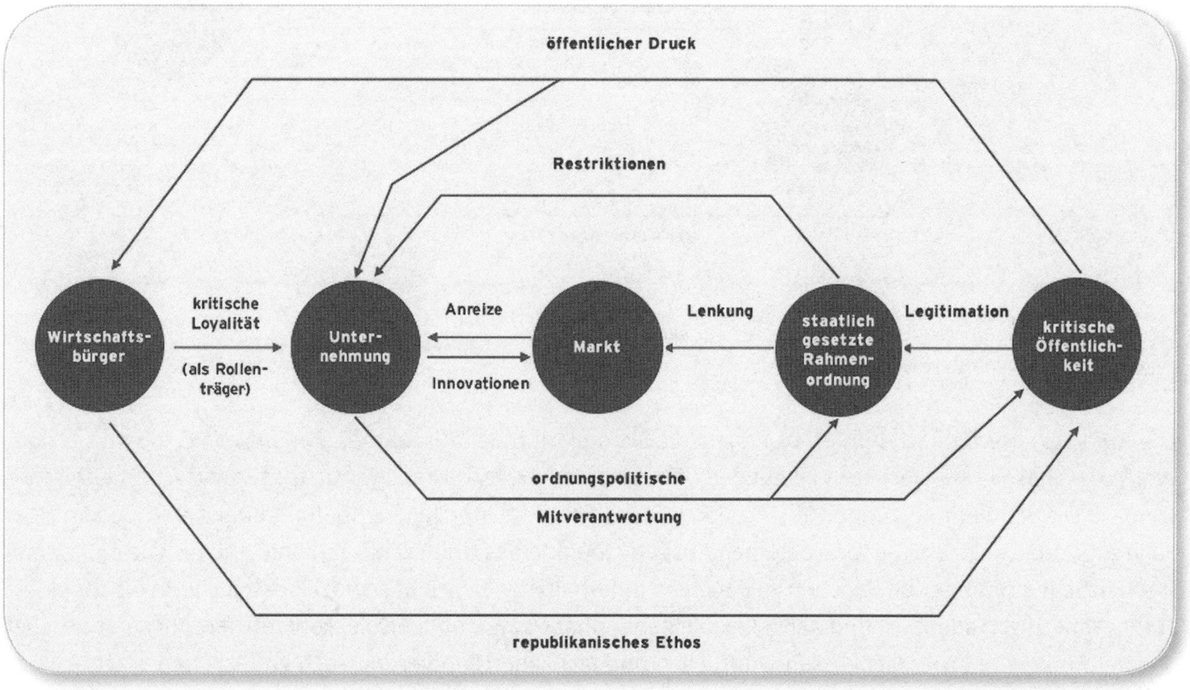

Abbildung 1: Topologie integrativer Wirtschaftsethik
Quelle: Ulrich 1997: 288.

In dieser Topologie werden die Orte der Ethik in der Marktwirtschaft miteinander konvergent verbunden: Der Markt, der im Zentrum der Ökonomie wie auch der Wirtschaftsethik steht, wird sozusagen „gerahmt" – und zwar ordnungsethisch, unternehmensethisch und individualethisch.

In der ursprünglichen Topologie sind zwei maßgebliche Orte der Ethik in der Marktwirtschaft nicht enthalten, die heutzutage eine so wichtige Rolle spielen, dass sie gesondert erwähnt werden sollen:

(6) die Unternehmensverbände und
(7) die (internationalen) Nicht-Regierungsorganisationen.

Sie bedürfen nicht zuletzt deshalb der kritischen Reflexion, weil sie immer wieder auch eine hochproblematische Rolle spielen.

Die von Retzmann (2006: 295 ff.) erweiterte Topologie (siehe Abbildung 2) enthält daher sieben Orte, an denen in der modernen Wirtschaft ethisches Räsonnement erforderlich und verantwortliches Handeln möglich und oft auch gleichzeitig erforderlich ist.

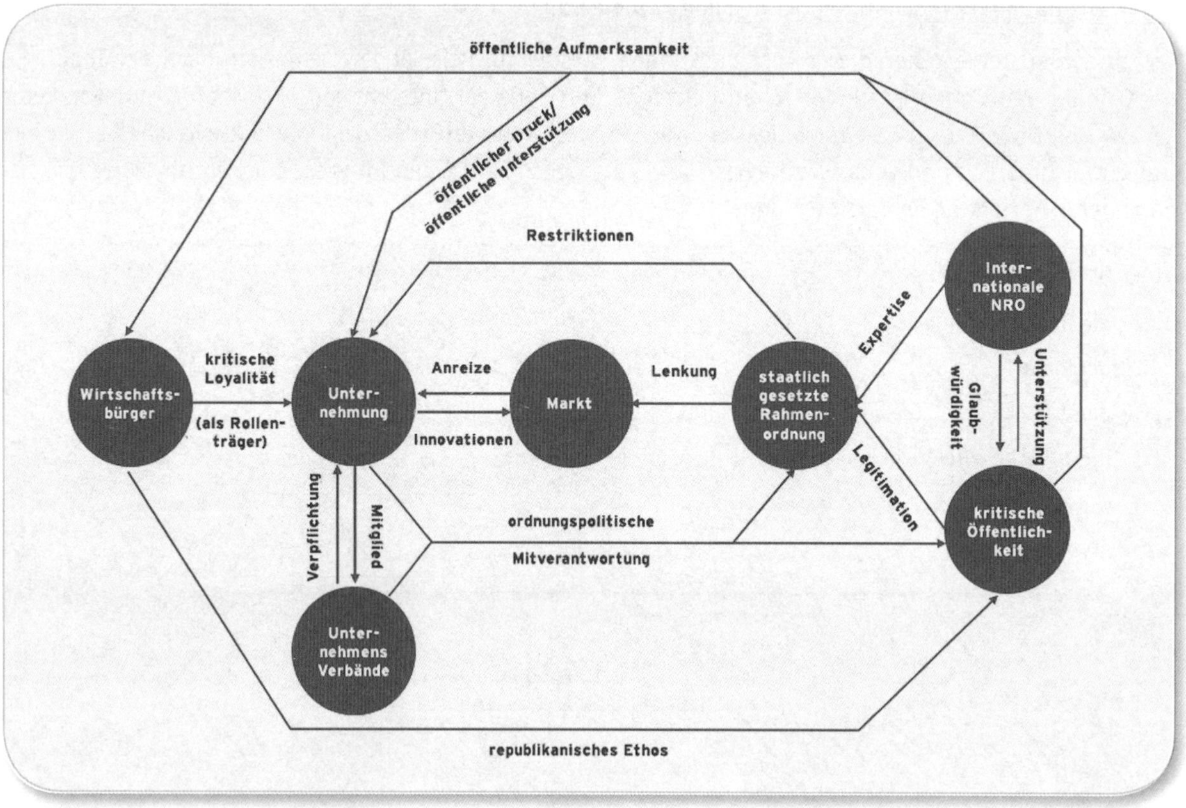

Abbildung 2: Erweiterte Topologie integrativer Wirtschaftsethik
Quelle: Retzmann 2006: 298.

Die Topologie gewährleistet im ethos-Projekt die Exemplarität der ausgearbeiteten Beispiele, indem sie klärt, wofür das Beispiel stellvertretend steht. Sie ist ein immer wiederkehrendes Muster für wirtschaftsethisches Denken. Die Schülerinnen und Schüler sollen lernen, dieses Muster zu erkennen und ihrer Analyse künftiger Fälle zugrunde zu legen. Die topologischen Ausgangspunkte des Unterrichts variieren ebenso wie die topologischen Schwerpunkte von Baustein zu Baustein. Innerhalb der einzelnen ethos-Bausteine wird die Topologie themenspezifisch adaptiert und dabei flexibel gehandhabt sowie am Beispiel konkretisiert. Ihr thematischer Schwerpunkt wird in der fachwissenschaftlichen und fachlichen Fundierung auch grafisch hervorgehoben.

1.2 EBENEN DER ETHIK IN DER MARKTWIRTSCHAFT UND IHRE BEZIEHUNGEN

Um Missverständnisse, und damit verbunden Fehlverstehen zu vermeiden, ist bei der Analyse besonders auf unterschiedliche Ebenen zu achten, auf denen wirtschaftsethische Fragestellungen thematisiert und gehandelt werden (siehe Abbildung 3). Moralökonomische Laien argumentieren bevorzugt individualethisch, betrachten Moral also als eine Angelegenheit des Individuums. Demgegenüber folgen die meisten Wirtschaftsethiker einem schwerpunktmäßig institutionenethischen Verständnis. Um anerkennungswürdigen, moralischen Werten und Normen zur tatsächlichen Geltung zu verhelfen, komme es in der Moderne mehr auf die ethische Qualität der allgemeinen Spielregeln an. Die individuellen Spielzüge müssten diesen Regeln genügen, aber selbst von moralischen Anforderungen zumindest entlastet, wenn auch nicht gänzlich befreit werden.

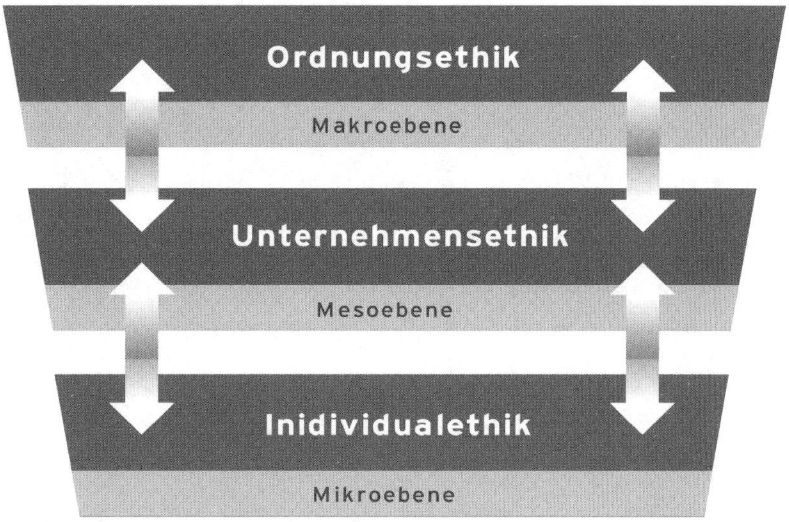

Abbildung 3: Ebenenmodell der Wirtschaftsethik
Quelle: abgewandelt nach Retzmann 2006: 46.

In den Bausteinen werden wirtschaftsethische Themen auf drei korrespondierenden demokratiepädagogischen Ebenen thematisiert: Demokratie als Lebensform, als Gesellschaftsform und als Staatsform. ethos fragt sowohl nach der Rationalität der Alltagspolitiken von Konsumentenentscheidungen wie nach innerbetrieblichen Regelungen und zivilgesellschaftlichen Regimen. Damit werden die weiten Politikbegriffe moderner Demokratietheorien und soziologischer Gegenwartsdiagnosen fachdidaktisch produktiv aufgegriffen.

In Erprobungen ist es eine wiederkehrende Erfahrung, dass wesentliche Teile der ökonomischen Bildung – im Interesse der Schülerinnen und Schüler – zunächst gut daran tun, in diesem Sinne vorpolitisch zu beginnen, sofern man einen engen, staatszentrierten Politikbegriff zugrunde legt. Ausgehend von lebensweltlichen Situationen, von unternehmerischen und beruflichen Anforderungen und Herausforderungen sollte sich in allen Bausteinen die Frage nach der Gestaltung einer Rahmenordnung und von Regeln für eine gute Wirtschaftsverfassung früher oder später quasi „von selbst" aufdrängen. Das Politische ist meist nicht Ausgangspunkt, sondern sinnvoller Endpunkt des Bildungsprozesses (Reinhardt 1993). Dies ist nicht in dem Sinne misszuverstehen, dass bei moralischen Missständen letztlich doch immer der Ruf nach dem Staat erfolgen soll, er möge es richten; vielmehr in einem umfassenden Sinne von Politik, die auch die Unternehmenspolitik und die Verbandspolitik auf Branchenebene einschließt. Dies korrespondiert sehr gut mit einer freiheitlich verfassten Marktwirtschaft, die den wirtschaftlichen Akteuren gezielt Handlungsspielräume lässt, die sie ausfüllen sollen, wiewohl es im Einzelfall durchaus herausfordernd sein kann, die gewährte wirtschaftliche Freiheit mit der gebotenen moralischen Verantwortung zu vereinbaren.

Mit dem Ebenen-Modell der Wirtschaftsethik ist ein Konzept von Gesellschaft verbunden, das von einer funktionalen Differenzierung gesellschaftlicher Teilsysteme ausgeht und nach der Rolle von Bereichsethiken fragt. Mit dem pluralistischen Konzept des nicht-hierarchischen Verhältnisses der gesellschaftlichen Teilbereiche als Grundprinzip ihrer Integration in einem sozialwissenschaftlichen Curriculum wird ein klassisches Prinzip der Allgemeinen Pädagogik und Bildungstheorie aufgegriffen. Selbst wenn Wirtschaft, Recht oder Politik sich auf den gleichen Realitätsausschnitt beziehen, so unterscheiden sie sich doch fundamental in der Herangehensweise und in den Denkweisen.

Gibt es eine bereichsspezifische, domänenspezifische Kaufmannsmoral (Beck/Parche-Kawik 2004)? Hängt eine Versicherungskauffrau ihr „Mäntelchen in den Wind" und orientiert sich im Beruf an anderen Prinzipien denn als Privatperson oder als Wahlbürgerin? Haben wir es gar mit einer Doppelmoral zu tun? Die ethos-Bausteine beantworten diese grundlegende ethische Fragestellung mit einer Theorie gesellschaftlicher Differenz und Differenzierung. So wie Marktwirtschaft nicht Marktgesellschaft bedeutet (Sandel 2013), sollen unterschiedliche Ebenen und Orte der Moral analytisch differenziert werden. Auf diese Weise soll vermieden werden, dass ethische Bildung moralisierend wird und dadurch unbeabsichtigt in die so genannte Moralfalle tappt und „Doppelzüngigkeit" und Doppelmoral fördert (vgl. auch Reese-Schäfer 2013).

Ein solches Verständnis von Integration beseitigt die Trennung der Disziplinen, nicht den Unterschied (Retzmann 2006: 213)! Es geht um den Zusammenhang des Unterschiedlichen (Hedtke 2006: 218).

2 SITUATIVE KASUISTIK

Kasuistik ist die Lehre vom Einzelfall. Die ethos-Unterrichtseinheiten beziehen sich auf die ethische oder unethische Praxis in unserer Wirtschaft. Sie greifen aktuelle Problemstellungen und Lösungsansätze, Fallkonstellationen und Handlungssituationen auf. Die Beispiele sind singulär und ein Spiegelbild der heutigen moralischen und unmoralischen Verhältnisse, die sich bisweilen rasch ändern können. Daher können die Lehrerinnen und Lehrer diese Beispiele – unter Beibehaltung der Systematik – gegen gleichwertige und/oder aktuelle austauschen.

2.1 PRINZIPIEN DER FALLARBEIT

Da jeder Einzelfall anders gelagert ist, schulen alle ethos-Bausteine eine Denkweise, die die Besonderheit des Einzelfalls in den Blick nimmt. Bei der Ausarbeitung der Problemstellungen und Lösungsansätze, Fallkonstellationen und Handlungssituationen werden vier Prinzipien der didaktischen Kasuistik beachtet:

(1) Kontextualität,
(2) Historizität,
(3) Komplexität,
(4) Kontroversität.

Vier Kriterien (siehe Abbildung 4) machen einen für die wirtschaftsmoralische Bildung fruchtbaren Fall aus:

(1) Kontextualität: Moralische Anforderungen oder gar Herausforderungen stellen sich immer in spezifischen Kontexten. Die situativen Bedingungen beschränken die Freiheitsgrade des Handelns und erschweren oder verhindern die bruchlose Umsetzung anerkennungswürdiger Werte und Normen im wirtschaftlichen Handeln. Lehr-Lern-Arrangements zur wirtschaftsmoralischen Bildung müssen daher den Handlungskontext in die ethische Reflexion einbeziehen, um nicht zu weltfremden und abgehobenen Urteilen und Handlungsempfehlungen zu gelangen. Die gegebenen Restriktionen sollten ausgelotet und ihre Einflussfaktoren sorgfältig analysiert, die situativen Handlungsanreize ermittelt und bewertet werden. Wo es sich anbietet, sollte die Lehrkraft insbesondere in beruflichen Ausbildungsgängen versuchen, die Fallbeispiele weiter an den jeweiligen Ausbildungsberuf anzunähern oder anzupassen.

(2) Historizität: Wirtschaftliche Handlungssituationen sind, ebenso wie wirtschaftliche und politische Institutionen sowie wirtschaftsethische Standards, das Resultat von sozialen Entwicklungsprozessen und deren neuer Ausgangspunkt. Sie haben eine mehr oder weniger lange Vorgeschichte und Folgewirkungen in der Zukunft, wenn nicht gar ein böses Nachspiel! Zu bedenken ist folglich, welche Entwicklungspfade zu der gegenwärtigen Situation mit ihren moralischen Anforderungen, Qualitäten und Defiziten geführt haben und welche Entwicklungspfade mit den aktuell anstehenden Entscheidungen beschritten, eröffnet oder versperrt werden. Historizität ermöglicht zudem Identität: die kollektive Identität einer Gesellschaft, die korporative Identität eines Unternehmens und die personale Identität eines Individuums.

(3) Komplexität: Situationen, die moralische Herausforderungen bergen, sind meist hochgradig komplex. Ihre ethische Reflexion erfordert die gleichzeitige Beachtung gesetzlicher Vorschriften, moralischer Prinzipien, kultureller Gepflogenheiten, wirtschaftlicher Anreize, individueller Eigenheiten, nicht-beabsichtigter Handlungsfolgen, systemischer Zusammenhänge usw. Der angestrebte Praxisbezug verbietet eine Simplifizierung der Sachlage, wie sie für Dilemmata im Stile Kohlbergs typisch ist (siehe Retzmann 2007 und 2012a). Die Lösungssuche setzt eine Entschlüsselung komplexer Handlungs- und Lebensverhältnisse voraus.

(4) Kontroversität: Die Lösung moralischer Problemlagen in Wirtschaft und Politik ist typischerweise strittig. Gerade deshalb erlangen sie auch die Aufmerksamkeit junger Menschen. Es gibt in der Regel für jede Lösungsalternative Pro- und Kontra-Argumente, so dass meist „alle Seiten ein bisschen Recht haben“. Diese moralische

Ambiguität muss im Lehr-Lernprozess herausgearbeitet werden. In demokratisch verfassten Gemeinwesen und pluralistischen Gesellschaften ist Kontroversität selbst ein ethisches Gebot der Wertebildung. Empirischen Befunden zufolge fördert gerade die Auseinandersetzung mit solchen Widersprüchen oder gar Antagonismen aber auch die Entwicklung der moralischen Urteilsfähigkeit der Schülerinnen und Schüler. Dies gilt zumindest in einem bestimmten Stadium ihrer moralkognitiven Entwicklung, das in der Sekundarstufe II regelmäßig als gegeben angenommen werden darf. Demgegenüber bergen moralisch eindeutig zu bewertende Problemlagen bzw. Handlungsalternativen kaum kognitives Aktivierungspotenzial. Dort, wo – im Sinne der Topologie der Ethik in der Marktwirtschaft (Abbildung 2) – moralische Konflikte durch eine allgemeine Verbindlichkeit setzende institutionelle Lösung bearbeitet werden, gehen moralische und ökonomische Bildung in sinnvolle politische Bildung über (vgl. Grammes 2014a).

Abbildung 4: Didaktische Prinzipien wirtschaftsmoralischer Bildung
Quelle: nach Retzmann 2006: 274.

2.2 OPTIONEN: SCHÜLERPERSPEKTIVEN IN DER FALLARBEIT

Die Schülerinnen und Schüler können im Unterricht vier verschiedene Perspektiven auf die wirtschafts- und unternehmensethisch relevanten Sachverhalte einnehmen:

(1) Akteursperspektive,
(2) Adressatenperspektive,
(3) Beobachterperspektive,
(4) Bürgerperspektive.

Diese Optionen der didaktischen Kasuistik werden über alle ethos-Unterrichtseinheiten hinweg variiert. Mal werden die Schülerinnen und Schüler als Akteur, mal als Betroffener, mal als neutraler Beobachter und mal als intervenierender Bürger angesprochen. Werden wirtschaftskriminelle Handlungen thematisiert, so entsprechen dem die Perspektiven des Täters, des Opfers, des Zeugen und des Richters. Auch der Wechsel der Perspektive innerhalb eines ethos-Bausteins schult die Kompetenz, Wertungsperspektiven in Abhängigkeit von reflektierten Standorten einzunehmen.

Es erscheint sinnvoll, für den Unterricht eine Perspektive als Schwerpunkt auszuwählen: Sollen die Schülerinnen und Schüler als Akteure oder als reagierende Adressaten oder als neutrale Beobachter oder als intervenierende Bürger an den Sachverhalt herangeführt werden? Es ist wichtig, die eingenommene Perspektive den Schülerinnen und Schülern auf einer Metaebene bewusst zu machen und zu reflektieren.

In aller Regel ist die Einnahme einer bestimmten Perspektive nicht sachlich zwingend, sondern didaktisch gestaltbar. Je nach verfolgtem Zweck kann jedoch eine Perspektive näher liegen als andere. Bei der Wahl der Perspektive ist zu fragen, ob die aktuellen bzw. zukünftigen Lebenssituationen der Schülerinnen und Schüler die Einnahme einer bestimmten Perspektive nahelegen. Durch das Gesamtcurriculum sollte gewährleistet sein, dass die Schülerinnen und Schüler die Gelegenheit erhalten, die Einnahme aller Perspektiven einzuüben.

(1) Akteur: Ökonomische und politische Bildung dienen dem Erwerb von Handlungskompetenz. Im Ökonomieunterricht ebenso wie im Politikunterricht werden die Schülerinnen und Schüler daher oftmals als wirtschaftliche und politische Akteure mit spezifischen Interessen angesprochen. Dies macht bei der wirtschaftsmoralischen Bildung dort Sinn, wo individuelle Handlungsmöglichkeiten oder -notwendigkeiten bestehen, zum Beispiel beim ethischen Investment und Konsum.

(2) Adressat: Die Heranwachsenden sind aber auch das Gegenüber anderer Akteure. Sie sind die Adressaten moralischer und unmoralischer Handlungen, auf die sie reagieren können oder müssen. Die Einnahme dieser Perspektive macht bei der wirtschaftsmoralischen Bildung dort Sinn, wo die Initiative – der Auftakt einer Inter- bzw. Transaktion – regelmäßig von Anderen ausgeht, jedoch eine eigene Reaktion gefordert ist, zum Beispiel bei unerwünschten Werbeanrufen (Cold Calling) oder bei der Konfrontation mit rassistischer oder sexistischer Werbung.

(3) Beobachter: Die Schülerinnen und Schüler beobachten überdies Handlungszusammenhänge anderer Akteure, ohne selbst unmittelbar involviert zu sein. Ökonomische und politische Bildung fördert diesbezüglich die rationale Urteilsfähigkeit. Im Rahmen der wirtschaftsethischen Bildung ermöglicht die Position des außenstehenden Beobachters eine ethische Beurteilung des Handelns anderer, die nicht durch eigene Interessen gefärbt ist, zum Beispiel hinsichtlich der Veröffentlichung unternehmensinterner Missstände durch einen Insider (Whistleblowing).

(4) Bürger: Die Heranwachsenden sind nicht zuletzt mit sozialen Dilemmata konfrontiert, deren Lösung einer politischen Intervention bedarf, weil es nach Lage der Dinge – der oben bereits angesprochene Handlungskontext – unwahrscheinlich ist, dass sie von den Beteiligten selbst herbeigeführt werden kann und wird. In der ökonomischen und politischen Bildung wird dann die Perspektive des mündigen Wirtschaftsbürgers eingeübt. Dieser begibt sich nicht in einen konkreten Handlungszusammenhang hinein, sondern beeinflusst das Geschehen durch politische Mitgestaltung der Rahmenbedingungen, zum Beispiel der Regelungen für die Schiedssprüche von Ombudsleuten oder durch ethische Standards für die Werbebranche.

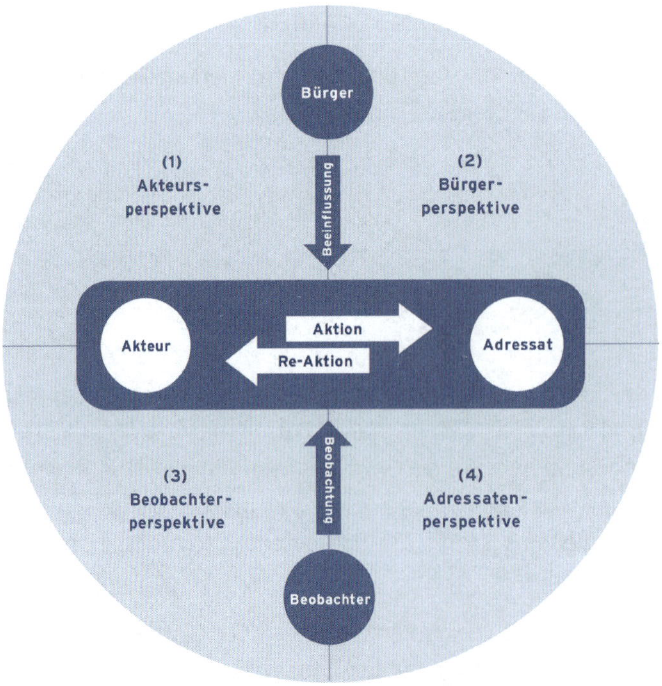

Abbildung 5: Optionale Perspektiven wirtschaftsmoralischer Bildung
Quelle: Retzmann 2006: 277.

Die Bausteine integrieren ein Spektrum unterrichtsmethodischer Varianten. In den Erprobungen der Bausteine hat sich immer wieder gezeigt, dass die Kasuistik (zur Fallarbeit siehe beispielsweise Retzmann 2012b) in der Wirtschaftspädagogik zwar seit Jahrzehnten als Königsmethode gefordert wird, aber offenbar wenig geübt ist. Es gibt auch kaum Anleitungen für Fachlehrer zur Entwicklung einer dafür erforderlichen narrativen Kompetenz: Wie kann ein Fall mündlich spannungsvoll und facettenreich präsentiert werden? Wie muss die schriftliche oder mediale Präsentation eines Falles ausgestaltet sein, um weder zu über- noch zu unterfordern? Wie lässt sich methodisch mit Fällen arbeiten, damit sie mehr als ein „Aufhänger" zur (vermeintlichen) Motivation zu Beginn einer Unterrichtseinheit sind?

Ausblick

Gute Beispiele verbessern die Sitten, so darf man wenigstens hoffen. Gilt auch der Umkehrschluss? Führen Fallbeispiele mit Fehlverhalten womöglich zu unmoralischen Ideen? Auszuschließen ist dies gewiss nicht. Hinzu kommt: Die Sachverhalte einiger Bausteine werfen immer wieder selbst schwierige Fragen einer pädagogischen Ethik auf. Ist es beispielsweise zulässig, „Schockwerbung", die vom Deutschen Werberat gerügt wurde, im Unterricht als Anschauungsmaterial vorzuzeigen, ohne Schülerinnen und Schüler dadurch zu überwältigen? Die Frage, ob eine sexistische, rassistische oder Gewalt verherrlichende Werbung als Anschauungsmaterial im Original verwendet werden soll, muss selbst zum Thema des Unterrichts gemacht werden. Schülerinnen und Schüler müssen ggfs. die Möglichkeit bekommen, sich davor zu schützen. Unterricht zu ethischen Fragestellungen ist immer wieder auf solche metareflexiven Lernphasen angewiesen.

In der globalisierten Welt werden die interkulturelle und die transkulturelle Dimension wirtschaftsethischer Fragestellungen noch an Bedeutung gewinnen. Das vormals Ferne scheint plötzlich ganz nah. Der Blick in den Kleiderschrank (Baustein zur Kampagne für „Saubere" Kleidung) stellt die Frage, wie sich persönliche Betroffenheit zu struktureller Bedeutsamkeit verhält. Können „wir", die jugendlichen Konsumentinnen und Konsumenten, die Probleme der Textilarbeiterinnen und Textilarbeiter in Bangladesh beurteilen oder gar über unser Kaufverhalten Einfluss nehmen? Oder wäre dies anmaßend? Ist es „uns" möglich, die chinesische Kultur der Innovation durch Kopieren und dahinter stehende unterschiedliche Wirtschaftsstile zu verstehen, gar zu tolerieren? Interkulturelle Management-Ratgeber, die bei einer erfolgreichen Verhandlungsführung helfen sollen, zeigen die enormen Probleme interkultureller Verständigung, die sich hier stellen. Andererseits wird im Zeitalter digitaler Medien das Ferne auch nah. Es wird zunehmend möglich sein, im digitalen World Classroom Kontakt aufzunehmen, um etwa mit einer Partnerschule in China über Produkt- und Markenpiraterie zu diskutieren oder mit gewerkschaftlich organisierten Textilarbeiterinnen in Bangladesh über ihre Perspektiven und Gestaltungsvorstellungen. Durch den möglichen Einbezug fremdsprachiger Quellen öffnen die Bausteine auch Optionen für den mehrsprachigen oder bilingualen Sachfachunterricht in den Fächern Wirtschaft oder Politik.

Die moderne Wirtschafts- und Unternehmensethik ist keine schöngeistige Spielwiese. Weil sich deren Theorien und Konzeptionen mit lebenspraktischen wirtschaftlichen und unternehmerischen Fragestellungen beschäftigen, konnten sie eine nachgerade erstaunliche Aufmerksamkeit und Bedeutung in der Wirtschafts- und Unternehmenspraxis erzielen, die offenkundig einen Bedarf an ethischer Orientierung hat. Diese zunehmende Bedeutung in der wirtschaftlichen Wirklichkeit ist ihrerseits eine legitimatorische Voraussetzung dafür, dass Elemente wirtschaftsmoralischer Bildung in die schulischen Curricula aufgenommen werden.

Zwar ist das ethos-Projekt mit diesen 15 Unterrichtseinheiten abgeschlossen, doch sind die realisierten Unterrichtsbausteine als exemplarische Beispiele zu verstehen. Sie sollen die Lehrerinnen und Lehrer deshalb zugleich ermutigen und befähigen, eigene Unterrichtseinheiten zur Wirtschafts- und Unternehmensethik zu entwickeln, mit denen sie auch tagesaktuelle Entwicklungen zum Gegenstand des Unterrichts machen und dies für ihren Bildungsgang und ihre Zielgruppe passgenau aufbereiten können. Mit den beschriebenen vier fachdidaktischen Instrumenten können Lehrkräfte selbst Bildungsprozesse analysieren und planen, die der wirtschafts- und berufsmoralischen Bildung dienen.

Literatur

Beck, Klaus/Parche-Kawik, Kerstin (2004): Das Mäntelchen im Wind? Zur Domänespezifität moralischen Urteilens. In: Zeitschrift für Pädagogik 2004, 2, S. 244-265.

Behrmann, Günter/Grammes, Tilman/Reinhardt, Sibylle unter Mitarbeit von Peter Hampe (2004): Politik: Kerncurriculum Sozialwissenschaften in der gymnasialen Oberstufe. In: Tenorth, Heinz-Elmar (Hrsg.): Kerncurriculum Oberstufe II. Expertisen – im Auftrag der Ständigen Konferenz der Kultusminister. Weinheim/Basel, S. 322-405.

Engartner, Tim (2010): Didaktik des Ökonomie- und Politikunterrichts. Paderborn.

Grammes, Tilman (2002): Ethische und politische Urteils- und Entscheidungsfindung in Lernprozessen. In: Martin, Hans-Joachim (Hrsg.): Am Ende (–) die Ethik? Begründungs- und Vermittlungsfragen zeitgemäßer Ethik. Münster, S. 189-213.

Grammes, Tilman (2006): Unterrichtsmodelle Wirtschaft und Politik. Rückblicke in die Stoff- und Inszenierungsgeschichte. In: Weißeno, Georg (Hrsg.): Wirtschaft und Politik unterrichten. Bonn: Bundeszentrale für politische Bildung, S. 232-246.

Grammes, Tilman (2014a): Kontroversität. In: Handbuch politische Bildung. Schwalbach/Ts., 4. Aufl., S. 266-274.

Grammes, Tilman (2014b): Exemplarisches Lernen. In: Handbuch politische Bildung. Schwalbach/Ts., 4. Aufl., S. 249-257.

Grammes, Tilman/Retzmann, Thomas (2011): Wirtschafts- und Unternehmensethik in der ökonomischen und politischen Bildung. Ein fachdidaktisches Projekt zur Entwicklung exemplarischer Curriculumbausteine. In: Unterricht Wirtschaft + Politik, Heft 2, 1. Jg., S. 53-54.

Hedtke, Reinhold (2006): Integrative politische Bildung. Sozialwissenschaftliche Kompetenzen jenseits von Fächern und Disziplinen. In: Weißeno, Georg (Hrsg.): Wirtschaft und Politik unterrichten. Bonn: Bundeszentrale für politische Bildung, S. 216-229.

Heidenreich, Felix (2012): Wirtschaftsethik zur Einführung. Hamburg.

Homann, Karl/Lütge, Christoph (2013): Einführung in die Wirtschaftsethik. Münster.

Kruber, Klaus-Peter (2005): Ökonomische und politische Bildung – der mehrperspektivische Zugriff auf Wirtschaft und Politik. In: Kahsnitz, Dietmar (Hrsg.): Integration von ökonomischer und politischer Bildung? Wirtschaftliche Allgemeinbildung zur Modernisierung der Gesellschaft. Wiesbaden, S. 77-112.

Marri, Anand Reddy/Wylie, S./Shand, R./Grolnick, M./Huth, T./Kuklis, L. (2013): Teaching the national debt, federal budget, and budget deficit through high school civics/government courses. In: Social Studies Research & Practice 2013, S. 83-112 (http://www.socstrpr.org/wp-content/uploads/2013/07/6-Final-Summer-2013-MS06371-Marri.pdf).

Noll, Bernd (2/2013): Wirtschafts- und Unternehmensethik in der Marktwirtschaft. Stuttgart.

Pfeifer, Volker (2/2009): Didaktik des Ethikunterrichts. Bausteine einer integrativen Wertevermittlung. Stuttgart.

Reese-Schäfer, Walter (2013): Grenzgötter der Moral. Wiesbaden (zuerst: Frankfurt: 1997).

Retzmann, Thomas (2006): Didaktik der berufsmoralischen Bildung in Wirtschaft und Verwaltung. Eine fachdidaktische Studie zur Innovation der kaufmännischen Berufsbildung. Norderstedt.

Retzmann, Thomas (2007): Die Dilemmamethode im Ökonomieunterricht. In: Unterricht Wirtschaft, Heft 30, 8. Jg., S. 41-47.

Retzmann, Thomas (2012a): Dilemmamethode. In: May, H./Wiepcke, C. (Hrsg.) (2012): Lexikon der ökonomischen Bildung. 8. Aufl., München, S. 181-183.

Retzmann, Thomas (2012b): Fallmethode. In: May, H./Wiepcke, C. (Hrsg.) (2012): Lexikon der ökonomischen Bildung. 8. Aufl., München, S. 237-239.

Sandel, Michael (2013): Was man für Geld nicht kaufen kann – die moralischen Grenzen des Marktes. Berlin.

Sutor, Bernhard (1997): Kleine politische Ethik. Opladen.

Ulrich, Peter (Hrsg.) (1996): Ethik in Wirtschaft und Gesellschaft: 24 Lehreinheiten zu Grundfragen des Wirtschaftens, Lebens und Arbeitens. Mit Kopiervorlagen, Materialien und Unterrichtsdispositionen. Aarau.

Ulrich, Peter (1997/2007): Integrative Wirtschaftsethik. Grundlagen einer lebensdienlichen Ökonomie. 1./4. Aufl., Bern.

Whight, Jonathan B./Morton, John S. (2007): Teaching the Ethical Foundations of Economics. New York: National Council on Economic Education.

Tim Engartner

Umwelt- und Sozialsiegel: Wie informativ und glaubwürdig sind sie?

Zur Aufhebung von Informationsasymmetrien beim ethischen Konsum von Waren

Hrsg. von Thomas Retzmann und Tilman Grammes

Informationen für Lehrende

Materialien für Lernende

Nachhaltigkeit als Lebensmaxime!? Und keine Orientierung im sozial-ökologischen Schilderwald!?

Viele Menschen müssen nicht mehr von der Notwendigkeit einer nachhaltigen Lebensweise überzeugt werden. Sie richten ihr Handeln bereits immer mehr nach dieser Maxime aus: Sie leben in einer energetisch sanierten Wohnung, auf deren Dach Solarzellen montiert sind. In der Garage steht der Hybrid-Diesel mit minimalem Kraftstoffverbrauch und vor dem Urlaubsflug zahlen sie freiwillig einen CO_2-Ablass. Doch der moderne Mensch ist *kein Selbstversorger*, sondern kauft die meisten Waren des täglichen Lebens im Handel ein. Das reicht von Lebensmitteln über Textilien bis hin zu Möbeln. Wer dann *ethisch verantwortungsvoll* konsumieren will, steht vor einem Problem: Ihm fehlt in der Regel jede Information über die ökologischen und sozialen Bedingungen der Herstellung. Dem Konsumenten fehlt es also nicht am guten Willen, sondern am nötigen Wissen über die *warenethische Qualität*. Und so fördert er mit seiner Kaufkraft womöglich unbeabsichtigt nicht nachhaltige Wirtschaftsweisen.

In dieser Situation springen den aufmerksamen Kunden diverse Labels an den Waren im Regal an, wie zum Beispiel das Fairtrade-Siegel, das FSC-Siegel, das MSC-Siegel, der Blaue Engel usw. Diese produktbezogenen Sozial- und Umweltsiegel sollen dem Endverbraucher ein *glaubwürdiges Signal* für eine besondere ethische Qualität ausgewählter Waren senden, um sein Informationsproblem zu lösen. Doch die inzwischen über 1000 Siegel bescheren ihm auch ein neues Informationsproblem: *Was bedeutet ein Siegel im Einzelnen konkret?* Dies in jedem Fall zu recherchieren, ist zeitaufwendig. Vielleicht hegt er sogar Zweifel an der *Glaubwürdigkeit* des Siegels. Es stellen sich also Fragen wie:

- Kann man auf dieses Siegel vertrauen? Ist es das Papier wert, auf das es gedruckt ist?
- Oder handelt es sich um eine Verbrauchertäuschung? Schöpft hier womöglich nur ein Blender meine höhere Zahlungsbereitschaft ab?
- Ist die Aussagekraft eines einzelnen Siegels genau bestimmt?
- Was bringt es, wenn eine Ware ökologisch vorteilhaft, aber in sozialer Hinsicht ungeprüft ist? Oder umgekehrt?
- Rechtfertigt die bessere warenethische Qualität den höheren Preis? Und wer garantiert dafür, dass der Aufpreis bei denen ankommt, denen er helfen soll?
- Sollte man zum Einkaufen einen Wegweiser durch den Label-Dschungel mitnehmen?

Lehrplan-Bezug. Dieser ethos-Baustein unterstützt die ökonomische und politische Verbraucherbildung. Die vorgeschlagene Verbraucherperspektive kann an die Lebenswelt der Schülerinnen und Schüler anknüpfen. Alternativ könnte – wie in anderen ethos-Bausteinen – die Unternehmensperspektive eingenommen werden, um eine Horizonterweiterung über die eigene Lebenswelt hinaus zu bewirken. Dabei könnte es sich um die Hersteller der Waren handeln, die durch Sozial- und Umweltsiegel trotz Kostennachteil einen Wettbewerbsvorteil suchen, oder um den Einzelhandel, der sein Sortiment festlegen muss. Mögliche Fragen wären dann: Wie hoch ist der Anteil gelabelter Produkte am Gesamtsortiment, am Umsatz, am Gewinn? Sind die Verkäufer geschult, interessierten Kunden die Bedeutung der freiwilligen Warenkennzeichnungen zu erläutern? Oder sind sie selbst ohne hinreichende Orientierung im sozial-ökologischen Schilderwald?

Anschlussfähigkeit. Die weiteren ethos-Bausteine „Corporate Social Responsibility ...“, „Die Kampagne für ‚Saubere‘ Kleidung ...“ sowie „Anbieter im CSR-Test ...“ schließen sehr gut an diesen Baustein an. Auch lassen sich einzelne Unterrichtsmaterialien einbinden.

Thomas Retzmann und Tilman Grammes

Umwelt- und sozialverträglicher Konsum: Möglichkeiten und Grenzen

Marktwachstum. Ob beim Kaffeetrinken, beim Schokoladenverzehr oder beim Kauf von Textilien – ethischer Konsum gemäß dem Motto „Wandel durch Handel" findet immer breitere Akzeptanz. Vorbei sind die Zeiten, in denen ethisch verantwortungsvoller Konsum als politisch motiviertes Distinktionsverhalten des links-alternativen Milieus oder als nach Aufmerksamkeit heischender Gestus utopiegläubiger „Weltverbesserer" interpretiert werden konnte. Längst sind die Forderungen, „Menschenrechte global zu respektieren, Kriterien der ökologischen Nachhaltigkeit zu beachten und die sozialen Existenzgrundlagen der weltweit eingesetzten Lohnarbeitskräfte durch faire Löhne und Arbeitsbedingungen zu gewähren" in der Mitte der Gesellschaft angekommen (Beetz 2007: 29). *„Wellness fürs Gewissen"* ist en vogue. Die von Marketingexperten als „Lohas" (Lifestyle of Health and Sustainability) klassifizierten Konsumenten bevorzugen Waren, die als besonders umwelt- und sozialverträglich ausgewiesen werden. Deren Marktvolumen beträgt 500 Mrd. Euro weltweit (vgl. Dohmen 2011).

Angebot und Nachfrage. Auch hierzulande erzielte der Verkauf von Fair-Trade-Produkten zuletzt von Jahr zu Jahr zweistellige Zuwachsraten. Die Erfolgsfaktoren für diesen beispiellosen Boom umwelt- und sozialverträglicher Waren sind neben dem veränderten Verbraucherbewusstsein und der daraus resultierenden erhöhten Nachfrage vor allem die größere Produktvielfalt, der erweiterte Pool an Lizenzpartnern sowie die fortlaufend gestiegene Zahl der Verkaufsstellen. In der „Konsumgesellschaft", die mitunter als „Überflussgesellschaft", „Wohlstandsgesellschaft" oder „Wegwerfgesellschaft" charakterisiert wird (Philipps 2008, Haupt/Torp 2009), konsumieren Menschen nicht nur das, was sie zum Überleben benötigen, sondern auch das, was ihr Leben aus ihrer persönlichen Perspektive bereichert.

Informationsprobleme. Der vorliegende ethos-Baustein nimmt die *Verbraucherperspektive* ein. Er soll einen Beitrag zur Rationalisierung von ethisch motivierten Kaufentscheidungen leisten. Neben dem stets virulenten Informationsproblem der Konsumenten werden die Aussagekraft, die Glaubwürdigkeit sowie die Wirksamkeit von Siegeln thematisiert. Der Beitrag des Bausteins zur politischen, ökonomischen und Verbraucherbildung lässt sich gleich mehrfach begründen:

- Das konsumethische Bewusstsein hat zugenommen: Der Konsum von Waren mit Umwelt- und Sozialsiegeln ist zu einem betriebs- wie volkswirtschaftlich relevanten Phänomen geworden.
- Vier von fünf Befragten geben an, sich durch die mehr als 1.000 Gütesiegel verwirrt zu fühlen. Ihrer Meinung nach liegt die optimale Labelanzahl bei eins. Dies lässt den Aufklärungsbedarf erkennen (vgl. Willenbrock 2011).
- Welchen Beitrag Produktsiegel zur Förderung der Konsumentenmacht leisten, wird in Politik und Öffentlichkeit kontrovers diskutiert. Manche sprechen von einer „Politisierung des Konsums".
- Zahlreiche Produkte werden in Entwicklungs- und Schwellenländern unter Bedingungen hergestellt, die hierzulande verboten sind (zum Beispiel Kinderarbeit). Ein globales Bewusstsein dafür zu entwickeln ist im Zeitalter der Globalisierung bedeutsam.

Informationsgehalt. Ist eine Vertragspartei besser informiert, kann sie sich Vorteile gegenüber der schlechter informierten Seite verschaffen (vgl. Tietzel 1989: 54). Dies gilt insbesondere bei Waren, die über *Erfahrungs- und Vertrauens*guteigenschaften verfügen. So weisen die Anbaumethode des Salats und die Energieeffizienz des Kühlschranks bis zum Sammeln ausreichender Erfahrung allein „Glaubensqualitäten" auf. Aus diesem Umstand speist sich die Bedeutung produktbezogener Umwelt- und Sozialsiegel: Sie können Informationsasymmetrien zugunsten der Konsumenten auflösen. Den Siegeln wachsen selbst bedeutsame Vertrauensguteigenschaften zu. Ihr Informationsgehalt ist aber nicht immer eindeutig und/oder verlässlich. Nicht zuletzt aus diesem Grund evoziert die Frage, was Siegel verstecken, höchst unterschiedliche Antworten.

Label als Orientierungsgrößen in der Konsumgesellschaft

ETHISCHER KONSUM. „Der schlafende Riese Konsument erwacht und verwandelt den Kaufakt in eine Abstimmung über die weltpolitische Rolle der Konzerne" (Beck 2002: 131). Ulrich Beck prägte das Schlagwort des „politischen Konsumenten" und unterstrich die ökonomische Bedeutung ethischen Konsums. Zahlreiche Sozialwissenschaftler pflichten ihm bei und konstatieren eine „Moralisierung der Märkte" (vgl. für viele: Stehr 2007: 236). Gemeint ist damit, dass sich Konsumenten wie Produzenten oftmals von der auf reine Nutzen- und Wertvermehrung gerichteten Zweckrationalität abwenden und stattdessen ein von moralischen Kriterien geleitetes (Markt-)Verhalten zeigen. Zwar gibt es eine Diskrepanz zwischen Wissen und Handeln, doch hat „der Wissensstand einen wachsenden Einfluss auf das ökonomische Verhalten (...) wie auch auf den Trend hin zu einer Moralisierung der Märkte" (ebd.). Ethischer Konsum ist darauf angelegt, dass die *Warenproduktion* unter ökologischen, ökonomischen und/oder sozialen Gesichtspunkten bestimmten Kriterien genügt:

Soziales	Ökologie	Ökonomie
keine gesundheitsschädigenden Arbeits- und Produktions-bedingungen	ressourcenschonender Anbau	stabile Mindestpreise (unter anderem gegenüber Lieferanten)
keine Kinderarbeit	keine umweltschädlichen Substanzen	langfristige Handelsbeziehungen
Mitbestimmung der Arbeitnehmerschaft	Förderung kontrolliert biologischen Anbaus	Fairtrade-Prämie
Keine Diskriminierung	Verbot genetisch veränderter Organismen	„gerechte" Entlohnung der Beschäftigten
Meinungs- und Versammlungsfreiheit	Wiederinstandsetzung der Natur (zum Beispiel Aufforstung)	Wahrung eines *Corporate-Governance*-Kodex (zum Beispiel Korruptionsverbot)

Abb. 1: Kriterien ethischen Konsums aus sozialer, ökologischer und ökonomischer Perspektive
Quelle: Eigene Darstellung.

KONSUMENTENSOUVERÄNITÄT. Erstmalig benannt wurde das marktwirtschaftliche Steuerungsideal im Jahre 1931 durch Arbeiten von William Hutt. Demnach treffen Konsumenten rationale Konsumentscheidungen, da sie im Lichte ihrer Präferenzen und Budgetrestriktionen ihre Zahlungsbereitschaft für verschiedene Güter ausbilden und bei gegebenen Preisen entsprechende Konsummengen wählen. Mithin hängt der Erfolg eines Unternehmens davon ab, wie zielgerichtet das Angebot auf die Präferenzen der Konsumenten ausgerichtet wird. Letztlich lenken die Konsumenten durch ihre Konsumentscheidungen sowohl den Umfang als auch die Struktur der Produktion. Aus dieser idealtypischen Perspektive können wir mit einem zielgerichteten Konsumverhalten einen ethisch vertretbaren Einsatz von Produktionsfaktoren erwirken (vgl. Jonas 1987). John Kenneth Galbraith indes kritisierte das Ideal der Konsumentensouveränität. Er wies daraufhin, dass die einflussreichen Produzenteninteressen die Konsumentenpräferenzen verschleiern (2001).

LABELVIELFALT. Um umwelt- und sozialverträglich konsumieren zu können, brauchen Verbraucher verlässliches Wissen über die Herkunft, die Fertigung und den Vertrieb von Waren. Eine Hilfestellung sind Gütekennzeichen, Prüfzeichen, Umweltzeichen, Regionalzeichen und Test-Labels:

(1) ***Gütekennzeichen*** sind wettbewerbsrechtlich geschützt und vom Deutschen Institut für Kennzeichnung und Gütesicherung e. V. anerkannt. Herstellerverbände bilden Gütegemeinschaften und vergeben das Nutzungsrecht des Labels an eine zumeist begrenzte Zahl von Nutzern. Besonders bekannt ist das 1925 von der Deutschen Industrie initiierte Gütekennzeichen RAL.

(2) ***Prüfzeichen*** *(Prüfsiegel, Qualitätszeichen)* sind grafische und/oder schriftliche Markierungen an Waren, mit denen die Einhaltung sicherheitsrelevanter oder herstellungsbezogener Kriterien zertifiziert wird, zum Beispiel die Kraftfahrzeug-Prüfplakette, das Zertifikat „Geprüfte Sicherheit" (GS) sowie die Kennzeichen „Bio-Siegel", „Blauer Engel" und „Fairtrade" (Schrader 2004).

(3) ***Energielabel*** *(Energieverbrauchskennzeichnungen)* wurden in den 1990er-Jahren auf Initiative der Europäischen Union eingeführt, um den Stromverbrauch elektrischer Geräte nach Energieeffizienzklassen einzuteilen. Mittlerweile ist diese Warenkennzeichnung hierzulande gesetzlich vorgeschrieben. Anders als zum Beispiel das Fairtrade-Siegel zielt es nicht auf die Erzeugung, sondern innerhalb des Lebenszyklus auf den Gebrauch ab. Verbraucher sollen bei der Anschaffung von Haushaltsgeräten auf die Folgekosten achten können **[M 6, M 7]**.

(4) ***Regionalzeichen*** werben für Waren einer bestimmten Region und werden von Verbänden vergeben (zum Beispiel „Die Nordpfalz" für nordpfälzische Unternehmen).

(5) ***Test-Label,*** wie sie die „Stiftung Warentest" oder „Öko-Test" vergeben, sind als wertende Prädikate zu klassifizieren, obwohl auch sie mitunter der Kategorie „Prüfzeichen" zugeordnet werden. Meist erfolgen die Qualitätsurteile in Form von (Schul-)Noten.

BEDEUTENDE PRODUKTSIEGEL. Die Zahl der produktbezogenen Umwelt- und Sozialsiegel ist groß und steigt weiter an. Unter http://www.lubw.baden-wuerttemberg.de finden sich viele Sozialsiegel nebst Erläuterungen; http://www.green-connect.de/katalog/umweltzeichen_siegel.html portraitiert zahlreiche Umweltsiegel. Zwei Siegel seien exemplarisch herausgehoben:

GoodWeave ist das Siegel des Zertifizierungsprogramms von RugMark International. Deren Ziel ist es, ausbeuterische Kinderarbeit in der Teppichindustrie zu verhindern, ehemaligen Kinderarbeitern eine Wiedereingliederung in die Gesellschaft zu ermöglichen und die sozialen Anliegen der Beschäftigten in der Teppichproduktion zu unterstützen. Das Siegel wird an Teppichhersteller und Exporteure vergeben. Sie werden regelmäßig von unabhängigen Inspektoren kontrolliert. Mithilfe eines Codes, den jedes GoodWeave-Siegel trägt, kann die Herkunft des Teppichs zurückverfolgt werden. Die Finanzierung erfolgt über Spenden von Stiftungen und Privatpersonen.

Der Blaue Engel wurde 1977 ins Leben gerufen. Das älteste Umweltzeichen der Welt kennzeichnet Waren und Dienstleistungen, die wenige Ressourcen bei der Herstellung, beim Gebrauch und bei der Entsorgung verbrauchen sowie keine für die Umwelt schädlichen Substanzen enthalten. Vergeben wird das Siegel vom Bundesministerium für Umwelt, Naturschutz und Reaktorsicherheit, vom Umweltbundesamt, von der RAL – Deutschen Institut für Gütesicherung und Kennzeichnung – sowie von der Jury Umweltzeichen. Zuletzt wurde das Label um vier Zusatzbezeichnungen ergänzt: (1) „Blauer Engel schützt das Klima" (Computer, Bildschirme, Uhren etc.), (2) „... schützt die Ressourcen" (Schulhefte, Briefumschläge, Zahnbürsten etc.), (3) „... schützt das Wasser" (Kaffeefilter, Rohrreiniger, Toilettenspülkästen etc.), (4) „... schützt Umwelt und Gesundheit" (Teppichböden, Babyphones, Matratzen etc.).

TYPOLOGIE VON KAUFENTSCHEIDUNGEN. Jedem Kauf liegt eine Entscheidung zugrunde. Echte oder extensive Entscheidungen liegen vor, wenn zum Beispiel ein neues Gut auf den Markt kommt oder ein Bedürfnis erstmalig artikuliert wird. Sie sind mit großem Informationsbedarf und hohem kognitiven Engagement verbunden. Bei habituellen Kaufentscheidungen erfolgt eine gewohnheitsmäßige Wahl, ohne dass Alternativen betrachtet werden. Von limitierten Entscheidungen wird gesprochen, wenn Waren anhand erprobter Kriterien verglichen werden. Impulskäufe sind von kaufstimulierenden Reizen und daher stark emotional geprägt. Der erstmalige Kauf von Waren mit Umwelt- und Sozialsiegeln erfolgt meist nicht spontan, sondern nach reiflicher Überlegung (extensive Kaufentscheidung). Häufig basiert die Kaufentscheidung zugunsten einer gelabelten Ware auf einem Appetenz-Aversions-Konflikt, d. h. auf psychischen Spannungen, die sich für Verbraucher durch den Konsum einer in ökologischer oder sozialer Hinsicht fragwürdigen Ware ergeben.

GÜTERTYPOLOGIE. Gerade in Informationsgesellschaften können sich besser informierte Marktteilnehmer nichtleistungsbedingte Vorteile gegenüber schlechter Informierten verschaffen. Abhängig vom Grad der Asymmetrie lassen sich Güter informationsökonomisch wie folgt einteilen:

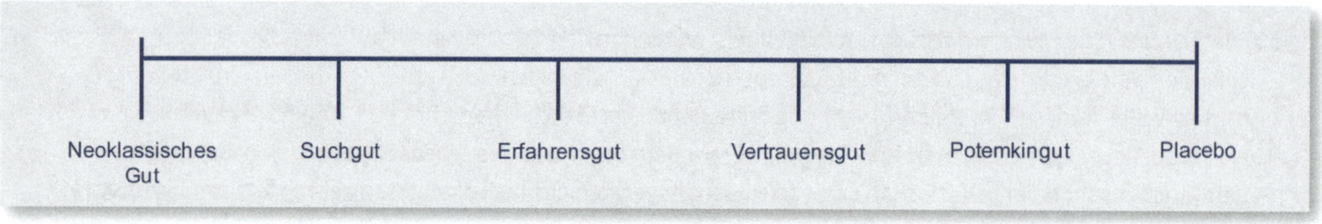

Abbildung 2: Skala von Güterarten nach dem Grad der Informationsasymmetrie
Quelle: Retzmann 2006: 372, in Anlehnung an Tietzel 1988: 24 und Tietzel 1989: 54 f.

- Bei einem *neoklassischen Gut* liegt vollkommene Information vor: Es gibt weder eine Informationsasymmetrie zwischen Anbietern und Nachfragern noch Informationsunterschiede vor und nach dem Konsum.
- Bei *Such-/Inspektionsgütern* kann die Qualität des Guts vor dem Kauf festgestellt werden.
- Bei *Erfahrungsgütern* offenbart sich die Qualität erst während oder nach dem Gebrauch. Aufgrund dessen verringert sich der Anreiz für den Anbieter, qualitativ hochwertige Ware anzubieten (adverse Selektion).
- Relevante Eigenschaften von *Vertrauensgütern* wie zum Beispiel Materialfestigkeit oder Recyclingfähigkeit können nur mittels aufwendiger Testverfahren festgestellt werden, sodass die Konsumenten auf Experten angewiesen sind. Da Umwelt- und Sozialsiegel Informationssymmetrien teilweise auflösen, nehmen sie meist selbst den Charakter eines Vertrauensgutes an.
- Bei einem *Potemkingut* kann selbst eine unabhängige Institution nur bedingt verlässlich Auskunft geben. Ein Beispiel ist etwa die nur vage zu taxierende Laufzeit eines PKW-Motors.
- Über *Placebo-Güter* können keine verlässlichen Informationen eingeholt werden. So unterliegen etwa die Produktionsbedingungen dem Betriebsgeheimnis, sodass zum Beispiel die Umweltqualität eines Gutes nicht bestimmt werden kann.

Signaling. Bei der „ethischen Qualität" von Waren handelt es sich weder um eine Such- noch um eine Erfahrungsguteigenschaft, da diese auch durch Anschauung oder Nutzung nicht bewertet werden kann. Diese Informationslücke sollen produktbezogene Umwelt- und Sozialsiegel schließen, indem sie den Konsumenten ein glaubwürdiges Signal hinsichtlich dieser spezifischen Qualität der Waren liefern. Siegel erlangen vor allem bei Vertrauensgütern Bedeutung, müssen Nachfrager doch bei diesen Experten ihren Glauben schenken. Siegeln wie Trans-Fair, GoodWeave, FSC (Forest Stewardship Council), MSC (Marine Stewardship Council) und Labeln wie „Der Blaue Engel" wachsen aufgrund ihrer Glaubwürdigkeit selbst Vertrauensguteigenschaften zu. Dies gilt auch für die gesetzlich vorgeschriebenen Angaben über die Energieeffizienzklasse von Elektrogeräten.

Institutionelle Rahmenbedingungen. Die abgebildete Topologie (Abbildung 3) verdeutlicht die Brückenfunktion von Produktsiegeln sowie deren erfolgskritischen Faktoren und zeigt den Ablauf der Siegelvergabe inklusive grundlegender (Inter-)Dependenzen auf. Grundsätzlich lässt sich diese auch im Unterricht einsetzen.

Unterrichtsplanung: Ethischer Konsum als relevante Größe des Verbraucherverhaltens

Bildungsgehalt. In diesem ethos-Baustein werden produktbezogene Umwelt- und Sozialsiegel warenethisch analysiert. Dabei wird die Verbraucherperspektive eingenommen, denn immer mehr Erwachsene, Kinder und Jugendliche wollen umwelt- und sozialverträglich konsumieren. Informationen über Umwelt- und Sozialsiegel tragen zur Verarbeitung und Reduktion von informatorischer Komplexität bei und damit zum aufgeklärten Konsum in Anbetracht des „Label-Dschungels".

- Relevanz für die *politische* Bildung: Auf ethischen Grundsätzen basierender Konsum stellt letztlich eine Ausprägung politisch motivierten Konsums dar, da mit der Wahl zwischen Waren und Herstellern Unternehmenspolitiken oder institutionelle Strukturen verändert werden können (vgl. Baringhorst/Kneip/März/Niesyto 2007: 17).
- Relevanz für die *ökonomische* Bildung: Die Konsumentensouveränität als Fundamentalprinzip der individuellen Bedürfnisbefriedigung wird begreiflich gemacht. Das erworbene Wissen ermöglicht eine Rationalisierung der Kaufentscheidungen (vgl. Hedtke 2001: 47 ff.). Zudem ermitteln die Schülerinnen und Schüler die Einsparpotenziale durch umweltbewussten Konsum.

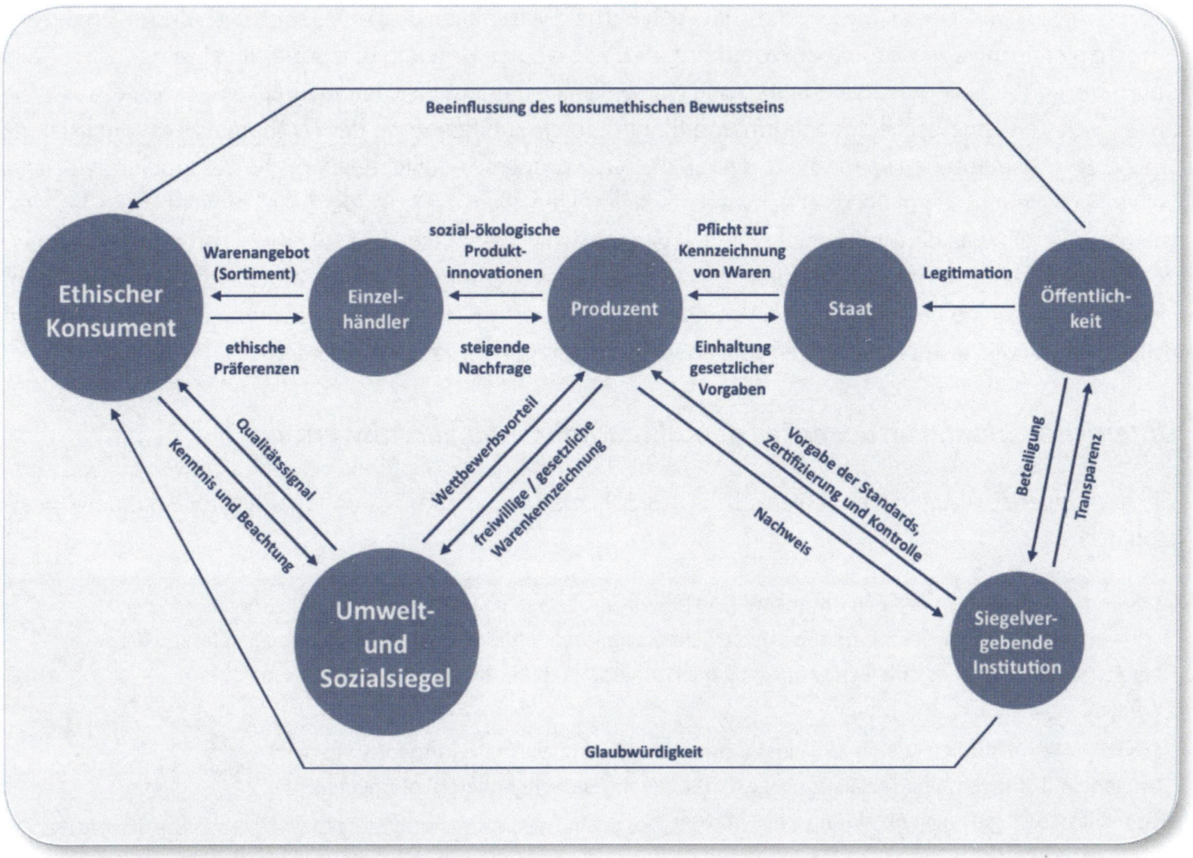

Abbildung 3: Erfolgskritische Faktoren bei der Implementierung von Umwelt- und Sozialsiegeln
Quelle: Eigene Darstellung in Anlehnung an: Retzmann 2006: 298.

LERNVORAUSSETZUNGEN. Basiswissen über ethische Argumentationslinien und Gestaltungsansätze sind von Vorteil, beispielsweise bezüglich der Institutionen- und der Individualethik. Vorschalten ließen sich dem ethos-Baustein kulturelle Aspekte des ethischen Konsums, weitere Güterklassifizierungen oder auch Ausführungen zur Funktionsweise der Stiftung Warentest.

KOMPETENZENTWICKLUNG. Folgende Fähigkeiten und Fertigkeiten sollen gefördert werden:

- ***Konsumkompetenz:*** Damit Schülerinnen und Schüler verantwortlich konsumieren können, werden Charakteristika von Umwelt- und Sozialsiegeln analysiert, reflektiert und hinsichtlich ihrer Konsequenzen für das Verbraucherverhalten diskutiert.
- ***Mathematische Kompetenz:*** Zwei Aufgaben sollen im Wege einfacher Rechenoperationen verdeutlichen, dass Zahlen, Daten und Fakten einer Objektivierung und damit auch einer Rationalisierung von Konsumentscheidungen dienen (können).
- ***Handlungskompetenz:*** Durch im Alltag sichtbare Produktlabel kann das rational begründete Entscheiden simuliert und realiter nachvollzogen werden.
- ***Medien- und Sprachkompetenz:*** Durch zielgerichtete Internet-Recherchen, die Produktion eigener Tonaufnahmen oder Fotos, das Verfassen von Zeitungsbeiträgen und das Anfertigen von Werbeflyern wird der Aufbau dieser beiden Kompetenzen gefördert.

CURRICULARE EINBINDUNG. Verbraucherpolitische und wirtschaftsethische Inhalte finden sich in den Lehrplänen der allgemeinbildenden und der berufsbildenden Schulen – etwa in Schleswig-Holstein (Wirtschaftsethik in der Jahrgangsstufe 11 an Gymnasien) und in Bayern (Diskussion wirtschaftsethischer Fragen im Rahmen der Sozialkunde in der Jahrgangsstufe 12 an Berufsfachschulen). Aber auch die Curricula anderer Bundesländer bieten aufgrund der Kompetenzorientierung Möglichkeiten, die dargestellten Inhalte in den Unterricht einzubringen.

Möglichkeiten und Grenzen. Dieser ethos-Baustein enthält Materialien und Arbeitsaufträge, die für Fragen des ethischen Konsums von besonderer Bedeutung sind: Wie werden Umwelt- und Sozialsiegel kategorisiert? Wie unterscheiden sich die Vergabeverfahren und wie wirkt sich dies auf die Glaubwürdigkeit der Siegel aus? Wie lassen sich Konsumentscheidungen (unter anderem durch Zuhilfenahme der Mathematik) rationalisieren? Trotz dieser thematischen Spannbreite decken die Ausführungen lediglich Teilbereiche des Problemfeldes ab. So wird beispielsweise mit Blick auf Konsumentscheidungen allein die Frage des „Wie", nicht aber die des „Ob" thematisiert. Obwohl die Menschheit weltweit gegenwärtig „Ressourcen von 1,4 Erden" verbraucht (Dohmen 2011), findet das Thema „Konsumverzicht" keine Berücksichtigung. Ergänzend diskutiert werden sollte im Unterricht, dass eine breitenwirksame Veränderung des Konsumverhaltens nur dann zu erwarten ist, wenn kollektiv verbindliche Entscheidungen vonseiten des Gesetzgebers getroffen werden.

Unterrichtsverlauf: Von der ersten Kontaktaufnahme bis zur Auswertung

Die nachfolgenden Materialien lassen sich in drei Schritten – und zum Teil unabhängig voneinander – bearbeiten:

Schritt 1: Der Bericht vom Regenschirmkauf **[M 1]** sowie die Recherche **[M 2]** dienen dem Kennenlernen der verschiedenen Siegel, d. h. der Information und Orientierung im Label-Dschungel. Beide Materialien lassen sich bereits ab der Jahrgangsstufe 9 oder in weniger leistungsstarken Berufsschulklassen zum Einsatz bringen.

Schritt 2: Die Fallstudien **M 3** bis **M 6** illustrieren exemplarisch, wie ein verantwortungsvoller Umgang mit Umwelt- und Sozialsiegeln gestaltet werden kann. In höheren Jahrgangsstufen lässt sich ggf. auch Abbildung 3 einsetzen.

Schritt 3: Der reflektierten Handlungsorientierung dienen die Materialien **M 7** bis **M 9**.

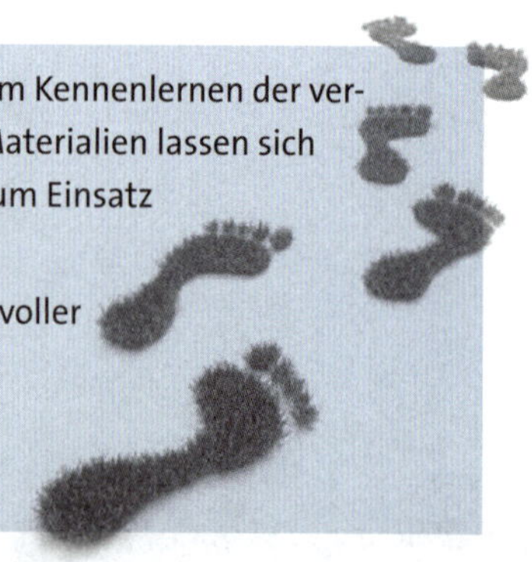

Auswahl eines Beispiels. Der Einstieg erfolgt über eine für den weiteren Unterrichtsverlauf unentbehrliche Informationsphase: Nach einer kurzen – beinahe unterkomplexen – Einführung in die Komplexität von Kaufentscheidungen **[M 1]** können die Schülerinnen und Schüler eigenständig ein Umwelt- oder Sozialsiegel auswählen **[M 2]**. Dessen Analyse soll nach einigen Vorgaben erfolgen. So sollen wichtige Merkmale der Siegel identifiziert, bestimmte Medien für die Recherche genutzt und grundlegende Präsentationsregeln beherzigt werden. Die Schülerinnen und Schüler sollen das gewählte Umwelt- oder Sozialsiegel in einer Ausstellung präsentieren. Die Einstiegsphase nimmt – je nach Intensität der Bearbeitung – zwischen vier und zwölf Unterrichtsstunden in Anspruch. Fortan sollen – in Partner- oder Gruppenarbeit – weitere Umwelt- und Sozialsiegel zum Gegenstand des Lehr-/Lernprozesses gemacht werden. Die in der Grafik genannten Merkmale können für das von den Schülerinnen und Schülern gewählte Siegel unter anderem per Befragung ermittelt werden. Eine Kundenbefragung beispielsweise könnte das Ziel verfolgen, den Bekanntheitsgrad und die Glaubwürdigkeit der Produktsiegel empirisch (wenn auch nicht repräsentativ) zu erheben. Die Siegelprogramme miteinander zu vergleichen (zum Beispiel im Hinblick auf ihren Bekanntheitsgrad), stellt eine Herausforderung dar, die von der gesamten Lerngruppe im Anschluss bewältigt werden kann.

Sinn bzw. Unsinn. Nun sollen grundlegende Fragen nach deren Bekanntheitsgrad, Sinnhaftigkeit und Akzeptanz beantwortet werden. **M 3** geht der Frage nach, ob Umwelt- und Sozialsiegel Konsumenten einen Mehrwert bescheren – und wenn ja, welchen. Durch die Kontrastierung der in dem Text und den Arbeitsaufträgen zum Ausdruck gebrachten Positionen sollen bei den Lernenden (Meinungs-)Widersprüche evoziert werden. Dieses Ziel verfolgt **M 4**, das die zunehmend bedeutsamer werdende EU-Öko-Verordnung zum Gegenstand hat. Dadurch soll ein Eindruck davon vermittelt werden, dass das vielfältige Angebot an Siegeln in einer kontraproduktiven Verwirrung der Konsumenten enden kann.

Vertiefung. In dieser Phase sollen drei spezifische Siegel hinsichtlich ihres Informations- und Gebrauchswerts ergründet werden, um Handlungsoptionen aufzuzeigen. Die Möglichkeiten, im täglichen Leben dem Umweltschutz Rechnung zu tragen, wird am Beispiel des Zertifikats „Der Blaue Engel" verdeutlicht **[M 5]**. Schließlich wird die Möglichkeit des Ressourcensparens entlang der Energieeffizienzklassen dargelegt **[M 6, M 7]**. Die rechnerisch zu ermittelnden Lösungen sind als Kurzfassungen in geblasster Schrift auf den Arbeitsblättern angegeben. Zuletzt wird die Misere der Kinderarbeit mit den höheren Anschaffungskosten für mit dem GoodWeave-Siegel zertifizierte Waren kontrastiert **[M 8]** und ein zeitintensiver Blick auf den „Umweltengel" geworfen **[M 9]**.

METHODIK. Der unterrichtsmethodische Zugang erfolgt über die Analyse von Texten, die Deutung und Anfertigung von Schaubildern, die Durchführung und Auswertung einer Befragung sowie die systematische Erschließung einschlägiger (Fach-)Literatur. Methodische Freiheiten ergeben sich insbesondere bei der Bearbeitung von **M 2**. Für die Ergebnispräsentation bietet sich beispielsweise eine als Museumsrundgang arrangierte Ausstellung im Klassenraum an. Die rechnerische Ermittlung von Einsparpotenzialen durch den Einsatz ressourcenschonender Technik **[M 5, M 7]** erweitert den in den Arbeitsaufträgen abgebildeten Methodenkatalog um einfache Rechenaufgaben. Die für die Bearbeitung von **M 9** geeigneten Methoden sollen die Schülerinnen und Schüler wählen, wobei zum Beispiel Interviews mit Zertifizierungsorganisationen zu ihrer Organisationsform, zur Bewertung des Zertifizierungsverfahrens sowie zu Förder- und Forschungsprogrammen besonders wünschenswert wären. Um die vorgeschlagene Erhebung systematisch auszuwerten, kann auf die Bearbeitung mit dem kostenlos abrufbaren Programm GrafStat zugegriffen werden.

Literatur

Baringhorst, Sigrid/Kneip, Veronika/März, Annegret/Niesyto, Johanna (2007): Verbraucher und Unternehmen als Bürger in der globalen Mediengesellschaft. Bürgerschaft als politische Dimension des Marktes, in: dies. (Hrsg.): Politik mit dem Einkaufswagen. Unternehmen und Konsumenten als Bürger in der globalen Mediengesellschaft. Bielefeld, S. 7-28.

Beck, Ulrich (2002): Macht und Gegenmacht im globalen Zeitalter, Frankfurt am Main.

Beetz, Michael (2007): Verbraucheröffentlichkeit und Bürgerschaft, in: Baringhorst, Sigrid et al. (Hrsg.): Politik mit dem Einkaufswagen. Unternehmen und Konsumenten als Bürger in der globalen Mediengesellschaft, Bielefeld, S. 29-51.

Blättel-Mink, Birgit/Hellmann, Kai-Uwe (2010): Prosumer Revisited. Zur Aktualität einer Debatte, Wiesbaden.

Dohmen, Caspar (2011): Hauptsache, man fühlt sich gut, in: Süddeutsche Zeitung v. 28.06.11, S. 23.

Döltgen, Rita Maria/Klingsiek, Georg (1989): Der Ausstellungsknigge. Tipps, Tricks und Kniffe bei der Organisation einer Ausstellung, in: Geographie heute, Nr. 67, S. 29.

Galbraith, John Kenneth (2001): The Essential Galbraith, Boston/New York.

Haupt, Heinz-Gerhard/Torp, Claudius (Hrsg.) (2009): Die Konsumgesellschaft in Deutschland 1890-1990. Ein Handbuch, Frankfurt am Main/New York.

Hedtke, Reinhold (2001): Konsum und Ökonomik. Grundlagen, Kritik und Perspektiven, Konstanz.

Jonas, Hans (1987): Das Prinzip Verantwortung: Versuch einer Ethik für die technologische Zivilisation, 5. Aufl. Frankfurt am Main.

Mayer, Claudia (2003): Umweltsiegel im Welthandel. Eine institutionenökonomische Analyse am Beispiel der globalen Warenkette von Kaffee, Marburg.

Philipps, Axel (2008): BSE, Vogelgrippe & Co. „Lebensmittelskandale" und Konsumentenverhalten. Eine empirische Studie, Bielefeld.

Retzmann, Thomas (2006): Didaktik der berufsmoralischen Bildung in Wirtschaft und Verwaltung. Eine fachdidaktische Studie zur Innovation der kaufmännischen Berufsbildung, Norderstedt.

Schrader, Ulf (2004): Überwindung von Marktversagen durch Öko-Label: Das Beispiel des Bio-Siegels für Lebensmittel, in: Zeitschrift für angewandte Umweltforschung, Jg. 15/16, Heft 2, S. 198-212.

Stehr, Nico (2007): Die Moralisierung der Märkte. Eine Gesellschaftstheorie, Frankfurt am Main.

Tietzel, Manfred (1988): Zur ökonomischen Theorie des Betrügens und des Fälschens, in: Jahrbuch für Nationalökonomie und Statistik, Stuttgart, Bd. 204/1, S. 17-35.

Tietzel, Manfred (1989): Probleme bei der asymmetrischen Informationsverteilung beim Güter- und Leistungsaustausch, in: Ott, Claus/Schäfer, Hans-Bernd (Hrsg.): Allokationseffizienz in der Rechtsordnung. Berlin et al. 1989, S. 52-69.

Willenbrock, Harald (2011): Wie gut sind Gütesiegel?, in: Brand Eins, 13. Jg., Heft 3, S. 12.

Internet

http://www.lubw.baden-wuerttemberg.de

http://www.green-connect.de/katalog/umweltzeichen_siegel.html

http://foodwatch.de/kampagnen__themen/biolebensmittel/eu_oeko_verordnung/index_ger.html

M 1 *Komplexität von Kaufentscheidungen*

„Ich brauchte seinerzeit einen neuen Regenschirm. Es war zu überlegen, wie ich in meiner Rolle als Arbeitnehmer die in der freien Marktwirtschaft mir obliegende Pflicht der Auswahl am besten treffen könnte. In Köln gibt es, so nahm ich an, etwa 50 Läden, in denen man einen Regenschirm kaufen kann. (...) Dann gibt es schätzungsweise 200 Sorten Regenschirme für Herren. Da es ein schwarzer Regenschirm mit gebogener Krücke sein sollte, mag sich die Sortenzahl auf 100 ermäßigen. Nun aber geht es mir um einen möglichst dauerhaften Regenschirm, dessen Stoff, Stock und Mechanik lange halten und auch bei starkem Wind lange brauchbar bleiben sollen. Ich fand bald heraus, dass, allein um die Güte der Regenschirmstoffe auf Haltbarkeit und Wasserdurchlässigkeit zu prüfen, ein Kursus nötig sei, den ein Freund auf Wochen Dauer schätzte. Auch die Mechanik sei, so meinte er, in ihrer Qualität verschieden, und man müsse schon etwas davon verstehen, wenn man eine sachkundige Auswahl treffen wolle. Diese Überlegungen führten dahin, dass ich, um mich und meine Familie mit dem nötigen Hausrat und der nötigen Bekleidung zu versehen, meinen Beruf aufgeben und dazu noch einen Assistenten anstellen müsste. Dieses bedenkend, verzichtete ich auf jede Konkurrenzprüfung, ging in den nächsten Laden und kaufte unter den 10 vorgelegten Schirmen einen ohne lange Prüfung und zahlte dafür, was gefordert wurde."

Quelle: Eugen Schmalenbach (1958): Der freien Wirtschaft zum Gedächtnis, Köln: 58.

Arbeitsaufträge:

1. Vor welches Problem sieht sich der Autor in der Kurzgeschichte gestellt? Benennen Sie dieses.
2. Finden Sie Beispiele aus Ihrem Einkaufsalltag, die dem beschriebenen Phänomen ähneln.
3. Woran orientieren Sie sich bei Ihren Einkäufen, um dem Problem zu begegnen?

Notizen:

....

....

....

....

....

....

....

....

M 2 *Ein Buch mit mehr als sieben Siegeln: Welche Umwelt- und Sozialsiegel gibt es?*

Merkmale	**Hinweise/Tipps**
Vergabekriterien	Welche Kriterien müssen die Lizenznehmer erfüllen? Recherchieren Sie dazu auf den Internetseiten der Institution, die das Siegel verleiht.
Vergabeverfahren	Wie wird überprüft, ob das Produkt die Vergabekriterien erfüllt? Recherchieren Sie dazu auf den Internetseiten der jeweils verantwortlichen Institution.
Verkaufsstellen	Machen Sie Geschäfte ausfindig, in denen Waren mit dem ausgewählten Siegel angeboten werden.
Anteil am Sortiment	Verschaffen Sie sich einen Überblick, welchen (prozentualen) Anteil gelabelte Waren am Sortiment in etwa ausmachen.
Waren	Schauen Sie sich die Gesamtheit der angebotenen Waren zum Beispiel in verschiedenen Einzelhandelsgeschäften an. Halten Sie fest, welche Waren mit dem von Ihnen ausgewählten Label versehen werden.
Bekanntheitsgrad	Fragen Sie Freunde, Bekannte, Verwandte, Kunden oder Verkäufer, ob Sie das Label kennen ...
Bewertung der Glaubwürdigkeit	... und für wie glaubwürdig sie das Label halten.
Persönliche Bedeutsamkeit	Ist das Label für Sie von Bedeutung oder könnte es für Sie einmal bedeutsam werden? Warum? Bzw. warum nicht? Überlegen Sie auch, wie sich eine Änderung der Einkommensverhältnisse (zum Beispiel durch Ihren Eintritt ins Berufsleben) auf Ihren Konsum entsprechend gelabelter Waren auswirken könnte.

Arbeitsaufträge:

1. Recherchieren Sie, welche produktbezogenen Umwelt- und Sozialsiegel es gibt und wählen Sie eines aus. Finden Sie heraus, welche Waren mit dem gewählten Siegel gekennzeichnet sind und welche Lizenzpartner sich engagieren. Benutzen Sie für Ihre Recherche die Internetseite www.label-online.de.
2. Präsentieren Sie Ihren Mitschülern alle relevanten Informationen auf einem Plakat. Gerne können Sie weitere Medien (zum Beispiel Audio-Dateien, Videoaufnahmen, Power Point-Folien etc.) ergänzen. Achten Sie bei Ihrer Dar- bzw. Ausstellung aber in jedem Fall darauf, dass folgende Kriterien erfüllt sind:

   1. Nutzen Sie möglichst mehrere Quellen und nicht ausschließlich die Websites der Siegelanbieter.
   2. Weniger ist mehr! Einige gut platzierte Informationen wirken stärker als eine Fülle ungeordneten Materials.
   3. Die Textbeiträge müssen gut lesbar sein, weshalb Sie große, plakative Schrifttypen verwenden sollten.
   4. Fertigen Sie Schaubilder an, um Zusammenhänge zu veranschaulichen!
   5. Die präsentierten Informationen sollten selbsterklärend sein! Mündliche Erläuterungen durch Sie sollten nur dort erfolgen, wo dies unbedingt notwendig ist.
   6. Die Ausstellungstafeln sollen Denkanstöße bieten und zum (Nachdenken über) nachhaltigen Konsum anregen. Bemühen Sie sich um eine ansprechende Darstellung.
   7. Entwerfen Sie ca. fünf Fragen, sodass Ihre Mitschüler ihr Wissen überprüfen können. Händigen Sie anschließend ein Lösungsblatt aus!
   8. Stehen Sie Ihren Mitschülern für Fragen zur Verfügung!

M 3 *Labels sind Gold wert, aber nicht alles, was glänzt, ist Gold!*

Der Konsumalltag ist gerade für berufstätige Verbraucher häufig stressig – viele Entscheidungen müssen unter Zeitdruck getroffen werden: Was soll es heute zu Essen geben? Welches Waschmittel ist umweltfreundlich? Wie komme ich am schnellsten von A nach B? Und auch da, wo mehr Zeit zur Verfügung steht: Ich will als Verbraucher kein zusätzliches Studium absolvieren, um herauszufinden, welches Produkt was leistet – und ob es auch hält, was es verspricht. Um Zeit zu sparen und Unsicherheiten zu reduzieren, sind Labels, Siegel und Testurteile deshalb unentbehrlich. Sie geben dem Verbraucher klare Signale und verdichten komplexe Produktinformationen zu kompakten Orientierungsgrößen.

Prinzipiell gilt: Menschen vertrauen gerne auf das Urteil von anderen, die sie für kompetent und aufrichtig halten; das legen auch Umfragen nahe. Das höchste Vertrauen genießen – neben Freunden und Verwandten – unabhängige Organisationen wie die Stiftung Warentest oder die Verbraucherzentralen. Die Zahl der Label und Siegel darf aber nicht so rapide ansteigen, dass man als Verbraucher wiederum ein eigenes Nachschlagewerk benötigt, um sich im „Label-Dschungel" zurechtzufinden. Sogenannte private Labels drängen vor allem im Bereich des Nachhaltigen Konsums vermehrt auf den Markt und überschütten die Verbraucher mit mehr oder minder aussagekräftigen Botschaften zu Teilaspekten von Nachhaltigkeit. Wenn Verbraucher dann zukünftig entscheiden müssen, ob sie lieber die fair gehandelte Biobanane oder doch eher die mit dem ausgezeichneten CO_2-Fußabdruck, die aus dem Sozialprojekt der Handelskette oder die mit der automatischen Spende für den Regenwald kaufen wollen, ist das keine Hilfe mehr bei Kaufentscheidungen.

Der Ausbau von existierenden Labels für unterschiedliche Sparten erscheint häufig wesentlich sinnvoller. Schließlich ist ein zuverlässiges Label nicht nur ein Aufkleber, den man vergibt – dahinter steht ein ganzes System, das hohen Anforderungen genügen muss. Wichtig ist also auch, zweitens, dass Labels bestimmten Qualitätsanforderungen entsprechen. Transparenz und Überprüfbarkeit müssen gegeben sein – wenn die Bewertungsmaßstäbe und Prozesse hinter einem Siegel nicht nachvollzogen werden könne (zum Beispiel im Internet), sollte man misstrauisch sein.

Unabhängigkeit ist notwendig; die entsteht am ehesten, wenn Fachexperten, NGOs und andere Interessengruppen gemeinsam an der Entwicklung eines Siegels beteiligt sind; auch Kontrollen sollten unabhängig und von externen Prüfern durchgeführt werden – auf jeden Fall müssen sie überhaupt durchgeführt werden! Klarheit muss darüber bestehen, was das Label eigentlich aussagt. Bio ist nicht gleich fair und Klimabilanzen haben nichts mit sozialverträglichen Arbeitsbedingungen zu tun. Wenn man also sicher gehen will, sollte man sich nicht auf sein persönliches Verständnis eines Begriffs verlassen, sondern hinterfragen, für oder gegen welche Teilaspekte man sich mit dem Kauf eines gesiegelten Produktes entscheidet.

Quelle: Gerd Billen (2011): Vorstand Verbraucherzentrale Bundesverband e.V.

Arbeitsaufträge:

1. Welche Gründe führt der Autor für und welche gegen die Einführung von Labels, Siegeln und Testurteilen an? Stellen Sie die genannten Argumente gegenüber:

Pro	Contra

2. Welche Produktsiegel sind Ihnen bekannt? Nennen Sie so viele wie möglich.

→ *Fortsetzung nächste Seite*

M 3 *Labels sind Gold wert, aber nicht alles, was glänzt, ist Gold!* Seite 2

3. Lesen, interpretieren und diskutieren Sie den folgenden Kurztext:

> *„Kleiner Alltagstest: Was heißt ‚dermatologisch getestet?' Was genau bedeutet das ‚delphinfreundlich'-Siegel? Und wofür steht die Kennzeichnung ‚hypoallergen'? Keine Ahnung? Macht nichts. Denn alle drei Kennzeichnungen sind nach Einschätzung der Verbraucher Initiative e.V., die auf ihrer Website www.label-online.de rund 450 Labels bewertet, nicht nur sinnfrei, sondern geradezu irreführend. Ihr einzig verlässlicher Effekt besteht darin, dass sie die Armada der mehr als 1.000 Qualitätskennzeichen und Siegel vergrößern, die auf Produkten und Verpackungen pappen wie Orden an der Gala-Uniform von Oberst Gaddafi. Und demnächst dürften es noch ein paar mehr werden. (...)*
>
> *Ähnlich kontraproduktive Wirkung dürfte auch von der wachsenden Flut an Pseudo-Kennzeichnungen ausgehen. Labels wie ‚hypoallergen' und ‚dermatologisch getestet' beispielsweise können Hersteller nach Belieben interpretieren und einsetzen. Ob ein Thunfisch ‚delphinfreundlich' gefangen wurde und was das überhaupt bedeutet, wird von niemandem überprüft. Der Aufdruck ‚FCKW-frei' bestätigt nur etwas, das gesetzlich ohnehin schon lange vorgeschrieben ist, ‚geprüfte Qualität' einen Umstand, der bei jedem Hersteller selbstverständlich sein sollte. Auf diese Weise wird eine ursprünglich gute Idee – Verbraucher schnell und verlässlich per Gütezeichen zu informieren – in ihr Gegenteil verkehrt."*

4. Deuten Sie die nachfolgenden Zahlen und erläutern Sie, inwiefern sie Aufschluss über die Akzeptanz von Umwelt- und Sozialsiegeln geben:
   - ungefähre Anzahl der deutschen Gütesiegel: 1000
   - Aussagekraft von Labels wie „Geprüfte Qualität": 0
   - Zahl der Gütesiegel, die Nachhaltigkeit versprechen: 50
   - Anteil der Bundesbürger, die den „Blauen Engel" kennen (in Prozent): 76
   - Anteil der Bundesbürger, die beim Einkauf auf den „Blauen Engel" achten (in Prozent): 39
   - Prozentsatz der Verbraucher, die sich durch die Labelvielfalt verwirrt fühlen: 83
   - optimale Anzahl von Labels aus Verbrauchersicht: 1

5. Welche Schlussfolgerungen ergeben sich daraus für
   (a) Sie persönlich,
   (b) die Produzenten,
   (c) die Politik und
   (d) die Verbraucher?

Notizen:

....

....

....

....

M 4 *Was ist biologisch korrekt? Der Kampf um Grenzwerte*

„Seit Anfang 2009 gilt europaweit die neue EU-Öko-Verordnung. Doch die überarbeiteten Bestimmungen für biologische Lebensmittel sind ein Schritt in die falsche Richtung: Anstatt die Standards von Bio zu erhöhen, wurden diese abgesenkt. Die Verordnung EG Nr. 834/2007 zur Produktion und Kennzeichnung von Bioprodukten trat (...) am 1. Januar 2009 in Kraft. Durch die Überarbeitung der EU-Öko-Verordnung sollte die Anerkennung und das Vertrauen der Verbraucher für Biolebensmittel erhöht werden. Die Anforderungen an Bioprodukte wurden mit der neuen Verordnung aber gesenkt. So bleiben Pestizide zwar grundsätzlich tabu. In Ausnahmefällen dürfen aber chemisch-synthetische Spritzmittel eingesetzt werden. Gefährlich, denn die Erfahrung zeigt: Ausnahmeregelungen werden stets genutzt und über kurz oder lang zur Regel. Auch Zusatzstoffe, die mit Hilfe gentechnisch veränderter Organismen hergestellt wurden, dürfen verwendet werden, wenn die Stoffe anders nicht verfügbar sind. (...) Die EU-Öko-Verordnung schreibt die Verwendung eines einheitlichen EU-Bio-Logos für verpackte Bioprodukte vor. (...) Vorgeschrieben ist das Logo ab Juli 2010 für alle verpackten Bioprodukte, die innerhalb der Europäischen Union hergestellt wurden. Für importierte Produkte kann es verwendet werden, muss aber nicht. Neben dem EU-Logo können weiter nationale Logos wie das deutsche Bio-Siegel verwendet werden, aber auch regionale oder private Logos wie die von Anbauverbänden wie Demeter oder Bioland. Der existierende Siegel-Dschungel wird also durch das europäische Bio-Siegel vorläufig nicht gelichtet. Werden das europäische und das deutsche Bio-Siegel parallel verwendet, ist die Verwirrung für den Verbraucher komplett: Welches Siegel steht für welche Standards? Sinnvoll wäre es, nach Einführung eines europäischen Bio-Siegels die deutsche Variante mittelfristig nicht weiter zu nutzen.

Die Gelegenheit, im Zuge der Neufassung weitere offene Problemfelder im Bereich der ökologischen Landwirtschaft zu regeln, ließ die EU-Kommission ungenutzt. Völlig ungeregelt ist beispielsweise der Wasserverbrauch: Eine Tomate aus dem trockenen Südspanien darf trotz des hohen Wasserverbrauchs und damit einhergehenden Schäden für das Öko-System als Bio-Tomate verkauft werden, solange beim Anbau keine Pestizide eingesetzt wurden. (...) Besonders fatal: Der wichtigste Wettbewerbsnachteil der ökologischen Landwirtschaft wird nicht beseitigt. Konventionell wirtschaftende Betriebe haben ungerechtfertigte Kostenvorteile, weil sie nicht für die von ihnen verursachten Umweltschäden aufkommen müssen. Die konventionelle Landwirtschaft schädigt die Umwelt durch hohe Kohlendioxid-Emissionen sowie die Verschmutzung von Wasser mit Phosphaten, Nitraten und Pflanzenschutzmitteln. Müsste sie dafür haften, würden sich die Wettbewerbschancen für Biobauern nachhaltig verbessern. Zudem wäre es ein Schritt zur Ökologisierung der gesamten Landwirtschaft."

Quelle: foodwatch e.V., http://foodwatch.de/kampagnen_themen/biolebensmittel/eu_oeko_verordnung/index_ger.html (abgerufen am 17.12.2013).

Arbeitsaufträge:

1. Was hat sich mit der Einführung der neuen EU-Öko-Verordnung in der „Siegellandschaft" verändert? Welche Kriterien müssen Bioprodukte in der EU erfüllen? Recherchieren Sie!
2. Welche Gründe könnte es für eine Herabsetzung der Standards geben? Wer könnte diese Entscheidung beeinflusst haben?
3. Diskutieren Sie, ob – und wenn ja, inwieweit – diese Entwicklung für die Verbraucher sowie für die Förderung des Umweltschutzes vorteilhaft sein könnte.

M 5 *Was ist der „Blaue Engel“ wert?*

Seit Jahren steigt das Druckvolumen kontinuierlich an. Jedes Jahr werden allein hierzulande 800.000 Tonnen Druck- und Büropapier verbraucht – eine Menge, mit der das Künstlerpaar Christo das Reichstagsgebäude, d. h. den Sitz des Deutschen Bundestages, 100.000 Mal hätte verhüllen können. Der Einspareffekt durch den Einsatz von Recyclingpapier lässt sich auch noch unter Verweis auf die Energiebedarfsdifferenz gegenüber „Normal“-Papier illustrieren: Greift man auf drei Blatt Recycling- statt auf drei Blatt „Normal“-Papier zu, so lässt sich mit der Energiedifferenz eine Kanne Kaffee kochen. Bei 500 Blatt lässt sich mit der Energieeinsparung eine Ladung Wäsche waschen und mit 1.000 Blatt lassen sich 50 Kilometer im PKW zurücklegen.

Um diese Energieeinsparmöglichkeiten zu versinnbildlichen, wurde 1977 das Logo „Der Blaue Engel“ eingeführt, das nunmehr das älteste Umweltzeichen der Welt ist. 2009 wurde es um das jeweilige Schutzziel des Produkts erweitert. Die gekennzeichneten Produkte und Dienstleistungen weisen nun unterhalb der Engelsfigur noch folgende Informationen aus:

(1) „schützt das Klima“,

(2) „schützt die Ressourcen“,

(3) „schützt das Wasser“ sowie

(4) „schützt Umwelt und Gesundheit“ bzw. „schützt die Gesundheit“.

Arbeitsaufträge:

1. Nennen Sie Produkte, die das Label „Der Blaue Engel“ tragen.
2. Drucken und Kopieren verbrauchen Energie und Papier. Doppelseitiges Drucken (Duplex-Funktion) spart hingegen Ressourcen – und Geld. Stellen Sie sich folgenden Fall vor:

   Die Sekretärin Frau Billing erfährt, dass ein Baum Rohstoff für ca. 16 Ries (Papiermaß) liefert. Ein Ries entspricht 500 Seiten Kopierpapier. Die durchschnittlichen Kosten für 1 Ries betragen 4,- Euro (DIN-A4, 80 g/m^2). Bei der Auswertung der Kopierprotokolle ermittelt Frau Billing, dass auf jedem der vier Kopierer in der Firma pro Tag 200 einseitige Kopien erstellt werden. Um überzeugend für den Kauf umweltschonender Kopierer mit Duplex-Funktion plädieren zu können, möchte sie die Kosteneinsparung für die Firma mit Zahlen belegen. Für ihre Rechnung legt sie die Annahme zugrunde, dass alle einseitigen Kopien auch doppelseitig kopierbar wären.

   Berechnen Sie die Einsparung der Firma Proxylekt pro Jahr (bei 5 Werktagen pro Woche), indem Sie angeben,

   a) wie viele DIN-A4-Seiten eingespart werden können,

   b) wie viel Ries eingespart werden können,

   c) wie viele Bäume weniger gefällt werden müssen und

   d) wie hoch die finanziellen Ersparnisse ausfallen.
3. Berechnen Sie die finanzielle Ersparnis, wenn bei einem Verbrauch von 500 DIN-A4-Kopien pro Kopierer auf die Duplex-Funktion umgestellt wird.

Lösungen (in Kurzform):

Aufgabe 2: a) 200 (Kopien) x 4 (Kopierer) x 5 (Tage) x 52 (Wochen) = 208.000 Kopien p.a. | Ersparnis durch Duplex-Funktion: 208.000 : 2 = 104.000 Kopien p.a. | b) 104.000 : 500 = 208 Ries | c) 208 : 16 = 13 Bäume | d) 208 x 4 = 832,- Euro

Aufgabe 3: Die Ersparnis beläuft sich auf 2.080,- Euro.

M 6 *Wie hoch ist der Energieverbrauch? Eine Frage der Effizienz(klasse)*

Spätestens, wenn Sie Ihre erste eigene Wohnung beziehen, steht auch für Sie die Frage an, welchen Kühlschrank, welche Spülmaschine, welchen Backofen und welche Waschmaschine Sie neu anschaffen oder ob Sie vorhandene Altgeräte weiter nutzen. Angesichts stetig steigender Energiepreise ist es von besonderer Bedeutung, energieeffiziente Geräte anzuschaffen, da Geräte mit einem hohen Wirkungsgrad sowohl die Umwelt als auch das eigene Portemonnaie schonen. Die Energieeffizienzklassen zu unterscheiden, ist daher unverzichtbar.

Das auf EU-Ebene rechtsverbindliche Energie-Label hat hierzulande in die Energieverbrauchskennzeichnungsverordnung Eingang gefunden. Es muss auf der Vorder- oder Oberseite der genannten Geräte sowie von Lampen, Gefriergeräten und Wäschetrocknern deutlich sichtbar angebracht sein. Somit können Verbraucher auf einen Blick erkennen, wie hoch deren Energiebedarf ist. Der Wasserverbrauch beeinflusst die Einordnung nicht. Die Bewertungsskala ist dem US-amerikanischen Schulnotensystem entlehnt. Sie reicht von A+++ (niedrigster Bedarf) bis G (höchster Bedarf).

Mit Ausnahme einiger weniger „Altgeräte“, die über einen sehr niedrigen Wirkungsgrad verfügen, sind heute kaum noch Geräte der Energieeffizienzklassen E, F oder G im Neugeräte-Handel erhältlich. Daher reicht die neue Skala nur noch bis Klasse D.

Ein mit A+ ausgezeichnetes Gerät verbraucht im Schnitt nur drei Viertel der Energie eines A-Geräts der gleichen Größe, ein mit A++ versehenes Gerät sogar nur die Hälfte. Diese Änderung hat den Wettbewerb auf dem Markt für Elektrogeräte angekurbelt, nachdem die geschlossene Skala von A-G keine neuen Anreize für Anbieter von A-Geräten mehr geschaffen hatte, ihre Technologie zu verbessern. Das Europäische Parlament hat die Skala unlängst um die Kategorie A+++ erweitert.

Arbeitsaufträge:

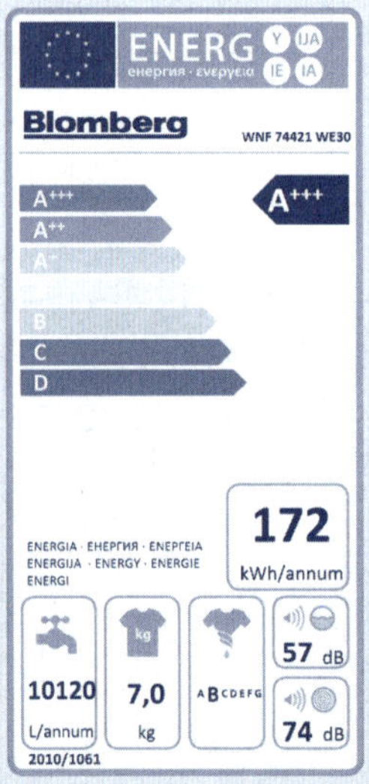

1. Energieeffizienz hängt von verschiedenen Faktoren ab. Stellen Sie alle Einflussfaktoren mithilfe einer *Mind Map* dar – eine strukturierte Darstellung hilft Ihnen und Ihren Mitschülern, sich Zusammenhänge einzuprägen.
2. Ermitteln Sie unter www.stromeffizienz.de die Bedeutung des Energielabels für Waschmaschinen. Wo ist zu erkennen, wie energiesparend ein Gerät arbeitet und wie hoch der Wasserverbrauch ist? Welche weiteren Informationen erhalten Sie durch diese Kennzeichnung?
3. Das EU-Energielabel für Elektrogeräte ist ein Beispiel dafür, wie Verbraucherinformationen transparent gemacht werden. Verfassen Sie einen Zeitungsbeitrag, der folgende Fragen beantwortet:
   - An welchen Geräten müssen die Energielabels angebracht werden?
   - Seit wann gibt es das EU-Energielabel?
   - Ist diese Änderung für den Nutzer ersichtlich?
   - Was bewirkt der Verbraucher mit dem Kauf möglichst sparsamer Elektrogeräte?

Zeigen Sie zudem auf, welche weiteren Möglichkeiten des Energiesparens es gibt. Befolgen Sie dabei die nachfolgenden Regeln.

Goldene Regeln des Journalismus – oder: 10 Tipps für das Verfassen Ihres Zeitungsbeitrags

1. Schreiben Sie knapp und klar!
2. Verwenden Sie Adjektive und Adverbien möglichst sparsam!
3. „Hauptsachen in Hauptsätze – Nebensachen in Nebensätze!“
4. Meiden Sie das Passiv!
5. Wir werben für Verben!
6. Geben Sie dem präzisen Wort Vorzug vor dem allgemeinen!
7. Vermeiden Sie Phrasen und Klischees!
8. Vermeiden Sie unnötige Fremdwörter!
9. Versuchen Sie, wo möglich, „haben“ und „sein“ durch präzisere Verben zu ersetzen!
10. Lesen Sie sich Ihren Text mehrmals laut vor und achten Sie darauf, ob es gut klingt!

M 7 *Rechnen, um zu sparen*

Hülya und Marek wollen gemeinsam eine Wohnung beziehen. Um den Weg in den Waschsalon zu vermeiden, entscheiden sie sich für die Anschaffung einer Waschmaschine.

Im Elektrogeschäft um die Ecke entdecken Sie ein Exemplar der gewünschten weißen Ware zum Preis von 180,- Euro (Maschine A+). Marek ist von dieser Waschmaschine wenig begeistert und recherchiert im Internet nach einer anderen, die 350,- Euro kostet (Maschine A++).

Die beiden Waschmaschinen weisen folgende Verbrauchsdaten auf:

	Maschine A+	Maschine A++
Schleuderumdrehung	1000 U/Min.	1200 U/Min.
Energieeffizienzklasse	A	A
Wasch-Effizienzklasse	A	A
Schleuder-Effizienzklasse	C	B
Wasserverbrauch in Liter bei 60° C	52	39
Stromverbrauch in kWh bei 60° C	1,2	0,85
Fassungsvermögen in kg	5	5

Arbeitsaufträge:

1. Ermitteln Sie die Kosten für den Strom- und Wasserverbrauch der beiden Maschinen innerhalb eines Jahres. Nehmen Sie an, dass beide Maschinen wöchentlich drei Mal in Betrieb sind. Die Stromkosten betragen 24 Cent pro kWh; die Wasserkosten belaufen sich auf 0,03 Cent pro Liter.
2. Angenommen, beide Maschinen halten gleich lange und müssen nicht repariert werden. Zu welcher Maschine würden Sie Marek und Hülya raten? Gehen Sie davon aus, dass Strom und Wasser nur alle zwölf Monate abgerechnet werden!
3. Welche Faktoren können hinsichtlich der Maschinenausstattung eine weitere Rolle bei der Kaufentscheidung spielen?
4. Welche Möglichkeiten bieten sich an, um Informationen über die Waschmaschinen einzuholen? Ermitteln Sie in Partnerarbeit mögliche Informationsquellen und stellen Sie diese auf einer Folie zusammen. Gehen Sie insbesondere auf die Vor- und Nachteile der verschiedenen Quellen ein!

Lösungen (in Kurzform):

Aufgabe 1: Maschine A+: Stromverbrauch: 0,24 Euro x 1,2 x 3 x 52 = 44,93 Euro | Wasserverbrauch: 0,03 Euro x 52 x 3 x 52 = 243,36 Euro | Kosten insgesamt: 288,29 Euro | Maschine A++: Stromverbrauch: 0,24 Euro x 0,85 x 3 x 52 = 31,82 Euro | Wasserverbrauch: 0,03 Euro x 39 x 3 x 52 = 182,52 Euro | Kosten insgesamt: 214,34 Euro

Aufgabe 2: Jahr 1: Maschine A+: 180,- Euro + 288,29 Euro = 468,29 Euro | Maschine A++: 350,- Euro + 214,34 = 564,34 Euro / Jahr 2: Maschine A+: 756,58 Euro | Maschine A++: 778,68 / Jahr 3: Maschine A+: 1044,87 Euro | Maschine A++: 993,02 Euro | Die Anschaffung der teureren Maschine amortisiert sich nach Ablauf von drei Jahren; in den Jahren zuvor ist die Maschine mit dem Energieeffizienzlabel A+ preiswerter.

M 8 *GoodWeave: Erfolge im Kampf gegen Kinderarbeit*

„Ein Jahr nach Ablösung des RugMark-Siegels durch das GoodWeave-Siegel für Teppiche ohne ausbeuterische Kinderarbeit zeichnet sich ein positiver Trend ab: GoodWeave-Importeure aus Deutschland konnten ihre Absätze mit Teppichen aus Nepal im letzten Jahr zum Teil verdoppeln. (...) Weltweit werden GoodWeave-zertifizierte Teppiche in mehr als 1.700 Ausstellungsräumen, Einzelhandelsgeschäften und Online-Shops angeboten. Der Marktanteil GoodWeave-zertifizierter, handgeknüpfter Teppiche beträgt in Europa und den USA rund vier Prozent. In den USA werden ab sofort in 100 Filialen von Macy's, einer führenden amerikanischen Einzelhandelskette, GoodWeave zertifizierte Teppiche angeboten. (....) Seit Gründung der Organisation 1994, damals noch unter dem Namen Rugmark, wurden insgesamt mehr als 50.000 Inspektionen durchgeführt und 3.600 illegal arbeitende Kinder befreit. Über 7,5 Millionen zertifizierter Teppiche konnten bisher abgesetzt werden. Über 100 Importeure aus Europa und Nordamerika benutzen bereits das GoodWeave-Siegel. Die Lizenzeinnahmen für Nepal stiegen um 70 Prozent im Vergleich zum Vorjahr."

Quelle: GoodWeave, Pressemitteilung v. 14.1.2011, http://www.goodweave.de/pressemitteilungen (abgerufen am 30.11.2012).

Arbeitsaufträge:

1. Rufen Sie die deutschsprachige Homepage von GoodWeave unter www.goodweave.de auf.
   a) Nennen Sie fünf Projekte, die GoodWeave durchführt.
   b) Erläutern Sie das Awareness-Programm.
   c) Zeigen Sie auf, welche Möglichkeiten GoodWeave ausgebeuteten Kindern bietet. Stellen Sie Ihre Ergebnisse in Form einer Collage dar.

goodweave

2. Nach einer Schätzung der International Labour Organisation müssen weltweit knapp 200 Mio. Kinder unter 15 Jahren als Teppichknüpfer, im Steinbruch, auf Baumwollfeldern oder als Perlentaucher für einen Hungerlohn (oder sogar ohne jede Bezahlung) arbeiten. Als Teppichknüpfer arbeiten die Kinder bis zu 16 Stunden hockend in engen dunklen Kammern – oftmals ohne Pausen. Rückenleiden, Augenerkrankungen und Schädigungen der Atemwege durch Wollfasern sind häufig. Analysieren und interpretieren Sie die beiden nachfolgenden Abbildungen!

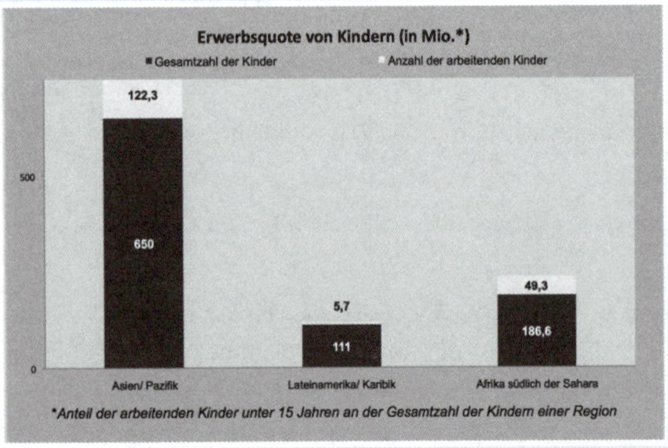

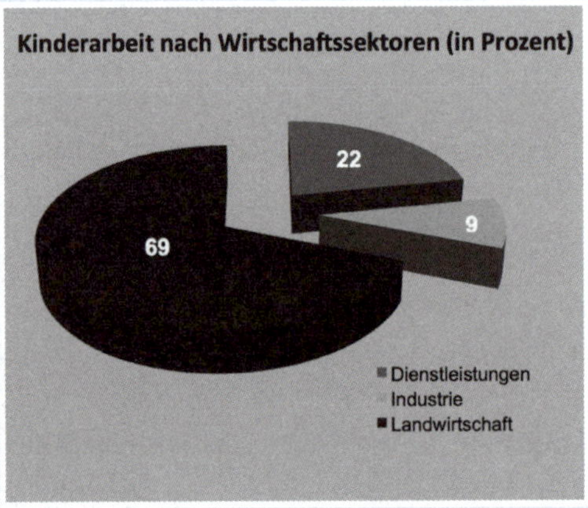

Quelle: Internationale Arbeitsorganisation (2006), http://www.ilo.org (abgerufen am 17.12.2013).

3. Die Stadtsparkasse Olbrigshausen möchte in ihren 18 Geschäftsstellen mit einem einheitlichen *Corporate Design* aufwarten. Stellen Sie sich vor, Sie wurden als Architekt engagiert und planen nun, alle Geschäftsstellen mit handgetufteten Hochfloorteppichen aus Nepal auszustatten, die über das *GoodWeave*-Siegel verfügen. Die Gesamtkosten dafür betragen 324.000 €. Sie könnten die Kosten um ca. 41.000 € reduzieren, wenn Sie stattdessen Nepalteppiche ohne *GoodWeave*-Siegel verlegen ließen. Erstellen Sie in Vierer-Gruppen eine PowerPoint-Präsentation für die Verwaltungsratssitzung, um die Ratsmitglieder und den Sparkassen-Vorstand vom Kauf der Teppiche mit *GoodWeave*-Siegel zu überzeugen. Recherchieren Sie dazu auch im Internet, um Informationen über die Teppichproduktion zu erhalten.

M 9 *Umweltschutz verleiht Flügel*

„Alles begann mit einem Engel. Als auffälliges blaues Logo prangte der Umweltengel seit 1978 zuerst auf Deo-Sprays ohne FCKW, später auf Recyclingpapier und vielen anderen Konsumgütern, die die Umwelt weniger belasteten als konventionell hergestellte Produkte. Das Umweltzeichen ist das älteste Gütesiegel für Umweltschutz und Nachhaltigkeit. Eingeführt wurde es durch den Beschluss der Umweltminister des Bundes und der Länder. Seit seiner Erfindung vor 32 Jahren hat das blaue Zeichen dafür gesorgt, dass eine Anzahl von Produkten, die nicht nur für die Umwelt, sondern auch für die Gesundheit der Verbraucher schädlich waren, mittlerweile nicht mehr verkauft wird. So verschwanden asbesthaltige Brems- und Kupplungsbeläge nach einer Kennzeichnung asbestfreier Alternativen seit 1980 nach und nach aus den Autos und Werkstätten; FCKW als Treibmittel für Spraydosen wurden 1989 in Deutschland verboten. Mit Recht konnte die stellvertretende Vorsitzende der Jury Umweltzeichen, Edda Müller, im Jubiläumsjahr 2008 daher eine selbstbewusste Bilanz ziehen: ‚Der Blaue Engel ist heute ein Markenzeichen für umweltbewusste innovative Unternehmen und damit Teil einer zukunftsorientierten regionalen Wirtschaftsförderung.‘ Mittlerweile tragen rund 10.000 Produkte und Dienstleistungen den Blauen Engel. 2009 wurden vier thematische Kategorien eingeführt, damit Käufer auf den ersten Blick erkennen können, warum bestimmte Produkte umweltfreundlicher sind als andere. Seitdem ist unterhalb des Gütesiegels vermerkt, ob bei der Herstellung besonderer Wert auf den Schutz des Klimas, den Schutz der Gesundheit, den Schutz des Wassers oder den Schutz anderer Ressourcen gelegt wurde. Zum Umweltengel kamen im Lauf der Zeit andere Zeichen, die als mehr oder weniger seriöse Siegel Nachhaltigkeit und Umweltverträglichkeit garantieren sollen.“

Jöran Haders: Gerechte Sache, in: Frankfurter Rundschau v. 3.4.2010.

Arbeitsaufträge:

1. Lesen Sie den Zeitungsartikel und erstellen Sie anschließend – in Partner- oder Gruppenarbeit – einen Werbeflyer für das Gütesiegel „Blauer Engel“. Mögliche Anregungen finden sich unter: http://www.papiernetz.de/docs/Klimaschutz_beginnt_beim_Papier.pdf
2. Führen Sie eine kurze Befragung (zum Beispiel in der Fußgängerzone, in der Familie oder unter Freunden) zum Thema „Bekanntheit und Akzeptanz des ‚Blauen Engels‘“ durch. Folgende Fragen könnten dabei gestellt werden:
   - Ist Ihnen das Umweltzeichen „Der Blaue Engel“ bekannt?
   - Was verbinden Sie mit dem Umweltzeichen „Der Blaue Engel“?
   - Würden Sie für ein mit dem „Blauen Engel“ ausgezeichnetes Produkt mehr Geld ausgeben als für ein Produkt ohne diese Auszeichnung?

   Ergänzen Sie den Fragenkatalog um eigene Fragen, um ein möglichst umfassendes Bild zu gewinnen. Nehmen Sie dann eine Auswertung der Fragebogen mit dem Programm „GrafStat“ vor.

Das kostenfreie Programm **GrafStat** unterstützt Befragungen: vom Aufbau des Fragebogens über den Ausdruck eines ausfüllfertigen Formulars bzw. die Generierung eines HTML-Formulars für Internet-Befragungen und die Erfassung der Daten bis hin zu vielfältigen Auswertungsvarianten einschließlich Druck, Grafikexport und HTML-Dokumentation.

Bei der Konzeption des Fragebogens sollten folgende fünf Elemente berücksichtigt werden:

1. Nummer: wird automatisch vergeben
2. Frage: kann beliebig lang sein
3. Kurztext: sollte möglichst kurz sein, wird später als Überschrift benötigt
4. Fragentyp: Einfachwahl, Mehrfachwahl, Skala, Maßzahl oder frei
5. Antwortvorgaben: je nach Fragentyp

Weitere wichtige Hinweise zur Arbeit mit dem Statistikprogramm finden sich unter folgender Webadresse: http://www.grafstat.de/service.html

Siegfried Kaiser

Ethisches Investment – Eine Entscheidung für Rendite und Moral?!

Möglichkeiten und Grenzen des Vergleichs ethischer Investments durch den Anleger

Hrsg. von Thomas Retzmann und Tilman Grammes

Informationen für Lehrende

→ Einleitung der Herausgeber

→ Das Problem: Wie lasse ich mein Geld arbeiten?

→ Zur Sache: Wie kann ich Geldanlagen ökonomisch und ethisch beurteilen?

→ Unterrichtsplanung: Schülerinnen und Schüler als mündige Anleger

→ Unterrichtsverlauf

→ Literatur

Materialien für Lernende

M 1	Unterrichtsverlauf
M 2	Rollenkarten (3x)
M 3	Gewichtung der Anlageziele in arbeitsgleichen Gruppen
M 4	Verfahren und Kriterien für die Fondsauswahl beim ethischen Investment
M 5	Gruppenaufgabe Internetrecherche
M 6	Bewertung der Investment-Alternativen
M 7	Nutzwertanalyse: Ethisches Investment

Ethisches Investment: Geht die Moral zu Lasten der Rendite? Oder gibt es das reine Gewissen bei der Geldanlage zum Nulltarif?

Das Geldvermögen der privaten Haushalte in Deutschland hat sich 2002 bis 2012 von 3,6 auf 4,9 Billionen € erhöht. Und es steht zu erwarten, dass diese Summe weiter steigt. Ein erheblicher Teil dieses Geldvermögens wird durch Schenkungen und Erbschaften auf jüngere Generationen übertragen. Dadurch wird es für die ‚Generation der Erben' notwendig, über Finanzanlagen zu entscheiden. Dabei ist es ihnen möglich, ethische Überlegungen zu berücksichtigen.

Allerdings führt „Ethisches Investment" in Deutschland ein Nischendasein; jedoch ist dieses Marktsegment in der jüngeren Vergangenheit beachtlich gewachsen. Dennoch ist das Marketing für entsprechende Produkte zu schwach ausgeprägt, als dass alle potenziellen Anleger erreicht würden. Wer bei der Geldanlage neben den klassischen Kriterien Rendite, Sicherheit, Verfügbarkeit auch andere Kriterien, z. B. Kultur-, Natur- und Sozialverträglichkeit, berücksichtigen will, muss allzu oft eine Alternativbank aufsuchen oder bei der Hausbank gezielt nach ethischen Investments fragen. Dies erfordert eine aktive Haltung der Geldanleger. Deshalb wird der Unterricht aus der *Akteursperspektive* heraus entworfen. Dem aktiven Anleger stellen sich bei ethischen Investments eine Vielzahl von Fragen, auf die mittels dieses ethos-Bausteins Antworten gesucht werden können:

- Habe ich nennenswerte Möglichkeiten, den ‚sinnvollen' Einsatz meines Geldes zu beeinflussen?
- Betreibe ich den zusätzlichen Aufwand, eine wertebezogene Anlageentscheidung zu treffen?
- Welche Anlagealternativen habe ich?
- Stehen mir alle erforderlichen Informationen zur Beurteilung der Anlageprodukte zur Verfügung?
- Können ethische Ziele verfolgt werden, ohne auf Rendite zu verzichten?
- Welche Banken bieten ethisch ausgerichtete Anlageformen überhaupt an?
- Welche Berater sind qualifiziert, eine wertebezogene Anlageberatung zu leisten?
- Kann ich auf die Einhaltung der ausgewiesenen Standards vertrauen?
- Sind gängige Anlageformen ethisch überhaupt minderwertig?

Bestandteil dieses Unterrichtsbausteins ist eine gezielte Markterkundung per Internet. Sie mündet in einen kriterienorientierten Vergleich alternativer ethischer Investments. Dieser wird mittels der Nutzwertanalyse methodisch angeleitet. Dadurch wird die Markttransparenz erhöht und die Entscheidungsfähigkeit verbessert.

LEHRPLAN-BEZUG. Die Formen der Geldanlage und Vermögensbildung sind ein Standardelement sowohl der finanziellen Allgemeinbildung als auch der kaufmännischen Berufsbildung, insbesondere in den Bankberufen. Der ethos-Baustein knüpft an das dabei zumeist thematisierte magische Dreieck der Geldanlage an und erweitert es zum magischen Viereck. Die Thematisierung von Fondsinvestments in der Schule ist gleichwohl eher selten und beabsichtigt eine Horizonterweiterung, die über die Grenzen der Lebenswelt hinausgeht. Studien zeigen, dass Jugendliche und junge Erwachsene in finanziellen Angelegenheiten weniger Wissen und Kompetenzen besitzen, als sie sich selbst zuschreiben. Gleichzeitig hat sie die Wirtschafts-, Finanz- und Währungskrise verunsichert. Eine langfristige Finanzplanung ist kein selbstverständlicher Bestandteil ihrer Lebensplanung. Dieser ethos-Baustein schließt daher eine Lücke im Bereich der ökonomischen Bildung für eine nachhaltige Entwicklung. Lehrerinnen und Lehrer müssen selbstverständlich die Passung der Ausgangssituation und der Rollenzuweisungen für ihre Zielgruppe prüfen. Schon das Anlagekriterium der Kulturverträglichkeit verweist darauf, dass bei der ethischen Geldanlage – je nach kultureller und religiöser Prägung – in der Schulklasse unterschiedliche Vorstellungen von Moral und Ethik existieren können. „Islamic Banking" ist in diesem Zusammenhang nur ein mögliches Stichwort. Die Konzeption dieses ethos-Bausteins schafft Raum für eine solche zielgruppenadäquate Adaption. Die kulturelle und religiöse Vielfalt im „world classroom" schafft so Lerngelegenheiten, die über den hier gesetzten Rahmen hinausreichen, birgt aber auch didaktische Herausforderungen nebst ideologischen ‚Fallstricken'.

Thomas Retzmann und Tilman Grammes

Das Problem: Wie lasse ich mein Geld arbeiten?

ANLAGEBEDARF. Das Geldvermögen der privaten Haushalte in Deutschland hat sich von 2002 bis 2012 von 3,6 Billionen € auf 4,9 Billionen € erhöht. Zwar ist dieses Vermögen in der Bevölkerung höchst ungleich verteilt, dennoch muss eine größer werdende Gruppe über ihre Geldanlagen entscheiden.

„Lassen Sie Ihr Geld für sich arbeiten', locken die Banken und Sparkassen. Doch mit diesem Werbespruch geben sich viele Anleger nicht zufrieden. Sie akzeptieren nicht, dass ihre Spargroschen über die internationalen Finanzmärkte auch solchen Firmen und Institutionen zur Verfügung gestellt werden, deren Wirken sich mit den persönlichen Werten nicht vereinbaren lässt. Sie lehnen es ab, mit ihrem Kapital die Gentechnologie, die Rüstungs- oder die Atomindustrie zu finanzieren, und genau so wenig sind sie bereit, umweltschädliche Produkte und Verfahrensweisen zu fördern." (Verbraucher-Zentrale NRW 2001: 6)

VERANTWORTUNG. Aufgrund des in Summe doch erheblichen Finanzvolumens privater Haushalte sollte sich jeder einzelne Wirtschaftsbürger folgende Fragen stellen, wenn er durch gezielten Einsatz seiner Vermögenswerte Mitverantwortung für eine nachhaltige Entwicklung übernehmen will:

1. *Wie entscheide ich als Anleger persönlich über die Verwendung meiner Mittel?*
   - Habe ich überhaupt hinreichende Möglichkeiten, den sinnvollen Einsatz meines Geldes zu beeinflussen?
   - Mache ich mir Gedanken und zusätzliche Mühe, meine persönliche wertebezogene Anlageentscheidung zu treffen? Oder ist mir das zu anstrengend?
2. *Stehen mir alle erforderlichen Informationen zur Beurteilung der Anlageprodukte zur Verfügung?*
   - Welche Anlagealternativen habe ich? Welche passen zu mir?
   - Können damit auch ethische Ziele verfolgt werden, ohne auf Rendite zu verzichten?
   - Welche Banken bieten ethisch ausgerichtete Anlageformen an?
   - Welche Berater sind qualifiziert, wertebezogene Anlageberatung zu leisten?

Trotz einer steigenden Zahl ethischer Investmentformen bleibt offen, ob der Einzelne mit dem bewussten Einsatz privater Geldanlage wirksam Einfluss auf wichtige Problembereiche unserer Gesellschaft nehmen kann. Man kann durchaus kritisch fragen:

- Werden durch die Summe der Einzelentscheidungen zum Beispiel die Entwicklung von naturverträglichen Produkten und Innovationen sowie sozialverträgliches Handeln unterstützt?
- Wird durch die Etablierung ethischer Überlegungen bei der Geldanlage kulturell und ethisch negativ zu beurteilendes Verhalten wirksam sanktioniert?

BERATUNG. Der einzelne Anleger ist auf die vorhandenen *Angebote am Geld- und Kapitalmarkt* angewiesen. Im wachsenden Segment der ethischen Geldanlagen bietet sich ihm eine Auswahl von ca. 382 Investmentfonds. 2012 wurden in den ersten drei Quartalen 46 Fonds neu zugelassen, was einerseits deutlich macht, dass die Kapitalanlagegesellschaften das Marksegment für innovative Produktideen erkannt haben. Andererseits passen die aktuell diskutierten Themen ,Klimawandel' und ,erneuerbare Energien' mit ihren Wachstumsraten und Börsenerfolgen hervorragend in das Anlagekonzept hinein und locken auch Anlegertypen ohne ausgeprägte Ethik-Priorität. Die vielfältigen Anlageprodukte lassen sich aufgrund der unterschiedlichen Schwerpunktsetzungen nur schwer miteinander vergleichen. Nicht alles, was unter dem Mantel ,ökologisch-nachhaltig' angeboten wird, unterliegt gleichzeitig weiter gefassten ethischen Zielsetzungen. Dies, ebenso wie der Abgleich mit den eigenen, oft sehr wenig konkreten Zielvorstellungen der Anleger, führt zu einer *intransparenten Entscheidungslage.* Daher stellt sich jedem Einzelnen die Frage: *Wie kann ich mehr Markttransparenz und Entscheidungssicherheit erlangen?*

ENTSCHEIDUNG. Die individuelle und gesamtwirtschaftliche Bedeutung von Anlageentscheidungen mit ihrer Reichweite in Bezug auf ethisch nachhaltige Entwicklung in der Gesellschaft ist als Aufgabe der Bildungsarbeit zu sehen. Sie ist zu verbinden mit der *Förderung der persönlichen Entscheidungsfähigkeit* aufgrund von kritischer Informationsbeschaffung und -beurteilung bei gleichzeitiger Würdigung der individuell unterschiedlichen Zielsetzungen.

Zur Sache: Wie kann ich Geldanlagen ökonomisch und ethisch beurteilen?

BEGRIFF SRI. Entsprechend dem Sprichwort ‚Geld regiert die Welt!' ist anzunehmen, dass jede Investmententscheidung wirtschaftlich und gesellschaftlich Weichen stellt. Hoffmann/Ott/Scherhorn (1997) sahen es schon vor vielen Jahren so: „Nachhaltige Geldanlagen tragen zu einer zukunftsfähigen Entwicklung bei. Sie ermöglichen dies durch eine umfassende Analyse der Anlageobjekte. Diese Analyse berücksichtigt wirtschaftliche und soziale Leistungen, Naturverträglichkeit und gesellschaftliche Entwicklungen." Der Begriff kann weitgehend synonym mit dem des *Ethischen Investments* oder des *Social Responsible Investments (SRI)* verwendet werden.

Ethisches Investment gilt als ein *spezielles Segment des Kapitalmarktes*. Neben dem traditionellen magischen Dreieck der Finanzanlage wird der zusätzliche Aspekt der Nachhaltigkeit – bestimmt durch Kultur, Sozial- und Naturverträglichkeit – in die Investitionsentscheidung einbezogen. Dadurch entsteht ein *magisches Viereck* **[Folie 4]**. Die Anlageentscheidung wird im Konflikt zwischen den Einzelzielen getroffen, wobei die stärkere Gewichtung des einen Zieles meist Zugeständnisse bei den übrigen Zielen bedingt. Zum Beispiel muss man in aller Regel auf die Sicherheit der Geldanlage verzichten, um die Chance auf eine höhere Rendite zu haben. Und deshalb stellt sich auch die Frage, ob man zugunsten der Nachhaltigkeit der Anlage auf etwas Rendite verzichten muss.

BEDEUTUNG. Das Marktsegment SRI war in Deutschland unterrepräsentiert, wurde aber mit Veröffentlichungspflichten für Pensionsfonds, Pensionskassen und Direktversicherer 2001 bis 2005 gestärkt. Zwischen 2009 und 2011 stieg das Volumen des deutschen SRI-Marktes laut SRI-Studie 2012 (European SRI Study 2012) von 8,9 Milliarden auf 618,2 Milliarden € explosionsartig an. Dies hängt mit der Anlagepolitik großer Investmentgesellschaften zusammen, die mit dem weltweiten Verbot von Streumunition die Investition in betroffene Unternehmen stoppten. Institutionelle Anleger wie Kirchen, Pensionsfonds und Stiftungen dominieren in diesem Anlagesegment mit 68 % Marktanteil. Für *private Anleger* gibt es die Möglichkeit der Direktinvestition in ethisch-nachhaltige Anlagen entweder in Form von Eigenkapital/Beteiligungen oder als Fremdkapital in Form von Kredit bzw. Anleihe. Diesbezüglich ist jedoch ein hoher Finanzaufwand bei geringer Risikostreuung und eingeschränkter Liquidität zu bedenken. Dies wird deutlich an den Insolvenzen ehemaliger Hoffnungsträger der deutschen Solarindustrie, wie zum Beispiel Q Cells. Für den Kleinanleger bieten sich deshalb Kontensparen oder Investmentfonds als risikoärmere Anlagemöglichkeiten an.

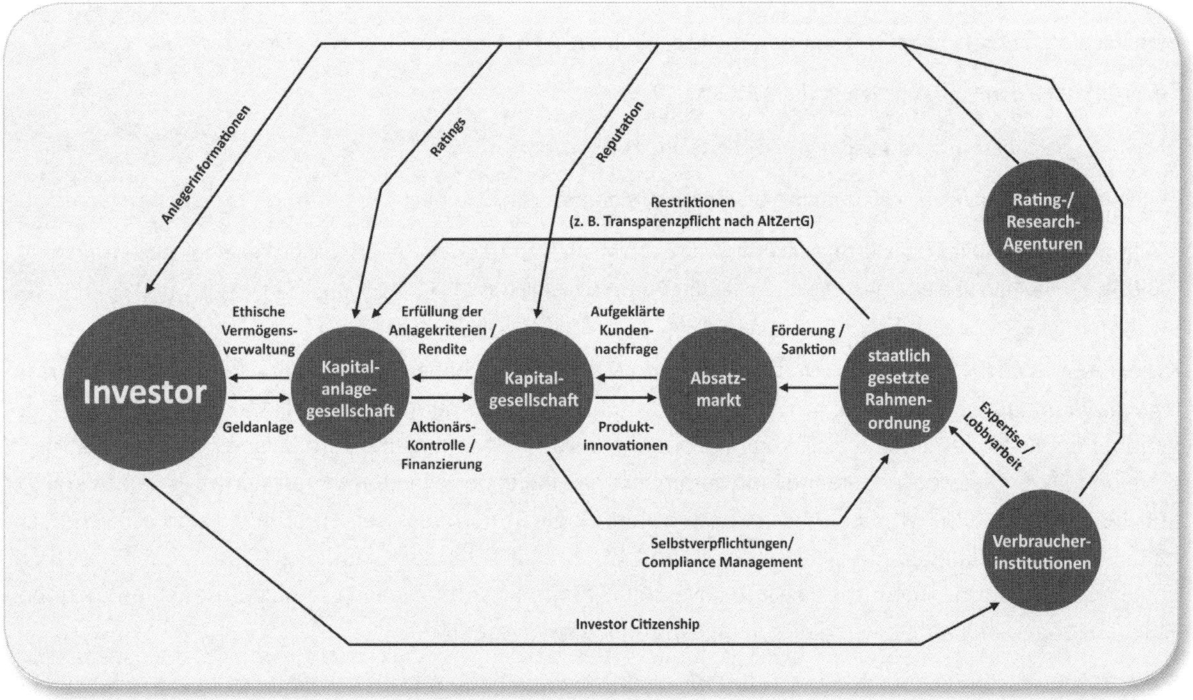

Abbildung 1: Eine systematische Analyse des ethischen Fonds-Investments
Quelle: Eigene Darstellung in Anlehnung an Retzmann 2006: 298.

WIRKUNGSZUSAMMENHÄNGE. Die Wirksamkeit ethischer Zielsetzungen lässt sich anhand der *Orte der Ethik in der Marktwirtschaft* gemäß der *Theorie der Integrativen Wirtschaftsethik* analysieren. In Anlehnung an und gleichzeitiger Abwandlung von Retzmann (2006: 290 ff.) werden hier als Orte ethischen Handelns in der Marktwirtschaft vor allem die Kapitalgesellschaft, der Kapital- und Absatzmarkt sowie der Investor analysiert. Sie sind in einem Beziehungsgeflecht mit der staatlich gesetzten Rahmenordnung und der kritischen Öffentlichkeit, zum Beispiel in Form von Verbraucherinstitutionen bzw. von Rating- oder Research-Agenturen zu sehen.

In einer *marktwirtschaftlichen Ordnung* ist der Erfolg ethisch orientierter Zielsetzungen am Finanzmarkt abhängig von den Individualentscheidungen der Marktteilnehmer. Dies ist einerseits die *Kapitalgesellschaft*. Sie ist in ihren Investitionsmöglichkeiten vom Finanzmarkt abhängig, da sie günstige Finanzmittel unter Akzeptanz ihrer unternehmerischen Handlungen bekommt. Ähnlich einem Bonitäts-Rating ist es vorstellbar, dass eine Investition bei positivem Öko-Rating zu günstigeren Zinssätzen zu refinanzieren ist als herkömmliche Investitionen. Gesellschaftlich wichtige Neuentwicklungen werden ggf. durch *Kapitalmarktvorteile* erst finanzierbar. Dazu ist die Unternehmung aufgrund unterschiedlicher externer Anspruchsgruppen (Stakeholder) auf eine *positive Öffentlichkeit* entsprechend deren Wertvorstellungen angewiesen. Diese wird zum Beispiel durch Dienstleistungstests oder Berichterstattung beeinflusst. Earthlink e.V. berichtet zum Beispiel im April 2013 in einer Radiosendung über Kinderarbeit in der Spielzeugindustrie und veröffentlicht eine Liste über 385 Firmen und ihr Engagement zur Kinderarbeit (www.earthlink.de). Unternehmen orientieren sich an ethisch ausgerichteten Unternehmensleitbildern und betreiben Corporate Citizenship. Dabei unterliegen sie staatlicher und gesellschaftlicher Kontrolle und öffentlichem Druck bei Nichterfüllung von gesetzlichen und ethischen Normen.

INVESTOR. Andererseits agiert der *ethisch orientierte Investor* nicht nur ökonomisch, sondern im Rahmen öffentlicher Erwartungen und individueller Moralvorstellungen auch ethisch bestimmt. Er liefert der finanzierenden Kapitalgesellschaft durch klare *Anlagekriterien* Anreize für ethisches Verhalten, um daraus entstehende Vorteile am Kapitalmarkt zu nutzen und zum Beispiel nachhaltige Produktinnovationen auf dem Absatzmarkt finanzierbar zu machen. Pinner (2003: 11) fasst dies so zusammen: „Investment bedeutet Verantwortung. Verantwortung auf Seiten des Investors, der seinerseits das verantwortliche Agieren der Unternehmen einzufordern hat. ‚Investor Citizenship' kontrolliert ‚Corporate Citizenship' – im Sinne einer nachhaltigen Entwicklung."

Schäfer (2001: 13 ff.) unterscheidet entsprechend der individuellen Wertehierarchie *drei Anlegertypen:*

- Typ I: Ethikdominanz mit Rendite(teil)verzicht,
- Typ II: gleichberechtigter Anspruch an Rendite und Ethik sowie
- Typ III: Renditeerzielung bei nachrangiger Ethikorientierung.

Alle drei Typen sind potenzielle Anleger ethischer Investments. Aufgrund der unterschiedlichen Prioritäten wirken die ökonomischen und ethischen Anreize allerdings unterschiedlich stark.

KAPITALANLAGEGESELLSCHAFT. Zwischen die klassischen Marktpartner haben sich im Marktsegment der Fondsanlage *Kapitalanlagegesellschaften* geschaltet. Sie treten gegenüber dem Privatanleger als Kapitalnehmer, gegenüber der Kapitalgesellschaft als Kapitalgeber auf. Bekannte Namen sind zum Beispiel Union Investment, Deka und DWS. Diese besondere Stellung verhindert einerseits den direkten Einfluss privater Kapitalanleger auf die Kapitalgesellschaft, andererseits besteht die Möglichkeit, Interessen zu bündeln und ethisch-nachhaltige Wertvorstellungen mit größerer Kapitalmacht am Markt wirksam werden zu lassen. Im SRI-Segment engagieren sich immer mehr spezialisierte Investmentfonds. Sie ermöglichen es Anlegern, auch mit geringen Anlagebeträgen im Rahmen spezieller Anlagestrategien zu investieren.

STAAT. Der Staat fördert durch *gesetzliche Rahmenbedingungen* die private Vermögensbildung. Aber bei betrieblichen Pensionsfonds und der Riester-Rente gibt er durch das Altersvorsorgeverträge-Zertifizierungsgesetz (AltZertG) nur die Verpflichtung vor, die Anleger über etwaige ethische, ökologische und soziale Aspekte ihrer Anlagepolitik zu unterrichten. Bisher wird darauf kein besonderer Förderschwerpunkt gelegt. Diese *Transparenzpflicht* hat die private Anlagepolitik nicht merklich beeinflusst. Eine stärkere staatliche Zielvorgabe würde – wie die Verpflichtung zur Berücksichtigung ökologisch-ethischer Aspekte für schwedische Investmentfonds – eine breitere Investorenschicht ansprechen.

BEWERTUNG. Die größte *Schwierigkeit* für den Anleger liegt in der *klaren Beurteilung* einzelner Aspekte der Anlageentscheidung. Verschiedene Investmentfonds konzentrieren sich in ihrem *Anlageprofil* medienwirksam auf Teilbereiche ethischer Aspekte, wie zum Beispiel regenerative Energien, während kritisch vermutet werden darf, dass andere Teilbereiche wie Kultur- oder Sozialverträglichkeit unberücksichtigt bleiben. Die systematische Auswahl von Finanzanlagen erfolgt bei den Investmentfonds entweder *prinzipienorientiert* nach unterschiedlichen Kriterien, wie Negativ-Kriterien, Positiv-Kriterien oder *vergleichsorientiert* durch Positives Rating, klassifiziert nach dem „Best-in-Class-Verfahren" innerhalb einzelner Sektoren **[M 4/M 5; Folien 6, 7]**. Als weiteres Auswahlkriterium kommt die Einflussmöglichkeit auf Managemententscheidungen in Betracht.

Während die Kriterien des magischen Dreiecks der Finanzanlage am Kapitalmarkt relativ transparent gehandhabt werden und in der Regel geprüft und verfügbar sind, ist der vierte Bereich der Nachhaltigkeit qualitativ nicht fest definiert und Informationen sind zum Teil schwer zugänglich. In der *Anlageberatung von Banken* spielt das Marktsegment eine untergeordnete Rolle. Nicht alle konzernzugehörigen Investmentgesellschaften deutscher Banken haben nachhaltige Fonds im Angebot. Dies führt zu *Informationsdefiziten auf Beraterebene*. Es gibt aber eine neue Fachqualifizierung zum „Fachberater für nachhaltiges Investment", die von der UNESCO zum offiziellen Projekt der „UN-Bildungsdekade 2006/07" ernannt wurde (Handelsblatt 6.7.2007). Die Fachberater sind allerdings noch selten in Filialbanken anzutreffen.

NAI, DJSI & Co. Nach ethischen Gesichtspunkten ausgewählte Unternehmen werden in *speziellen Indizes* zusammengefasst, die Investmentauswahl und Renditevergleiche mit anderen Unternehmensgruppen ermöglichen. Untersuchungen haben gezeigt, dass die Renditen der ethischen Indizes in den letzten Jahren – gerade durch den boomenden Markt der Umweltunternehmen – durchaus mit den *Standard-Indizes* mithalten konnten. Es besteht also *kein* grundsätzlicher Konflikt zwischen ethisch-nachhaltiger und renditeorientierter Anlage.

GLOSSAR	
Ethisches Investment	Nachhaltige Geldanlage, die neben ökonomischen auch ethische Ziele verfolgt → SRI
Social Responsible Investment (SRI)	Investmentansatz für ethisch-ökologisch orientierte Investmentfonds.
Corporate Citizenship	Systematisch betriebenes bürgerschaftlich-soziales Engagement von Unternehmen.
Corporate Social Responsibility (CSR)	Ganzheitliches Konzept, bei dem Unternehmen soziale und ökologische Kriterien in ihre Geschäftspolitik integrieren.
Best-in-Class-Verfahren	Ansatz, mit dem das relativ beste Unternehmen eines Sektors nach ethisch-ökologisch Gesichtspunkten ermittelt wird.
Negativ-Kriterien	Ausschluss-Kriterium für ein Investment, zum Beispiel Kinderarbeit, Rüstungsgüter, Atomindustrie.
Positiv-Kriterien	Aufnahme-Kriterium für ein Investment, zum Beispiel Nachhaltigkeitsberichterstattung.
Rating	Beurteilung und Klassifizierung von Wertpapieren und Schuldnern durch Gläubiger oder externe Rating-Agenturen. Die Beurteilung erfolgt im Bankwesen nach verschiedenen Bonitäts- und Risikokriterien. Ein ethisch-ökologisches Rating erfolgt zum Beispiel durch Oekom Research AG auf Basis des Frankfurt-Hohenheimer Leitfadens.
Index	Kennzahl für Aktienkursentwicklungen an der Börse, hier speziell: Natur-Aktien-Index (NAI), FTS4Goods, OeKB Sustainability Fund Index (OeSFX), Dow Jones Sustainability Indizes (DJSI).

Unterrichtsplanung: Schülerinnen und Schüler als mündige Anleger

BEDEUTUNG. Der *Kapitalmarkt* ist eines der primären *Steuerungsinstrumente der Marktwirtschaft*. Es ist deshalb wichtig, zu erkennen und zu erleben, ob und wie der Markt ethisch orientiertes Handeln fördert, wenn nur eine der Markteinflussgrößen entsprechende Grundsätze konsequent am Markt umsetzt. Aus dieser Einsicht erwächst die *demokratische Mitverantwortungserkenntnis*, dass jeder Wirtschaftsteilnehmer begrenzten Einfluss auf verschiedene Stakeholder-Gruppen ausüben kann.

AKTEURSPERSPEKTIVE. Das Ziel, dem Schüler ethische Überlegungen als wichtigen Parameter für Wirtschaftsentscheidungen bewusst zu machen, ist durch eine klare *Rollenzuweisung* erreichbar. Denkbar ist beim Investment die Rolle des *Akteurs* in Form von Kapitalgeber, Anlageberater oder Kapitalnehmer, alternativ die des darauf reagierenden Wirtschaftsteilnehmers oder des intervenierenden *Bürgers*. Für Schülerinnen und Schüler erscheint die Vorbereitung auf eine aktive Werteorientierung als Entscheidungsträger am Markt sinnvoll. In der Rolle eines nicht involvierten Beobachters würden wichtige Elemente persönlicher Identifikation, der Zielkonflikt, die Motivation und die Entscheidungsrelevanz fehlen. Ethisches Investment steht noch nicht im Zentrum öffentlicher Diskussion. Gerade weil es von Beratern nicht immer aktiv angeboten wird, sollte eine selbständige Akteursposition übernommen werden, die individuelles *Wertebewusstsein* und angepasste *Informationsbeschaffung* erfordert.

IDENTIFIKATION. Schülerinnen und Schüler verfügen in der Regel nicht über eigene Investitionsmittel. Eine Erbschaftssituation bietet eine realitätsnahe Möglichkeit, ihnen eine *Akteursrolle* zu übertragen. Laut Statistischem Landesamt wurden im Jahre 2011 in Baden Württemberg in ca. 21.500 Fällen rund 2,9 Milliarden Euro geerbt (vgl. http://www.statistik-bw.de/Pressemitt/2012201.asp; abgerufen am 5.2.2013: 14, 48).

LERNVORAUSSETZUNGEN. Kenntnisse von Investitionszielen und Anlageformen wie Kontensparen, Anleihen, Aktien und Investmentfonds sind vorteilhaft. Risikobehaftete Anlageformen werden in der Bankpraxis nur Anlegern mit Sachkenntnis und Erfahrungen im Wertpapiergeschäft empfohlen. Der Unterricht sollte daher auf ausgewählte Investmentfonds beschränkt werden, die aufgrund von professionellem Management und hohem Anlagevolumen Risiken streuen und für *Normalanleger* geeignet erscheinen.

Unterrichtsverlauf

ENTSCHEIDUNGSSITUATION. Die *Erbschaftssituation* bringt die Schülerinnen und Schüler durch konträre Grundpositionen in Konflikte. Drei Schülergruppen übernehmen die Rollen der Erben, die durch Erbschaftsvorgaben genötigt sind, alle „Eckpunkte" des magischen Vierecks der ethischen Geldanlage zu berücksichtigen. Die *Rollenvorgaben* **[M 2]** sind bewusst überzeichnet und klischeehaft, um die Situation zu emotionalisieren und jedem Schüler eine frei interpretierbare Rollenübernahme zu erleichtern.

INFORMATIONSSAMMLUNG. Der Marktbereich der Investmentfonds zeichnet sich durch umfangreiche im Internet verfügbare Berichterstattung aus. Dies ermöglicht den Einsatz einer *Internet-Recherche*, die Authentizität und Aktualität gewährleistet. Konkrete Informationen über die Anlagepolitik von Investmentfonds sollen von den Schülerinnen und Schülern selbstständig ermittelt werden. In *arbeitsteiligen Gruppen* erarbeiten sie die Merkmale vorgegebener Anlagen. Die vorgeschlagenen Investmentfonds können selbstverständlich ausgetauscht oder erweitert werden, zum Beispiel aufgrund von Schülerinteressen oder einer veränderten Marktsituation. Als Einstieg in die Recherche ist eine Hinführung auf vorgeschlagene Internetseiten mittels einer Linkliste sinnvoll [siehe: http://www.wida.wiwi.uni-due.de/downloads/].

Der in Arbeitsblättern formulierte Informationsbedarf und die vorgegebenen Internet-Adressen senken die Komplexität des Gesamtthemas und sichern eine zeiteffiziente und zielgesteuerte Lernaufgabe. Zur Strukturierung werden je ein *Informationsblatt* **[M 4]** sowie ein *Arbeitsblatt* **[M 5]** zu den gängigen prinzipien- oder vergleichsorientierten Auswahlkriterien bereitgestellt. Im Anschluss an deren Erläuterung ist eine *selbstständige Recherche* möglich, die zu einer durch Schülerinnen und Schüler selbst vorbereiteten, interpretierten und reflektierten Entscheidung führen soll. Während der Recherchephase unterstützt die Lehrkraft die Gruppen.

Bei den Fondsrecherchen dürften die Schülerinnen und Schüler aufgrund unterschiedlicher Informationsdichte und individueller Arbeitsgeschwindigkeit nicht gleichzeitig fertig werden. Die schnelleren Gruppen recherchieren zusätzlich die Anlagemöglichkeit für Kontensparen bei einer ethisch ausgerichteten Bank. Da das Kontensparen vom Grundprinzip als allen bekannt vorausgesetzt wird und die recherchierbaren Informationen relativ einfach sind, ist dies als *Zeitpuffer* geeignet.

ENTSCHEIDUNGSHILFE. Eine *qualifizierte Entscheidung* für Anlageprodukte kann nur vor dem Hintergrund persönlicher Wertvorstellungen getroffen werden und sollte daher nicht mit dem Ziel eindeutiger Lösung definiert sein. Die Qualität der Schülerleistung ist jedoch durch Nutzung der *Entscheidungsmethodik* steuerbar. Sinnvoll für die Abwägung von komplexen Handlungsalternativen ist die *Nutzwertanalyse* (siehe Wildner 2011 und Retzmann 2012) **[M 3, M 6, M 7]**, die der Schüler im Rahmen dieser Investmententscheidung erstmals, besser jedoch in neuer Anwendung kennenlernen sollte. Mit DV-Hilfe kann in einem selbsterklärenden MS® Excel®-Arbeitsblatt eine quantifizierbare Entscheidung über zum Teil qualitative Merkmale unterschiedlicher Anlagealternativen selbstständig und ohne Vorkenntnisse getroffen und überprüft werden.

KOMPETENZENTWICKLUNG. Mit dem Ansatz dieses Lehr-Lernarrangements sollen gleichzeitig *Fachkompetenz* (Ethisches Investment, marktwirtschaftliche Zusammenhänge), *Methodenkompetenz* (Nutzwertanalyse), *Sozialkompetenz* (Gruppenarbeit), *Personale Kompetenz/Selbstkompetenz* (Gewichtung der Kriterien in der Nutzwertanalyse) und *Medienkompetenz* (Internetrecherche) gefördert werden. Die von der DeGÖB genannten Kompetenzbereiche: (1) *Entscheidungen ökonomisch zu begründen* und (2) *Handlungssituationen ökonomisch zu analysieren* werden im Rahmen der Recherche und durch gewichtete Beurteilung von Entscheidungskriterien unterstützt. Die Zieldiskussionen innerhalb und zwischen den Gruppen sollen dazu beitragen, *Konflikte perspektivisch und ethisch zu beurteilen.*

LEHRPLÄNE. Die ethische Verantwortung von Konsument oder Unternehmen sowie die Möglichkeiten und Grenzen marktwirtschaftlicher Selbstregulierung sind in diversen Bildungsplänen an allgemeinbildenden und beruflichen Schulen verankert. Die dargestellte Thematik ist zum Beispiel in der Kursstufe des allgemeinbildenden Gymnasiums im Rahmen wirtschaftlichen Handelns oder im Wirtschaftsgymnasium Baden Württemberg in Jahrgangsstufe 2 als *Private Kapitalanlage* angesprochen.

HINWEISE. Die Internet-Recherche in mindestens drei Gruppen, eventuell doppelt belegt, erfordert einen Raum mit mindestens vier, besser zehn oder mehr Rechnern mit Internetzugang. Für die Präsentation wird ein Beamer benötigt. Die Skizze des Unterrichtsverlaufs **[M 1]** dient auch als Orientierungs-Folie im Unterricht.

Digitale Unterlagen sind unter http://www.wida.wiwi.uni-due.de/downloads/ verfügbar.

WEITERFÜHRENDE FRAGESTELLUNGEN. Der hier konzipierte Unterricht deckt nicht alle interessanten Bereiche des umfassenden Themas „Ethisches Investment" ab. Deshalb wird auf einige weiterführende Fragestellungen hingewiesen, die ggf. in einem anderen Rahmen vertieft werden können:

- Wie groß ist der Einfluss des Investmentsparers (einzeln oder als gesellschaftliche Gruppe) auf die unternehmerischen Handlungen von Kapitalnehmern tatsächlich?
- Aus welchen Gründen werden Investitionen in ethisch orientierte Fonds wirklich getroffen?
- Gibt es wirksamere Methoden, ethisch orientiert zu investieren?
- Sollte der Staat ethisch orientierte Investitionen unterstützen? Wie könnte er das tun?
- Sind nicht ethisch orientierte Investitionen als unethisch anzusehen?
- Gibt es im örtlichen Umkreis der Schülerinnen und Schüler Unternehmen, die eine ethisch orientierte Berichterstattung leisten oder bei Positiv-/Negativ-Auswahlkriterien berücksichtigt würden?

Literatur

Altersvorsorgeverträge-Zertifizierungsgesetz – AltZertG §7 (1) 5. vom 26. Juni 2001.

Bertelsmann Stiftung (2006): Partner Staat? CSR-Politik in Europa. Gütersloh http://www.bertelsmann-stiftung.de/bst/de/media/xcms_bst_dms_17243_17244_2.pdf (abgerufen am 24.11.2012).

DeGöB – Deutsche Gesellschaft für ökonomische Bildung (Hrsg.) (2004): Kompetenzen der ökonomischen Bildung für allgemeinbildende Schulen und Bildungsstandards für den mittleren Schulabschluss. Köln. http://degoeb.de/uploads/degoeb/04_DEGOEB_Sekundarstufe-I.pdf (abgerufen am 10.11.2012).

Döpfner, Claudia/Schneider, Hans-Albert (2012): „Nachhaltigkeitsratings auf dem Prüfstand", http://www.cric-online.org/aktivitaeten/bewusstseinsbildung/64-downloads.html (abgerufen am 8.11.2012).

European SRI Study 2012, EUROSIF A.I.S.B.L., http://www.forum-ng.org/de/fng/aktivitaeten/199-european-sri-study-2012.html (abgerufen am 20.10.2012).

Finanztest (2004): Gewissenhaft anlegen – Ethisch-ökologische Fonds verheißen Rendite ohne Reue. H. 10, S. 36-43.

Finanztest (2007): Die Guten – Grüne Geldanlage. H. 2, S. 24-27.

Finanztest (2010): Moderne Zeiten – Saubere Geldanlage. H. 5, S. 23-33. http://www.test.de/Saubere-Investmentfonds-Die-richtigen-Fonds-fuer-Sie-1858350-0/ (abgerufen am 20.9.2012)

Gabriel, Klaus (2012): „Auf die Wirkung kommt es an". In: Forum Nachhaltig Wirtschaften 3/2012.

Handelsblatt: Nachhaltigkeitstraining für den Finanzsektor. Ausgabe vom 6.7.2007.

Hansen, Ursula/Schoenheit, Ingo (2001): Transparenz an den Finanzmärkten unter dem Gesichtspunkt des nachhaltigen Wirtschaftens. In: Umwelt-Wirtschafts-Forum. 9. Jg., H. 4, Heidelberg, S. 23-28.

Hoffmann, Johannes/Ott, Konrad/Scherhorn, Gerhard (Hrsg.) (1997): Ethische Kriterien für die Bewertung von Unternehmen. Frankfurt-Hohenheimer Leitfaden. Frankfurt/Main.

Hoffmann, Johannes/Scherhorn, Gerhard/Busch, Timo (2004): Darmstädter Definition Nachhaltiger Geldanlagen. In: Wuppertal Spezial 31 vom 15./16.4.2004. Hrsg. v. Wuppertal Institut für Klima, Umwelt, Energie GmbH.

Pinner, Wolfgang (2003): Ethische Investments – Rendite mit sauberen Fonds. Wiesbaden.

Retzmann, Thomas (2006): Didaktik der berufsmoralischen Bildung in Wirtschaft und Verwaltung. Eine fachdidaktische Studie zur Innovation der kaufmännischen Berufsbildung. Norderstedt.

Retzmann, Thomas (2012): Nutzwertanalyse. In: May, Hermann/Wiepcke, Claudia (Hrsg.): Lexikon der ökonomischen Bildung. 8. Auflage. München, S. 431-433.

Schäfer, Henry (2001): Triple Bottom Line Investing – Zukunft der ethischen Kapitalanlage. In: Sparkasse. Manager-Magazin für die Sparkassen-Finanzgruppe, 118. Jg., H. 4, S. 161-166.

Verbraucher-Zentrale NRW (2001): Ethisches Investment – Rendite mit gutem Gewissen. Düsseldorf.

Wildner, Claudia (2011): Die Nutzwertanalyse. In: Methodentraining für den Ökonomieunterricht. Hg. v. Thomas Retzmann. 2. Aufl. Schwalbach/Ts., S. 35-50.

M 1 *Unterrichtsverlauf*

Unterrichtseinstieg: Podcast zur sozialen Verantwortung des Geldes mit anschließendem Unterrichtsgespräch	z. B. „Muhammad Yunus gründet die Grameen-Bank“
Schüler beziehen persönlich Stellung zum Konflikt Rendite – ethisch nachhaltige Ziele (4-Felder-Matrix)	**Folie 2** (im Bearbeitungsmodus oder Moderationswand) **[M 2]**
Präsentation einer Testamentssituation und Rollenübergabe in drei Schüler-Gruppen	**Folie 3, M 2**
Festlegung der Gewichtung von Anlagezielen innerhalb jeder Gruppe	**Folien 4, 5, 6** (6 Anlageziele)
Podiumsdiskussion und Verhandlung von drei Gruppensprechern (Erben) über die Zielgewichtung und Festlegung gemeinsamer Zielgewichtung	Gruppendiskussion, anschließend Verhandlung Excel-Tabelle **[M 3]** für Klassengewichtung
Video-Information über Ethisches Investment	**Film**
Lehrer präsentiert Anlagealternativen und Entscheidungskriterien und informiert über gebräuchliche Investitionskriterien von Ethikfonds	**Folie 7** (6 Anlageziele)
Arbeitsteilige Internet-Recherche	arbeitsteilige Gruppen, Informationsblatt **[M 4]**, Arbeitsblatt **[M 5]**, Link-Liste als Einstiegshilfe
Präsentation der Gruppenergebnisse: Inhaltliche Beurteilung der Rechercheergebnisse durch alle Gruppen	Überblick über die Investment-Angebote und Beurteilung
Ermittlung der Durchschnittsbewertung der Gesamtklasse (am Computer)	Excel-Tabelle **[M 6]**
Die Gruppensprecher (Erben) einigen sich in einem Podiumsgespräch über den Anlagefavoriten	Verhandlung (ohne rechnerische Gewichtung)
Berechnung der gewichteten Nutzwertanalyse innerhalb der Gruppen	Arbeitsblatt **[M 7]**
Präsentation der Ergebnisse am Präsentationscomputer	Excel-Nutzwertanalyse
Treffen der Anlageentscheidung und Beurteilung von Entscheidungsqualität und Entscheidungsmethode	Klassendiskussion
Simulation bei Variation der Zielgewichtung	Excel-Nutzwertanalyse

M 2 *Rollenkarten*

ROLLENKARTE

Klaus

„Ich respektiere Eure persönlichen Lebenseinstellungen sehr und bitte Euch, in gegenseitigem Respekt einen Kompromiss zugunsten unserer gemeinsamen Grundwerte zu finden."

Klaus ist Idealist. Ihm bedeuten weder Geld noch Rendite etwas, er kämpft für eine bessere Welt. Er ist auch bereit, selbst Opfer zu bringen und stellt seine idealistischen Ziele über die Rendite. Seine Gesellschaftskritik verpflichtet ihn in erster Linie zu sozial-ethischem Verhalten und Umweltschutz. Dies fordert er auch von seinen Kindern und Geschwistern.

Klaus interessiert sich für die Möglichkeit, mit dem Geld Einfluss auf ethisches Verhalten in der Wirtschaft nehmen zu können. Er will Geld einsetzen, um die Welt zu Besserem zu bewegen.

ROLLENKARTE

Roswitha

„Ich respektiere Eure persönlichen Lebenseinstellungen sehr und bitte Euch, in gegenseitigem Respekt einen Kompromiss zugunsten unserer gemeinsamen Grundwerte zu finden."

Roswitha ist eine emanzipierte Frau. Sie ist grundsätzlich sozial eingestellt und kämpft besonders für die Rechte von Frauen und Kindern in der ganzen Welt. Sie will aber auch selbst und für die Kinder ein gutes Leben und weiß ihr eigenes Wohl und Vermögen zu schätzen. Sie versucht, beide Ziele miteinander zu verbinden.

Für Roswitha sollte sich das soziale Engagement mit dem eigenen Nutzen verbinden lassen. Sie versucht einerseits Klaus von der sozialen und umweltverträglichen Wirkung von „richtigen Investitionen" zu überzeugen, andererseits versucht sie Manfred zu überzeugen, dass auch damit Gewinn zu machen ist.

ROLLENKARTE

Manfred

„Ich respektiere Eure persönlichen Lebenseinstellungen sehr und bitte Euch, in gegenseitigem Respekt einen Kompromiss zugunsten unserer gemeinsamen Grundwerte zu finden."

Für Manfred ist Geld da, um sich selbst zu vermehren und ihm ein gutes Leben zu ermöglichen. Er sieht in der Erbschaft die Chance, für die Kinder ein gutes Leben zu finanzieren. Manager haben für ihn den Auftrag, den maximalen Gewinn zu erwirtschaften und andere Aspekte diesem Ziel unterzuordnen.

Für ihn stehen die Rendite und jederzeitige Verfügbarkeit von Geld im Vordergrund.

M 3 *Gewichtung der Anlageziele in arbeitsgleichen Gruppen*

Die Gruppen gewichten ihre Anlageziele und verteilen je Gruppe insgesamt 100 Punkte auf die 6 Kriterien.

	Kultur-verträglichkeit*	Sozial-verträglichkeit*	Natur-verträglichkeit*	Rendite	Sicher-heit	Liquidität	Summe
Gruppe 1							100
Gruppe 2							100
Gruppe 3							100
Klassen-durch-schnitt							100

* Kriterien nach Frankfurt-Hohenheimer Leitfaden

Notizen:

....

....

....

....

....

....

....

....

....

....

....

....

M 4 *Verfahren und Kriterien für die Fondsauswahl beim ethischen Investment*

1. Vergleichsorientierte Auswahlkriterien

Beim *Best-in-Class-Ansatz* werden die Unternehmen innerhalb einer Branche direkt miteinander verglichen und auf ihre Nachhaltigkeit überprüft. Die Besten jeder Branche kommen ins Portfolio des Fonds. Mit Ausnahme der bereits durch Negativkriterien ausgeschlossenen Branchen sind also alle Branchen vertreten.

Der *Gegenentwurf* ist die Auswahl der nachhaltigsten Unternehmen ohne Rücksicht auf die Branche. Bei diesem Verfahren haben Aktiengesellschaften aus heiklen Branchen von vornherein schlechtere Chancen. Die Aktienmischung ist bei diesen Fonds in der Regel nicht so ausgewogen wie bei Fonds, die den Best-in-Class-Ansatz befolgen.

2. Prinzipienorientierte Auswahlkriterien

A) Mögliche Negativkriterien

Negativkriterien: Über solche Kriterien schließen Fondsgesellschaften Unternehmen, die in bestimmten Bereichen tätig sind, von vornherein aus. Sowohl die Definition der Kriterien als auch ihre Anwendung unterscheiden sich von Anbieter zu Anbieter. Einige Fonds lassen bei bestimmten Ausschlusskriterien einen Umsatzanteil von 1 bis 10 Prozent zu.

- Atom-/Kernenergie: Unternehmen, die Atomkraftwerke besitzen oder betreiben oder Geld durch den Verkauf von Atomenergie verdienen, erfüllen das Kriterium nicht.
- Waffen/Rüstung: Ausgeschlossen werden Unternehmen, die ganze Waffen oder Waffensysteme herstellen.
- Tabak, Alkohol: Durchs Raster fallen Unternehmen, die solche Produkte herstellen.
- Agrargentechnologie: Der Ausschluss betrifft Unternehmen, die Kulturpflanzen gentechnisch verändern und diese zum Beispiel als Saatgut in der Landwirtschaft ausbringen.

Reichweite: Bei einigen Fonds gelten die Ausschlusskriterien nur für das Unternehmen selbst, bei anderen erstrecken sie sich auch auf Tochtergesellschaften und verbundene Unternehmen.

B) Mögliche Positivkriterien

Positivkriterien: Viele ethisch-ökologische Fonds nehmen nur Firmen auf, die bestimmte Mindeststandards erfüllen. Dabei geht es unter anderem um die Einhaltung und Überwachung von Mindestsozialstandards, zum Beispiel um die Kernarbeitsnormen der International Labour Organization (ILO) in eigenen Fertigungsstätten und bei den Zulieferern. Weitere Unternehmensleistungen, die für die Auswahl entscheidend sein können:

- Umweltmanagementsystem,
- Nachhaltigkeitsberichterstattung,
- Maßnahmen zur Gleichstellung von Frauen und Minderheiten,
- Verhaltenskodex oder Richtlinien zu den Werten des Unternehmens und dem Verhalten der Mitarbeiter (Vermeidung von Korruption, Handhabung von Interessenkonflikten).

Der Fonds sollte vor allem solche Unternehmen enthalten, die bei den genannten Kriterien deutlich überdurchschnittlich abschneiden.

Quelle: zusammengestellt nach: Finanztest 10/2004: 40.

M 5 *Gruppenaufgabe Internetrecherche*

Arbeitsauftrag:

Beurteilung des Investments: ______________________________

- Wie berücksichtigt das untersuchte Investment die verschiedenen Anlagekriterien?
- Stellen Sie die Informationen zusammen und beurteilen Sie!

KULTURVERTRÄGLICHKEIT *	SOZIALVERTRÄGLICHKEIT *	NATURVERTRÄGLICHKEIT *	RENDITE	SICHERHEIT	LIQUIDITÄT
__ Punkte persönl. Zielgewichtung	__ Punkte persönl. Zielgewichtung	__ Punkte persönl. Zielgewichtung	__ Punkte persönl. Zielgewichtung	__ Punkte persönl. Zielgewichtung	__ Punkte persönl. Zielgewichtung
Finden sich in den Unterlagen Aussagen über – Lebens- und Entfaltungschancen des Individuums – Bezug zum Gemeinwohl – Umgang mit Menschenrechten?	Finden sich in den Unterlagen Aussagen über Beachtung von Führungsgrundsätzen zu – Arbeitsplatzsicherheit – Betriebsklima – Kinderarbeit?	Finden sich in den Unterlagen Aussagen über – Mitgliedschaft in Umweltverbänden – Umgang mit Umweltstandards – ... ?	Finden sich in den Unterlagen Aussagen über – 5-Jahres-Zeitraum – 3-Jahres-Zeitraum – Letztes Jahr – Zukunftserwartungen?	Finden sich in den Unterlagen Aussagen über – Risikoeinschätzung – Spezielle Risiken – Währung – Länder – Branchen – Verteilung Aktien/festverzinsliche Anlagen?	Finden sich in den Unterlagen Aussagen über – Feste Laufzeiten – Kündigungsfristen – Handelbarkeit an der Börse?
Werden Positiv-/Negativkriterien beachtet? Zum Beispiel: – Gemeinwohlorientierung – Diskriminierungen	Werden Positiv-/Negativkriterien beachtet? Zum Beispiel: – Atomkraft – Pornografie – Suchtmittel – Kinderarbeit	Werden Positiv-/Negativkriterien beachtet? Zum Beispiel Umgang mit: – Pflanzen – Tieren – Energie	Gibt es Zins-/Rendite-Zusagen?	Gibt es Rückzahlungsgarantien?	Gibt es Rückzahlungskosten?
Besteht ein externer Anlageausschuss oder eine externe Prüfung der Investitionsentscheidung?			Welche Kosten bestehen für die Anlageform? – Einmalig – Jährlich Sind sie in der Rendite bereits berücksichtigt?	Finden Sie ein externes Rating (Sicherheitsbeurteilung der Investmentanlage) in den Unterlagen?	
Finden Sie Antworten auf ihre eigenen Informationswünsche?	Finden Sie Antworten auf ihre eigenen Informationswünsche?	Finden Sie Antworten auf ihre eigenen Informationswünsche?	Finden Sie Antworten auf ihre eigenen Informationswünsche?	Finden Sie Antworten auf ihre eigenen Informationswünsche?	Finden Sie Antworten auf ihre eigenen Informationswünsche?
__ von 10 möglichen Punkten	**__ von 10 möglichen Punkten**	**__ von 10 möglichen Punkten**	**__ von 10 möglichen Punkten**	**__ von 10 möglichen Punkten**	**__ von 10 möglichen Punkten**

* Kriterien nach Frankfurt-Hohenheimer Leitfaden

M 6 *Bewertung der Investment-Alternativen*

Die Gruppen bewerten die Investment- Alternativen mit jeweils 0 bis 10 Punkten.

	KULTUR-VERTRÄGLICHKEIT*	SOZIAL-VERTRÄGLICHKEIT*	NATUR-VERTRÄGLICHKEIT*	RENDITE	SICHERHEIT	LIQUIDITÄT
GRUPPE 1						
GRUPPE 2						
GRUPPE 3						
KLASSENDURCHSCHNITT						

* Kriterien nach Frankfurt-Hohenheimer Leitfaden

M 7 *Nutzwertanalyse: Ethisches Investment*

ZIELKRITERIEN / ANLAGE-ALTERNATIVEN	KULTUR-VERTRÄGLICHKEIT*	SOZIAL-VERTRÄGLICHKEIT*	NATUR-VERTRÄGLICHKEIT*	RENDITE	SICHERHEIT	LIQUIDITÄT	SUMME
	Vergeben Sie insgesamt 100 Gewichtungspunkte						
Vergeben Sie insgesamt 10 Bewertungspunkte							
							100
gewichtete Bewertungspunkte							
gewichtete Bewertungspunkte							
gewichtete Bewertungspunkte							
gewichtete Bewertungspunkte							

* Kriterien nach Frankfurt-Hohenheimer Leitfaden

Markus Niederastroth

Cold Calling – Belästigung durch unerwünschte Telefonwerbung

Bürgerschaftliches Engagement zur Sicherung der eigenen Freiheit

Hrsg. von Thomas Retzmann und Tilman Grammes

Informationen für Lehrende

Materialien für Lernende

Verbraucher in der Marktwirtschaft: auch bei der ‚Kaltakquise' weder schutz- noch wehrlos! Doch: Besser gut vorbereitet als kalt erwischt!

Die Managementsprache ist gelegentlich martialisch: Märkte werden ‚erobert', der Konkurrenz werden Marktanteile ‚abgejagt', der ‚Preiskampf' tobt usw. Der marktwirtschaftliche Wettbewerb ist offensichtlich keine gemütliche Veranstaltung, bei der sich Unternehmen zurücklehnen können. Im Gegenteil: Sie müssen versuchen, ihren Konkurrenten eine Nasenspitze voraus zu sein. Besonders auf Verkäufermärkten müssen sie verstärkt um die Gunst der Verbraucher buhlen und können sich nicht auf Erfolgen ausruhen. Die Verbraucher profitieren davon durch sinkende Preise und steigende Qualität. Anders ist es bei unlauterem Wettbewerb, bei dem sie getäuscht oder überrumpelt werden. Auch die ‚lauteren' Unternehmen, die nicht zu solchen Mitteln greifen, haben das Nachsehen: Ihnen entgeht Umsatz und die Verbraucher werden allgemein misstrauischer.

Rosstäuscherei und Abzocke entsprechen nicht dem marktwirtschaftlichen Ideal des fairen Wettbewerbs zum Wohle aller. Doch führt nicht gerade der starke Wettbewerbsdruck zu jener Verlotterung der Sitten, die Götz Briefs 1920 als Tendenz zur Grenzmoral bezeichnete? Erodiert der Markt die Moral nicht geradezu mit Notwendigkeit? Zieht ein Unternehmen eine höhere Nachfrage auf sich, weil es die bislang allgemeingültigen moralischen Standards unterbietet, bringt es die Wettbewerber unter Druck, es dem derart vorgepreschten Konkurrenten gleichzutun. Einem Nachfragerückgang halten Unternehmen meist nicht allzu lange stand. Dann kommt es unter Umständen zu einer Erosion der moralischen Standards. Sind hunderte Millionen unaufgeforderte Werbeanrufe pro Jahr nicht ein eindrucksvoller Beleg für eine solche Abwärtsspirale, bei der am Ende nicht das leistungsfähigste, sondern das skrupelloseste Unternehmen erfolgreich ist? Dann wäre der Staat als Hüter des fairen Wettbewerbs gefordert.

Dieser Baustein thematisiert exemplarisch ein unlauteres unternehmerisches Verhalten, das den Staat zu einer Änderung der gesetzlichen Rahmenordnung veranlasst hat. Cold Calling wird zunächst aus der Verbrauchersicht thematisiert: Wem der Schutz der Privatsphäre ‚heilig' ist, der darf seine Daten nicht durch Kundenkarten und Preisausschreiben freiwillig preisgeben. Das wäre ein hoher Preis für einen meist sehr geringen Vorteil. Es wird aber auch deutlich, dass zur Verbraucherbildung eine systemische wirtschaftliche Bildung zwingend dazugehört, denn beim Cold Calling stehen zwei Grundrechte in einem Spannungsverhältnis: der Schutz der Privatsphäre sowie das Recht auf Meinungsfreiheit und freie Berufsausübung. Am Ende der Unterrichtsreihe erweitern die Schülerinnen und Schüler die zunächst nationale Perspektive um die europäische und globale Dimension. Dies führt zu einer anspruchsvollen Problemorientierung und zu der Frage nach der Lokalisierung ethischer Verantwortung. Divergierende Vorstellungen vom richtigen ‚Ort' der Moral in der Marktwirtschaft – individualethisch oder institutionenethisch – werden diskutierbar. Folgende Fragen werden aufgeworfen:

- Darf mich ein Unternehmen, mit dem ich noch nie etwas zu tun hatte, zu Hause anrufen?
- Woher haben die Call-Center meine Telefonnummer?
- Sind alle Call-Center unseriös? Oder sind es nur einzelne schwarze Schafe?
- Warum ist die Privatsphäre schützenswert? Wie weit sollte der Schutz gehen?
- Wie kann ich mich verhalten oder sogar wehren, wenn ich einen ‚kalten Anruf' erhalte?
- Warum erfordert meine wirtschaftliche Freiheit bürgerschaftliches Engagement?
- Warum reichte die alte Rechtslage nicht aus? Ist die aktuelle Rechtslage ausreichend?

LEHRPLAN-BEZUG. Der Verbraucherschutz wird mit unterschiedlichen Schwerpunktsetzungen durchgängig in den Bildungsplänen der allgemeinbildenden und beruflichen Schulen als zu unterrichtender Inhalt vorgegeben. In kaufmännischen Bildungsgängen finden sich mehrere Anknüpfungspunkte für das Thema ‚Cold Calling': Es fügt sich nahtlos in das Themenfeld ‚Marketing' ein; ebenso gut passt es in das Themenfeld ‚Wettbewerb'. Das Thema kann ebenso im Zusammenhang mit Grundrechten behandelt werden, in reduzierter Form ggf. bereits gegen Ende der Sekundarstufe I.

Thomas Retzmann und Tilman Grammes

Drückerkolonnen ‚jagen' Verbraucherinnen und Verbraucher per Telefon

Cold Calling. Heute klingelt die Drückerkolonne in der Regel nicht mehr an der Haustür, sondern am Telefon. 300 Millionen unerwünschte Werbeanrufe pro Jahr meldete Ende 2007 der *Verbraucherzentrale Bundesverband*. 64 % der Deutschen wurden – so eine Umfrage – ohne deren Einverständnis angerufen. Und das, obwohl diese Form der *Kaltakquise*, das sogenannte *Cold Calling*, schon damals nach dem Gesetz gegen den unlauteren Wettbewerb (UWG) verboten war. Die Verbraucher klagten über die *Störung ihrer Privatsphäre* durch den unerwünschten Anruf, über vereinzelte, freche Call-Center-Agents und über die Uhrzeit, zu der sie belästigt wurden. Denn die Agents riefen häufig morgens oder abends an, um auch Berufstätige zu erreichen.

Begünstigt wurden diese millionenfachen Gesetzesverstöße, weil die Täter ihre Identität verschleiern konnten. Durch falsche Angaben zu ihrer Person und ihrem Unternehmen sowie die Unterdrückung ihrer Rufnummer verhinderten sie, dass man sie dingfest machen konnte. Dadurch ließ sich das UWG-Verbot nicht recht durchsetzen. Für die Behebung dieses Missstands setzten sich Verbraucherschützer und zahlreiche Politiker ein. Sie forderten vom *Gesetzgeber*, den Unternehmen den *wirtschaftlichen Anreiz* für solche Anrufe zu nehmen.

Wirtschaftsfaktor Direktmarketing. Auf der anderen Seite äußerte sich der *Deutsche Direktmarketing-Verband* (DDV) besorgt zur Zukunft der Direktmarketing-Branche. Falls Telefonwerbung oder das Abschließen von Verträgen am Telefon generell verboten würden, bedeute dies einen massiven Schaden für die Branche, die mit 30 Milliarden € Umsatz einen wichtigen Wirtschaftsfaktor darstelle. Die *Call-Center-Branche*, die über 400.000 Menschen beschäftigt, warnte gar vor Massenentlassungen.

Kompromissvorschlag ... Es begann ein langwieriger politischer Prozess, in dem sich sowohl die Vertreter der Verbraucherinteressen als auch die Lobbyisten des DDVs unnachgiebig für ihre Standpunkte einsetzten. Nach mehreren Jahren des zähen Verhandelns und regelmäßigen Nachbesserns präsentierte die Bundesregierung am 4. August 2009 ihren *Kompromiss*: Sie verbot den gewerblichen Anrufern ihre Rufnummern zu unterdrücken und verbesserte das Widerrufsrecht der Verbraucher.

... mit Mängeln. Dieser Kompromiss erwies sich jedoch als unzureichend, weil das gesetzliche Verbot weiterhin in einem hohen Maße missachtet wurde (Deutscher Bundesrat Drucksache 557/10). 2011 wurde deshalb ein *Gesetz zur Fortentwicklung des Verbraucherschutzes bei unerlaubter Telefonwerbung* entworfen. Für die Zukunft sollten Verträge, die bei Cold Calls geschlossen werden, erst dann wirksam werden, wenn sie ausdrücklich und formgerecht durch die Verbraucher bestätigt wurden (Deutscher Bundestag Drucksache 17/6482).

Am 26. Juni 2013 empfahl der Ausschuss für Wirtschaft und Technologie jedoch die Ablehnung dieses Gesetzentwurfs (Drucksache 17/14216). Damit bleibt also alles beim Alten: Die Verbraucher müssen weiterhin mit dem unzureichenden Kompromiss aus 2009 leben und sich gegen die Belästigung durch unerlaubte Werbeanrufe selber zur Wehr zu setzen.

Bequemlichkeit. Dies tun sie in der Regel jedoch erst dann, wenn ihnen bei den belästigenden Anrufen ein Vertrag untergeschoben wurde (Finanztest 8/2006: 13). Ansonsten ist es für den einzelnen Verbraucher ökonomisch nicht attraktiv selber gegen die Belästigung vorzugehen, weil ihm dabei reale und Opportunitätskosten entstehen, während die evtl. verhängten Geldbußen andere kassieren.

Und dies gilt selbstverständlich nicht nur für die Belästigung durch Cold Calling. Denn auch unerwünschte E-Mails, Faxnachrichten oder SMS stellen Belästigungen dar.

Unerwünschte Telefonwerbung – Grenzen des Erlaubten und Lösungsansätze

Ob sich jemand belästigt fühlt, hängt natürlich von vielen situativen und individuellen Faktoren ab. Um hier nicht in eine gewisse Beliebigkeit abzugleiten, wird sich dieser ethos-Baustein auf die *Belästigung durch unerwünschte Telefonwerbung* konzentrieren. Andere telefonische Belästigungen sollen hier nicht betrachtet werden:

Gefühlte Belästigung. Immer mehr Verbraucher empfinden bereits das Telefon und ihre eigene Erreichbarkeit als Last. Vor diesem Hintergrund sind unerwünschte Werbeanrufe natürlich besonders unwillkommen. Doch sind sie nicht Ursache, sondern nur Ausprägung des viel allgemeineren Problems: der Zerstörung der eigenen Privatsphäre durch eine freiwillige 24/7-Around-the-World-Erreichbarkeit. Da dieses private Problem aber nicht gesellschaftlich gelöst werden kann, wird es in diesem Baustein nicht thematisiert.

Erbetene Belästigung. Auch problematisiert der Unterricht nicht, dass die Verbraucher oft zuvor um das, was sie später als Last empfinden, gebeten haben. Denn sicher fühlen sie sich belästigt, wenn

- sich der Versicherungsvertreter, den sie um einen Rückruf gebeten haben, unpassend meldet.
- sie den Werbeanruf, um den sie mit ihrem Kreuzchen im letzten Preisausschreiben gebeten haben, nun auch tatsächlich erhalten.
- sich die Zeitung, die ihnen ein Schnupper-Abo geschenkt hat, telefonisch danach erkundigt, ob ihnen das Produkt gefällt und sie dieses weiter beziehen möchten.

Doch haben die Verbraucher diesen Anrufen vorher ausdrücklich zugestimmt. Es handelt sich also nicht um unaufgeforderte Werbeanrufe, nicht um Cold Calls.

Geduldete belästigung. 86 % aller Deutschen fühlten sich bereits 2007 durch unaufgeforderte Werbeanrufe belästigt – so das Ergebnis einer forsa-Umfrage (www.vzbv.de/mediapics/telefonwerbung_forsa_umfrage_31082007.pdf). Trotzdem haben sich bis heute nur 600.000 Menschen in die *Robinsonliste* des Interessenverbandes Deutsches Internet (www.robinsonliste.de) eingetragen und damit den Werbeanrufen der Mitglieder dieses Verbandes widersprochen. Zudem nutzen relativ wenige Verbraucher das *Blacklisting*: Weisen sie während des Telefonats darauf hin, dass sie in Zukunft keine weiteren Anrufe wünschen, so kommt ihre Telefonnummer beim anrufenden Unternehmen auf eine Art schwarze Liste und wird in Zukunft nicht mehr angerufen (direkt marketing 06/2009: 48). Hier denken die Schülerinnen und Schüler in diesem ethos-Baustein weiter. Sie erschließen sich, dass es möglich und nötig ist, der eigenen Belästigung in einem vertretbaren Maße vorzubeugen.

Keine Branchenschelte. 900.000 unerwünschte *Outbound-Anrufe* am Tag stellen eine Belästigung erheblichen Ausmaßes dar. Trotzdem soll hier nicht die ganze Branche angeklagt werden. In deutschen Call-Centern kommunizieren weit über 400.000 Mitarbeiter jeden Tag 20.000.000 Mal mit Menschen per Telefon, Fax, E-Mail, Brief oder online. Im *Inbound* betreuen sie beispielsweise rund um die Uhr Notrufnummern von Feuerwehr, Krankenhäusern, Automobilclubs oder Versicherungen und helfen dann, wenn man sie braucht, freundlich und kompetent weiter. Genauso wenig soll hier die gesamte Direktmarketing-Branche an den Pranger gestellt werden – weiß der normale Direktmarketer doch sehr wohl, dass belästigte Verbraucher schnell *Reaktanzen* entwickeln und dann jeden Kontakt mit der Werbung verweigern. Allein schon um seine wertvollen Adressen nicht „zu verbrennen", wird er jedwede Belästigung vermeiden.

Interessengruppen.

Das Thema Cold Calling berührt die Interessen ...

- der Call-Center, die im Outbound wegen ihres schlechten Images Umsätze einbüßen.
- der Direktmarketer, die aufgrund der schwindenden Akzeptanz von Telefonmarketing neue Vertriebswege erschließen müssen.
- von rechtskonformen Unternehmen, die der unzulässige Wettbewerb benachteiligt.
- der Allgemeinheit, die durch die Cold Calls volkswirtschaftliche Schäden erleidet.
- der Adressaten, die durch die unerlaubten Telefonate belästigt werden.

Als potenzielle ‚Opfer' von Cold Calls erschließen sich die Schülerinnen und Schüler das Thema zunächst aus der *Adressatenperspektive*. Am Ende der Reihe beziehen sie weitere Perspektiven ein, um dadurch ihre gesamtgesellschaftliche Verantwortung umfassend lokalisieren zu können.

RECHTSGEBIETE. Cold Calls betreffen sowohl im Privatrecht wie im öffentlichen Recht, auf nationaler, europäischer und internationaler Ebene verschiedene Rechtsgebiete und -kreise (Amann 2008: 7). Weil sich die Schülerinnen und Schüler diesen ethos-Baustein aus der Adressatenperspektive erschließen, beschäftigen sie sich nur mit nationalem Recht, nämlich dem *Bürgerlichen Gesetzbuch* (BGB), dem *Telekommunikationsgesetz* (TKG) und insbesondere dem Gesetz gegen den *unlauteren Wettbewerb* (UWG).

UWG. Nach § 7 (2) Nr. 2 UWG ist eine unzumutbare Belästigung stets anzunehmen „bei Werbung mit einem Telefonanruf gegenüber einem Verbraucher ohne dessen vorherige ausdrückliche Einwilligung oder gegenüber einem sonstigen Marktteilnehmer ohne dessen zumindest mutmaßliche Einwilligung". Solche geschäftlichen Handlungen sind nach § 7 (1) S. 1 UWG *unzulässig*.

COLD CALLS. Eine unzumutbare Belästigung durch Werbeanrufe liegt also vor, wenn die Verbraucher diesen vorab weder *ausdrücklich* noch durch *konkludentes Verhalten* zugestimmt haben (sogenannte *Opt-in-Regelung*). Dabei geht es den meisten Cold Calls *inhaltlich* um Telekommunikation, also zum Beispiel um Telefon- und Internetdienste, um Lotterien oder Tippgemeinschaften und um die Beglückwünschung zu einem Gewinn, so ein Ergebnis der oben erwähnten forsa-Befragung. Bereits diese Gesprächsanlässe zeigen, dass es hier in der Regel nicht darum geht, eine dauerhafte, gute Geschäftsbeziehung anzubahnen. Stattdessen geht es um den schnellen Abschluss und das schnelle Geld: „Anpirschen, überrumpeln, ohnmächtig quatschen und dann den verdutzten Kunden mit einem Knebelvertrag gefangen nehmen ..." (Limbeck 2009: 26) könnte die Devise lauten.

ARTIKELGESETZ VOM 4.8.2009. Weil erst Anonymität und Rufnummernunterdrückung diese unseriösen Geschäftspraktiken ermöglichten, verbot der Gesetzgeber den gewerblichen Anrufern ihre Rufnummer zu unterdrücken. Zusätzlich verbesserte er die *Widerrufsrechte* der Verbraucher:

TKG: Nach § 66k müssen die Werbung treibenden Unternehmen nun sicherstellen, dass bei ihren Anrufen eine vollständige Rufnummer übermittelt wird. Deutsche Rufnummern für Auskunftsdienste (118xx), Massenverkehrsdienste (0137x), Neuartige Dienste (012) oder Premium-Dienste (0900) sowie Nummern für Kurzwahl-Sprachdienste (0137x) dürfen nicht als Rufnummer des Anrufers übermittelt werden. Darüber hinaus dürfen andere an der Verbindung beteiligte Anbieter die übermittelten Rufnummern nicht verändern. Bei Verstößen gegen das Verbot der Rufnummernunterdrückung droht eine Geldbuße bis zu 10.000 €.

UWG: Verstöße gegen das Verbot der unerlaubten Telefonwerbung in § 7 Abs. 2 können mit einem Bußgeld bis zu 50.000 € geahndet werden. Außerdem besteht weiterhin ein Anspruch auf Schadensersatz, wenn der Anrufer fahrlässig oder vorsätzlich gehandelt hat. Bei vorsätzlichem Handeln sieht das UWG sogar einen Anspruch auf Gewinnabschöpfung vor.

BGB: Das Widerrufsrecht im Fernabsatz wurde ausgeweitet. Nun können auch telefonische Abonnementverträge über die Lieferung von Zeitungen und Illustrierten sowie über Lotterie- und Wettdienstleistungsverträge widerrufen werden. Die Widerrufsfrist von zwei Wochen bzw. einem Monat beginnt, nachdem die Verbraucher eine Belehrung über ihr Widerrufsrecht in Textform erhalten haben. Bei unerlaubten Werbeanrufen beträgt die Frist regelmäßig einen Monat.

Weiterhin werden Anbieterwechsel, die eine Umstellung im Hintergrund (zum Beispiel Strom, Gas, Wasser oder auch Telefon) voraussetzen, erst gültig, wenn der Kunde den Wechsel schriftlich bestätigt. Mit dieser *Bestätigungslösung* soll das sogenannte *Slamming* verhindert werden.

KEINE GENERELLE BESTÄTIGUNGSLÖSUNG. *Verbraucherschützer* forderten während des Gesetzgebungsverfahrens eine Bestätigungslösung für *alle* Verträge, die bei Cold Calls geschlossen werden. Denn Cold Calls blieben für Unternehmen attraktiv, solange man hierbei wirksame Verträge abschließen und Gewinn machen könne. Die *Justizministerin* hingegen verteidigte das neue Artikelgesetz. Es schütze die Verbraucher und belaste die Wirtschaft nicht mit unpraktikablen Regelungen. Mit einer generellen Bestätigungslösung hätte man den

Verbrauchern ‚Steine statt Brot' gegeben, so die seinerzeitige Ministerin Brigitte Zypries bei der abschließenden Beratung des Gesetzes zum Schutz vor unerlaubter Telefonwerbung am 26. März 2009 im Deutschen Bundestag. Es sei nicht ihr Ziel gewesen, Vertragsabschlüsse am Telefon grundsätzlich zu ‚verunmöglichen' und den Verbrauchern damit beispielsweise die Chance zu nehmen, ihre Pizza telefonisch zu bestellen. Bemerkenswert ist, dass beide Seiten nicht die *Belästigung* der Verbraucher in den Mittelpunkt ihrer Argumentationen stellten. Ministerin Zypries ging in ihrer Rede sogar kein einziges Mal auf diese ein.

INDIVIDUUM ODER STAAT? Die gegensätzlichen Standpunkte zur Bestätigungslösung zeigen sehr deutlich, welches wirtschaftsethische Problem diesem ethos-Baustein zugrunde liegt, nämlich divergierende Vorstellungen vom richtigen ‚Ort' der Moral in der Marktwirtschaft (Ulrich 2008: 309). Weil die Verbraucherschützer erleben, dass Verbraucher erst aktiv werden, wenn ihnen telefonisch ein Vertrag untergeschoben wurde (Finanztest 8/2006: 13), machen sie sich konsequenterweise für eine *Institutionenethik* stark: Sie fordern, die ethischen Werte in Form von verbindlichen Rechtsnormen in das Handeln der Wirtschaftssubjekte hineinzuvermitteln.

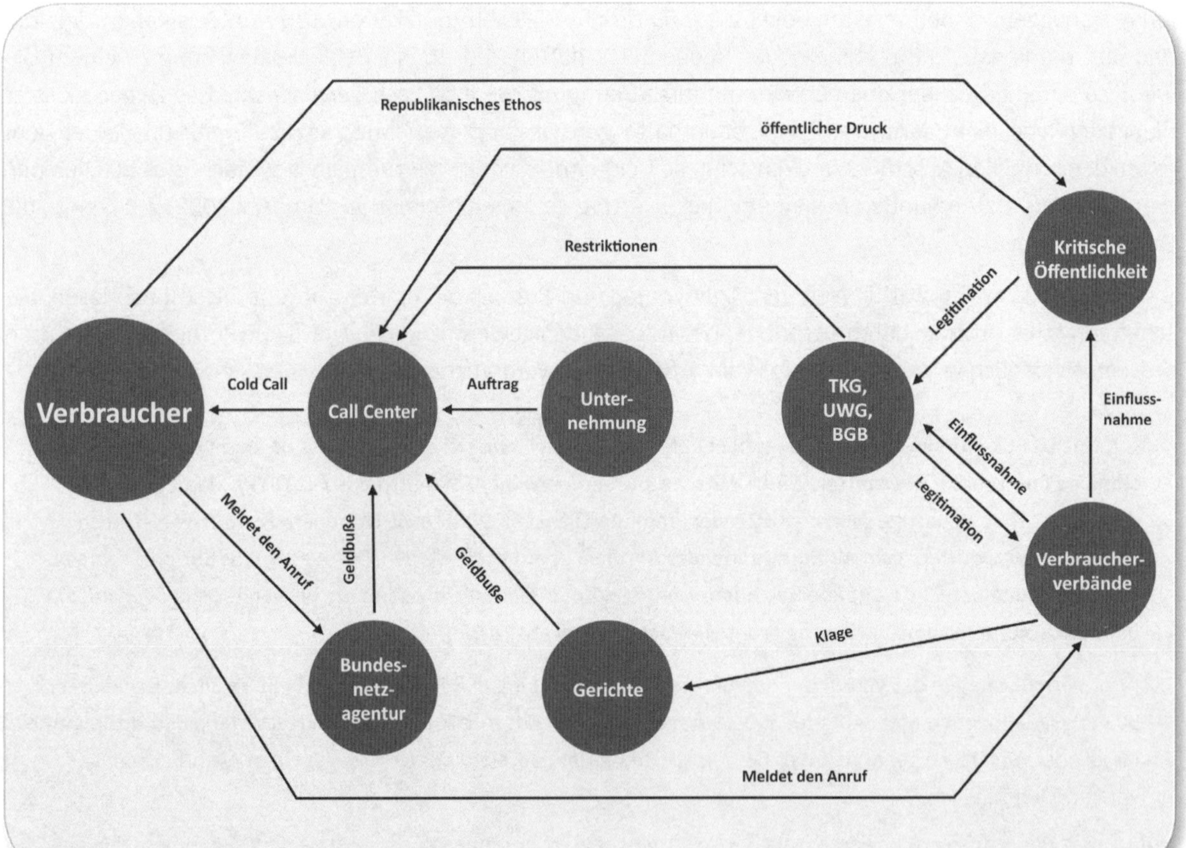

Abbildung 1: Der durch Cold Calls belästigte Verbraucher zwischen Wirtschaft, Gesellschaft und Staat
Quelle: Eigene Darstellung in Anlehnung an Retzmann 2006: 298.

Der Gesetzgeber hingegen orientiert sich am Verbraucherleitbild eines umfassend informierten, kritischen, aufmerksamen und vernünftigen Verbrauchers: Er favorisiert unter anderem aus Gründen der Rechtsdogmatik (Rede der Bundesministerin der Justiz, Brigitte Zypries MdB, bei der abschließenden Beratung des Gesetzes zum Schutz vor unerlaubter Telefonwerbung am 26. März 2009 im Deutschen Bundestag) eine *Individualethik*. Dabei trägt er dafür Sorge, dass die Verbraucher in die Lage versetzt werden, sich gegen Cold Calls zu wehren. Aktiv werden müssen sie dann aber selber.

Unterrichtsplanung: Vom Adressaten zum intervenierenden Bürger

Intentionen. Wenn eine freundliche Stimme die magischen Worte ‚gratis', ‚kostenlos' oder auch ‚Gewinn' in den Telefonhörer säuselt, sind viele Verbraucher gerne bereit, sich auf einen Cold Call einzulassen. Deshalb verfolgt dieser ethos-Baustein das Ziel, die Schülerinnen und Schüler über Cold Calls aufzuklären und sie zu befähigen und zu ermutigen, sich gegen diese zu Wehr zu setzen. Damit sie im Falle eines Cold Calls nicht einfach nur den Telefonhörer auflegen und verärgert mit ihrem Tagesgeschäft fortfahren, reflektieren die Schüler am Ende dieses Bausteins, dass das, was als ökonomisch rational erscheint, aus umfassenderer gesellschaftlicher Sicht noch lange nicht vernünftig sein muss. Sie lernen Gesellschaft nicht nur als Marktzusammenhang, sondern als Rechts- und Solidarzusammenhang zu denken und dass eine wohlverstandene Freiheit in der größtmöglichen Freiheit aller Marktteilnehmer besteht (Ulrich 2001: 2).

Unterrichtsverlauf

Vorbereitung. Die Klasse liest zu Hause den Artikel „Undercover" von Günter Wallraff (DIE ZEIT Nr. 22 vom 24.5.2007, online verfügbar unter http://www.zeit.de/2007/22/Guenter-Wallraff).

Schritt 1. Als Einstieg wird der Film ‚Bei Anruf Abzocke' geschaut, der kostenlos bei Frontal21 bestellt werden kann. Ihre E-Mail sollte folgende Informationen beinhalten: den Titel (‚Bei Anruf Abzocke'), das Sendedatum (11.12.2007) und einen Hinweis darauf, dass der Film für Schulungszwecke benötigt wird. Bei der Besprechung des Films wird an der Tafel unter anderem festgehalten, unter welchen Bedingungen ein Werbeanruf verboten ist.

Schritt 2. Danach wird der Frage nachgegangen, *warum* es den Agents so leicht fällt, die Verbraucher kalt zu erwischen, welche latenten Bedürfnisse sie ansprechen.

Darum erwischen die Agents den Verbraucher kalt (mögliche Antworten)

- *Einsamkeit:* Nicht selten freuen sich insbesondere ältere oder auch kranke Verbraucher, wenn ein Anruf sie aus der Tristesse ihrer heimischen vier Wände herausreißt.
- *Neugier:* Gerade junge Verbraucher sind oft neugierig und fühlen sich geschmeichelt, wenn sie wertschätzend als adäquate Geschäftspartner umworben werden.
- *Unwissenheit:* Dies betrifft bestimmt nicht nur den Imbiss-Buden-Besitzer aus dem Film.
- *Leichtsinn:* Viele Verbraucher verkennen die Situation und glauben, dass ihnen ein Telefonat mit einem netten Agent schon nicht schaden wird.
- *Gier:* Es scheint die Gier über die Ratio zu siegen, wenn Menschen bereitwillig ihre Bankdaten preisgeben, um einen Gewinn zu erhalten, obwohl sie sich nicht einmal daran erinnern können an einem bestimmten Glückspiel teilgenommen zu haben oder sogar prinzipiell nicht an solchen teilnehmen.
- *Ignoranz:* Menschen, die beispielsweise auf die Masche mit den ‚garantierten' Gewinnen hereinfallen, scheinen zu ignorieren, dass Unternehmen das Geld für diese Gewinne irgendwie verdienen müssen und dass sie selbst es sind, mit denen die Unternehmen dieses Geld erwirtschaften.
- *Leichtgläubigkeit:* Niemand ruft ‚wildfremde' Menschen an, um ihnen Geld zu schenken. Hier sollte ein Verbraucher stutzig werden, anstatt den Agent herzlich willkommen zu heißen. Ähnlich stutzig sollten sie übrigens werden, wenn unbekannte Unternehmen im Internet oder auf offener Straße ‚kostenlos' Autos verlosen. Denn natürlich hat die Teilnahme an der Verlosung einen Preis: Sie kostet die eigene Adresse und den Schutz der Privatsphäre.

Schritt 3. Die Schüler erstellen ein Flussdiagramm, das einen typischen Gesprächsverlauf abbildet (Krumm 2005: 46). Nach der Reflexion der Flussdiagramme (Niederastroth 2013: 8) wird thematisiert, wie die Agents mit Einwänden umgehen **[M 1]**. Anschließend erweitern die Schüler ihr Flussdiagramm: Sie arbeiten mögliche Einwände der Agents ein und entwickeln Möglichkeiten, wie sie persönlich ein solches Gespräch höflich, aber bestimmt beenden wollen.

Schritt 4. Nun überlegen sich die Schülerinnen und Schüler, von wem sie angerufen werden wollen und wem sie folglich welche Daten geben dürfen **[M 2]**.

Schritt 5. Anschließend informiert sich die Klasse arbeitsteilig darüber, wie man sich gegen Cold Calls – über eine geeignete Gesprächsführung hinaus – zur Wehr setzen kann, nämlich

- *ex ante* online bei der Robinsonliste des Interessenverbandes Deutsches Internet (www.robinsonliste.de).
- *ex post* online bei der Bundesnetzagentur (www.bundesnetzagentur.de).
- *ex post* real bei der Verbraucherzentrale in ihrer Nähe.

Bevor es losgeht, werden im Plenum relevante Fragen zusammengetragen, die Güte der Antworten besprochen und eine Gliederung für die Präsentation der Ergebnisse festgelegt. Weiterhin sollte eine gemeinsame Form der Ergebnispräsentation vereinbart werden. Hier bieten sich Lernplakate an.

Option. In Abhängigkeit von der Klassengröße kann das Thema an dieser Stelle etwas breiter gemacht werden.

Denn die Verbraucher können darüber hinaus kostenlos wiedersprechen:

- durch Blacklisting den *Anrufen bestimmter Unternehmen*
- durch Werbung-verboten-Aufkleber an ihren Briefkästen dem Bezug von nicht adressierten Postwurfsendungen
- durch einen Eintrag in die Robinsonliste des Deutschen Dialogmarketing Verbandes entweder dem Bezug *aller adressierten Werbebriefe* (Alternative A) oder dem Bezug *adressierter Werbebriefe aus bestimmten Angebotsbereichen* (Alternative B) durch dessen Verbandsmitglieder
- durch einen Eintrag in die Robinsonliste des Interessenverbandes Deutsches Internet (www.robinsonliste.de) den *Werbe-E-Mails* und *-SMS* der Mitglieder dieses Verbandes
- durch einen Eintrag in die Robinsonliste des Bundesverbandes Informationswirtschaft Telekommunikation und Neue Medien der *Fax-Werbung* durch dessen Mitglieder
- *Newsletter* abbestellen

Schritt 6. Die Lernenden erarbeiten mithilfe eines Arbeitsblattes **[M 3]**, inwiefern die Privatsphäre geschützt ist und wie weit Werbung gehen darf.

Schritt 7. Bis jetzt haben die Schüler gelernt, wie man telefonischen Belästigungen vorbeugt, wie man sich während eines Cold Calls verhält und wie man danach *reagieren kann*. Auf diesem Fundament machen sie nun den für diesen ethos-Baustein relevanten Schritt: Sie erschließen sich, warum sie *reagieren müssen* – dass es Freiheit nicht zum Nulltarif gibt.

Um ihre persönliche Verantwortung lokalisieren zu können, lernen sie zunächst, wo und wie die für das Thema Cold Calling verantwortlichen Akteure und Instanzen Verantwortung übernehmen. Hierfür wird mit ihnen gemeinsam die Topologie aus der Sachanalyse an der Tafel entwickelt – oder ihnen diese vorgestellt.

Schritt 8. Darauf aufbauend beantworten sich die Schüler dann in einem Fishbowl **[M 4]** die Frage, welche Form und welches Ausmaß der Verantwortungsübernahme ihnen selber möglich und zumutbar sind und welche institutionellen Rückenstützen sie benötigen (Retzmann 2006: 327), um einerseits nicht auf den Komfort telefonischer Geschäfte verzichten zu müssen und auf der anderen Seite den Abzockern nicht hilflos ausgeliefert zu sein. Beim Thema ‚Cold Calling' muss von den Beteiligten eine Eigenleistung erbracht werden, um das gesellschaftliche Problem zu lösen. Es geht also darum die *Institutionenethik* mit der *Individualethik* zu kombinieren.

Dass an das Ergebnis dieses Fishbowls keine zu hohen Erwartungen gestellt werden, versteht sich von selbst und sollte mit der Klasse vorab auch thematisiert werden. Denn natürlich kann die Klasse nicht in einer Schulstunde eine Lösung herbeizaubern, um die Juristen, Lobbyisten und Verbraucherschützer seit vielen Jahren hart ringen. Die Verteilung von Verantwortlichkeiten dient ausschließlich dem Zweck, die eigene Verantwortlichkeit lokalisieren und deren Ausmaß beschreiben zu können und darf entsprechend rudimentär sein – muss sie aber natürlich nicht.

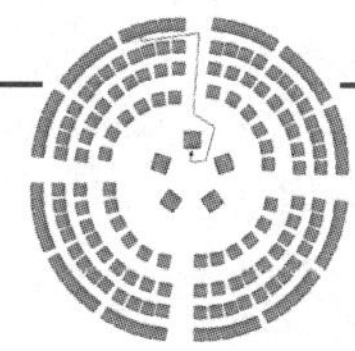

FISHBOWL

Im Unterricht wird folgendermaßen vorgegangen:

1. Die Klasse liest ‚Deutsche Call-Center bald in Indien?' **[M 4]**.
2. Der Klasse werden die Fishbowl-Methode und die Rollen dieses Fishbowls vorgestellt **[M 5]**.
3. Die Klasse verteilt sich gleichmäßig auf die Rollen.
4. In einer *kurzen* Gruppenarbeitsphase erarbeiten sie sich ihre Rolle.
5. Dann wird das Fishbowl durchgeführt.
6. Anschließend wird das Fisbowl im Plenum ausgewertet. Dabei wird zunächst auf die Form der Auseinandersetzung eingegangen. *Leitfragen* könnten hier sein:
   - Wurde eher *konfrontativ* oder *kooperativ* argumentiert?
   - Wurde eher *emotional* oder *sachlich* argumentiert?
   - War die Form der Auseinandersetzung *angemessen* oder *unangemessen*?

   Anschließend findet eine Auswertung des Inhalts statt. Leitfragen könnten hier sein:
   - Wo lagen die Schwerpunkte des Fishbowls?
   - Welche Punkte wurden thematisiert und welche nicht?
   - Wo weicht die Schülerlösung von der deutschen Lösung ab?
7. Als Ergebnis wird festgehalten,
   - was diese Erkenntnis für die Schüler bedeutet.
   - ob und gegebenenfalls wo diese ihr Verhalten verändern wollen.
   - was die Schüler aus diesem Fishbowl über das Verhältnis von Markt und Staat in der sozialen Marktwirtschaft lernen konnten – gegebenenfalls, dass hier die Kurzformel gilt „So viel Markt wie möglich, so viel Staat wie nötig".
   - in welchen Bereichen ähnliche Probleme bestehen, beispielsweise bei Spam, SMS oder Fax, und wie man sich als verantwortungsbewusster Wirtschaftsbürger hier verhalten sollte.

LERNVORAUSSSETZUNGEN. Grundkenntnisse der Ökonomik und zum Widerruf.

Literatur

Amann, Alexander (2008): Cold Calling, Spam, Werbe-SMS. München.

Bericht des Bundesministeriums der Justiz zum Thema unerwünschte Werbeanrufe – „cold calling" – vom 26. Juni 2007.

DIE ZEIT, 24.5.2007 Nr. 22 (freie Internetquelle).

direkt marketing (06/2009).

forsa Gesellschaft für Sozialforschung und statistische Analyse mbH (2007): Telefonwerbung. Berlin.

Krumm, Rainer/Geissler, Christian (2005): Outbound-Praxis. Aktives Verkaufen am Telefon erfolgreich planen und umsetzen. Wiesbaden.

Limbeck, Martin (2009): Das neue Hardselling: Verkaufen heißt verkaufen – So kommen Sie zum Abschluss. Wiesbaden.

Niederastroth, Markus (2013): Flussdiagramm: Blended Learning in einer Learning-Community im Weblog. Hamburg.

Retzmann, Thomas (2006): Didaktik der berufsmoralischen Bildung in Wirtschaft und Verwaltung. Eine fachdidaktische Studie zur Innovation der kaufmännischen Berufsbildung. Norderstedt.

Ulrich, Peter (2001): Wirtschaftsbürgerkunde als Orientierung im politisch-ökonomischen Denken. In: sowi-onlinejournal. 2. Jg., Heft 2: Welche ökonomische Bildung wollen wir? Bielefeld.

Ulrich, Peter (2008): Integrative Wirtschaftsethik: Grundlagen einer lebensdienlichen Ökonomie. Bern.

Internet

Deutsche Post (2008): Dialogmarketing Deutschland 2008: Dialog Marketing Monitor | Studie 20

Deutscher Bundestag (2009): Stenografischer Bericht, 214. Sitzung. Berlin, Donnerstag, den 26. März 2009: dip21.bundestag.de/dip21/btp/16/16214.pdf

Deutscher Bundestag (2011): Entwurf eines Gesetzes zur Fortentwicklung des Verbraucherschutzes bei unerlaubter Telefonwerbung: dipbt.bundestag.de/dip21/btd/17/064/1706482.pdf

Deutscher Bundestag (2013): Bericht des Rechtsausschusses (6. Ausschuss) zu dem Gesetzentwurf des Bundesrates – Drucksache 17/6482: dip21.bundestag.de/dip21/btd/17/142/1714216.pdf

Deutscher Bundesrat (2010): Entwurf eines Gesetzes zur Fortentwicklung des Verbraucherschutzes bei unerlaubter Telefonwerbung: dipbt.bundestag.de/dip21/brd/2010/0557-10.pdf

Finanztest (8/2006): Am Sonntag kalt erwischt. Kostenloser Download: www.test.de/themen/steuern-recht/meldung/Verbotene-Telefonwerbung-Am-Sonntag-kalt-erwischt-1398065-1397008/

Finanztest (12/2006): Illegaler Kundenfang. Kostenloser Download: www.test.de/themen/steuern-recht/meldung/Verbotene-Telefonwerbung-Illegaler-Kundenfang-1447432-1447123/

Finanztest (07/2009): Stoppen Sie lästige Anrufer. Kostenloser Download: www.test.de/themen/steuern-recht/meldung/-Telefonwerbung/1783837/1783837/1783242/

M 1 *Gesprächsrhetorik: Der Umgang mit Einwänden der Angerufenen*

Martin Limbeck, der Autor von „Das neue Hardselling", übersetzt ein „Nein" seiner Kunden mit „Ich bin noch nicht überzeugt!" oder mit „Noch Ein Impuls Notwendig". Ein Call-Center-Agent wird also, wenn er Limbecks Übersetzung folgt, auch in einem Telefonat alles versuchen, um seinen Gesprächspartner nicht zu verlieren.

Bei Ablehnung verwendet er verschiedene Tricks und Floskeln, um weiterhin im Gespräch zu bleiben. So sind beispielsweise folgende Gesprächssequenzen denkbar:

- **Ich habe keine Zeit.**

Aus diesem Grund rufe ich Sie an. Mit meiner Beratung erschließen Sie sich dieses Thema wesentlich schneller. Da es für Sie wichtig ist, sollten Sie sich die Zeit nehmen ...

- **Ich habe keinen Bedarf.**

Danke, dass Sie das gleich so offen sagen. Mal abgesehen davon, dass Sie zurzeit keinen Bedarf haben, ist es für Sie doch sicherlich wichtig zu erfahren, dass ...

- **Ich habe kein Interesse.**

Das kann ich verstehen. Mal davon abgesehen, dass Sie zurzeit kein Interesse haben, ist es für Sie doch sicherlich interessant, ...

- **Sie wollen mir doch nur etwas verkaufen!**

Ich finde es toll, dass Sie so offen sind. Deshalb möchte ich Sie fragen, unter welchen Umständen Sie etwas kaufen würden ...

- **Ich habe kein Geld.**

Das kann ich gut verstehen. Aber gerade dann ist es doch für Sie interessant zu erfahren, wo Sie regelmäßig Geld sparen können ...

- **Schicken Sie mir erst einmal die Unterlagen.**

Seien wir doch einmal ehrlich: Mit gedruckten Unterlagen, so informativ diese auch sein mögen, finden Sie das doch nie heraus ...

- **Das will ich mir noch einmal überlegen.**

Liebe Frau.../Lieber Herr ..., dann lassen Sie uns doch gemeinsam überlegen. Dann kann ich Ihnen Ihre Fragen sofort beantworten.

- **Das ist mir zu teuer.**

Ich verstehe Sie. Genau das habe ich auch gedacht, als ich den Preis zum ersten Mal gehört habe. Dann habe ich das Produkt aber wegen ... doch ausprobiert. Und zu meinem Erstaunen ...

- **Sie sind heute schon die Vierte, die anruft.**

Liebe Frau.../Lieber Herr ..., da sehen Sie, wie wichtig dieses Thema ist. Und gerade für Sie dürfte es besonders interessant sein, weil ...

Arbeitsauftrag:

Erweitern Sie Ihr Flussdiagramm, indem Sie mögliche Entgegnungen der Agents einarbeiten und Möglichkeiten entwickeln, wie Sie persönlich ein solches Gespräch freundlich und bestimmt beenden können.

Weitere Informationen zum Umgang mit Einwänden erhalten Sie beispielsweise bei Martin Limbeck „Aus ‚Nein' mach' ‚Ja' – DAS NEUE HARDSELLING® in der Einwandbehandlung" auf www.ml-trainings.de/site/pdfs-presse/asscompact_04-07.pdf

und im managerTool Präsentation unter praesentation.managertool.ch/content/_Einwandbehandlung_Informationen.pdf

M 2 *Woher bekommt ihr meine Daten?*

Immer wieder wird Maximilian P., Geschäftsführer einer Kommunikationsagentur, von neugierigen Freunden gefragt, wie ein normaler Direktmarketer an seine Daten kommt. Maximilian erklärt dann, dass die Verbraucher ihre Daten auf verschiedenen Wegen freiwillig anbieten:

Erste Daten geben sie bereits durch ihren Eintrag in Telefonbüchern oder Telefaxverzeichnissen preis.

Zusätzlich teilen sie dem Direktmarketer in Preisausschreiben, die offensichtlich ausschließlich dem Sammeln von vermiet- und bewerbbaren Adressen dienen, mit, wie dieser sie telefonisch erreichen kann und wo sie wohnen. Wobei die Kenntnis des Wohnortes dem Direktmarketer zusätzlich auch noch ermöglicht, Rückschlüsse über den gesellschaftlich-wirtschaftlichen Status dieser Verbraucher, ihren Migrationshintergrund, die Größe ihres Haushaltes usw. zu ziehen. Der Direktmarketer nimmt also ausgehend vom Wohnort eine soziodemographische Klassifikation dieser Verbraucher vor.

In Konsumentenbefragungen plaudern die Verbraucher dann so richtig aus dem Nähkästchen. Und das, obwohl man sie vorher darüber informiert hat, dass keine anonymen, sondern personenbezogene Daten erhoben werden.

Durch EC-, Kredit-, Kunden- und Bonuskarten teilen sie dem Direktmarketer mit, was sie wo gerne einkaufen. Der Kauf von Waren mit RFID-Chips[1] rundet das Bild dann ab.

Im Internet hinterlassen sie digitale Spuren, die dem Direktmarketer durch Webtracking[2] weitere Einblicke ermöglicht. In Blogs, Foren und Social-Media-Plattformen wie Facebook oder Twitter teilen die Verbraucher der Welt – also auch dem Direktmarketer – mit, was sie berührt und interessiert. Und auf den Homepages diverser Organisationen stellt sich so mancher gleich mit seinem ganzen Lebenslauf vor.

Doch wäre es viel zu aufwendig, wenn jeder Direktmarketer immer alle Daten selbst sammeln müsste. Deshalb greift dieser gerne auf die Daten zurück, die andere gesammelt haben. Denn viele Unternehmen vermieten ihre Daten für genau abgegrenzte Werbekampagnen. Rechtsgrundlage für diesen Adresshandel ist das sogenannte Listenprivileg im deutschen Datenschutzrecht.

ANMERKUNGEN:

1 Radio Frequency Identification Chips senden eine weltweit einzigartige und dauerhafte Nummer. Durch die Verknüpfung dieser Daten mit anderen Datenbanken (zum Beispiel Bonus- oder Kreditkarten-Datenbanken) kann ein genaues Bewegungs-, Interessen- und Konsumprofil des jeweiligen Verbrauchers erstellt werden.

2 Sammlung und Auswertung des Besucherverhaltens auf Internetseiten.

„Wie umfassend die Spuren sein können, die ein jeder hinterlässt, berichtet Martin Franssen, ehemaliger Unternehmensberater bei American Express: Über zehn Jahre können die großen Anbieter von Kreditkarten zurückverfolgen, wo sich der regelmäßige Kartennutzer aufhält, wo er schläft, ob er viel reist, viel trinkt, für Zigarren schwärmt oder Frauen (zu) teure Geschenke macht.

Abends im Schlafzimmer fürchten sich die Deutschen vor Spannern und ziehen die Vorhänge zu. An der Ladentheke werden sie zu Exhibitionisten.“

Quelle: Hamann, Götz/Rohwetter, Marcus: Datenschutz – Wir werden täglich ausgespäht. In: DIE ZEIT Nr. 48 vom 18.11.2004.

Arbeitsaufträge:

1. Beziehen Sie Stellung zu folgender Aussage:

   „Der Direktmarketer muss sich nicht als Eindringling in die Privatsphäre der Verbraucher fühlen. Schließlich verkaufen ihm die Verbraucher einen großen Teil ihrer Privatsphäre bereitwillig für die Teilnahme an Preisausschreiben, ein paar Prämienmeilen, Bonuspunkte oder ein bisschen virtuelle Selbstdarstellung".

2. Überlegen Sie, wo Sie selber schon persönliche Daten, insbesondere ihre Telefonnummer, zur Verfügung gestellt haben.

M 3 *Der Schutz der Privatsphäre vor Werbung – wie weit geht er?*

Was ist die Privatsphäre?

Die Privatsphäre eines Verbrauchers ist der Bereich, der nicht öffentlich ist. Es ist ein zweckfreier Bereich, dessen Gestaltung alleine dem jeweiligen Verbraucher unterliegt und nur ihn etwas angeht.

Welchen Schutz genießt die Privatsphäre?

Die Privatsphäre wird durch die Rechtsordnung geschützt:

Art. 2 Abs. 1 GG

Jeder hat das Recht auf die freie Entfaltung seiner Persönlichkeit, soweit er nicht die Rechte anderer verletzt und nicht gegen die verfassungsmäßige Ordnung oder das Sittengesetz verstößt.

in Verbindung mit

Art. 1 Abs. 1 GG

Die Würde des Menschen ist unantastbar. Sie zu achten und zu schützen ist Verpflichtung aller staatlichen Gewalt.

Warum wird die Privatsphäre vor Telefonwerbung geschützt?

Die Privatsphäre ist aus vielen Gründen als schutzwürdig einzustufen. Beispielsweise ...

... um die Verbraucher vor Belästigung zu schützen.

... weil sich die Verbraucher ihr Telefon in der Regel aus bestimmten Gründen haben freischalten lassen, zum Beispiel um mit Familie und Freunden telefonieren zu können. Würde der Gesetzgeber nun Telefonwerbung erlauben, würden bald sehr viele Firmen anrufen. Dies hätte zur Konsequenz, dass der Telefonanschluss für ins Gewicht fallende Zeiten blockiert und zunehmend seinem ursprünglichen Zweck entfremdet würde.

... weil Telefonwerbung die Gefahr einer Überrumpelung in sich birgt. Bei Cold Calls telefonieren rhetorisch und psychologisch geschulte Personen, denen sich der Angerufene meist nur sehr schwer und unter Verletzung der Höflichkeitsregeln entziehen kann.

Ab wann wird die Privatsphäre verletzt?

Sobald der Anrufer gewählt hat und deshalb das Telefon des Angerufenen klingelt, ist dessen Privatsphäre verletzt. Dabei kommt es nicht darauf an, ob der Angerufene überhaupt den Hörer abnimmt. Die Verletzung liegt in der fehlenden Einwilligung des Anschlussinhabers.

Quelle: Rechtsanwalt Christian Beyerle auf
www.anwalt.de/rechtstipps/amtsrichter-verweigert-schutz-gegen-unerwuenschte-telefonwerbung_004388.html

Arbeitsauftrag:

Diskutieren Sie in der Klasse, warum der Gesetzgeber die Privatsphäre vor Telefonwerbung schützt, nicht aber vor

- Werbung im Internet,
- Werbung im Fernsehen und
- Haustürwerbung.

M 4 *Deutsche Call-Center bald in Indien?*

Verbraucherschützer fordern Bestätigungslösung

Die Amerikaner machen es schon lange vor. Weil die meisten Inder gut englisch sprechen und natürlich wegen niedriger Telefon- und Personalkosten übernehmen immer häufiger Agents in Indien den Inbound für amerikanische Unternehmen. Dazu wird das beim amerikanischen Call-Center eingehende Telefonat einfach nur vom Anrufer unbemerkt nach Indien umgeleitet. Dort wird dann beispielsweise die Taxibestellung aufgenommen und per E-Mail oder SMS an einen New Yorker Fahrer weitergeleitet.

Deutsche Call-Center-Betreiber interessierte dieses Modell bislang nicht, weil Deutsch in Indien weniger verbreitet ist als Englisch. Eine Versetzung auf einen ausländischen Stützpunkt wurde nur für erfolgreiche Mitarbeiter ausgelobt, wie Günter Wallraff in seinem Artikel „Undercover" berichtete.

Doch stellt sich die Situation für die deutschen Call-Center-Betreiber seit dem 4. August 2009 anders dar. An diesem Tag trat das Artikelgesetz zum Schutz vor unerlaubter Telefonwerbung in Kraft. Seitdem können Cold Calls in Deutschland besser verfolgt werden.

Unerwünschte Anrufe aus dem außereuropäischen Ausland werden aber auch weiterhin nicht verfolgt. Und weil sich die deutschen Gerichte am Verursacherprinzip und nicht am Nießbrauchprinzip orientieren, werden somit weder die Verursacher von außereuropäischen Cold Calls noch deren inländischen Nutznießer belangt.

Wird es also nur eine Frage der Zeit sein, bis die ersten Call-Center umziehen? Probleme bei der Personalbeschaffung müssen sie nicht befürchten. Denn für viele Arbeitssuchende dürfte es attraktiv sein, ein wenig zu telefonieren und ansonsten Land und Leute kennen lernen zu dürfen, gegebenenfalls sogar Strand und Sonne zu genießen.

Verbraucherschützer beklagen diese skandalösen Zustände. Sie wollen, dass endlich Schluss mit den belästigenden Anrufen ist. Und weil sie glauben, dass die telefonische Kaltakquise erst dann aufhört, wenn Unternehmen bei Cold Calls keinen Gewinn mehr machen können, fordern sie vom Gesetzgeber über ein entsprechendes Anreizsystem genau dafür Sorge zu tragen: Beispielsweise, indem er telefonische Verträge bei Cold Calls prinzipiell für unwirksam erklärt. Alternativ könnte er aber auch den Unternehmen die Pflicht auferlegen, sich alle telefonischen Verträge schriftlich bestätigen zu lassen – die sogenannte Bestätigungslösung.

Arbeitsauftrag:

Die deutsche Lösung greift den Verbraucherschützern nicht weit genug. Es scheint nötig, das Problem auf internationaler Ebene anzugehen. Die ist nun Ihre Aufgabe:

Erarbeiten Sie eine internationale Lösung in einem Fishbowl.

Beachten Sie:

- *Arbeiten Sie im Fishbowl ergebnisorientiert:*

  Ihr Fishbowl soll aus der Zuordnung von Verantwortlichkeiten bestehen. Lassen Sie sich von der Frage leiten: „Wer kann welche Aufgabe übernehmen, um das Problem mit den unerwünschten Anrufen möglichst gut in den Griff zu bekommen?"

- *Das sind Ihre Optionen:*

  Orientieren Sie sich bei der Aufgabenverteilung bitte an den Akteuren und Instanzen, die Sie in der deutschen Topologie kennen gelernt haben. Bei der Zuordnung der Zuständigkeiten sind Sie jedoch frei. Sie dürfen die alten Zuständigkeiten belassen, neue Zuständigkeiten erfinden oder die Zuständigkeiten neu ordnen.

- Denken Sie immer daran, dass Sie eine internationale Lösung erarbeiten und keine deutsche.

M 5 *Rollenkarten für das Fishbowl* Seite 1

ROLLENKARTE

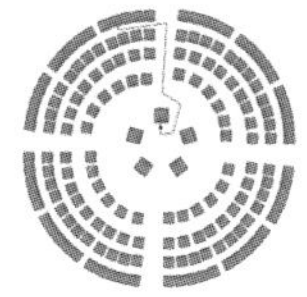

Sie sind in dem Fishbowl der/die

Moderator/-in

Sie bereiten das Fishbowl vor und leiten es.

- **Vorbereitung:** Sie stellen elf Stühle so auf, dass die Klasse und die Teilnehmer sich sehen können. Es bietet sich an – ähnlich den diversen Talkshows – eine halbrunde Sitzgruppe zu bilden.
- **Eröffnung:** Sie eröffnen das Fisbowl, indem Sie die Teilnehmer begrüßen und das Ziel des Fishbowls vorstellen. Dann bitten Sie die Teilnehmerinnen und Teilnehmer, sich und ihre Rolle kurz vorzustellen.

Als Einstieg wiederholen Sie noch einmal die zwei Forderungen der Verbraucherschützer und fragen Ihre Mitschüler, ob sie diese für akzeptabel halten und welche Konsequenzen diese hätten.

- **Durchführung:** Während des Fishbowls gehört es dann zu Ihren Aufgaben,

... dafür Sorge zu tragen, dass die *Gesprächsregeln* eingehalten werden,
... die *Rednerliste* zu führen und deren Einhaltung zu überwachen,
... für ein *Gesprächsklima* zu sorgen, das die konstruktive Auseinandersetzung fördert,
... Redner auf die *Redezeitbegrenzung* von zwei Minuten hinzuweisen.

Inhaltlich nehmen Sie keinen Einfluss auf das Fishbowl. Allerdings fassen Sie Zwischenergebnisse regelmäßig zusammen, strukturieren die Diskussion und lenken diese ergebnisorientiert, indem Sie die Teilnehmerinnen und Teilnehmer immer wieder fragen, welche Verantwortungsübernahme ihnen denn möglich sei. Gegebenenfalls kann es auch nötig werden, die Teilnehmerinnen und Teilnehmer von Zeit zu Zeit daran zu erinnern, dass eine gemeinsame Lösung nur möglich ist, wenn jeder ein wenig von seinen ursprünglichen Forderungen abweicht.

- **Abschluss:** Wenn Sie den Eindruck haben, dass eine zufriedenstellende Lösung gefunden wurde, geben Sie allen Teilnehmerinnen und Teilnehmern die Gelegenheit für ein abschließendes Statement: Darin sollen sie kurz ihre Bereitschaft der zukünftigen Verantwortungsübernahme beschreiben. Abschließend bedanken Sie sich für deren Engagement.

ROLLENKARTE

Sie sind in dem Fishbowl der/die

Zeitwächter/-in

Sie wachen über die Redezeit. *Zwei Minuten* müssen den Teilnehmerinnen und Teilnehmern des Fishbowls *pro Redebeitrag* reichen, um ihre Gedanken zu artikulieren.

Bitte erinnern Sie die Teilnehmerinnen und Teilnehmer 15 Sekunden vor Ablauf ihrer Redezeit daran, dass sie zum Schluss kommen müssen. Wie Sie dies signalisieren, bleibt Ihnen überlassen. Vielleicht deuten Sie einfach nur stumm auf Ihre Uhr.

Sollte sich ein Teilnehmer davon nicht beeindrucken lassen, informieren Sie den Moderator darüber, dass die Redezeit abgelaufen ist.

M 5 *Rollenkarten für das Fishbowl* Seite 2

ROLLENKARTE

Sie repräsentieren in dem Fishbowl die Gruppe der

Unternehmer

Sie setzen sich dafür ein, dass Sie beim Thema Cold Calling *nicht* mit weiterer Verantwortung belastet werden, nur weil ein paar Call-Center unerlaubt herumtelefonieren.

Denn falls Sie hier in die Pflicht genommen würden, kosteten entsprechende Maßnahmen sehr viel Geld, insbesondere für Technik und Personal.

Auch sprechen Sie sich *gegen eine Bestätigungslösung* aus, weil in der Folge der Handel eingeschränkt und der Konsum zurückgehen würde, wieder ein paar Unternehmen Deutschland den Rücken kehren müssten, Arbeitsplätze vernichtet würden, das Steueraufkommen dezimiert würde ... Der Preis, den die Gesellschaft – also die Verbraucher – zahlen müsste, wäre einfach zu hoch!

Und nur für den Fall, dass das Thema im Fishbowl zur Sprache kommt: Natürlich sprechen Sie sich *gegen eine Abkehr vom Verursacherprinzip* aus. Schließlich wird in Deutschland ja auch nicht der Fahrzeughalter dafür bestraft, wenn sein Auto bei Rot über die Ampel fährt, sondern der Fahrer. Sie halten diese Lösung für richtig und denken, dass es im Wirtschaftsleben auch nicht anders funktionieren kann.

Bitte denken Sie hier weiter. Sammeln Sie schriftlich weitere Argumente, mit denen Sie Ihre Position im Fishbowl überzeugend vertreten können.

ROLLENKARTE

Sie repräsentieren in dem Fishbowl den

Deutscher Dialog Marketing Verband e.V.

Sie vertreten die *Interessen von Dienstleistern und werbungtreibenden Unternehmen der gesamten Dialogmarketingbranche.* Dabei weisen Sie darauf hin, dass Ihnen die schwarzen Schafe Ihrer Branche auch viel Kummer bereiten. Schließlich haben Sie Umsatzeinbußen und müssen neue Vertriebswege auftun, weil sich viele Kunden belästigt fühlen.

Deshalb gehen Sie auch gerichtlich gegen diese schwarzen Schafe vor: Sie schaden „dem Ruf der gesamten Dialogmarketingbranche. Betrug am Verbraucher und eine kriminelle Geschäftspraxis werden wir nicht dulden", so Patrick Tapp, Ihr Vizepräsident Public Affairs und Verbraucherdialog.

Ansonsten sind Sie der Ansicht, dass Deutschland mit der Opt-in-Regelung, bei der die Verbraucher telefonischer Werbung zuvor zustimmen müssen, eine zu strenge Regelung hat. In vielen anderen Staaten gilt die Opt-out-Regelung, wo die Kunden Anrufe explizit ablehnen müssen. Vor dem Hintergrund, dass Europa und später sicher auch die Welt wirtschaftlich weiter zusammenwachsen, sprechen Sie sich für eine Harmonisierung des Rechts aus und wollen die Opt-out-Regelung der anderen Staaten auch in Deutschland etablieren. Mit dieser Forderung bewegen Sie sich Ihrer Meinung nach auch auf dem Boden des Grundgesetzes. Nach Art. 5, 12 GG gilt in Deutschland immer noch die Meinungs- und Berufsfreiheit. Da darf man doch mal anrufen ...

Bitte denken Sie an dieser Stelle weiter. Sammeln Sie schriftlich weitere Argumente, mit denen Sie Ihre Position im Fishbowl überzeugend vertreten können.

M 5 *Rollenkarten für das Fishbowl*

Seite 3

ROLLENKARTE

Sie repräsentieren in dem Fishbowl die Gruppe der

belästigten Verbraucher

Sie repräsentieren in dem Fishbowl eine *Verbrauchergruppe* und setzen sich dafür ein, dass Sie beim Thema Cold Calling *nicht* mit weiterer Verantwortung belastet werden.

Ihrer Meinung nach kann es Ihnen nicht zugemutet werden – nur weil da jemand unerlaubt anruft – lange auf der Homepage der Bundesnetzagentur zu suchen, gegebenenfalls entsprechende Formulare herunterzuladen, auszufüllen und dann auch noch auf eigene Kosten zu versenden. Zusätzlich müssten Sie ja auch noch die Verbraucherzentrale über den jeweiligen Cold Call informieren – obwohl bei denen doch immer das Telefon besetzt ist. Vermutlich würde es Sie einen ganzen Nachmittag kosten, wenn mittags jemand unerlaubt anruft. Ein für Sie inakzeptabler Aufwand.

Bitte denken Sie an dieser Stelle weiter. Sammeln Sie schriftlich weitere Argumente, mit denen Sie Ihre Position im Fishbowl überzeugend vertreten können.

ROLLENKARTE

Sie repräsentieren in dem Fishbowl die

Verbraucherverbände

verbraucherzentrale
Bundesverband

Sie erheben die im Artikel „Deutsche Call-Center bald in Indien?" geschilderten Forderungen, weil sie wirklich KEINE andere Möglichkeit sehen, das Problem der Belästigung und Abzocke durch Cold Calls in den Griff zu bekommen.

Sie begründen Ihre Einschätzung damit, dass die Verbraucher einfach nicht in der Lage sind, sich ausreichend zu schützen. Immer wieder fallen beispielsweise junge Menschen, die sich noch nicht mit Cold Calls beschäftigt haben, auf Agents herein. Und was ist mit den Menschen mit Migrationshintergrund, die aufgrund von sprachlichen Barrieren überhaupt nicht in der Lage sind, sich ausreichend zu informieren? Was ist mit den Senioren? Wie vielen von ihnen wurden mittlerweile Telefon- samt Internet-Flats aufgeschwatzt, obwohl sie überhaupt keinen Computer besitzen? Ihrer Meinung nach muss der Gesetzgeber hier schützend eingreifen – koste es, was es wolle!

Ihre Anliegen sind also der Schutz der Privatsphäre der Verbraucher und deren negative Informationsfreiheit (die Freiheit bestimmte Informationen nicht erhalten zu wollen). Sie kämpfen also im Endeffekt für die Freiheit der Verbraucher.

Bitte denken Sie an dieser Stelle weiter. Sammeln Sie schriftlich weitere Argumente, mit denen Sie Ihre Position im Fishbowl überzeugend vertreten können.

M 5 *Rollenkarten für das Fishbowl* Seite 4

ROLLENKARTE

Sie repräsentieren in dem Fishbowl die Gruppe der

Powershopper

Sie repräsentieren in dem Fishbowl eine *Verbrauchergruppe* und setzen sich dafür ein, dass Sie auch in Zukunft ungehindert shoppen können.

Weil eine Bestätigungslösung dazu führen würde, dass es nicht mehr möglich ist, abends mal schnell eine Pizza zu bestellen und auch der Anruf beim Getränkelieferanten oder beim Bäcker „verunmöglicht" würde, sind Sie gegen diese Lösung. Wehret den Anfängen, lautet ihr Motto. Erst wird das Shoppen am Telefon, später das Shoppen im Internet verboten. Sie befürchten eine Entmündigung und Beschränkung der Bürgerinnen und Bürger durch den Staat, ähnlich wie dies Eltern bei ihren Kindern tun. Nur sind Sie und die anderen Verbraucher keine Kinder mehr. Sie sind erwachsen und können für sich selber sorgen. Fight for your right, lautet deshalb Ihre Devise! Freie Bürger dürfen auch frei einkaufen! Sie setzen sich leidenschaftlich für die „Freiheit am Markt" ein, weil diese mit der „Freiheit im Staat", also Ihrer eigenen Freiheit, korrespondiert.

Bitte denken Sie hier weiter. Sammeln Sie schriftlich weitere Argumente, mit denen Sie Ihre Position im Fishbowl überzeugend vertreten können.

ROLLENKARTE

Sie repräsentieren in dem Fishbowl die

Staatengemeinschaft

Sie repräsentieren in dem Fishbowl die *staatliche Instanz* und schließen sich der Meinung von der ehemaligen Bundesjustizministerin Brigitte Zypries an, die eine Bestätigungslösung ablehnt.

Die Ministerin wies in ihrer Rede bei der abschließenden Beratung des Gesetzes zum Schutz vor unerlaubter Telefonwerbung am 26. März 2009 im Deutschen Bundestag darauf hin, dass eine Bestätigungslösung zu erheblicher Rechtsunsicherheit führen würde: „Man würde sich darüber streiten, ob der Unternehmer oder der Kunde angerufen hat. Wenn klar wäre, dass der Unternehmer angerufen hat, dann müsste auf der nächsten Streitebene geklärt werden, ob es jemals eine Einwilligung des Kunden in diese Anrufe gegeben hat, sodass dieser rechtmäßig war. Man muss nicht glauben, dass die Unternehmen auf eine solche Regelung nicht reagieren würden; im Zweifel würden sie alle Gespräche aufzeichnen. Viele Verbraucher würden sich vielleicht nicht mehr so genau daran erinnern, ob sie in Anrufe eingewilligt haben oder nicht. Im Übrigen muss man sagen, dass nicht alle Verbraucher weiße Schafe und die Unternehmer schwarze Schafe sind: Es gibt natürlich auch zahlreiche Verbraucher, die gegebenenfalls ein Ding daraus machen würden ..."

Zudem orientiert man sich nicht nur in der Europäischen Union seit geraumer Zeit am Leitbild eines „normal informierten und angemessen aufmerksamen und verständigen Durchschnittsverbrauchers". Dieser Durchschnittsverbraucher benötigt keinen allzu umfassenden Schutz: Er ist sehr wohl in der Lage, sich selber zu schützen. Deshalb muten Sie ihm dies auch zu! Schließlich tritt er hier für seine persönlichen Interessen ein, nämlich den Schutz vor Belästigung und Abzocke.

Bitte denken Sie an dieser Stelle weiter. Sammeln Sie schriftlich weitere Argumente, mit denen Sie Ihre Position im Fishbowl überzeugend vertreten können.

Mark Oliver Meßmer

Versicherungsbetrug – Volkssport ohne Nebenwirkungen?

Ethische Norm und wirtschaftlicher Vorteil in einer ausgewählten Dilemmasituation

Hrsg. von Thomas Retzmann und Tilman Grammes

Informationen für Lehrende

Materialien für Lernende

„Ehrlich währt am längsten!" – Oder steckt in jedem von uns ein (potenzieller) „Kavalier"?

Unter einem Betrüger stellen sich die meisten Menschen sicherlich einen skrupellosen Wirtschaftskriminellen vor, der sich widerrechtlich persönlich bereichert, indem er das Unwissen anderer ausnutzt. In einzelnen Versicherungssparten gelten jedoch 25-40 % der Schadensmeldungen als fingiert oder manipuliert. Demzufolge wären sehr viele Versicherungsbetrüger unter unseren Mitmenschen. Ist Versicherungsbetrug tatsächlich ein solcher ‚Volkssport'? Oder sind diese Zahlen maßlos übertrieben und diskreditieren letztlich nur die Versicherungsnehmer? Diese Fragen sind schwerlich eindeutig zu beantworten, da die Betrugsquoten aufgrund der hohen Dunkelziffer geschätzt werden müssen.

Versicherungsbetrug wird in der Bevölkerung oft nicht als eine kriminelle Handlung angesehen, sondern als ein ‚Kavaliersdelikt'. So wird eine geringfügige Regelüberschreitung bezeichnet, die allgemein moralisch nicht beanstandet wird. Von einem solchen Kavaliersdelikt ist zwar allgemein bekannt, dass das damit bezeichnete Verhalten gegen gesetzliche Vorschriften verstößt. Daher trägt es die Bezeichnung „Delikt" zu Recht. Doch die Folgen des Verhaltens werden als Bagatelle angesehen, um die man ‚kein großes Aufheben machen' sollte. Außerdem gilt dieses Verhalten als so weit verbreitet, dass oftmals nicht einmal die edelsten Menschen davon ausgenommen sind. Bei einer solchen Einstellung nimmt es nicht Wunder, wenn es Versicherungsbetrügern an Unrechtsbewusstsein fehlt und sie den Schaden kleinreden: *„Das tut der Versicherungsgesellschaft doch nicht weh!"*.

Niemand ist gerne das Opfer von Betrug und jedermann hat wohl unbestritten das Recht, sich davor zu schützen. Doch tun die Versicherungsgesellschaften genug, um die Versichertengemeinschaft vor Versicherungsbetrug zu bewahren? Oder tun sie zu wenig, so dass der Eindruck genährt wird, der Ehrliche sei der Dumme? Es ist jedenfalls erstaunlich, wie wenig die Versicherungswirtschaft das Problem in der Öffentlichkeit thematisiert.

Dieser ethos-Baustein fördert die ökonomische und ethische Reflexion des Versicherungsbetrugs aus der Position des außenstehenden *Beobachters*. Im Gegensatz zur Position des unmittelbar involvierten Akteurs („Betrüger") oder Adressaten („Betrogener") begünstigt dies eine neutrale und rationale Analyse und Beurteilung des Sachverhalts. Der Baustein antwortet auf folgende Fragen:

- Welche Ursachen und Motive begünstigen Versicherungsbetrug?
- Warum ist die moralische Hemmschwelle zum Versicherungsbetrug oft niedrig?
- Wer wird durch Versicherungsbetrug geschädigt? In welcher Weise?
- Mit welchen Maßnahmen können Versicherer dem Betrug vorbeugen?
- Wie decken Versicherer einen Versicherungsbetrug auf?
- Welche Konsequenzen hat die Aufdeckung für den unehrlichen Versicherungsnehmer?

Für den Unterricht wurden zwei typische und alltägliche (Versicherungs-)*Fälle* ausgearbeitet. In einer Situationsanalyse werden die gegebenen *Handlungsanreize* sowie die *strafrechtlichen Bestimmungen* ermittelt. Die Fallbearbeitung mündet in einem moralischen Urteil über die gebotene Handlungsweise. Optional ist die Durchführung eines *Praxiskontakts* zu einem Versicherer, um die Praxis der Entdeckung und Bekämpfung von Versicherungsbetrügern zu erkunden.

LEHRPLAN-BEZUG. Das Thema „Individualversicherungen" fällt in den Bereich der Daseinsvorsorge, dessen fundamentale Bedeutung für die ökonomische Bildung unbestritten ist, weil er eine immer größere Rolle im Leben jedes Einzelnen einnimmt. Dieser ethos-Baustein schließt eine Lücke im Bereich der finanziellen Bildung, die von den Lehrplänen insgesamt noch zu wenig berücksichtigt wird.

TRANSFER. Die Anreizstruktur, die beim Versicherungsbetrug vorliegt, findet sich überall dort, wo es reizvoll ist, sich auf Kosten einer großen „Gemeinschaft" persönlich zu bereichern. Als strukturell ähnliche Kavaliersdelikte mit hoher Dunkelziffer, bei denen es den Tätern ebenfalls oftmals an Unrechtsbewusstsein fehlt, gelten – manchmal nur in bestimmten Kreisen – Urheberrechtsverletzungen, Steuerhinterziehung (natürlich nur im kleinen Stil) und Schwarzfahren in öffentlichen Verkehrsmitteln.

Thomas Retzmann und Tilman Grammes

„Das tut der Versicherungsgesellschaft doch nicht weh!" – Richtig oder falsch?

FORMEN. Versicherungsbetrug tritt in verschiedenen *Formen* auf: Vom absichtlich herbeigeführten (sogenannte ‚Autobumser') oder fingierten Schadensfall (Abrechnungsbetrug durch Ärzte) bis hin zu der Übertreibung der Schadenhöhe oder der ‚Umänderung' nicht versicherter in nach den Versicherungsbedingungen versicherte Schadensfälle. Für Aufsehen sorgen vor allem die ersten beiden Varianten, da sie oft mit hohen Betrugssummen verbunden sind. Weitaus häufiger kommen jedoch die letztgenannten Formen vor, bei denen die einzelnen Betrugssummen in der Regel relativ gering sind. *Handelt es sich dabei dennoch um verabscheuungswürdige kriminelle Handlungen oder um eher harmlose Kavaliersdelikte? Werden die besonders Cleveren nicht geradezu zum Betrug eingeladen?*

Kriminell oder clever? Skrupellos oder harmlos?

Ein Beispiel aus der Privat-Haftpflichtversicherung

Der Versicherungsnehmer (VN) leiht sich von einem Freund eine Bohrmaschine aus. Beim Bohren der Löcher fällt dem VN die Bohrmaschine aus der Hand und ist zerstört. Da der VN weiß, dass die Privat-Haftpflichtversicherung Schäden an geliehenen Sachen nicht bezahlt, schreibt er im Schadenbericht: *„Mein Bekannter half mir beim Aufhängen einer Lampe. Nach der Arbeit legte er seine Bohrmaschine auf den Tisch. Durch eine unachtsame Armbewegung meinerseits stürzte das Gerät zu Boden und wurde zerstört."* Mit dieser Formulierung ist der Schaden durch die Versicherung gedeckt.

BETRUGSQUOTEN. Von Betrug betroffen sind *alle* Versicherungssparten. Das Ranking wird von der Privat-Haftpflichtversicherung mit einer Betrugsquote der Schadensmeldungen von 25-40 % angeführt (vgl. Rösler 2004: 4; Fetchenhauer/Müller 1996: 620; Nell/Schiller 2002: 2). Ihr folgen die Hausrat- und die Kraftfahrzeugversicherung mit 15 beziehungsweise 10 % (vgl. Rösler 2004: 4). *Ist der ehrliche Versicherungskunde der Dumme, wenn Versicherungsbetrug ein ‚Volkssport' ist?*

Weshalb betrügen Versicherungsnehmer ihren Versicherer (VR)? Ursachen und Motive:

- Scheinbar steigt mit dem Grad der Unzufriedenheit mit dem VR auch die Neigung des VNs zum Betrug – so eine Studie der GfK aus 2002.
- Ebenso kann eine falsch verstandene Auffassung von Versicherung zu Betrugshandlungen führen (‚Ich habe so viele Jahre einbezahlt, jetzt hole ich mir mein Geld zurück!').
- In den Augen mancher VN ist die Versicherungsgesellschaft eine unpersönliche Institution. Dies kann zur Herabsetzung der moralischen Hemmschwelle führen: Ein konkreter Dritter wird scheinbar nicht geschädigt; die eigene Betrugshandlung fällt insgesamt außerdem nicht beziehungsweise kaum spürbar ins Gewicht. Man leugnet den Schaden oder redet ihn klein: „Das tut der Versicherungsgesellschaft doch nicht weh!".

Sofern der Versicherungsbetrug Auswirkungen auf die künftige Prämienhöhe hat, ist die *Versichertengemeinschaft* davon betroffen. Sie finanziert ihn dann mit ihren Versicherungsprämien. Die Bekämpfung des Versicherungsbetrugs liegt auch im Interesse des VRs. Nicht zuletzt erfordern *aufsichtsrechtliche Aspekte* eine Betrugsabwehr. *Doch tun die Versicherungsgesellschaften genug, um die Versichertengemeinschaft vor Versicherungsbetrug zu bewahren? Oder wird der Schaden durch Versicherungsbetrug einfach nur mittels eines Prämienaufschlags auf die Versicherten abgewälzt?*

Die volkswirtschaftlichen Kosten, die durch Versicherungsbetrug entstehen, liegen laut Gesamtverband der Deutschen Versicherungswirtschaft (GDV) in Deutschland bei mehreren Milliarden Euro (vgl. GDV 1999 und 2002). In dieser Schätzung sind die indirekten Kosten (zum Beispiel der Betrugsabwehr) noch nicht enthalten.

Das Thema wirft unter anderem folgende Fragen auf, denen in diesem ethos-Baustein nachgegangen wird:

- Wer wird durch Versicherungsbetrug wie geschädigt?
- Weshalb unterstützen Versicherungsagenten Betrugshandlungen?
- Welches Maßnahmenbündel steht dem VR zur Verfügung, um Versicherungsbetrug vorzubeugen beziehungsweise aufzudecken?
- Welche Konsequenzen hat Versicherungsbetrug für den VN?

Welche Folgen hat der Versicherungsbetrug? Und (wie) kann er verhindert werden?

THEMA. In diesem ethos-Baustein wird Versicherungsbetrug bei *Individualversicherungen* **[M 10]** thematisiert. Nicht behandelt werden der Versicherungsumfang in den einzelnen Versicherungssparten, das Versicherungsvertragsgesetz (VVG) und die *gesetzliche Sozialversicherung*. Unterrichtsrelevant sind:

1. Die Funktionsweise einer Versicherung **[M 5]**.
2. Die Prämienkalkulation **[M 6]**.
3. Die Auswirkungen des Versicherungsbetruges **[M 7]**.
4. Die Anreize und Maßnahmen zur Verhinderung von Versicherungsbetrug durch den VR **[M 8]**.
5. Die Folgen des Versicherungsbetruges für den VN.
6. Die strafrechtlichen Vorschriften der §§ 263, 265 StGB **[M 4]**.
7. Das Hinweis- und Informationssystem „Uniwagnis" **[M 8]**.

ETHIK UND VERSICHERUNG. Versicherungen erfüllen eine volkswirtschaftlich höchst *erwünschte* Funktion, indem sie eine Vielzahl wirtschaftlicher Prozesse durch Absicherung erst ermöglichen, zum Beispiel die für eine Marktwirtschaft notwendigen Investitionen und Innovationen. Jedoch ‚verführt' eine Versicherung manche VN dazu, sich nach Vertragsabschluss risikofreudiger zu verhalten (*Fachbegriff: moral hazard*; **M 10**). Dadurch kommt es zu mehr Schadensfällen, im Extremfall zum Marktversagen. Darüber hinaus gefährdet der *Versicherungsbetrug* durch adverse Selektion **[M 10]** das volkwirtschaftlich gesehen nützliche Versicherungsgeschäft.

DEFINITION „VERSICHERUNGSBETRUG". In der Versicherungswissenschaft und -praxis wird der Begriff „Betrug" nicht einheitlich verwendet. Daher ist es notwendig, ihn hier zu definieren:

Unter „Versicherungsbetrug" wird hier das im Schadensfall bewusst vertragswidrige Verhalten des VN verstanden. Damit sind alle Fälle, bei denen VN oder Dritte willentlich Versicherungsleistungen beanspruchen, die ihnen nicht zustehen, eingeschlossen (vgl. Nell 2004: 6).

Umgangssprachlich ist der Begriff „Betrug" weiter gefasst. So würden viele Bürger absichtlich falsch beantwortete Fragen beziehungsweise verschwiegene Informationen bei Antragstellung als Betrug bezeichnen. *Versicherungsrechtlich* stellt dies lediglich eine *Obliegenheitsverletzung* **[M 10]** dar. Sie kann einen Verlust des Versicherungsschutzes und/oder Kündigung/Rücktritt/Anfechtung des VR zur Folge haben.

„Obliegenheiten" sind nicht einklagbare Nebenpflichten des VN (zum Beispiel Nichtvornahme von Gefahrerhöhungen, Schadenabwendungs- und Schadenminderungspflicht). Ihre Einhaltung ist Voraussetzung für die Erhaltung des vollen Versicherungsschutzes.

Die Geschädigten. Versicherungsbetrug wirkt sich unmittelbar auf die Gewinnsituation des VR aus. Für die Gewinnsituation interessieren sich verschiedene *Anspruchsgruppen*: Aktionäre, Kreditgeber, Mitarbeiter, Öffentlichkeit, Kunden und so weiter **[M 7]**. Hinter der *Institution* „Versicherungsgesellschaft" stehen also letztlich *Personen(gruppen)*, die durch Versicherungsbetrug geschädigt werden. Der *Stakeholder-Ansatz* interpretiert ein Unternehmen (hier: die Versicherungsgesellschaft) als eine *Koalition verschiedener Anspruchsgruppen (Fachbegriff: Stakeholder)*. Anspruchsgruppen leisten einen *Beitrag* zum Unternehmen; im Gegenzug stellen sie *Ansprüche* an das Unternehmen. Versicherungsbetrug hat Auswirkungen auf die Leistungen der Versicherungsgesellschaft für die Anspruchsgruppen.

Prävention. Bei der Prämienkalkulation muss ein VR davon ausgehen, dass einzelne VN einen *Anreiz* haben,

- ihr Risiko bei Antragstellung zu verschleiern (Motiv: Zahlung einer geringeren Prämie),
- ihr Verhalten nach Vertragsabschluss zu ändern (höhere Risikofreude) oder
- im Schadensfall zu betrügen.

Hier liegt eine *Dilemmastruktur* vor. Für den einzelnen VN kann es vorteilhaft sein, die genannten Anreize zu verwirklichen. Verhalten sich jedoch alle VN in dieser Weise, so stellen sie sich schlechter als in dem Fall, in dem sich alle ehrlich verhalten. Die Frage ist, wie der VR (in seiner Funktion als möglicher Ort der Ethik in der Marktwirtschaft; siehe Abbildung 1) hinreichende *Anreize* schaffen kann, welche die VN dazu bewegen, sich vertragskonform, also moralisch, zu verhalten.

Unter „Anreizen" versteht die Ökonomik *verhaltensbestimmende Vorteilserwartungen* (vgl. Homann/Suchanek 2005: 8). Anders formuliert: „Wie motiviere ich jemanden dazu, sich in der gewünschten Weise zu verhalten?"

In **M 8** werden verschiedene Möglichkeiten geschildert, wie ein VR Versicherungsbetrug bekämpfen kann. Dabei wird der VR – Gewinnmaximierung unterstellt – den Zielkonflikt zwischen den Kosten der Betrugsbekämpfung und den vermuteten Kosten des Versicherungsbetrugs beachten.

Inkonsistent verhalten sich die VR hinsichtlich der geringen Anzeigeneigung und der harmlosen Sanktion im Fall der Überschreitung der Fahrleistung beim „Wenigfahrerrabatt".

Wie ist folgendes Verhalten einiger VR unter Präventionsgesichtspunkten ethisch zu beurteilen?

Autofahrern mit einer geringen Fahrleistung gewähren sie einen Rabatt. Stellt sich heraus, dass der VN schuldhaft falsche Angaben über die Fahrleistung machte, muss er lediglich die Prämiendifferenz und eine relativ geringe Geldstrafe (nach-)zahlen. Auf weitere Sanktionen wird verzichtet. Handelt es sich hierbei nicht geradezu um eine – ethisch bedenkliche – ‚Einladung zum Betrug'?

Ebenso bedenkenswert: Ist in der Lebensversicherung das Eintrittsalter zu niedrig angegeben, sodass ein zu geringer Beitrag gezahlt wurde, erfolgt im Schadensfall (Tod des VN) oder bei Kenntnisnahme des VR eine Kürzung der Versicherungsleistung im Verhältnis des richtigen zum tatsächlich gezahlten Beitrag (§ 157 VVG). Ggf. bemerkt der VR die Täuschung nicht und zahlt – im Erlebensfall – einen zu hohen Geldbetrag aus.

Der VN als Betrüger. Für viele VN scheinen kleine Betrugssummen (zum Beispiel in Form einer leichten Übertreibung der Schadenshöhe) ethisch *vertretbar* zu sein (‚Kavaliersdelikt', vgl. GfK 2011). Schwere Betrugsformen (Fingierung oder Herbeiführung eines Schadensfalls) werden jedoch als ethisch *inakzeptabel* abgelehnt (vgl. Nell/Schiller 2002: 18). Neben dieser subjektiven Beurteilung interessiert auch die juristische.

Welche rechtlichen Folgen hat ein Betrugsversuch für den VN? Stellt der VR Strafanzeige und kann dem VN im Strafverfahren der Betrug nachgewiesen werden, ist § 263 StGB **[M 4]** relevant. De jure handelt es sich lediglich bei der Vortäuschung eines Versicherungsfalles durch Inbrandsetzung einer Sache von bedeutendem Wert beziehungsweise Versenken eines Schiffs um *Versicherungsbetrug* (Freiheitsstrafe bis zu zehn Jahre). Alle anderen Fälle stellen einen ‚gewöhnlichen' Betrug mit einem VR als Geschädigtem dar (Freiheitsstrafe bis zu fünf Jahren oder Geldstrafe). Auf die juristisch korrekte Unterscheidung zwischen Versicherungsbetrug und -missbrauch kann im Unterricht ggf. verzichtet werden.

Da der Betrug im rechtlichen Sinne bestimmte Tatbestandsmerkmale erfordert (Täuschungshandlung, Hervorrufen eines Irrtums, Vermögensverfügung des Getäuschten, Vermögensschaden beim Getäuschten), lief ein Betrugsverfahren in der Vergangenheit praktisch oft ins Leere. Aus diesem Grund wurde mit der *Strafrechtsreform* der § 265 StGB (Versicherungsmissbrauch; **M 4**) neu gefasst. Jetzt beginnt die Strafbarkeit bereits mit der Vorbereitung (Vorfeldtatbestand des Betruges), zum Beispiel Beschädigen oder Beiseiteschaffen einer Sache (Freiheitsstrafe bis zu drei Jahre oder Geldstrafe). Nicht erforderlich ist die Abgabe einer Schadensmeldung an den VR. *Einschränkung:* § 265 erfasst nur Sachversicherungen, da nur hier konkrete „Sachen" versichert sind.

Selbst wenn der VR keine Strafanzeige stellt (zum Beispiel weil lediglich Verdachtsmomente bestehen), kann der Sachbearbeiter einen Eintrag im Hinweis- und Informationssystem „Uniwagnis" **[M 10]** veranlassen. Diese Datei wird bei der informa Insurance Risk and Fraud Prevention GmbH („Ort der Ethik"; siehe Abbildung 1) geführt und soll Versicherungsbetrug beziehungsweise -missbrauch verhindern beziehungsweise aufdecken.

Eine Datenspeicherung (zum Beispiel bei Vorerkrankungen in der Berufsunfähigkeitsversicherung) kann zur Folge haben, dass der VN künftig keinen Versicherungsschutz mehr erhält oder nur mit Risikozuschlag. Daten- und Verbraucherschützer kritisieren das System, da Uniwagnis-Einträgen häufig falsche oder veraltete Daten zugrunde liegen.[1] Ferner bezweifeln Kritiker, dass die Einwilligung zur Datenweitergabe bei Antragstellung wirksam ist.

Der Versicherungsagent als Mittäter. Bislang wurde lediglich die Beziehung VN–VR, mit dem VN als Betrüger, thematisiert. Zu fragen ist allerdings, wie häufig (oder wie selten) folgendes Phänomen anzutreffen ist: Der Versicherungsvermittler hilft dem Kunden bei der Betrugshandlung oder, noch extremer, er ist der Initiator (Schadensmeldung wird im Sinne des Kunden formuliert, auch ohne Aufforderung seitens des Kunden) **[M 9]**.

Weshalb beteiligt sich ein Agent, obwohl er doch an der Aufrechterhaltung des Arbeits-/Geschäftsverhältnisses mit dem VR interessiert ist, an einer Betrugshandlung? *Ein Erklärungsversuch:* Der Agent wägt die Vor- und Nachteile gegeneinander ab. Dabei gelangt er zu dem Ergebnis, dass der Vorteil einer Betrugshandlung (gute Kundenbeziehung) schwerer wiegt als die Nachteile (Entdeckungsrisiko; steigende Prämien, das heißt ein unattraktiveres Produkt). Das Risiko, bei der Mithilfe zum Betrug ertappt zu werden, ist gering. Der Mitwisser Klient hat einen Vorteil durch das Verhalten (Mithilfe) des Agenten. Außerdem macht er sich durch die Unterschrift auf der Schadensmeldung mitschuldig. Steigende Prämien durch den Betrug spielen – ähnlich der Wahrnehmung vieler VN, die betrügen – keine Rolle, da sich ‚die paar Euro auf viele Köpfe verteilen'.

Wie in **M 8** ausgeführt, steht dem *Prinzipal* (VR) ein Maßnahmenbündel zur Verfügung, um den *Klienten* (VN) zu vertragskonformem Verhalten zu bewegen. Wie aber kann der *Agent* (Versicherungsvermittler) zu einem Verhalten im Sinne des *Prinzipals* bewegt werden? *Ein Lösungsversuch:* Der Agent erhält für die von ihm abgeschlossenen Verträge eine regelmäßige Bestandsprovision. Diese Zahlungen des Prinzipals setzt der Agent bei der Mithilfe zum Betrug aufs Spiel. Dennoch dürften die Anreize, die der Prinzipal damit setzt, ein relativ stumpfes Schwert im Kampf gegen Versicherungsbetrug sein!

[1] Vgl. www.test.de/themen/versicherung-vorsorge/meldung/-kundendaten-von-versicherten (Stand: 2.1.2008).

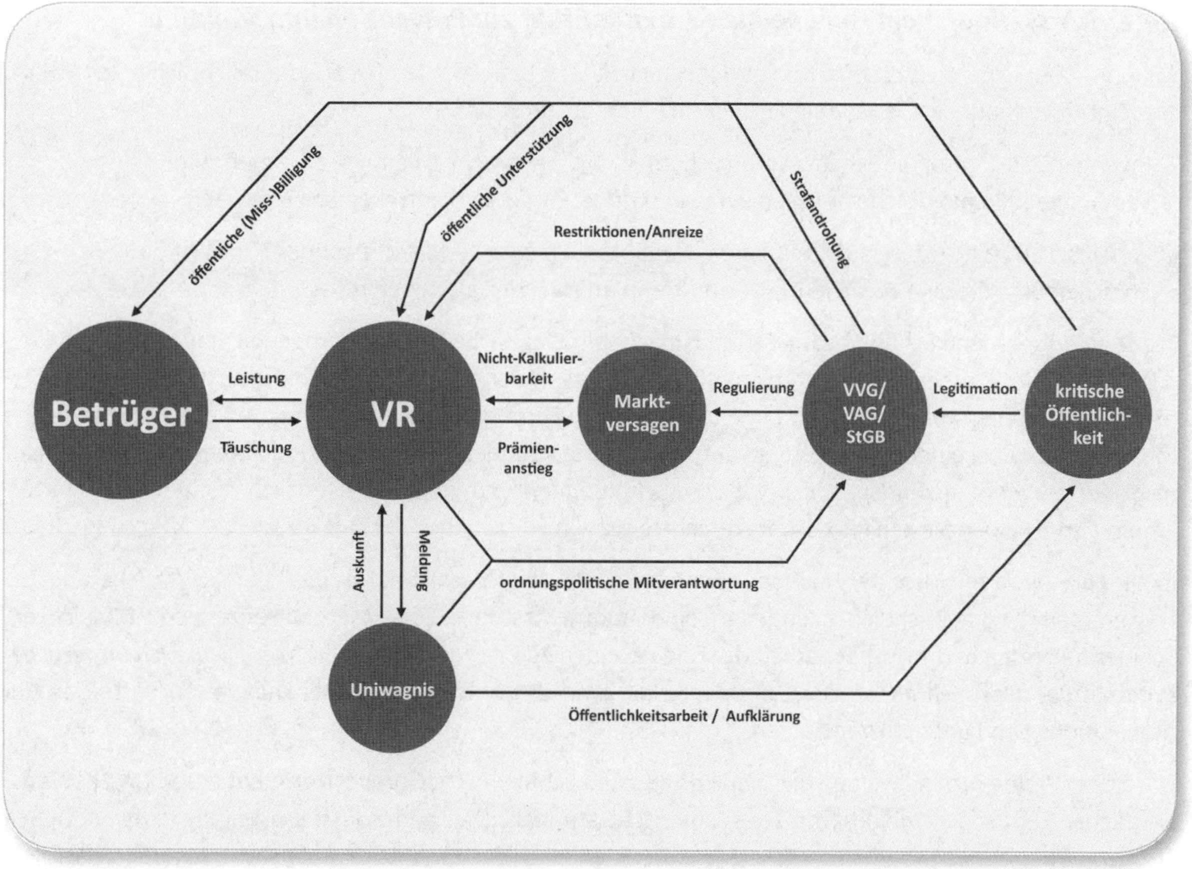

Abbildung 1: Eine systematische Analyse des Versicherungsbetrugs
Quelle: Eigene Darstellung in Anlehnung an Retzmann 2006: 298.

Unterrichtsplanung: Förderung der wirtschaftsmoralischen Urteilsfähigkeit

Bedeutung. Das Schlagwort „Versicherungsbetrug" taucht regelmäßig in den Medien auf. Aufgeklärte, mündige Wirtschaftsbürger können ihre *Entscheidungen ökonomisch begründen* und sind sich der Folgen ihrer Handlungen im Wirtschaftsleben bewusst (vgl. DeGöB 2004: 6). Der Sachverhalt „Versicherungsbetrug" zeigt exemplarisch die weitreichenden Auswirkungen des Verhaltens einzelner Wirtschaftssubjekte in einer arbeitsteiligen Gesellschaft und ermöglicht dadurch, *Systemzusammenhänge zu erkennen* (vgl. DeGöB 2004: 7). Die Schülerinnen und Schüler erkennen die Folgen absoluter Nutzenmaximierung des Versicherungsbetrügers und sind in der Lage, den daraus entstehenden *Interessenkonflikt ethisch zu beurteilen* (vgl. DeGöB 2004: 8). Im schlimmsten Fall führt das Verhalten der VN zu einem pareto-inferioren Zustand: Es existiert kein Markt für Privatversicherungen (Marktversagen). Dies ist volkswirtschaftlich betrachtet unerwünscht. Der bloße Appell an die Moral der Versicherten reicht, realistisch betrachtet, nicht aus, um Versicherungsbetrug zu verhindern. Moral hat nur geringe Chancen gegen *massive* Anreize (finanzielle Vorteile durch Betrug)! Überwindbar wird diese Dilemmastruktur durch Anreize zum vertragskonformen Verhalten.

Moralisches Urteilen und Handeln. Aus ethischer Sicht ist der Abschluss eines Versicherungsvertrages mit *Vertrauen* verbunden. Beide Vertragspartner müssen sich aufeinander verlassen können („Treu und Glauben"). *Tugenden* wie Zuverlässigkeit und Ehrlichkeit spielen bei dem Vertragsverhältnis eine wichtige Rolle. Der VN darf darauf vertrauen, dass der VR im Schadensfall leistet und der VR ist umgekehrt auf ein vertragskonformes Verhalten der VN angewiesen. Beide Seiten profitieren dann von Tauschvorteilen. Die Schülerinnen und Schüler lernen, dass Versicherungsbetrug dieses Vertrauen erodiert.

Beobachter-Perspektive. Die Schülerinnen und Schüler sind in dieser Unterrichtseinheit überwiegend in der Rolle des außenstehenden Beobachters eines problematischen Handlungszusammenhanges. Dies ermöglicht ihnen eine relativ neutrale Sicht auf das Thema Versicherungsbetrug. Als mündige Wirtschaftsbürger sollen sie gleichwohl über die moralische Qualität der Handlungen der Akteure urteilen können.

Unterrichtsverlauf: Vom Fall über den Praxiskontakt zur Prävention und Sanktion

METHODIK. Der *Unterrichtseinstieg* erfolgt mit Hilfe von zwei Betrugsfällen **[M 1]**; voraussichtlicher Zeitbedarf: eine Unterrichtsstunde. Die Fälle sind unterschiedlich ‚gestrickt'.

- Im ersten Fall kommt die Schadenverursacherin in das moralische Dilemma, zwischen zwei konfligierenden moralischen Werten (*Freundschaft vs. Ehrlichkeit*) entscheiden zu müssen.
- „Versicherungsbetrug, ‚versüßt' mit einem Neuabschluss oder Verlust des Kunden?", das ist die Entscheidung, die eine Versicherungsvermittlerin im zweiten Fall treffen muss.

Die Schülerinnen und Schüler beantworten zunächst in Einzelarbeit die fallbezogenen Fragen. Danach werden die Fälle im Klassenverband problematisiert. Bereits in der ersten Stunde sollte der Lehrer den Schülerinnen und Schülern mitteilen, dass ein *Praxiskontakt* in Form einer Expertenbefragung (zur Methode siehe Loerwald 2011) bei einem Versicherungsunternehmen stattfinden wird. Fragen/Probleme, die im Unterricht nicht geklärt werden können, sollen von den Schülerinnen und Schülern schriftlich festgehalten werden. Empfehlung: Planen Sie den Praxiskontakt rechtzeitig!

In der Folge wird mit Hilfe der Methode „Brainstorming" die Vielschichtigkeit des Themas Versicherungsbetrug erarbeitet; voraussichtlicher Zeitbedarf: eine Unterrichtsstunde. Diese Methode eröffnet die Möglichkeit, Schülerinteressen in die Gruppenarbeit der Folgestunden zu integrieren. Leitaussage: *„Denke ich an Versicherungsbetrug, denke ich an …"*. Der Unterrichtende kann dies mit gezielten Denkhinweisen/Karten an der Moderationswand unterstützen.

Nach dem Brainstorming werden die Schülerinnen und Schüler in die *Gruppenarbeit* entlassen **[M 2]**; voraussichtlicher Zeitbedarf: mindestens zwei Unterrichtsstunden. Die in der Problemstellung aufgeworfenen Fragen werden mit Hilfe des Internets oder anderer Medien gelöst. Es sollte darauf geachtet werden, dass jede Aufgabe durch mindestens zwei Gruppen bearbeitet wird.

Es folgt die *Präsentation* der Gruppenarbeitsergebnisse; voraussichtlicher Zeitbedarf: zwei Unterrichtsstunden. Die Gegengruppe hat die Aufgabe, die präsentierende Gruppe fachlich zu korrigieren beziehungsweise Ergänzungen vorzunehmen.

Im Anschluss an die Präsentationen könnte die Problematik „Der Versicherungsagent als Mittäter" in Einzel- oder Partnerarbeit vertiefend behandelt werden. Sie thematisiert die sogenannte „Prinzipal-Agenten-Klienten"-Problematik **[M 9]**.

Nun werden die Fragen **[M 3]**, die während des Praxiskontakts geklärt werden sollen, formuliert; voraussichtlicher Zeitbedarf: eine Unterrichtsstunde. Für den Praxiskontakt kommen Versicherungsgesellschaften (Hauptverwaltung, Niederlassungen) infrage. Ein Besuch bei Versicherungsvermittlern/-maklern eignet sich nicht, da diese keine Schadenbearbeitung im engeren Sinne (formelle und materielle Deckungsprüfung) durchführen.

LEHRPLÄNE. Die Thematik enthält Bezüge zu den in der ökonomischen Bildung üblichen Sektoren

- *Haushalte:* individuelle Vorteils-/Nachteils-Kalkulationen,
- *Unternehmen:* Funktionsweise Versicherung, Stakeholder und
- *Staat:* staatlich gesetzte Rahmenordnung, Marktwirtschaft und Dilemmastrukturen.

Die Fähigkeit zu einer systemischen Betrachtung von einzel- und gesamtwirtschaftlichen Zusammenhängen wird durch diese Unterrichtseinheit gefördert. Der Unterricht zielt darauf ab, betriebswirtschaftliche, volkswirtschaftliche, gesellschaftliche und ethische Dimensionen zu vernetzen. Der Unterricht kann auch in Zusammenarbeit mit dem Fach „Ethik" durchgeführt werden.

LERNVORAUSSETZUNGEN. Die Schülerinnen und Schüler sollten den Unterschied zwischen einer Privatversicherung und der gesetzlichen Sozialversicherung kennen. Das Glossar **[M 10]** hilft, Fachvokabular der Versicherungswirtschaft zu verstehen. Ferner ist für das Verständnis der Auswirkungen des Betruges auf die Gewinnsituation des Unternehmens notwendig, dass die Schülerinnen und Schüler eine Vorstellung von der Gewinn- und Verlustrechnung eines Unternehmens haben. Hilfreich sind Erfahrungen bei der Recherche im Internet.

Anschlussmöglichkeiten. Im Anschluss an diese Einheit können zum Beispiel folgende, thematisch affine Probleme behandelt werden: (1) Adverse Selektion, (2) Konsument und Versicherungen:

- Welche Versicherungen sind (un)nötig?
- Welche Risiken decken sie (nicht) ab?
- Wie finde ich die für mich passende Versicherung?
- Was tun bei Problemen mit der Versicherungsgesellschaft? (siehe ethos-Baustein Ombudsmann)

Literatur

Ackermann, Walter (1993): Versicherung. In: Lexikon der Wirtschaftsethik. Hrsg. v. Enderle, Georges/Homann, Karl/Honecker, Martin/Kerber, Walter/Steinmann, Horst. Freiburg im Breisgau, S. 1221-1227.

DeGöB – Deutsche Gesellschaft für ökonomische Bildung (Hrsg.) (2004): Kompetenzen der ökonomischen Bildung für allgemeinbildende Schulen und Bildungsstandards für den mittleren Schulabschluss. Köln.

Fetchenhauer, Detlef/Müller, Horst (1996): Versicherungsbetrug: Psychologische Handlungsansätze für ein betriebswirtschaftliches Problem. In: Versicherungswirtschaft. Vol. 51, S. 620-625.

GDV (1999): Jahrbuch des Gesamtverbandes der deutschen Versicherungswirtschaft. Karlsruhe.

GDV (2002): Versicherungsbetrug: Eine neue Information für Journalisten. Pressemitteilung des Gesamtverbandes der deutschen Versicherungswirtschaft vom 5. Februar 2002.

GfK Studie (2002): Versicherungsbetrug.

GfK Finanzmarktforschung (2011): Befragung zum Thema „Versicherungsbetrug in Deutschland".

Homann, Karl/Suchanek, Andreas (2005): Ökonomik. Eine Einführung. Tübingen.

Loerwald, Dirk (2011): Praxiskontakte Wirtschaft. In: Methodentraining für den Ökonomieunterricht. 2. Aufl., hrsg. v. Thomas Retzmann. Schwalbach/Ts., S. 81-100.

Nell, Martin (2004): Das Kosten-Nutzen-Prinzip und der Versicherungsbetrug. In: Versicherungsbetrug. Neue Methoden – effiziente Abwehrtechniken. Hrsg. v. Münchener Rückversicherungs-Gesellschaft. München, S. 6-9.

Nell, Martin/Schiller, Jörg (2002): Erklärungsansätze für vertragswidriges Verhalten von Versicherungsnehmern aus Sicht der ökonomischen Theorie. Hamburg.

Psychonomics (1996): Versicherungsbetrug: Erklärung und Prävention – Die erste Studie zu subjektiven Faktoren des Versicherungsbetrugs. Köln.

Retzmann, Thomas (2006): Didaktik der berufsmoralischen Bildung in Wirtschaft und Verwaltung. Eine fachdidaktische Studie zur Innovation der kaufmännischen Berufsbildung. Norderstedt.

Rösler, Reinald (2004): Versicherungsbetrug – eine dauerhafte Herausforderung. In: Versicherungsbetrug. Neue Methoden – effiziente Abwehrtechniken. Hrsg. v. Münchener Rückversicherungs-Gesellschaft. München, S. 2-3.

Schulenburg Graf von, J. Matthias (1999): Versicherungen. In: Handbuch der Wirtschaftsethik. Hrsg. v. Wilhelm Korff et al., Band 4. Gütersloh, S. 633-647.

Internet

www.gdv.de

www.gesetze-im-internet.de

www.informa-irfp.de/his-online/

M 1 *(K)Ein Fall für die Versicherung?*

Arbeitsauftrag:

Bitte lesen Sie die Fälle durch und beantworten Sie die anschließenden Fragen (Einzelarbeit)!
(Zeitvorgabe: 15 Minuten)

FALL 1:

NICO und ALEXANDRA (beide 16 Jahre alt und Schüler des Büchner-Gymnasiums) fahren in ihrer Freizeit gerne mit ihren Rollern durch die Gegend und machen die Straßen der Stadt unsicher. Da NICOS Eltern sehr um dessen Gesundheit besorgt sind, schenkten sie ihm zu Ostern einen sündhaft teuren Helm (Marke SafetyHead, Modell Valentino Rossi Replica, 429 €). Gestern trafen sich NICO und ALEXANDRA zu einer kleinen Spritztour. ALEXANDRA bat NICO, den neuen Helm ausprobieren zu dürfen. „No problem", sagte NICO gönnerhaft, „du kannst heute den ganzen Tag meinem Helm benutzen." In einer Kurve passierte das Unglück: Öl auf der Straße, ALEXANDRA stürzt! Der neue Helm ist total zerkratzt.

NICO ist wütend und fordert von ALEXANDRA 429 €. ALEXANDRA ist die Sache sehr unangenehm, da ihr viel an der Freundschaft liegt. Aber woher soll sie so viel Geld nehmen? Ihre Eltern sind alles andere als wohlhabend. Eine Möglichkeit gäbe es: Die Privat-Haftpflichtversicherung der Familie, in der Alexandra mitversichert ist, könnte NICO den Schaden ersetzen.

Voraussetzung: In der Schadensmeldung darf nicht stehen, dass ALEXANDRA sich den Helm von NICO ausgeliehen hat, da Schäden an geliehenen Sachen nach den Versicherungsbedingungen nicht bezahlt werden. Fiel ALEXANDRA der Helm aber versehentlich auf den Boden, ja dann ...

FALL 2:

SABINE SCHULZE (31 Jahre, verheiratet, 2 Töchter) ist Versicherungsagentin der Universum Versicherung AG. Gestern erhielt sie einen Anruf von ihrem langjährigen Kunden KLAUS DIETRICHS. Herr DIETRICHS meldete ihr einen Hausratschaden (Waschmaschine lief aus).

Als Frau SCHULZE bei Herrn DIETRICHS den Schaden protokolliert, stellt sie fest, dass Herr DIETRICHS bei der Schadenhöhe ‚leicht' übertrieben hat. Laut DIETRICHS verursachte das ausgelaufene Wasser einen Schaden in Höhe von 700 €. Frau SCHULZE erkennt aber mit einem Blick, dass der Schaden maximal 300 € beträgt.

„Wenn der Schaden problemlos beglichen wird, schließe ich bei ihnen eine Kapital-Lebensversicherung über 30.000 € für meinen Sohn ab, wenn nicht, war ich die längste Zeit Kunde. Schließlich ist dies mein erster Schadensfall", sagt DIETRICHS, während Sabine SCHULZE die Schadensmeldung ausfüllt.

„Im Moment könnte ich die Provision für die neue Kapital-Lebensversicherung gut gebrauchen, außerdem ist Dietrichs schon so lange ein guter Kunde. Auf der anderen Seite ist doch nicht einzusehen, dass Dietrichs sich auf Kosten der Versicherten bereichert. Und dann will er mich auch noch in die Sache mit hineinziehen!", denkt sich die Versicherungsagentin.

Fragen:

1. In welcher Zwickmühle befinden sich Alexandra und Frau Schulze?
2. a) Was spricht in Fall 1 für die ‚Umformulierung' des Sachverhalts? Was spricht dagegen?
   b) Was spricht in Fall 2 für das Eintragen einer Schadenhöhe von 700 €? Was spricht dagegen?
3. a) Wie sollte sich ALEXANDRA verhalten? Begründen Sie!
   b) Wie sollte sich Versicherungsagentin SCHULZE verhalten? Begründen Sie!

M 2 *Versicherungsbetrug – (K)Ein Fall für den Staatsanwalt?*

Arbeitsaufträge:

1. Bilden Sie Arbeitsgruppen zu jeweils drei Schülern. **(Zeitvorgabe für alle Gruppen: zwei Unterrichtsstunden. Tipp: Gehen Sie arbeitsteilig vor.) Bei Fragen/Problemen wenden Sie sich an Ihren Lehrer!**
2. Präsentieren Sie Ihre Ergebnisse der Klasse. Folien und so weiter erhalten Sie beim Lehrer.

Gruppe 1 und Gegengruppe: „Stakeholder"

Arbeitsaufträge:

1. Bitte informieren Sie sich, *wer* durch Versicherungsbetrug geschädigt wird.
   Tipp: Klären Sie zunächst den Begriff „Stakeholder".
2. Klären Sie: Inwiefern werden die Stakeholder geschädigt?
3. Wer ist Ihrer Meinung nach am meisten geschädigt? Erstellen Sie eine Rangfolge.
4. Welche Gemeinsamkeiten haben Versicherungsbetrug und Steuerhinterziehung? Und welche Unterschiede?

Gruppe 2 und Gegengruppe: „Versicherer"

Arbeitsaufträge:

1. Bitte informieren Sie sich, welche Möglichkeiten ein Versicherungsunternehmen hat, um Versicherungsbetrug vorzubeugen beziehungsweise zu verhindern. Klären Sie in diesem Zusammenhang den ökonomischen Terminus „Anreize".
2. Übertragen Sie die Anreizproblematik auf andere Sachverhalte im Wirtschaftsleben.
3. Beurteilen Sie folgenden Sachverhalt: Einige Versicherer gewähren in der Kfz-Versicherung Wenigfahrern Rabatte. Mancher Kunde untertreibt bei der Angabe der jährlichen Fahrleistung, um den Rabatt zu erhalten. Wird im Schadensfall festgestellt, dass der Kunde unrichtige Angaben machte, verlangen manche Versicherer vom Kunden die Nachzahlung der entsprechenden Beitragsdifferenz. Andere Versicherungsgesellschaften sehen in diesem Fall eine Vertragsstrafe von zum Beispiel 500 € vor.

Gruppe 3 und Gegengruppe: „Versicherungskunde"

Arbeitsaufträge:

1. Wie funktioniert ein Versicherungsmarkt? Was wird auf diesem Markt „getauscht"?
2. Recherchieren Sie, **wie** ein Versicherer die Beiträge für eine Versicherung kalkuliert.
   Tipp: Klären Sie, was man unter den Begriffen a) Gesetz der großen Zahl, b) Schadenhäufigkeit und c) Schadendurchschnitt versteht.
3. Nehmen Sie zu folgender Aussage eines Versicherungskunden Stellung: *„Ich bezahlte so viele Jahre meine Beiträge und hatte keinen Schadensfall. Da ist es doch nur recht und billig, wenn ich in einem Schadensfall hinsichtlich der Schadensumme etwas übertreibe; andere tun es doch auch."*

Hinweis: Berücksichtigen Sie bei der Beantwortung auch die Ergebnisse zum Thema Beitragskalkulation.

Gruppe 4 und Gegengruppe: „Uniwagnis"

Arbeitsaufträge:

1. Ermitteln Sie, welche rechtlichen Konsequenzen ein Versicherungsbetrug beziehungsweise Versicherungsmissbrauch nach sich ziehen kann. Wie beurteilen *Sie* Versicherungsbetrug beziehungsweise -missbrauch im Vergleich zu anderen Straftaten?
2. Bei der informa Insurance Risk and Fraud Prevention GmbH (www.informa-irfp.de) wird das Hinweis- und Informationssystem „Uniwagnis" geführt. Informieren Sie sich, a) welches Ziel diese Datei hat, b) wie sie funktioniert und c) welche Kritik Verbraucherschützer an *Uniwagnis* üben.
3. Halten Sie die Einrichtung dieser Datei unter Abwägung der Interessen aller Beteiligten für gerechtfertigt?

Fragen an den Versicherer

M 3 *Mögliche Fragen für den Praxiskontakt – Eine Ideensammlung*

Das Phänomen Versicherungsbetrug

- Wie entwickelte sich in den letzten Jahren/Jahrzehnten der Anteil der Betrugsfälle an den Schadensmeldungen?
- Auf welche Gründe führt man beim VR das relative Ansteigen beziehungsweise Abnehmen der Betrugsfälle zurück?
- Welche Sparten sind vom Versicherungsbetrug besonders betroffen? Weshalb?
- Wie hoch ist in den einzelnen Sparten die vermutete Betrugsquote?
- Wie beurteilt der VR die negative Korrelation zwischen Kundenzufriedenheit und Betrugsquote?
- ...

Auswirkungen von Versicherungsbetrug

- Welche betriebswirtschaftlichen Auswirkungen hat Versicherungsbetrug beim VR?
- Inwieweit hat Versicherungsbetrug Einfluss auf die Prämienkalkulation?
- Wie hoch ist der vermutete Schaden in Euro pro Jahr?
- ...

Maßnahmen zur Bekämpfung von Versicherungsbetrug

- Welche Anreize bietet der VR den Kunden, um Betrug zu verhindern?
- Weshalb wird das Überschreiten der Fahrleistung beim „Wenigfahrerrabatt" in der Regel nicht sanktioniert?
- Welche Maßnahmen zur Aufdeckung von Betrug bestehen? Wie funktionieren sie?
- Wie hoch sind die fixen/variablen Kosten der Abwehrmaßnahmen?
- Wie funktionieren automatisierte Betrugserkennungssysteme? Wie zuverlässig sind sie?
- Unterscheiden sich die Konzepte zur Betrugsbekämpfung auf internationaler Ebene?
- ...

Rechtliche Folgen des Versicherungsbetrugs

- Bringt der VR Betrugsversuche zur Anzeige? Warum/Warum nicht?
- Wie verhält sich die Versicherungsbranche hinsichtlich der Anzeigeneigung?
- Wie hat sich die Anzeigeneigung (VR/Branche) in den letzten Jahren entwickelt?
- Wie beurteilt der VR das zweistufige Beweiswürdigungsmodell des BGH?
  Erklärung „zweistufiges Beweiswürdigungsmodell": Handelt es sich um einen Versicherungsfall, der nicht eindeutig bewiesen werden kann, dann hat der VN auf der 1. Stufe nur das äußere Bild eines Versicherungsfalles zu beweisen. Der VR kann auf der 2. Stufe den Anscheinsbeweis durch konkrete Tatsachen erschüttern, die die Vortäuschung eines Versicherungsfalles wahrscheinlich erscheinen lassen (vgl. Nell/Schiller 2002: 14).
- Werden härtere Strafen bei Versicherungsbetrug beziehungsweise -missbrauch gefordert?
- Was passiert mit einem Agenten, der bei der Mithilfe zum Versicherungsbetrug ertappt wird?
  Spielt sein Umsatz bei den Konsequenzen eine Rolle?
- Wie beurteilt der VR „Uniwagnis"?
- Haben Kunden mit einem Eintrag in dieser Datei überhaupt noch eine Chance, eine Versicherung zu erhalten?
- Welche Rolle spielt im Zusammenhang mit „Uniwagnis" Datenschutz beim VR?
- ...

Hinweis:

Die hier zur Illustration und Inspiration vorgeschlagenen Fragen sind teilweise sehr speziell/anspruchsvoll und sensibel (Betriebsinterna). Lassen Sie Ihren Fragenkatalog deshalb Ihrem Ansprechpartner beim Versicherungsunternehmen vorab zukommen.

M 4 *Betrug und Versicherungsmissbrauch im StGB – Mit einem Bein im Gefängnis?*

§§

Relevante Paragraphen im Strafgesetzbuch
(in der Fassung der Bekanntmachung vom 13. November 1998 (BGB1. I S. 3322), das zuletzt durch Artikel 1 des Gesetzes vom 23. April 2014 (BGB1. I S. 410) geändert worden ist):

§ 263 Betrug

(1) Wer in der Absicht, sich oder einem Dritten einen rechtswidrigen Vermögensvorteil zu verschaffen, das Vermögen eines anderen dadurch beschädigt, dass er durch Vorspiegelung falscher oder durch Entstellung oder Unterdrückung wahrer Tatsachen einen Irrtum erregt oder unterhält, wird mit Freiheitsstrafe bis zu fünf Jahren oder mit Geldstrafe bestraft.

(2) Der Versuch ist strafbar.

(3) In besonders schweren Fällen ist die Strafe Freiheitsstrafe von sechs Monaten bis zu zehn Jahren. Ein besonders schwerer Fall liegt in der Regel vor, wenn der Täter

1. gewerbsmäßig oder als Mitglied einer Bande handelt, die sich zur fortgesetzten Begehung von Urkundenfälschung oder Betrug verbunden hat,
2. einen Vermögensverlust großen Ausmaßes herbeiführt oder in der Absicht handelt, durch die fortgesetzte Begehung von Betrug eine große Zahl von Menschen in die Gefahr des Verlustes von Vermögenswerten zu bringen,
3. eine andere Person in wirtschaftliche Not bringt,
4. seine Befugnisse oder seine Stellung als Amtsträger mißbraucht oder
5. einen Versicherungsfall vortäuscht, nachdem er oder ein anderer zu diesem Zweck eine Sache von bedeutendem Wert in Brand gesetzt oder durch eine Brandlegung ganz oder teilweise zerstört oder ein Schiff zum Sinken oder Stranden gebracht hat.

(4) § 243 Abs. 2 sowie die §§ 247 und 248a gelten entsprechend.

(5) Mit Freiheitsstrafe von einem Jahr bis zu zehn Jahren, in minder schweren Fällen mit Freiheitsstrafe von sechs Monaten bis zu fünf Jahren wird bestraft, wer den Betrug als Mitglied einer Bande, die sich zur fortgesetzten Begehung von Straftaten nach den §§ 263 bis 264 oder 267 bis 269 verbunden hat, gewerbsmäßig begeht.

(6) Das Gericht kann Führungsaufsicht anordnen (§ 68 Abs. 1).

(7) Die §§ 43a und 73d sind anzuwenden, wenn der Täter als Mitglied einer Bande handelt, die sich zur fortgesetzten Begehung von Straftaten nach den §§ 263 bis 264 oder 267 bis 269 verbunden hat. § 73d ist auch dann anzuwenden, wenn der Täter gewerbsmäßig handelt.

§ 265 Versicherungsmissbrauch

(1) Wer eine gegen Untergang, Beschädigung, Beeinträchtigung der Brauchbarkeit, Verlust oder Diebstahl versicherte Sache beschädigt, zerstört, in ihrer Brauchbarkeit beeinträchtigt, beiseite schafft oder einem anderen überlässt, um sich oder einem Dritten Leistungen aus der Versicherung zu verschaffen, wird mit Freiheitsstrafe bis zu drei Jahren oder mit Geldstrafe bestraft, wenn die Tat nicht in § 263 mit Strafe bedroht ist.

(2) Der Versuch ist strafbar.

M 5 *Wie funktioniert der Versicherungsmarkt?*

Das Angebot von und die Nachfrage nach Versicherungsprodukten treffen sich auf dem Markt für Privatversicherungen. Der Versicherungsnehmer (VN) tauscht das Risiko eines finanziellen Verlusts durch einen Schaden gegen die Zahlung einer Prämie an den Versicherer (VR). Anders formuliert: Der VR schützt den VN vor einem finanziellen Schaden. Für diesen Schutz zahlt der VN dem VR eine Prämie. Aus dem gesamten Prämienaufkommen werden die Schäden beglichen. Der Versicherungsmarkt wird durch gesetzliche Vorschriften reguliert, unter anderem durch das Versicherungsvertragsgesetz (VVG) und das Versicherungsaufsichtsgesetz (VAG). Sie beeinflussen das Handeln der VR.

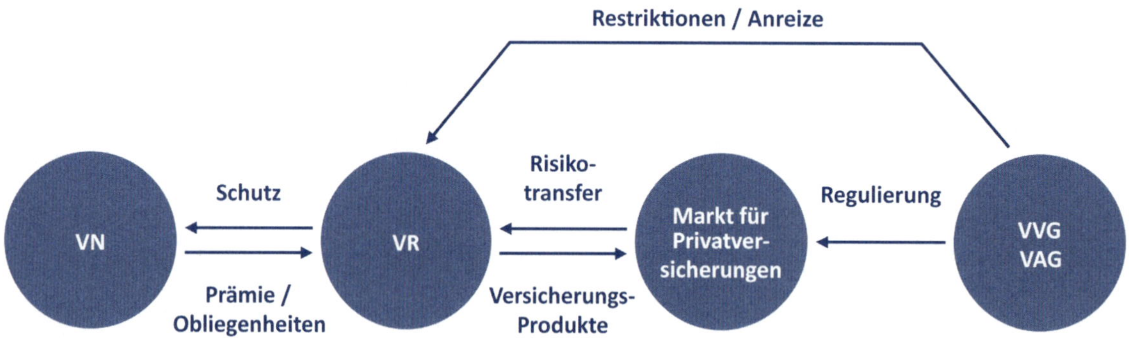

Abbildung: Die Funktionsweise von Versicherung(smärkt)en
Quelle: Eigene Darstellung.

Notizen:

M 6 *Wie kalkuliert der Versicherer die geforderte Prämie?*

Bei der Prämienkalkulation spielt das *„Gesetz der großen Zahl"* eine zentrale Rolle. Für einen einzelnen VN kann nicht vorhergesagt werden, ob er von einem Schaden betroffen sein wird. Das Risiko wird bei einer genügend großen Anzahl von Versicherungsverträgen *kalkulierbar*, das heißt es ist prognostizierbar, wie viele VN (aber nicht welche VN!) einen Schaden erleiden werden. Anders formuliert: Der *Zufall* wird *berechenbar*.

Voraussetzung für eine korrekte Prämienberechnung ist, dass die Daten der vorausgegangenen Perioden auch für die bestehenden Versicherungsverträge gelten. In der Versicherungswirtschaft spricht man in diesem Zusammenhang vom

- *Zufallsrisiko:* Kumulierung von Schäden (Beispiel: zufällig toben vier Orkane über Deutschland),
- *Irrtumsrisiko:* falsche Berechnungen oder Voraussetzungen und
- *Änderungsrisiko:* beobachtete Wahrscheinlichkeiten ändern sich (Beispiel: vermehrte Inanspruchnahme der Rechtsschutzversicherung wegen steigender „Streitlust").

Beispiel zur Prämienberechnung:

Bei einem VR sind 500.000 Haushalte versichert. Statistisch betrachtet erleiden davon durchschnittlich 20.000 Haushalte/Jahr einen Leitungswasserschaden. Der Schadenaufwand beträgt insgesamt 48 Mio. €/Jahr. Wie hoch ist der Risikobeitrag?

Berechnung:

Schadenwahrscheinlichkeit = Schadensfälle/Zahl der Versicherungen = 20.000/500.000 = 0,04 (entspricht 4 Prozent)

Schadendurchschnitt = Schadenaufwand/Schadensfälle = 48 Mio. €/20.000 Haushalte = 2.400 €/Haushalt

Risikobeitrag = Schadenhäufigkeit x Schadendurchschnitt = 0,04 x 2.400 €/Haushalt = 96 €/Haushalt

Ergebnis:

Von jedem versicherten Haushalt müssen 96 € Risikobeitrag verlangt werden, damit der Schadenaufwand des VR gedeckt ist. In praxi erhebt der VR zusätzlich einen Sicherheits-, Betriebs- und Verwaltungskosten- sowie einen Gewinnzuschlag.

Bezug zum Thema „Versicherungsbetrug": Mancher VN ärgert sich nach Jahren der Beitragszahlung ohne Schadensfall über das vermeintlich ‚verlorene' Geld. Dem liegt ein *krasses Missverständnis über die Funktionsweise einer Versicherung* zugrunde. Der Kunde erhielt für seine Prämie als Gegenleistung die Dienstleistung „Risikoabsicherung". Er tauschte die Versicherungsprämie gegen den von ihm gewünschten Versicherungsschutz. Versuchten alle Kunden ohne Schadensfälle ihre Ausgaben für Beiträge durch Versicherungsbetrug zu egalisieren, so könnte eine Versicherung gar nicht existieren.

Notizen:

....

....

....

....

....

M 7 *Versicherungsbetrug: Die geschädigten Personengruppen (Stakeholder)*

Versicherungsbetrug wirkt sich auf die Gewinnsituation des VR unmittelbar negativ aus. Für dessen Gewinnsituation interessieren sich verschiedene *Personengruppen* (Aktionäre, Kreditgeber, Mitarbeiter, Öffentlichkeit, Kunden und so weiter). Hinter der *Institution* „Versicherungsgesellschaft" stehen also letztlich *Personengruppen*, die durch Versicherungsbetrug geschädigt werden.

Anspruchsgruppe (Stakeholder)	**mögliche Auswirkungen des Versicherungsbetrugs**
Eigenkapitalgeber	Gewinnausschüttung/Kapitalzuwachs sinkt
Fremdkapitalgeber	Kreditwürdigkeit der VR sinkt
Mitarbeiter	Arbeitsplatzsicherheit und evtl. Gewinnbeteiligung sinken
Kunden (= übrige VN)	Prämien steigen
Lieferanten	Reduzierung des Geschäftsumfangs
Öffentlichkeit	Steuerzahlungen des VR sinken, Sponsoring/Spenden werden eingeschränkt etc.

Quelle: In Anlehnung an Wöhe, Günter (2005): Einführung in die Allgemeine Betriebswirtschaftslehre, München, 66 f.

Notizen:

M 8 *Vorbeugen, aufdecken, ahnden – Was Versicherer (VR) gegen Versicherungsbetrug tun können!*

Die Bekämpfung des Versicherungsbetrugs liegt im Interesse des VR. Nicht zuletzt erfordern *aufsichtsrechtliche Aspekte* eine Betrugsabwehr.

Bereits *vor Vertragsabschluss* kann ein VR durch konsequente Anzeigeneigung potenzielle Betrüger abschrecken.

Bei Vertragsabschluss können Selbstbehalte, Schadenfreiheitsrabatte und Prämienrückerstattung bei Schadenfreiheit helfen, die Kunden zu vertragskonformen Verhalten zu bewegen.

Nach *Eintritt des Schadensfalls* helfen unter anderem automatische Betrugserkennungssysteme, Betrugsfälle aufzudecken. Für den VN kann Versicherungsbetrug zum einen rechtliche Konsequenzen (Strafanzeige) haben. Zum anderen kann er künftig Schwierigkeiten beim Abschluss von Versicherungsverträgen bekommen (Ablehnung, Risikozuschlag).

Im Einzelnen:

1. **Konsequente Anzeigeneigung:** Schätzungen zufolge gibt es in Deutschland pro Jahr mindestens 1 Mio. Betrugsfälle. Die Polizei ermittelt aber lediglich in ca. 8.000 Fällen/Jahr (vgl. Nell 2004: 8). Grund hierfür ist die geringe Anzeigeneigung der deutschen Versicherer. In der Regel verweigern die VR die Leistung im Schadensfall, zeigen den Betrüger wegen der Beweislast im Strafverfahren und des damit verbundenen Aufwands aber nicht an.
2. **Selbstbehalte:** Der Kunde muss bei jedem Schaden einen bestimmten Geldbetrag selbst tragen (zum Beispiel 500 €). Dies kann aber im Gegenzug dazu führen, dass der VN bei der Höhe des Schadens ‚schummelt', damit sich der Selbstbehalt ‚lohnt'.
3. **Schadenfreiheitsrabatte:** Für jedes schadenfreie Jahr erfolgt eine Einstufung in eine günstigere Schadenfreiheitsklasse (bekanntestes Beispiel: Kfz-Versicherung).
4. **Prämienrückerstattung bei Schadenfreiheit:** Dem VN werden – nach einem schadenfreien Jahr – Prämien erstattet (Beispiel: Private Krankenversicherung).
5. **Öffentlichkeitsarbeit:** Manche VR wenden sich mit dem Thema „Versicherungsbetrug" an die Bevölkerung, um einen Werte- und Bewusstseinswandel herbeizuführen (Beispiel: Kampagnen US-amerikanischer VR). Die Branche kann der Öffentlichkeit signalisieren, dass sie das Problem des Betrugs gezielt durch Mitarbeiterschulungen, automatisierte Betrugserkennungsverfahren, Nutzung von Onlinedatenbanken und so weiter angeht.
6. **Hinweis- und Informationssystem (Uniwagnis):** Die VN wissen, dass vertragswidriges Verhalten bei künftigen Versicherungsanträgen beachtet wird.

Notizen:

M 9 *Der Versicherungsagent als Mittäter?! – Warum? Was dagegen tun?*

Beispiel: Ein Versicherungsvermittler ‚hilft' dem Kunden bei der Schadensmeldung. Diese wird so formuliert, dass ein an sich nicht versicherter Schaden doch unter den Versicherungsschutz fällt.

Folge: Die Versicherungsgesellschaft gewährt Versicherungsschutz.

Mögliche Gründe für das Verhalten des Versicherungsvermittlers. Er ...

- pflegt eine über das Geschäftsverhältnis hinausgehende Beziehung zum VN.
- möchte den VN als Kunden nicht verlieren.
- hofft auf Folgegeschäfte mit ihm und damit auf Provisionszahlungen.
- strebt nach einer Weiterempfehlung durch den Kunden (*„Mein Versicherungsvertreter steht auf meiner Seite. Den kann ich wärmstens empfehlen."*).

Das Beziehungsgeflecht zwischen Versicherer, Versicherungsnehmer und Versicherungsagent

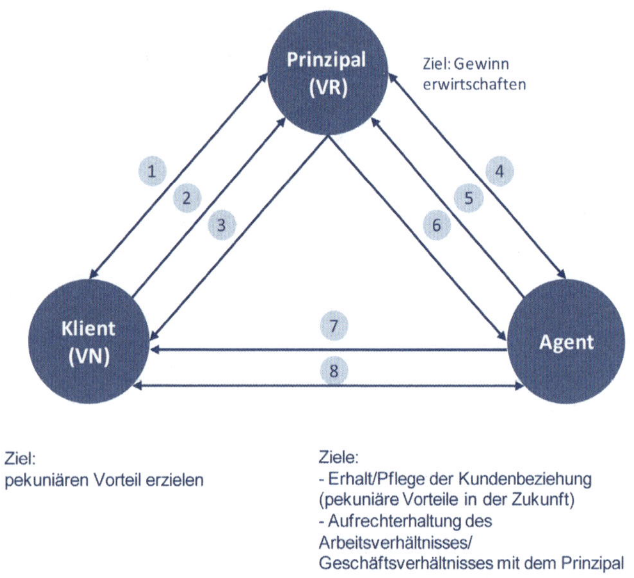

1 Versicherungsvertrag
2 Vertragswidriges Verhalten (Betrug)
3 Asymmetrische Information (vollständige Kontrolle nicht möglich → Moral Hazard)
4 Arbeitsvertrag/Geschäftsbeziehung
5 Vertragswidriges Verhalten (Betrug)
6 Asymmetrische Information (vollständige Kontrolle nicht möglich → hidden action)
7 Ansprechpartner in Versicherungsfragen
8 Absprache über die Schädigung des Prinzipals

Arbeitsaufträge:

1. Schreiben Sie eine kurze Kriminalgeschichte (max. 1 ½ Seiten) über einen fiktiven Versicherungsbetrug. Bauen Sie die in der Abbildung aufgezeigten Beziehungen zwischen VR, VN und Agent in die Geschichte ein.
2. Um Versicherungsbetrüger ‚in den eigenen Reihen' zu bekämpfen, überlegt der VR seine Agenten systematisch zu überprüfen und zu kontrollieren. Recherchieren Sie, welche Erfahrungen andere Unternehmen (auch aus anderen Branchen) mit der Mitarbeiterüberwachung bereits gemacht haben. Geben Sie dem Vorstand des VR möglichst konkrete Empfehlungen!
3. Entscheiden Sie! Was sollte ein VR tun, wenn sein Versicherungsagent
   a) laut statistischer Analyse auffallend viele Schadensmeldungen in einer bestimmten Sparte hat?
   b) von Kollegen der Mithilfe bei der Umformulierung von Schadensmeldungen im Interesse der Kunden bezichtigt wird?

   Sollte der Versicherer den Agenten ermahnen, abmahnen, kündigen, anzeigen?

M 10 *‚Versicherungschinesisch': Die wichtigsten Fachbegriffe kurz und knapp erläutert*

Bei der Auseinandersetzung mit dem Thema begegnet man immer wieder Fachvokabular. Hier ein kleines Glossar, damit Sie das ‚Versicherungschinesisch' bald auch perfekt beherrschen!

Adverse Selektion („negative Auslese")	Bezogen auf Versicherungsbetrug: Die durch Betrug gestiegene Prämie veranlasst Personen mit einer relativ geringen Schadenwahrscheinlichkeit, das Risiko selbst zu tragen. Interesse an Versicherungsschutz haben vor allem Personen mit einer relativ hohen Schadenwahrscheinlichkeit oder potenzielle Betrüger. Dies hat weitere Prämienanstiege zur Folge.
Äquivalenzprinzip	In der → Individualversicherung übliches Verfahren zur Kalkulation von Beiträgen nach dem Prinzip von Leistung und Gegenleistung (Kriterien: Alter, Gesundheitszustand und so weiter). → Solidaritätsprinzip
Gesamtverband der Deutschen Versicherungswirtschaft e.V. (GDV)	Interessenvertretung der deutschen Versicherungswirtschaft, wird von mehr als 400 Versicherungsunternehmen getragen
Hauptpflichten aus dem Versicherungsvertrag	VR: Gefahrtragungs- und Leistungspflicht; VN: Beitragszahlungspflicht. Hauptpflichten sind einklagbar. → Obliegenheiten
Individualversicherung (auch: Privatversicherung)	Von privaten Versicherungsunternehmen betriebene Versicherung. →Sozialversicherung
moral hazard	Verhaltensspielraum des VN oder Versicherungsvermittlers nach Abschluss eines Versicherungsvertrages, den der VR (Prinzipal) nicht beobachten kann (zum Beispiel risikofreudige Fahrweise nach Abschluss einer Fahrzeugvollversicherung, Unterstützen von Betrugshandlungen).
Obliegenheiten	Nicht einklagbare Nebenpflichten des VN, verlangen ein bestimmtes Verhalten vom VN (Tun oder Unterlassen); Voraussetzung für die Erhaltung des Versicherungsschutzes. Beispiele: Nichtvornahme von Gefahrerhöhungen, Anzeigepflicht →Hauptpflichten aus dem Versicherungsvertrag
Pareto-inferior	Kennzeichnung einer ökonomischen Situation, in der es eine Alternative gibt, die eine Person besser stellt, ohne jemand anderen zu benachteiligen.
Schadenversicherung	Ersetzt maximal den tatsächlich entstandenen Schaden („konkrete Bedarfsdeckung", zum Beispiel Feuerversicherung). →Summenversicherung
Solidaritätsprinzip	Beiträge werden nicht nach individuellen Risikokriterien erhoben, sondern nach der wirtschaftlichen Leistungsfähigkeit (Einkommen). Die Leistung orientiert sich an der jeweiligen Bedürfnislage (zum Beispiel gesetzliche Krankenversicherung). → Äquivalenzprinzip
Sozialversicherung	Teil des Systems der sozialen Sicherung in der BRD (fünf Zweige). → Individualversicherung
Summenversicherung	Abstrakte Bedarfsdeckung, da ein objektiver Maßstab für einen Versicherungswert nicht ermittelt werden kann (zum Beispiel Lebensversicherung)... → Schadenversicherung
Uniwagnis (auch: Hinweis- und Informationssystem)	Bei der informa Insurance Risk and Fraud Prevention GmbH geführter Datenspeicher. Ziele: Verhinderung/Aufdeckung von Betrug beziehungsweise Missbrauch. Einmelde- und abfrageberechtigt sind die dem → GDV angeschlossenen VR.
Versicherungsaufsichtsgesetz (VAG)	Regelt das Verhältnis Aufsichtsbehörde – VR (zum Beispiel Rechnungslegung).
Versicherungsprämie/ Versicherungsbeitrag	Bei Versicherern in der Rechtsform der Aktiengesellschaft (AG) spricht man von Prämie, beim → Versicherungsverein auf Gegenseitigkeit (VVaG) und bei öffentlich-rechtlichen Versicherern von Beitrag. Die Begriffe Prämie und Beitrag werden in diesem ethos-Baustein synonym verwendet.
Versicherungsverein auf Gegenseitigkeit (VVaG)	Neben der Aktiengesellschaft und der öffentlich-rechtlichen Versicherungsanstalt eine mögliche Rechtsform für Versicherungsunternehmen. Besonderheit: basiert auf genossenschaftlicher Selbsthilfe, Versicherte sind Mitglieder des Vereins.
Versicherungsvertragsgesetz (VVG)	Zentrale Rechtsgrundlage im Privatversicherungsrecht, die das Verhältnis VR – VN regelt. Ziel: Schutz des Kunden durch zwingende beziehungsweise halbzwingende Vorschriften (zum Beispiel Folgen einer Obliegenheitsverletzung). Wurde zum Jahr 2008 grundlegend reformiert.

Thomas Faust

Whistleblowing – Verrat oder verantwortliches Handeln?

Chancen und Risiken der Individualethik im Beruf

Hrsg. von Thomas Retzmann und Tilman Grammes

Informationen für Lehrende

→ Einleitung der Herausgeber

→ Problemstellung: Verdeckte Missstände in Unternehmen

→ Sachanalyse: Chancen und Risiken von Whistleblowing

→ Unterrichtsplanung und -verlauf

→ Literatur

Materialien für Lernende

M 1	Relevanz des Whistleblowing: Fälle aus den USA und aus Deutschland
M 2	Whistleblowing im World Wide Web: ein Wegweiser
M 3	(Gewissens-)Konflikte: zwischen Anpassung und Widerstand
M 4	Legitim oder illegitim? Whistleblowing in der Kontroverse
M 5	‚Orte' der Ethik: Ideen für einen Praxiskontakt
M 6	Whistleblowing 2.0: elektronische Hinweisgebersysteme
M 7.1	Whistleblowing – ein strukturiertes Rollenspiel. Baukasten
M 7.2	Whistleblowing – ein strukturiertes Rollenspiel. Stufe 1
M 7.3	Whistleblowing – ein strukturiertes Rollenspiel. Stufe 2

Aufdeckung von Missständen in Unternehmen durch Insider. Eine Frage der Zivilcourage? Oder ein Zeichen der Illoyalität?

Der Gegenstand dieses ethos-Bausteins ist so brisant und spannend, dass er mehrfach die Vorlage für Hollywood-Filme mit Starbesetzung lieferte, wie beispielsweise ‚Silkwood', ‚Der Insider' und ‚Erin Brockovich'. Es geht um die Aufdeckung verdeckter Missstände in Unternehmen. Die Geschädigten können Arbeitnehmer, Konsumenten, Anwohner, Kunden, das politische Gemeinwesen und so weiter sein. Das besondere daran ist, dass diese Enthüllung des verborgenen Missstandes durch ein Mitglied des Unternehmens erfolgt. Dieser Insider äußert seine Kritik und moralischen Bedenken entweder unternehmensintern oder -extern. Dadurch wird das Problem mehr oder weniger öffentlich.

Whistleblowing wird ethisch kontrovers beurteilt. Manche stilisieren den Whistleblower zum moralischen Helden, der persönliche Nachteile in Kauf nimmt, um höherrangige Werte zu schützen. Regelmäßig setzt der Whistleblower seine berufliche Position und im Extremfall auch seine psychische und physische Gesundheit aufs Spiel. Andere sehen im Whistleblower den *Denunzianten*, der sich illoyal gegenüber seinem Arbeitgeber verhält; oder sogar den Egoisten und *Opportunisten*, der um des eigenen Vorteils willen Kollegen ‚in die Pfanne haut', wenn sich ihm die passende Gelegenheit dafür bietet, sie bei der Unternehmensleitung ‚anzuschwärzen'. Sicherlich sind wir in Deutschland aufgrund unserer belastenden Geschichte bei diesem Thema besonders vorsichtig. Doch in den Unternehmen scheint in jüngster Zeit ein Umdenken stattzufinden. Whistleblowing wird immer mehr als ein Feld angesehen, das von der Unternehmensleitung produktiv und verantwortlich gestaltet werden sollte. Das Stichwort lautet: Risikokommunikation.

Das Thema ‚Whistleblowing' bezieht seine Spannung aus der meist dramatischen Situation, in der sich der Whistleblower befindet. Doch im Unterricht und bei der ethischen Beurteilung gilt es, kühlen Kopf zu bewahren. Dieser ethos-Baustein schafft es durch seine ausgewogene Darstellung, Spannung wohltuend mit Vernunft zu verknüpfen. Er thematisiert unter anderem die folgenden Fragen:

- Welche Risiken und Missstände in Unternehmen sind typische Auslöser von Whistleblowing?
- Unter welchen Umständen ist Whistleblowing legitim? Unter welchen nicht?
- In welcher Zwickmühle befinden sich Whistleblower? Was belastet sie so sehr?
- Wie weit geht die Loyalitäts- und Verschwiegenheitspflicht des Arbeitnehmers?
- Wie sieht das Umfeld der Whistleblower aus? Erfahren sie Zustimmung oder Ablehnung?
- Welche Aufsichts-/Kontrollinstanzen sind in Deutschland zuständig?
- Könnten/Sollten Whistleblower arbeitsrechtlich besser geschützt werden?

Die Schülerinnen und Schüler erarbeiten sich den Problemgehalt des Themas mittels authentischer Fälle aus Deutschland und den USA. Sie erfahren dabei sehr anschaulich den *Gewissenskonflikt* des Whistleblowers. Die ethisch kontroverse Beurteilung seines Handelns spiegelt sich in den verschiedenen *Übertragungen* des englischen ‚Whistleblowing' ins Deutsche (von ‚Zivilcourage' bis ‚Verpfeifen'). Im Anschluss an eine Erkundung von ‚Hinweisgebersystemen' in der *Unternehmenspraxis* spielen die Schülerinnen und Schüler einen internen und externen Whistleblowing-Prozess durch.

Lehrplan-Bezug. Ausgewählte Bestimmungen des Individual- und Kollektivarbeitsrechts sowie die Rechte und Pflichten aus Ausbildungs- und Arbeitsverträgen sind Standardelemente sowohl der Ökonomischen Allgemeinbildung als auch der kaufmännischen Berufsbildung. Dieser ethos-Baustein fügt der üblichen arbeitsrechtlichen Beurteilung eine wirtschaftsethische Perspektive hinzu. Inhaltlich ergänzt er sehr gut den ethos-Baustein zum Compliance-Management.

Transfer. Dass auch staatliche Einrichtungen nicht frei von Missständen sind und Whistleblower daher bisweilen auch demokratisch gewählte Regierungen unter Rechtfertigungsdruck bringen, belegt eindrucksvoll der Fall des Informanten *Edward Snowden*, der 2013 das US-Überwachungsprogramm PRISM öffentlich machte. Insofern kann die Thematik aus dem hier erörterten privatwirtschaftlichen Unternehmenskontext in den staatlichen Kontext übertragen werden, wo ihr unter Umständen sogar größere politische Brisanz zukommt.

Thomas Retzmann und Tilman Grammes

Problemstellung: Verdeckte Missstände in Unternehmen

Skandale und ihre Schäden. In letzter Zeit häufen sich offenbar die Wirtschafts- und Unternehmensskandale. So standen selbst globale Player wie Siemens, Deutsche Bank und ThyssenKrupp wegen Missständen in der Kritik. Oft werden der allgemeine *Wertewandel* und die wachsende moralische Sensibilität als Ursachen angeführt. Doch auch die Unternehmen selbst steigern das moralische Anspruchsniveau der Öffentlichkeit, indem sie zum Beispiel ihre Ethik-Richtlinien publizieren. Die Dunkelziffer vieler Delikte ist enorm, etwa bei Korruption, Bilanzfälschung, Datenmissbrauch, Steuer- und Versicherungsbetrug sowie Verbraucher- und Umweltschädigung. Solche verborgenen Missstände sind anscheinend in vielen Branchen zu beklagen: im Groß- und Einzelhandel genauso wie in der Industrie sowie bei (Finanz-)Dienstleistern. Die hieraus resultierenden Schäden sind einerseits monetärer, *materieller* Art: Allein das Hellfeld der Wirtschaftskriminalität in Deutschland wird auf über 6 Mrd. Euro pro Jahr geschätzt. Andererseits sind die Schäden auch *immaterieller* Natur, weil das Vertrauen in Manager, Unternehmen und die Produktsicherheit untergraben wird.

Gegenmassnahmen. An sich sollen solche Missstände, zumal in Deutschland, durch eine Vielzahl an (Straf-) Rechtsnormen unterbunden werden. Hinzu kommen (Kontroll-)Maßnahmen von Staatsanwaltschaften, Gerichten, Gewerbe- bzw. Finanzaufsicht sowie die Testierung von Jahresabschlüssen durch Wirtschaftsprüfer. Doch diese unternehmens*externe* Überwachung ist offenbar – allein wegen des oft fehlenden Detailwissens – in vielen Fällen unzulänglich. Es fragt sich daher, inwieweit den Missständen auch unternehmens*intern* begegnet werden kann. Mitarbeiter als kenntnisreiche Insider können sich hier auf vielerlei Weise positionieren: Das Spektrum reicht von der strikten Arbeitsverweigerung über das gedankenlose Wegsehen bis hin zum opportunistischen Mitmachen (vgl. Faust 2008: 250). Und die Enthüllung von Missständen wird, auch im deutschsprachigen Raum, unter dem Begriff ‚Whistleblowing' diskutiert.

Sachanalyse: Chancen und Risiken von Whistleblowing

Begriff. Whistleblowing ist die Aufdeckung betrieblicher Missstände durch Arbeitnehmer. Mithin geht es *nicht* um Beschwerden aus dem Unternehmensumfeld, etwa durch Kunden und Lieferanten. Das Ziel verantwortungsvoller Whistleblower ist, Transparenz und Publizität herzustellen, um Missstände zu problematisieren und damit zu beheben. Wörtlich übersetzt bedeutet Whistleblowing ‚Trillerpfeife blasen'. Eine inhaltliche Begriffsbildung ist hierzulande noch eher strittig. Negativ gewendet wird Whistleblowing mit Denunziation oder ‚Verpetzen' in Verbindung gebracht. Neutral formuliert werden die Hinweisgabe und Risikokommunikation zugeordnet. Positiv gesehen steht der Begriff für Verantwortungsbewusstsein und Zivilcourage. Zuweilen wird Whistleblowing gar zum Heroismus überhöht – etwa in manchen Filmdramen und Medienberichten. Wohl auch wegen dieser Vieldeutigkeit wird ‚Whistleblowing' bislang eher selten ins Deutsche übertragen.

Situation in Deutschland ... Nicht nur die Begriffsbildung steckt hierzulande in den Kinderschuhen, sondern auch die bekannte Zahl an Whistleblowing-Fällen war lange eher gering. In den 1990er Jahren wurde durch Whistleblowing die Affäre um HIV-belastete Blutplasma-Produkte offenkundig (vgl. Matthiesen 1996: 255 f.). Auf den ersten Blick erscheint die Enthüllung von Missständen durch Mitarbeiter als relativ unproblematisch. Denn an sich schulden sie ihrem Unternehmen zwar Loyalität, aber keinen bedingungslosen Gehorsam (vgl. Leisinger 2008: 178 f.). Doch faktisch sind öffentliche Enthüllungen höchst brisant und bewegen sich oft in rechtlichen und moralischen Grauzonen. Somit erfordern diese Aktionen ein hohes Maß an Sensibilität, Mut und Sachkenntnis der Mitarbeiter.

Hierzulande sind Arbeitsrecht und -moral durch die *Loyalitätspflicht* des Arbeitnehmers und das *Direktionsrecht* des Arbeitgebers geprägt. Derzeit besteht ein eher dürftiger gesetzlicher Schutz von Whistleblowern. Zwar stehen sie prinzipiell unter der Obhut des Artikels 5 Grundgesetz (Meinungsfreiheit). Auch können Arbeitnehmer die zuständige Behörde informieren, wenn Arbeitgeber beanstandete Sicherheitsmängel nicht beheben (§ 17 Arbeitsschutzgesetz). Doch müssen Whistleblower oft mit harschen arbeitsrechtlichen Maßnahmen bis hin zur fristlosen Kündigung rechnen. Denn ihre Verschwiegenheit und Treuepflicht gegenüber dem Arbeitgeber werden häufig priorisiert gegenüber ihrer Meinungsfreiheit und dem (Informations-)Interesse der Öffentlichkeit. Dies führt vielfach zu einer erheblichen Verunsicherung von Mitarbeitern. Denn nicht wenige Whistleblower-Schicksale münden zum Beispiel in Schadenersatzpflicht, soziale Isolation, Krankheit und Frühverrentung.

... UND IN DEN USA. Anders verhält es sich mit der Wirtschafts- und Berufsmoral in den USA. Zum einen gibt es weniger arbeitsrechtliche Regelungen als hierzulande. Zum anderen wechseln die Jobs der Arbeitnehmer häufig, was ihrer Loyalität zu Arbeitgebern Grenzen setzt. So kann Whistleblowing in den USA mittlerweile auf eine gewisse Tradition zurückblicken. Das US-Nachrichtenmagazin ‚Time' rief das Jahr 2002 sogar zum ‚Year of the Whistleblower' aus. Wegen einer Vielzahl an Unternehmensskandalen wurde im selben Jahr der *Sarbanes-Oxley Act* erlassen, der Whistleblowern in börsennotierten Firmen Schutz vor jeglicher Diskriminierung bieten soll. Bei Schädigung durch ihr Unternehmen haben Whistleblower sogar Schadenersatzansprüche. Doch ob die Gesetze sie vor Mobbing und ähnlichen Repressalien hinreichend schützen, muss auch für die USA bezweifelt werden (vgl. Salg 2008: 54).

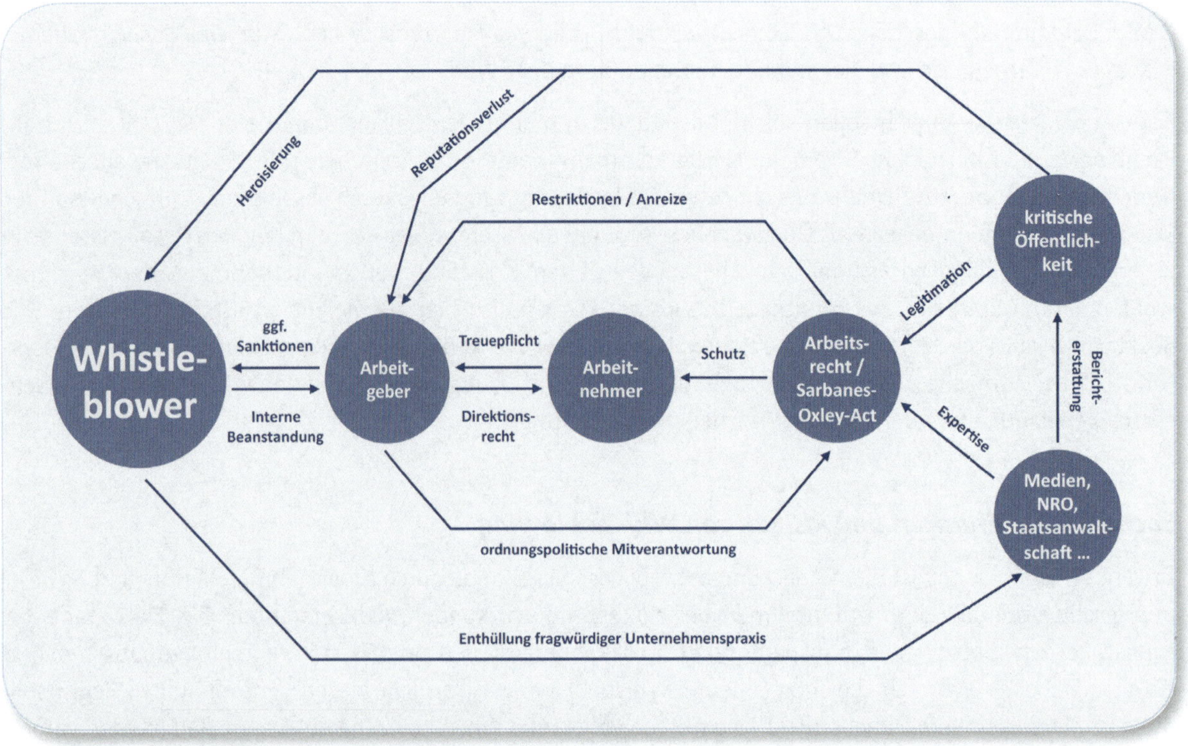

Abbildung 1: Strukturanalyse des Whistleblowing
Quelle: Eigene Darstellung in Anlehnung an Retzmann 2006: 298.

DIE STRUKTURELLE SICHT ... Bei den ‚Orten' der Ethik in der Strukturanalyse (vgl. Abbildung 1) erscheint der Whistleblower als kritischer Wirtschaftsbürger. Ihm werden betriebliche Risiken bzw. Missstände offenkundig, und dies kann er grundsätzlich in zwei Richtungen kommunizieren:

- Zum einen in Form des *internen* Whistleblowing innerhalb des Unternehmens: Er äußert seine Kritik und moralischen Bedenken gegenüber Arbeitskollegen, Vorgesetzten, Betriebsratsmitgliedern, Ethik-Beauftragten et cetera.
- Zum anderen in Gestalt des *externen* Whistleblowing, indem er sein persönliches Ethos in der kritischen Öffentlichkeit zur Geltung bringt, etwa gegenüber Medien, Nichtregierungsorganisationen (NRO) und Strafverfolgungsbehörden (vgl. Salg 2008: 53). Vor allem dieses externe Whistleblowing kann die skizzierten heiklen Konsequenzen haben.

... UND DIE PROZEDURALE SICHT. Whistleblowing ist ein brisanter kommunikativer Prozess – mitunter der letzte Ausweg bei komplexen, langwierigen Kontroversen. Hergebrachte Kommunikationskanäle in Unternehmen sind dann oft überfordert. Klassisches Whistleblowing als einen diffizilen Kommunikationsprozess zeigt Abbildung 2. Hieraus ist unter anderem ersichtlich, dass der Prozess zuweilen in mehreren Rückkopplungsschleifen durchlaufen und nicht selten durch den Whistleblower abgebrochen wird, ohne dass der Missstand behoben ist. Derzeit werden immer mehr Internet-gestützte Prozesse der Konfliktkommunikation in Unternehmen entwickelt. Hierbei ermöglichen elektronische ‚Postfächer' einen längerfristigen, anonymisierten Informationsaustausch über Missstände. Dies kann zu einer Konfliktdeeskalation beitragen, bei der alle Beteiligten ihr Gesicht wahren.

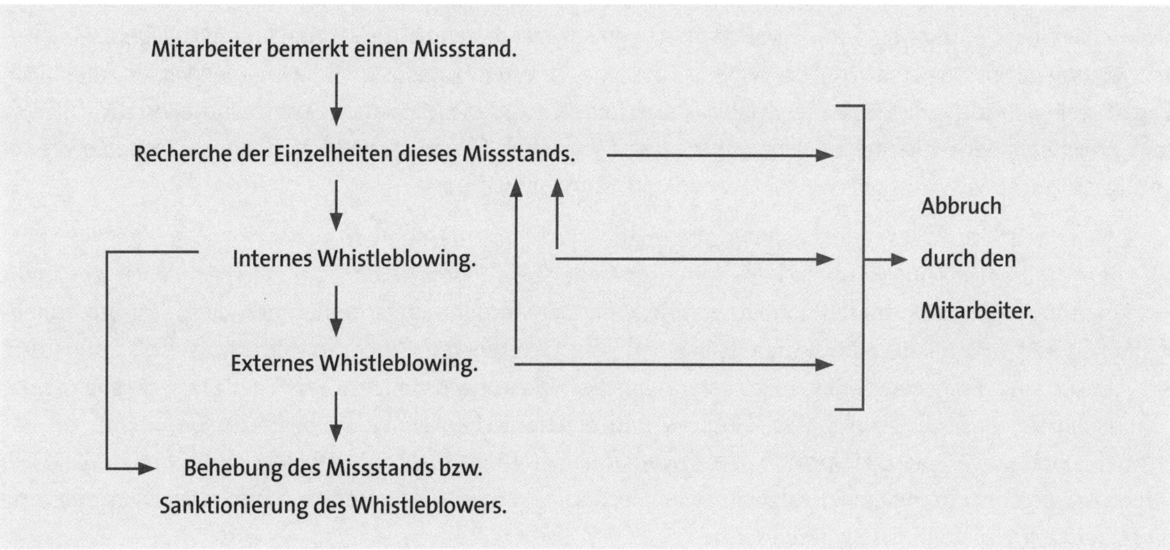

Abbildung 2: Prozessschema des Whistleblowing

Quelle: Eigene Darstellung in Anlehnung an Miceli/Near 1991: 139 ff.

Illegitimes Whistleblowing ... Whistleblower haben das Recht und die Moral nicht ‚gepachtet'. Denn bisweilen verfügen sie nur über mangelhafte Sachinformationen, und so befinden sie sich unbewusst in einem *Irrtum*. Zudem ist es nicht immer leicht, verantwortungsvolles Whistleblowing von verwerflichem Verrat zu unterscheiden. Folgende Merkmale sprechen zum Beispiel dafür, dass ein Whistleblower Fairplay-Regeln verletzt (vgl. Zimmerli/Aßländer 1996: 42 f.):

- Geschäftsgeheimnisse bzw. andere sensible Daten werden veröffentlicht, obwohl sie nicht zum beanstandeten Sachverhalt gehören. Oder Projektpläne werden bereits angeprangert, obwohl ihre Realisation noch mehr als unsicher ist.
- Fadenscheinige Bedenken werden vorgetragen, mit denen faktisch jedoch nur unliebsame Personen geschädigt werden sollen. Oder es wird pauschale Kritik erhoben (zum Beispiel angebliche Inkompetenz von Managern), die jedoch nicht auf konkretes Fehlverhalten hinweist. Oder ein Fehlverhalten wird zwar konkret benannt, aber kein stichhaltiger Beweis geliefert.
- Eine Arbeitsvertragskündigung wird angeprangert, obwohl ein gut nachvollziehbarer Grund hierfür vorliegt (zum Beispiel ungenügende Arbeitsleistung des Mitarbeiters).

... und legitimes Whistleblowing. Demgegenüber kann externes Whistleblowing dann gut begründet sein, wenn etwa folgende Merkmale und Bedingungen erfüllt sind:

- Das Unternehmen bzw. dessen Mitarbeiter fügen Dritten einen erheblichen Schaden zu. Oder sie gehen vermeidbare Risiken für Leben, Gesundheit und das friedliche Zusammenleben von Menschen ein.
- Die Verantwortlichen des Unternehmens bleiben untätig, obwohl der Missstand angezeigt und nachgewiesen ist.
- Die Behebung des Missstands als unmittelbare Folge der Enthüllung ist hinreichend wahrscheinlich. Dabei findet eine sorgfältige Abwägung zwischen den absehbaren Chancen und Risiken des Whistleblowing statt.
- Der Whistleblower will nicht primär einen persönlichen Nutzen aus dem Fall ziehen, sondern er geht sogar Risiken für sich selbst ein (vgl. Deiseroth 2004: 124).

Fazit: Einzigartigkeit für Arbeitnehmer ... Insbesondere externes Whistleblowing ist ein brisanter individualethischer Akt von Mitarbeitern. Hierauf wird regelmäßig mit harschen Sanktionen reagiert. Doch manche Whistleblower können offenbar nur durch eine Enthüllung ihr Gewissen entlasten. Whistleblowing geht meist nur von sehr couragierten und kenntnisreichen Mitarbeitern aus. Das *Dilemma* für den (potenziellen) Whistleblower ist nahezu einzigartig: Seine Loyalitätspflicht gegenüber dem Arbeitgeber, den Arbeitskollegen, seine Verantwortung gegenüber dem Wohl der Allgemeinheit, des privaten Umfelds und der eigenen Person rufen nach tragfähiger Balance. Da dies viele Arbeitnehmer überfordert, werden hierzulande Gesetzesnovellen zur Stützung von Whistleblowern diskutiert. Neue *‚Orte' der Ethik* sind ferner gewerkschaftliche Whistleblower-Beratungsstellen sowie Whistleblower-Netzwerke und Selbsthilfegruppen.

... aber auch für Arbeitgeber. Whistleblowing beinhaltet auch für Unternehmen einzigartige Aspekte: Einerseits die Chance, dass frühzeitig wertvolle (Risiko-)Informationen gewonnen werden; andererseits jedoch die Gefahr des jähen Verlusts von Vertrauen und Reputation. Offenbar werden sich Unternehmen dieser Brisanz zunehmend bewusst – vor allem wenn sie bereits in einen Skandal verwickelt waren. So sind auch sie, oft unterstützt von Consultants, Branchenverbänden et cetera, auf der Suche nach neuen *‚Orten' der Ethik*: beispielsweise Ombudspersonen, Ethik-Beauftragten, Hotlines und elektronischen Hinweisgebersystemen. Somit soll das kritisch-konstruktive Potenzial von Whistleblowern frühzeitig und systematisch Beachtung finden. Zugleich tragen Arbeitgeber damit dem Fürsorgegedanken Rechnung, da sie Mitarbeiter vor moralischer Überforderung und tragischem Heldentum bewahren können.

Unterrichtsplanung und -verlauf

Bildungsgehalt und Kompetenzentwicklung. Zum Kern ökonomischer Bildung zählt die Kompetenz, Konflikte perspektivisch und ethisch zu beurteilen. Auch ist die (wirtschafts-)ethisch fundierte Lösung von Konflikten entscheidend, etwa durch Individuen, Verbände und institutionelle Arrangements (vgl. Retzmann 2011: 16 f.). Zielsetzung dieses Unterrichtsbausteins ist, Schülerinnen und Schüler zu motivieren und zu befähigen, sich mit dem komplexen Phänomen Whistleblowing kritisch auseinanderzusetzen. Ziel ist indes nicht, Whistleblowing als einen Königsweg zu modellieren. Zunächst geht es um Maßstäbe für verantwortungsvolles Whistleblowing – in Abgrenzung zu verantwortungslosem Verrat. Doch sollte deutlich werden, dass selbst gut begründetes (externes) Whistleblowing meist viele Verlierer hinterlässt. Wichtig sind daher ‚Orte' der Ethik, die eine Vermeidung bzw. Deeskalation von Eklats ermöglichen. So können durch diesen Unterrichtsbaustein vor allem folgende Fähigkeiten gefördert werden:

- *Ökonomische Fachkompetenz*: etwa durch die Reflexion der wirtschaftlichen Konsequenzen von kriminellen Handlungen sowie der ökonomischen Folgen von Whistleblowing.
- *Werte- und Handlungskompetenz*: zum Beispiel Sensibilität, Fähigkeit zum Perspektivwechsel sowie zur rationalen Argumentation und Güterabwägung, Kompetenz gut begründete Entscheidungen zu treffen.
- *Medien- und Sprachkompetenz*: beispielsweise durch Hinzuziehung von (englischsprachigen) Fachbüchern und -zeitschriften sowie zielorientierte Internet-Recherche.
- *Sozial- und kommunikative Kompetenz*: insbesondere in den Phasen der Gruppenarbeit, des Praxiskontakts und des Rollenspiels.

Lernvoraussetzungen. Im Bereich der Ökonomik sind (geringe) Vorkenntnisse bei Schülerinnen und Schülern über marktwirtschaftliche Zusammenhänge erforderlich. Nützlich sind Grundkenntnisse über die gesellschaftliche Rolle von Medien und Nichtregierungsorganisationen. Auch Grundlagenwissen im Arbeits- und Betriebsverfassungsrecht (zum Beispiel über die Aufgaben eines Betriebsrats) ist hilfreich. *Individual-* und *Kollektivarbeitsrecht* sind meist curriculare Bestandteile ökonomischer Bildung. Das Thema ‚Whistleblowing' kann hier anknüpfen und als Anwendungsfall für erworbene Kenntnisse dienen. Günstig sind nicht zuletzt auch Basiskenntnisse ethischer Argumentationsansätze, etwa bezüglich der Tugendethik sowie der Pflicht- und Folgenethik.

Curriculare Einbindung. Wirtschafts- und unternehmensethische Inhalte finden sich in vielen Bildungsplänen. So etwa in Schleswig-Holstein (Wirtschaftsethik in der Klassenstufe 11 an Gymnasien, innerhalb des Fachs Wirtschaftsphilosophie) sowie in Bayern (Diskussion wirtschaftsethischer Fragen im Rahmen der Sozialkunde in Jahrgangsstufe 12 an Berufs[fach]schulen). Das Thema Whistleblowing kann vor allem dort integriert werden, wo es um die (oft vernachlässigte) Individualethik in der Marktwirtschaft geht. So sollen laut Lehrplänen der Freien und Hansestadt Hamburg in der gymnasialen Oberstufe ökonomische Menschenbilder reflektiert werden. Die Vermittlung dieser Inhalte am Beispiel des Whistleblowing kann in vier Unterrichtsphasen gegliedert werden, die im Folgenden skizziert werden.

UNTERRICHTSPHASE 1. Das Thema ‚Whistleblowing' ist für Schülerinnen und Schüler ein eher fremdes Terrain. Einführend sollten ihnen daher Grundlageninformationen vermittelt werden; dies etwa unter Hinzuziehung prominent gewordener Fälle aus den USA und aus Deutschland **[M 1]**. Weiterhin können einschlägige deutsche Rechtsnormen (etwa Artikel 4 und 5 Grundgesetz, § 17 Arbeitsschutzgesetz) besprochen werden. Um zunächst Distanz zu dem heiklen Thema zu wahren, sollten Schülerinnen und Schüler die Perspektive *neutraler Beobachter* einnehmen. Nicht zuletzt sollte ein etwaiger *Praxiskontakt* **[M 2]** nun bereits vorbereitet werden, da dies meist zeitaufwändig ist.

UNTERRICHTSPHASE 2. Die Vertiefung des Themas sollte zunehmend reflexive Elemente einbeziehen. Sinnvoll kann sein, Vorkenntnisse der Schülerinnen und Schüler aus anderen Kontexten zu aktivieren **[M 3, M 4]**. Zudem sollte Motivation geweckt werden, sich Probleme bzw. Alternativen bei Whistleblowing-Fällen selbstständig zu erschließen, etwa anhand der *‚Orte' der Ethik* in der Marktwirtschaft **[M 5]** sowie elektronischer *Hinweisgebersysteme* **[M 6]**. Verbunden hiermit ist ein Perspektivenwechsel hin zu Unternehmensverbänden, staatlichen Akteuren, Nichtregierungsorganisationen et cetera. Dies kann durch Literatur- und Internet-Recherchen sowie durch den *Praxiskontakt* vertieft werden.

UNTERRICHTSPHASE 3. In diesem Stadium kann ein Rollenspiel **[M 7]** in den Blick genommen werden. Hier treten ‚Orte' der Ethik in Form konkreter Personen (etwa Ombudsleute und Ethikbeauftragte) in Erscheinung. Im Rollenspiel verlassen die Schülerinnen und Schüler vollends die Beobachter-Perspektive. Sie werden nun vor allem als *maßgebliche Akteure, unmittelbar betroffene Adressaten* und *intervenierende Bürger* angesprochen. Dabei sollte unter anderem erkannt werden,

- dass nicht alle *Themenkarten* des Rollenspiels legitime Whistleblowing-Konstellationen beinhalten (vgl. etwa Fallsituation 6), dass Unternehmen sowohl Verursacher (zum Beispiel Fallsituation 2) als auch Opfer (zum Beispiel Fallsituation 10) von Missständen sein können und dass sowohl unternehmensinterne (etwa bei Fallsituation 9) als auch unternehmensexterne Missstände (etwa bei Fallsituation 1) zu verhandeln sind und
- dass *externes Whistleblowing* einerseits Chancen einer Streitschlichtung bietet (etwa mittels einer Ombudsperson), andererseits aber Risiken einer unkontrollierbaren Konflikteskalation birgt (wenn etwa Missstände einem Sensationsreporter bekannt werden).

UNTERRICHTSPHASE 4. Sie dient der abschließenden Reflexion und Festigung des Lernerfolgs. So sollten Praxiskontakt bzw. Rollenspiel im Unterrichtsplenum nachbereitet werden. Hierbei können zum einen *formale* Aspekte beleuchtet werden, etwa:

- Inwieweit waren die Rahmenumstände des Gesprächs/Kontakts angemessen?
- War dabei die Atmosphäre eher kooperativ oder konfrontativ?
- Herrschte eher Sachlichkeit oder eher Emotionalität vor?

Zum anderen sollten Praxiskontakt bzw. Rollenspiel inhaltlich reflektiert werden, beispielsweise anhand folgender Fragestellungen:

- Wo war der thematische Fokus des Gesprächs/Kontakts?
- Welche Punkte wurden angesprochen, was wurde ausgeklammert?
- Inwieweit waren Gesprächsverlauf und -ergebnis für die Beteiligten zufriedenstellend?

Perspektiven zur Diskussion weiterer ‚Orte' der Ethik sind offenkundig, um frühzeitig Missstände, Skandale und tragisches Heldentum zu vermeiden. Beispiele hierfür sind Fragen der Unternehmenskultur und der Corporate Governance. Und nicht zuletzt kann die Fortentwicklung der Rahmenordnung für Whistleblowing diskutiert werden – etwa auf Basis aktueller Entwicklungen in der Europäischen Union.

Literatur

Bultmann, Antje (1997): Auf der Abschußliste: wie kritische Wissenschaftler mundtot gemacht werden sollen. München.

Deiseroth, Dieter (2004): Zivilcourage am Arbeitsplatz – „Whistleblowing". In: Meyer, Gerd et al. (Hrsg.): Zivilcourage lernen. Bonn, S. 124-135.

Deiseroth, Dieter/Falter, Annegret (2002): Zivilcourage im BSE-Skandal – und die Folgen. Berlin.

Faust, Thomas (2008): Verwaltungsethik in der Praxis – „Harte" und „weiche" Gesichtspunkte. In: Zeitschrift für Wirtschafts- und Unternehmensethik. Nr. 2/2008, S. 244-262.

Leisinger, Klaus M. (2008): Whistle blowing: Zum konstruktiven Umgang mit Kritik, die „von innen" kommt. In: Löhr, Albert/ Burkatzki, Eckhardt (Hrsg.): Wirtschaftskriminalität und Ethik. München und Mering, S. 171-186.

Matthiesen, Kai H. (1996): Das darf doch nicht wahr sein! Wertkonflikte im Unternehmen. In: Ulrich, Peter et al. (Hrsg.): Ethik in Wirtschaft und Gesellschaft. Aarau, S. 253-257.

Miceli, Marcia P./Near, Janet P. (1991): Whistle-Blowing as an Organizational Process. In: Bacharach, Samuel B. (Hrsg.): Research in the Sociology of Organizations. Vol. 9. Greenwich, S. 139-200.

Retzmann, Thomas (2006): Didaktik der berufsmoralischen Bildung in Wirtschaft und Verwaltung. Eine fachdidaktische Studie zur Innovation der kaufmännischen Berufsbildung. Norderstedt.

Retzmann, Thomas (2011): Kompetenzen und Standards der ökonomischen Bildung. In: Aus Politik und Zeitgeschichte. Nr. 12/2011, S. 15-21.

Salg, Björn (2008): Whistle-Blowing. In: Forum Wirtschaftsethik. Nr. 2/2008, S. 53-54.

Zimmerli, Walther C./Aßländer, Michael S. (1996): Whistle-blowing. In: Gablers Magazin. Nr. 1/1996, S. 42-43.

M 1 *Relevanz des Whistleblowing: Fälle aus den USA und aus Deutschland* Seite 1

Die ersten beiden Texte skizzieren bekannte Whistleblowing-Fälle aus den USA. Seinerzeit erregten sie erhebliches öffentliches Aufsehen. Der Fall 2 wurde 1983 verfilmt mit Meryl Streep in der Titelrolle der Karen Silkwood. All dies trug dazu bei, dass die USA mittlerweile auf eine gewisse Whistleblowing-Tradition zurückblicken können. – Die Texte 3 und 4 umreißen aktuellere Whistleblowing-Fälle aus Deutschland, die ebenfalls zu öffentlichen Eklats führten. So sorgten unter anderem diese Fälle dafür, dass Whistleblowing nun auch hierzulande vermehrt diskutiert wird.

Arbeitsaufträge:

1. Um welche Risiken und Missstände geht es in den vier Fällen?
2. Beschreiben Sie, wie das Umfeld der Whistleblower aussieht.
3. In welchem moralischen Dilemma befinden sich die Whistleblower jeweils?
4. Welche Aufsichts-/Kontrollinstanzen sind in Deutschland bei diesen Problemfeldern zuständig?

Fall 1: Frank Camps

Frank Camps war Ende der 1960er Jahre als Ingenieur bei der Ford Motor Company (USA) beschäftigt. Bei Entwicklung des Modells ‚Pinto' entdeckte Camps gravierende Sicherheitsprobleme an der Tank-Konstruktion. Doch mit seinen Bedenken fand Camps weder bei Kollegen noch bei Vorgesetzten Gehör. Sie wiesen ihn auf Wirtschaftlichkeitserfordernisse hin, die gerade in dem umkämpften Kleinwagen-Segment entscheidend seien.

Daraufhin entschloss sich Frank Camps, schriftliche Eingaben an die Unternehmensleitung zu machen. Hierin wies er insbesondere auf Haftungsrisiken für Ford und für sich selbst hin. Auch damit hatte Camps keinen Erfolg. Vielmehr wurde ihm mit Degradierung und Versetzung gedroht. Inoffiziell hieß es gar, dass es rentabler sei, etwaige Entschädigungen an Unfallopfer zu zahlen, als eine Konstruktionsänderung am ‚Pinto' vorzunehmen.

Schon bald nach Auslieferung des neuen ‚Pinto' ereigneten sich schwere Unfälle. Bei an sich harmlosen Auffahrkollisionen wurden Insassen bei Bränden und Tank-Explosionen verletzt, andere sogar getötet. In der Folge wurden Gerichtsverfahren gegen die Ford Motor Company eingeleitet, und das Unternehmen musste mehrere Millionen Dollar Schadenersatz leisten. Zudem wurden strafrechtliche Verfahren gegen Verantwortliche der Ford Motor Company initiiert. Zwar endeten diese Gerichtsverfahren mit Freisprüchen. Doch insgesamt war die Reputation der Ford Motor Company für lange Zeit erheblich beschädigt.

Quelle: Vgl. Bultmann, Antje (1997): Auf der Abschußliste: wie kritische Wissenschaftler mundtot gemacht werden sollen. München, S. 288 f.

Fall 2: Karen Silkwood

Karen Silkwood war als Chemietechnikerin in einer Plutonium-Aufbereitungsanlage der Kerr-McGee Corporation in Oklahoma (USA) beschäftigt. Das Schwermetall Plutonium gilt als hochgiftig und krebserregend. Im September 1974 sagte Silkwood bei der US Atomic Energy Commission aus. Dabei berichtete sie über mögliche Verletzungen von Sicherheitsvorschriften bei Kerr-McGee sowie über Kontaminationen von Beschäftigten mit Plutonium.

Ermutigt von ihrer Gewerkschaft sammelte Karen Silkwood in der Folgezeit Beweise für Verfehlungen von Kerr-McGee. Doch am 13.11.1974 kam Silkwood bei einem mysteriösen Verkehrsunfall ums Leben. Sie war offenbar gerade auf dem Weg zu einem Reporter, um ihm Beweismaterial über Missstände bei Kerr-McGee zu übergeben. Der Tod von Karen Silkwood rief in der US-amerikanischen Öffentlichkeit Bestürzung hervor. Er wurde insbesondere von Gewerkschaften und Anti-Atomkraftorganisationen aufgegriffen. Diese äußerten den Verdacht, Silkwood sei das Opfer eines Anschlags geworden.

Im Jahr 1975 schloss Kerr-McGee seine Plutonium-Aufbereitungsanlage in Oklahoma. Nach einem jahrelangen Gerichtsverfahren erhielt die Familie Silkwood eine hohe Entschädigungssumme. Kerr-McGee bestritt jedoch bis zuletzt eine Verantwortung am Tod von Karen Silkwood. Nicht zuletzt führte der Fall Silkwood zu einer erheblichen Verschärfung von Sicherheitsbestimmungen in der Atomwirtschaft.

Quelle: Vgl. Bultmann, Antje (1997): Auf der Abschußliste: wie kritische Wissenschaftler mundtot gemacht werden sollen. München, S. 289 f.

M 1 *Relevanz des Whistleblowing: Fälle aus den USA und aus Deutschland* Seite 2

Fall 3: Erwin Bixler

Erwin Bixler war lange Jahre als Revisor im Arbeitsamt Saarbrücken tätig. Er entdeckte bereits in den 1990er Jahren, dass die Vermittlungsstatistiken der Bundesanstalt für Arbeit (BA) nicht korrekt waren. So gab es im Jahr 1998 in Deutschland knapp vier Mio. Arbeitslose. Die BA behauptete dennoch, mehr als drei Mio. Arbeitsplätze pro Jahr aktiv zu vermitteln. Viele Verantwortliche der BA wussten anscheinend von diesen Ungereimtheiten, ohne aber offen Kritik zu äußern.

Nachdem seine internen Beanstandungen jahrelang unbeachtet geblieben waren, wandte Erwin Bixler sich Ende 2001 zunächst an das Bundeskanzleramt, Anfang 2002 dann an seinen obersten Dienstherrn, den damaligen Bundesarbeitsminister Riester. In seinen Briefen belegte Bixler, dass die BA durch fingierte Geschäftsvorgänge (‚fiktive Stellenangebote') ihre Erfolgsstatistiken jahrelang aufgebläht hatte.

Durch eine undichte Stelle gelangte Erwin Bixlers Name in die Medien. So rückte er neben dem eigentlichen Skandal als unfreiwilliger Held in den Mittelpunkt, denn eigentlich hatte er ja nur der Regierung einen Gefallen tun wollen. Bixler sah sich schließlich sogar genötigt, eine improvisierte Pressekonferenz zu geben.

Durch diesen Medienrummel wurde Erwin Bixler aus der Bahn geworfen, so dass er mehrere Monate erkrankte. Als er in das Arbeitsamt zurückkehrte, begann für ihn ein Spießrutenlauf. Zunächst wurde Bixler in einen Bereich versetzt, der ihm nicht lag. Und plötzlich wurden seine Dienstbeurteilungen schlecht, die Erhöhungen seiner Bezüge fielen geringer aus.

Dem Druck und Mobbing hielt Erwin Bixler nicht lange stand. Mit 50 Jahren wurde er in den Vorruhestand versetzt. Seine Aktion habe sich dennoch gelohnt, sagte er, denn jetzt sei er mit seinem Gewissen im Reinen. Bixlers Intervention führte zum Rücktritt des damaligen BA-Präsidenten Jagoda sowie zu einem grundlegenden organisatorischen Umbau der BA.

Quellen: Norddeutscher Rundfunk/Südwestrundfunk.

Fall 4: Margrit Herbst

Margrit Herbst war als Amtstierärztin im Schlachthof Bad Bramstedt (Schleswig-Holstein) tätig. Im August 1990 stellte sie an Schlachtrindern Symptome fest, die nach ihrer Ansicht auf BSE (‚Rinderwahn') hindeuteten. Sie meldete dies ihren Vorgesetzten beim Fleischhygieneamt. Diese gingen jedoch über ihre Bedenken hinweg und gaben das fragliche Rindfleisch für den Handel frei.

In der Folge ließ Margrit Herbst Rinder-Gewebeteile von einem Labor untersuchen. Doch eine sichere BSE-Diagnose war nicht möglich, da dies ein spezielles Schlachtverfahren erfordert hätte. Anfang 1992 fand ein Gespräch zwischen Herbst und dem Landrat als ihrem Dienstvorgesetzten statt. Er lobte ihr Engagement und bot an, Herbst könne sich künftig in BSE-Verdachtsfällen direkt an ihn wenden.

Danach jedoch wurde Margrit Herbst kaum noch in der Tieruntersuchung, sondern in körperlich schweren, tierarztfremden Aufgabenfeldern eingesetzt. Aufgrund ihrer psychischen und physischen Belastungen erkrankte sie mehrfach. Doch ihr Gewissen ließ ihr keine Ruhe, und im April 1994 wies Herbst in einem Interview erneut auf Gefahren durch BSE-verdächtiges Fleisch hin. Daraufhin erhielt sie eine schriftliche Abmahnung ihres Arbeitgebers. Ein Rundfunksender berichtete im Juli 1994 über die Vorwürfe von Margrit Herbst. Das zuständige Landwirtschaftsministerium kündigte daraufhin eine Prüfung der Angelegenheit an. Doch blieb das Schlachtverfahren unverändert, so dass weiterhin kein gesicherter BSE-Test möglich war.

Im November 1994 äußerte Margrit Herbst in einem Fernsehinterview Bedenken bezüglich 21 konkreter BSE-Verdachtsfälle. Kurz danach erhielt sie von ihrem Arbeitgeber eine fristlose Kündigung. Daraufhin erhob Herbst Kündigungsschutzklage. Diese hatte jedoch weder in der ersten noch in der zweiten Instanz Erfolg. Zur Begründung führten die Richter aus, Herbst habe ihre Verschwiegenheitspflicht über Vorgänge an ihrem Arbeitsplatz ohne zwingenden Grund verletzt. Sie sei ohne hinreichende interne Aufklärung der Verdachtsfälle an die Öffentlichkeit getreten – obwohl der Landrat ihr Unterstützung zugesichert habe. Durch ihre öffentlichen Äußerungen habe Herbst zudem die wirtschaftliche Existenz des Schlachthofs Bad Bramstedt gefährdet. Deshalb sei dem Arbeitgeber eine Fortsetzung des Arbeitsverhältnisses unzumutbar.

So wurde Margrit Herbst mit 54 Jahren arbeitslos und fand keinen neuen Arbeitsplatz mehr. Einige Jahre später ging sie in den Vorruhestand. Heute ist weitgehend unumstritten, dass Margrit Herbst einen wichtigen Beitrag geleistet hat, Schwächen der BSE-Kontrollen in Deutschland aufzudecken.

Quelle: Vgl. Deiseroth, Dieter/Falter, Annegret (2002): Zivilcourage im BSE-Skandal – und die Folgen. Berlin.

M 2 *Whistleblowing im World Wide Web: ein Wegweiser*

Die Websites folgender Akteure stellen Fachinformationen zum Thema ‚Whistleblowing' zur Verfügung:

- **Staatliche Rahmenordnung: zum Beispiel Bundesbeauftragter für den Datenschutz, Innenministerium Nordrhein-Westfalen, Landesbeauftragter für den Datenschutz Brandenburg.**
- **Netzwerke und Nichtregierungsorganisationen (NRO): zum Beispiel csr-news, Deutsches Netzwerk Wirtschaftsethik, Fairness Stiftung, Transparency International, Whistleblower Netzwerk, Whistleblowerinfo.**
- **(Wirtschafts-)Presse: zum Beispiel Business Week, Financial Times, Frankfurter Allgemeine Zeitung, Handelsblatt, Manager Magazin, Neue Zürcher Zeitung, Süddeutsche Zeitung, Wirtschaftswoche.**
- **Unternehmensberatungsfirmen: zum Beispiel Booz Allen Hamilton, Deloitte, Ernst & Young, KPMG, Pricewaterhouse-Coopers, Steria Mummert.**
- **Arbeitnehmernahe Institutionen: zum Beispiel Deutscher Gewerkschaftsbund, Hans-Böckler-Stiftung, Industriegewerkschaft Bergbau-Chemie-Energie, Vereinte Dienstleistungsgewerkschaft.**
- **Wirtschafts-/Arbeitgebernahe Institutionen: zum Beispiel Bundesverband der Deutschen Industrie, Ethikverband der Deutschen Wirtschaft, Internationale Handelskammer.**
- **Ombudsleute und Vertrauensanwälte: zum Beispiel Dr. R. Buchert (Frankfurt am Main), Dr. J. Kemper (Berlin), Dr. T. Rudolph (Nürnberg), A. Vahl (Steinbach/Taunus).**
- **Elektronische Hinweisgebersysteme: zum Beispiel Business Keeper, Monitoring System, CaseBox System, CompCor Hinweisgebersystem, Deutsche Bahn, Landeskriminalamt Niedersachsen, Siemens.**

Diese Informationen können bei Bearbeitung der folgenden Unterrichtsmaterialien hilfreich sein. Ebenfalls über diese Websites kann gegebenenfalls ein entsprechender *Praxiskontakt* angefragt werden.

Notizen:

M 3 *(Gewissens-)Konflikte: zwischen Anpassung und Widerstand*

Denken Sie an die behandelten Themen Ihres Deutsch-, Politik- beziehungsweise Sozialkundeunterrichts. Benennen Sie aus diesen Themenfeldern zwei ‚Gewissenstäter', die Widerstand gegen Unrecht, Willkür und Missstände leisteten/leisten.

Arbeitsaufträge:

1. Worum geht es bei diesen (Gewissens-)Konflikten jeweils?
2. Wie reagiert das Umfeld jeweils auf diese Konflikte?
3. Inwieweit versuchen die Widerständler, das Umfeld in eine Konfliktlösung einzubeziehen?
4. Inwiefern wären andere, bessere Wege der Konfliktlösung möglich gewesen?

Notizen:

M 4 *Legitim oder illegitim? Whistleblowing in der Kontroverse*

Die korrekte Übersetzung beziehungsweise Übertragung des englischen ‚Whistleblowing' ins Deutsche ist strittig. Zudem ist der Begriff unterschiedlich konnotiert und ein Gegenstand von Kontroversen.

Arbeitsaufträge:

1. Geben Sie neun Übersetzungen bzw. Umschreibungen von ‚Whistleblowing' (je drei positiv, wertneutral bzw. negativ konnotierte Begriffe).

Diese Übersetzung/Umschreibung des Begriffs ‚Whistleblowing' …		
… beinhaltet eine positive Wertung	*… ist wertneutral*	*… beinhaltet eine negative Wertung*
a)	a)	a)
b)	b)	b)
c)	c)	c)

2. Was sind Maßstäbe und Kriterien für verantwortliches, legitimes Whistleblowing? Und was sind Maßstäbe und Kriterien für unverantwortliches, illegitimes Whistleblowing?

Verantwortliches, legitimes Whistleblowing zeichnet sich aus durch:	**Unverantwortliches, illegitimes Whistleblowing zeichnet sich aus durch:**
a)	a)
b)	b)
c)	c)

3. Verdeutlichen Sie diese Maßstäbe und Kriterien jeweils an einem Beispielfall.

Beispielfall für verantwortliches, legitimes Whistleblowing:	**Beispielfall für unverantwortliches, illegitimes Whistleblowing:**

M 5 *‚Orte' der Ethik: Ideen für einen Praxiskontakt*

Zunächst sind Mitarbeiter und deren Unternehmen meist die Hauptakteure bei Whistleblowing-Fällen. Doch oft sind es andere ‚Orte' der Ethik, wo eine Deeskalation und Schlichtung solch heikler Fälle erreicht werden kann. Informieren Sie sich zunächst allgemein über die Funktionen folgender ‚Orte' innerhalb der Marktwirtschaft:

- Staatliche Rahmenordnung (zum Beispiel Bundes- und Landesbehörden)
- Arbeitnehmernahe Institutionen (zum Beispiel Gewerkschaften)
- Arbeitgebernahe Institutionen (zum Beispiel Wirtschaftsverbände)
- Unternehmensexterne Ombudspersonen
- Nichtregierungsorganisationen (zum Beispiel Whistleblower-Netzwerke)
- (Wirtschafts-)Presse
- Unternehmensberatungen.

Arbeitsaufträge:

1. Welche Informationen und Services stellen diese ‚Orte' (unter anderem im Internet) jeweils zum Thema ‚Whistleblowing' zur Verfügung?
2. Wie beurteilen Sie diese Informationen und Services jeweils?
3. Inwieweit wird hier eine Deeskalation bei Whistleblowing-Fällen angestrebt?
4. Klären Sie Details gegebenenfalls mittels eines Praxiskontakts. Beachten Sie dabei, dass ‚Whistleblowing' ein sensibles Thema ist. Bereiten Sie einen Fragebogen vor, der gegebenenfalls vorab dem Kontaktpartner zur Verfügung gestellt wird. Der Fragebogen kann zum Beispiel wie folgt strukturiert werden:

Frage	Antwort
Was versteht Ihre Institution unter dem Begriff ‚Whistleblowing'?	
Wie beurteilen Sie grundsätzlich die Whistleblowing-Thematik?	
Wie wurde Ihre Organisation auf Whistleblowing aufmerksam?	
Wie wird sich nach Ihrer Meinung das Thema Whistleblowing künftig weiterentwickeln?	
...	

M 6 *Whistleblowing 2.0: elektronische Hinweisgebersysteme*

Aktuell sind viele Unternehmen damit befasst, Internet-gestützte Hinweisgebersysteme einzuführen. Und auch die erstellenden Software-Firmen präsentieren ihre elektronischen Hinweisgebersysteme im World Wide Web.

Arbeitsaufträge:

1. Welche Informationen und Services stellen nutzende Unternehmen zu solchen Hinweisgebersystemen zur Verfügung?
2. Welche Informationen liefern die Software-Firmen zu ihren elektronischen Hinweisgebersystemen?
3. Wo sehen Sie die Stärken, wo die Schwächen von elektronischen Hinweisgebersystemen? Bitte begründen Sie.

Notizen:

M 7.1 *Whistleblowing – ein strukturiertes Rollenspiel. Baukasten*

Der folgende Rollenspiel-Baukasten enthält zwölf Fallsituationen und skizziert die Situation von sechs Whistleblowern. Rollenspiele können auf zwei Stufen – mit jeweils acht potenziellen Adressaten – durchgeführt werden:

- zunächst **Stufe 1** (unternehmens*internes* Whistleblowing) und
- danach **Stufe 2** (unternehmens*externes* Whistleblowing).

Somit ist es möglich, eine Vielzahl unterschiedlicher Spielsituationen zu ‚basteln'.
Zur Vorbereitung kann es sinnvoll sein, fall- beziehungsweise rollenspezifische Argumente und Hintergrundinformationen zu sammeln. Hierzu sei auf die ‚Orte' der Ethik und entsprechende Literatur- und Internet-Recherchen verwiesen.

Fallsituationen:

1) Bei der Produktion von Batterien tritt unentdeckt eine übel riechende Flüssigkeit aus, die in einen nahegelegenen See fließt.	**2)** Bei der Herstellung von Babynahrung werden heimlich Zutaten verwendet, deren Haltbarkeitsdatum überschritten ist.
3) Durch allgemeines Missmanagement droht einer Privatbank ein Konkurs, was 500 Arbeitsplätze zunichte machen würde.	**4)** Ein Großkraftwerk befindet sich im Stadium erster Vorplanungen. Es wird eventuell stark umweltbelastende Emissionen verursachen.
5) Von einer Fleischwarenfabrik werden die kontrollierenden Veterinärbeamten regelmäßig in Luxusrestaurants eingeladen.	**6)** Dem sehr geselligen, im Kollegenkreis beliebten Paul Party (57 Jahre) wird vom Unternehmen der Arbeitsvertrag gekündigt.
7) In einem indischen Zweigbetrieb werden Jugendliche zu einem Arbeitslohn von umgerechnet 10 Euro pro Monat beschäftigt.	**8)** Eine Telekommunikationsfirma verkauft stillschweigend ihre Kundendaten an diverse Marketingagenturen.
9) In einer Stahlgießerei werden seit mehreren Jahren die einschlägigen Arbeitsschutzvorschriften missachtet.	**10)** In einer Kundendienstabteilung hat es sich allgemein eingebürgert, ‚frisierte' Abrechnungen bei der Reisekostenstelle einzureichen.
11) In einem Supermarkt erhält ‚abgelaufener' Fisch heimlich ein neues Haltbarkeitsdatum. Dann wird er wieder zum Verkauf ausgelegt.	**12)** Bei einem Textileinzelhändler werden Fußballtrikots mit Markenlogos verkauft, die vom Hersteller nicht autorisiert wurden (Plagiate).

Whistleblower:

Anne Ahlers, Auszubildende 19 Jahre, Single, seit 6 Monaten im Unternehmen. Anne will nach ihrer Ausbildung auf jeden Fall noch ein Jura-Studium anhängen.	**Boris Brink, Controller** 27 Jahre, Single, seit 1 Jahr im Unternehmen. Boris ist dynamisch und flexibel sowie leistungs- und karriereorientiert.
Curt Cordes, Werkschutzmitarbeiter 30 Jahre, verheiratet, seit 2 Jahren im Unternehmen. Curts großer Traum ist eine Karriere als Stuntman in Hollywood.	**Dora Dietz, Raumpflegerin** 38 Jahre, alleinerziehend, seit 3 Jahren im Unternehmen. Dora ist eigentlich gelernte Krankenschwester.
Erik Ermert, Diplom-Ingenieur 46 Jahre, verheiratet, seit 11 Jahren im Unternehmen. Erik hat mit seiner Familie gerade ein neues Eigenheim bezogen.	**Frauke Fischer, Bilanzbuchhalterin** 61 Jahre, verwitwet, seit 23 Jahren im Unternehmen. Frauke hat die feste Zusage, demnächst in den Vorruhestand gehen zu können.

M 7.2 *Whistleblowing – ein strukturiertes Rollenspiel. Stufe 1* Seite 1

Fragen für eine Diskussion im Unterrichtsplenum:

1. Beurteilen Sie zunächst die berufliche und persönliche Situation der Whistleblower anhand der Rollenkarten. Was ist förderlich (beziehungsweise hinderlich) bezüglich eines sachkundigen, couragierten Whistleblowing?
2. Beurteilen Sie dann die berufliche und persönliche Situation der *unternehmensinternen* Whistleblowing-Adressaten. Was ist förderlich (beziehungsweise hinderlich) bezüglich einer Unterstützung des Whistleblowers?
3. Welcher Whistleblowing-Adressat eignet sich am ehesten bei welcher Fallsituation?

Stufe 1 – Unternehmensinterne Whistleblowing-Adressaten:

ROLLENKARTE

Grit Gehrke, Betriebsratsmitglied

35 Jahre, verheiratet, seit 5 Jahren im Unternehmen. Grit ist seit 1 Monat Mitglied im Betriebsrat. Sie hat sich für ein entsprechendes Einführungsseminar bei ihrer Gewerkschaft angemeldet.

ROLLENKARTE

Heike Henschel, Arbeitskollegin

29 Jahre, Single, seit 3 Jahren im Unternehmen. Heike war schon als Jugendliche politisch interessiert. Sie ist in einer Bürgerinitiative aktiv, die den Bau einer neuen Autobahn verhindern will.

ROLLENKARTE

Ingo Illmann, Ethik-Beauftragter

59 Jahre, verwitwet, seit 31 Jahren im Unternehmen. Ingo sind schon viele Missstände zu Ohren gekommen, und so hat er mit dem Chef noch ‚ein Hühnchen zu rupfen'.

ROLLENKARTE

Jutta Jansen, Abteilungsleiterin

48 Jahre, verheiratet, seit 10 Jahren im Unternehmen. Jutta gilt in ihrem Job als Fachexpertin. Ihre Abteilung steht wegen Rationalisierungserfordernissen ‚auf der Kippe'.

M 7.2 ***Whistleblowing – ein strukturiertes Rollenspiel. Stufe 1*** Seite 2

Stufe 1 – Unternehmensinterne Whistleblowing-Adressaten:

ROLLENKARTE

Klaus Kunz, Hauptabteilungsleiter

44 Jahre, geschieden, seit 27 Jahren im Unternehmen. Klaus hat als Auszubildender im Unternehmen angefangen und hat gute Aussichten, bald zum Geschäftsführer aufzusteigen.

ROLLENKARTE

Leo Lemke, Geschäftsführer

64 Jahre, verheiratet, seit 30 Jahren im Unternehmen. Leo vertraut auf sein Führungspersonal, das er selbst ausgewählt hat. Er ist oft auf Geschäftsreisen im Ausland unterwegs.

ROLLENKARTE

Max Michel, Auszubildender

20 Jahre, Single, seit 2 Jahren im Unternehmen. Max hat gute Aussichten, nach der Ausbildung übernommen zu werden. Er ist Mitglied der Jugend- und Auszubildendenvertretung (JAV).

ROLLENKARTE

Nora Neuner, Technische Revisorin

37 Jahre, verheiratet, seit 4 Jahren im Unternehmen. Nora ist Physikerin und hat zu einem Umweltschutz-Thema promoviert. Sie ist eine leidenschaftliche Hobbygärtnerin.

M 7.3 *Whistleblowing – ein strukturiertes Rollenspiel. Stufe 2* Seite 1

Fragen für eine Diskussion im Unterrichtsplenum:

1. Beurteilen Sie zunächst die Argumente, die während des Stufe 1-Rollenspiels angeführt wurden. Was hiervon hat Sie überzeugt? Was hat Sie weniger überzeugt?
2. Welche Fälle sollten im Rahmen eines unternehmens*externen* Whistleblowing behandelt werden (Stufe 2)? Bitte begründen Sie Ihre Ansicht.
3. Beurteilen Sie anhand der Rollenkarten die berufliche und persönliche Situation der *unternehmensexternen* Whistleblowing-Adressaten. Was ist förderlich (beziehungsweise hinderlich) bezüglich einer Unterstützung des Whistleblowers?
4. Welcher Whistleblowing-Adressat eignet sich am ehesten bei welcher Fallsituation?

Stufe 2 – Unternehmensexterne Whistleblowing-Adressaten:

ROLLENKARTE

Olga Ohm, Vorstand von ‚Whistleblower e.V.'

34 Jahre, Single. Olga ist sehr resolut, ihr wurde in einem früheren Arbeitsverhältnis verhaltensbedingt gekündigt. ‚Whistleblower e.V.' hat gute Kontakte zu einflussreichen Persönlichkeiten.

ROLLENKARTE

Peter Pohl, Rechtsanwalt und Ombudsperson

36 Jahre, alleinerziehend. Peter ist mit dem Whistleblowing-Thema gut vertraut, da er in den USA studiert hat. Unternehmensmissstände ziehen dort oft hohen Schadenersatz nach sich.

ROLLENKARTE

Quentin Quandt, Kriminalkommissar

58 Jahre, verheiratet. Quentin ist natürlich auf der Seite des Gesetzes, will aber unnötigen Ärger vermeiden. Und überhaupt: Die Polizei ist nicht für Ethik und Moral zuständig!

ROLLENKARTE

Regina Reuter, Landtagspolitikerin

53 Jahre, verheiratet. Ein Whistleblower-Schutzgesetz ist in Planung; es wird in ihrer Fraktion jedoch kontrovers diskutiert. Regina rückt ihren Wahlkreis immer gern in ein gutes Licht.

M 7.3 *Whistleblowing – ein strukturiertes Rollenspiel. Stufe 2* Seite 2

Stufe 2 – Unternehmensexterne Whistleblowing-Adressaten:

ROLLENKARTE

Stefan Sass, Gewerbeaufsichtsbeamter

40 Jahre, verheiratet. Dem Gewerbeaufsichtsamt wurden kürzlich drei Planstellen gestrichen. Stefan und seine Kollegen wollen diesen Engpass irgendwie wettmachen.

ROLLENKARTE

Tina Till, Angestellte der Verbraucherzentrale

27 Jahre, Single. Tina ist ausgebildete chemisch-technische Assistentin, und sie war bis vor kurzem arbeitslos. Nun ist sie froh, eine befristete Teilzeitstelle zu haben.

ROLLENKARTE

Ulla Unger, Reporterin der ‚Kreis-Gazette'

42 Jahre, alleinerziehend. Die ‚Kreis-Gazette' ist seit Jahren in wirtschaftlichen Schwierigkeiten. So ist Ulla täglich auf der Suche nach guten Storys, die neue Leser ansprechen.

ROLLENKARTE

Viktor Vogt, Betreiber eines Internet-Forums

21 Jahre, Single. Viktor versteht sich als kritischer, politisch engagierter Bürger.
Aber er will gleichzeitig sein Forum von ‚shit storms' und Denunziationen frei halten.

Franziska Birke

Corporate Social Responsibility: Sollen Unternehmen Umwelt- und Sozialstandards gewährleisten?

Möglichkeiten und Grenzen ethischen Engagements von Unternehmen im Wettbewerb

Hrsg. von Thomas Retzmann und Tilman Grammes

Informationen für Lehrende

- → Einleitung der Herausgeber
- → Negative Folgen des Wirtschaftens – Unternehmen in der Pflicht?
- → Corporate Social Responsibility zwischen Markt, Stakeholderdialog und Staat
- → Unterrichtsplanung: Wirtschaftsethische Ansätze als Orientierung
- → Unterrichtsverlauf: Vom Nachvollziehen wirtschaftsethischer Positionen zur informierten Diskussion mit Unternehmensvertreterinnen und -vertretern
- → Literatur, Internet und Praxispartner

Materialien für Lernende

M 1	Erfolg und Hürden durch CSR
M 2	Unternehmen übernehmen Verantwortung: Beispiele für CSR-Maßnahmen von Unternehmen
M 3	Unternehmensverantwortung und Gewinn: Ein Konflikt?
M 4	Wer hat die Verantwortung? Zwei Positionen in der Kontroverse
M 5	Stakeholderdialog oder Gesetzgebung? Die kontroversen Ansätze im Praxistest

„Soviel Markt wie möglich, soviel Staat wie nötig." Wirtschaftliche Freiheit und ethische Verantwortung der Unternehmen

Viele deutsche Unternehmen lassen ihre Markenprodukte, auch hochpreisige, aus Kostengründen in osteuropäischen und asiatischen Ländern fertigen. Das *geringere Lohnniveau* und die *niedrigeren Sozial- und Umweltstandards* verschaffen dort ansässigen Herstellern Kostenvorteile. Deutsche und andere westliche Zulieferer können damit preislich oft nicht konkurrieren. Kommt es in der globalen Zulieferkette jedoch zu krassen Fällen der Ausbeutung von Arbeitnehmern oder der Umweltverschmutzung, so stehen die hiesigen Unternehmen schnell am Pranger und werden dafür mitverantwortlich gemacht; zum Beispiel im April 2013 nach dem Einsturz eines Textilfabrikgebäudes in Bangladesch. Es war mit über 1000 Toten eines der bislang folgenschwersten Industrieunglücke. Dass solche Sicherheitsgefahren aber keine Einzelfälle sind, zeigt die Tatsache, dass die dortige Regierung 18 weitere Textilfabriken vorsorglich schließen ließ.

Gleichzeitig ziehen viele Kunden allein den Preis als kaufentscheidendes Kriterium heran. Zeigt man den Unternehmen daher zu Recht die *rote Karte* der Ethik, während die Konsumenten sich in dem guten Glauben wähnen dürfen, eine *weiße Weste* zu tragen? Wenn Unternehmen sich um die Gewährleistung von ökologischen und sozialen Mindeststandards bei ihren Zulieferern bemühen, kommt dies manchmal einem Spagat gleich; denn dem Versuch, warenethische Standards und unternehmerischen Erfolg miteinander in Einklang zu bringen, sind durch den Wettbewerbsdruck Grenzen gesetzt. Kunden, die nicht zwischen moralischer Zurückhaltung und mangelnder wirtschaftlicher Leistungsfähigkeit der Anbieter unterscheiden, bestrafen beides durch Entzug der Nachfrage. Sie lenken ihre Kaufkraft hin zu Anbietern, die weniger moralische Rücksichtnahme auf Arbeitnehmerrechte und -interessen sowie die Umwelt in den fernen Produktionsstätten zeigen. Dann hat der vergleichsweise skrupellosere Anbieter einen Wettbewerbsvorteil und es entsteht eine *„Tendenz zur Grenzmoral"* (Götz Briefs, 1920). Wenn Unternehmen ihrer ethischen Verantwortung für die Supply-Chain gerecht werden wollen, es jedoch aufgrund des Wettbewerbs auf dem Absatzmarkt nur bei Strafe des wirtschaftlichen Verlustes oder gar des Untergangs können, so stellt sich die ordnungspolitische Frage, ob statt der Unternehmen nicht vielmehr der Staat gefordert ist. Getreu dem – Karl Schiller zugeschriebenen – Motto der Sozialen Marktwirtschaft: *Soviel Markt wie möglich, so viel Staat wie nötig*. Die hier angesprochene Thematik wirft Fragen auf wie die Folgenden:

- Sollen hiesige Unternehmen dafür sorgen, dass Umwelt- und Sozialstandards bei ihren weltweit ansässigen Zulieferern gewährleistet sind? Oder stellt dies eine unzumutbare Anforderung dar?
- Können Unternehmen, die unter zum Teil globalem Wettbewerbsdruck stehen, überhaupt nennenswert für bessere Sozial- und Umweltstandards in der Welt sorgen? Oder muss dies die vorrangige Aufgabe des jeweiligen Staates sein?
- Sollten Staaten den Wettbewerbsdruck vielleicht manchmal begrenzen, damit die Unternehmen mehr wirtschaftlichen Spielraum für freiwilliges ethisches Engagement haben?
- Inwieweit stehen wirtschafts- und warenethische Standards im Widerspruch zur Gewinnorientierung von Unternehmen bzw. inwieweit sind sie damit – zumindest partiell – vereinbar?
- Sind Konsumenten in ausreichendem Maße dazu bereit, gezielt jene Unternehmen durch ihre Nachfrage zu belohnen, die sich freiwillig für bessere Sozial- und Umweltstandards einsetzen?

LEHRPLANBEZUG. In der ökonomischen und politischen Bildung der Sekundarstufe II werden die sozial-marktwirtschaftliche Ordnung und Herausforderungen durch die Globalisierung thematisiert. Dieser ethos-Baustein stellt zwei, einander diametral entgegengesetzte und dadurch auch polarisierende ordnungspolitische Denkmodelle ins Zentrum. Innerhalb des dadurch eröffneten Spektrums von Positionen können aktuelle Fälle kategorial eingeordnet werden, die den Massenmedien entnommen werden können. In der Berufsausbildung im Einzelhandel sind wirtschafts- und warenethische Bezüge sowie die Thematisierung der Dimensionen einer Nachhaltigen Entwicklung (Wirtschaft, Soziales, Umwelt) innerhalb der warenkundlich geprägten Lernfelder sogar durch den Rahmenlehrplan gefordert.

Thomas Retzmann und Tilman Grammes

Negative Folgen des Wirtschaftens – Unternehmen in der Pflicht?

Unternehmerische Verantwortung. Corporate Social Responsibility (CSR) ist seit einigen Jahren in aller Munde. Dabei ist die Übernahme gesellschaftlicher Verantwortung durch Unternehmen kein neues Phänomen. Schon zur Zeit der Industrialisierung übernahmen einzelne Unternehmerinnen und Unternehmer soziale Verantwortung, wie Werner v. Siemens (*1816, †1892), Margarethe (*1854, †1931) und Alfred Krupp (*1812, †1887) und Ernst Abbe (*1840, †1905): Sie reduzierten die Arbeitszeiten ihrer Arbeiterinnen und Arbeiter, schufen Wohnmöglichkeiten für sie und organisierten ein Mindestmaß an Krankenversorgung. Viele dieser Praktiken wurden seitdem institutionell verankert, wie Ende des 19. Jahrhunderts im Zuge der Sozialgesetzgebung. Insbesondere nach dem Zweiten Weltkrieg und der Gestaltung der Wirtschaftsordnung als Soziale Marktwirtschaft wurde die gesellschaftliche Verantwortung von Unternehmen gesetzlich festgeschrieben; beispielsweise im Art. 14 Abs. 2 des Grundgesetzes, wonach Eigentum dem Wohle der Allgemeinheit verpflichtet ist. Dies wurde in der Folge weiter ausgebaut, zum Beispiel durch Mitbestimmungsgesetze, das Arbeitsschutzgesetz und vielfältige Umweltauflagen. Unternehmerische Verantwortung hat heute weitere Facetten, unter anderem weil die Unternehmen global agieren: Nun kommt beispielsweise in den Blick etwa der Öffentlichkeit, ob Unternehmen sich in anderen Ländern für die Einhaltung der Menschen- und Arbeitsrechte und für eine ökologisch verträgliche und nicht gesundheitsschädliche Produktion einsetzen. Wie ist das zu beurteilen?

Wirkungen. Häufig wird die These vertreten, CSR würde sich langfristig *positiv* auf den Gewinn auswirken, sei also *‚gut für das Geschäft'*. Diese These ist inzwischen differenziert worden. Es ist auch gut möglich, dass CSR-Maßnahmen *‚schlecht für das Geschäft'* sind. Wenn die Konsumentinnen und Konsumenten zögerlich sind, für die CSR-Maßnahmen einen höheren Preis zu zahlen, hat das Unternehmen einen *Wettbewerbsnachteil gegenüber Konkurrenten* ohne CSR-Programm. Eine sinkende Gewinnausschüttung an die Anteilseignerinnen und Anteilseigner (Shareholder) ist die Folge. Auch die Konsumentinnen und Konsumenten haben in diesem Fall einen Nachteil, da die CSR-Maßnahme ihnen den erhöhten Preis offenbar nicht wert ist. So entsteht ein *Spannungsfeld für Unternehmen*:

- Inwieweit engagieren sie sich für die sozialen und ökologischen Bedingungen bei der Warenproduktion und nehmen dafür höhere Kosten in Kauf?
- Wie stark anerkennen die Konsumentinnen und Konsumenten das unternehmerische Engagement für bessere soziale und ökologische Produktionsbedingungen?
- Entstehen negative Auswirkungen für Shareholder oder Konsumentinnen und Konsumenten? Wenn ja, wie soll das Unternehmen diese gegenläufigen Interessenlagen gewichten?

Problematik. Diese Unterrichtseinheit analysiert das Spannungsfeld aus ethischer Verantwortung und wirtschaftlichem Erfolg unter Wettbewerbsbedingungen sowie kontroverse wirtschaftsethische Positionen dazu. Die folgenden Fragen stehen dabei im Zentrum:

- Wann stehen Gewinnerzielung und CSR im Konflikt zueinander? Wann nicht?
- Wenn Gewinnerzielung und CSR im Konflikt zueinander stehen, welche Argumente sprechen dafür, dass Unternehmen sich für die Gewinnerzielung entscheiden und negative ökologische und soziale Folgen in Kauf nehmen? Welche Argumente sprechen dagegen?

Corporate Social Responsibility zwischen Markt, Stakeholderdialog und Staat

Begriff. Die Europäische Kommission beschreibt *Corporate Social Responsibility* in ihrem Grünbuch (2001: 7) als „Konzept, das den Unternehmen als Grundlage dient, auf freiwilliger Basis soziale Belange und Umweltbelange in ihre Unternehmenstätigkeit und in die Wechselbeziehungen mit den Stakeholdern zu integrieren. Sozial verantwortlich handeln heißt nicht nur, die gesetzlichen Bestimmungen einhalten, sondern über die bloße Gesetzeskonformität hinaus ‚mehr' investieren in Humankapital, in die Umwelt und in die Beziehungen zu anderen Stakeholdern." Konkret können CSR-Maßnahmen beispielsweise die Verpflichtung zu nachhaltiger Produktion, die Sicherung guter Arbeitsbedingungen oder Maßnahmen zur Vereinbarkeit von Beruf und Familie für die Arbeitnehmer bedeuten.

BEREICHE. CSR wird häufig in drei Verantwortungsbereiche unterteilt (siehe Hiß 2006 sowie **M 3**):

- *Innerer* Bereich: Markt und Gesetz
- *Mittlerer* Bereich: Freiwillige Initiativen und Projekte innerhalb der Wertschöpfungskette
- *Äußerer* Bereich: Charity, Philanthropie, Mäzenatentum etc.

In dieser Unterrichtseinheit werden Maßnahmen diskutiert, die zum *inneren* und *mittleren* Verantwortungsbereich zählen. Dies ist auch der Kernbereich der *Warenethik*.

ENTSTEHUNG. Die Diskussion um freiwillige CSR-Maßnahmen der Unternehmen, die über den gesetzlichen Rahmen hinausgehen, wurde in Deutschland in den letzten 15 bis 20 Jahren von Nichtregierungs-Organisationen (engl.: Non-Governmental-Organisations; *NGOs*) angestoßen. Das prominenteste Beispiel war der Aufruf verschiedener NGOs zum Boykott von Shell im Jahr 1995, um die Versenkung der Öllagerplattform Brent Spar im Atlantik zu verhindern (siehe dazu ausführlich Retzmann 2006: 564 ff.). Seither gibt es viele NGO-Initiativen, die auf schlechte Produktionsbedingungen hinweisen, wie die Clean Clothes Campaign (siehe dazu den entsprechenden ethos-Baustein), I shop fair oder das Corporate Accountability Netzwerk (CorA). Als Reaktion darauf haben sich Unternehmen zu *CSR-Initiativen* zusammengeschlossen, zum Beispiel in der Business Social Compliance Initiative (BSCI), Econsense und CSR Germany. Auch von staatlicher Seite setzt man sich mit der CSR-Thematik auseinander, wie das Grünbuch der Europäischen Kommission von 2001 zeigt sowie ihre Initiative für eine neue Strategie in der EU zur Förderung von CSR (Europäische Kommission 2011). Die deutsche Bundesregierung arbeitet im Dialog mit vielen Stakeholdern an einer *nationalen CSR-Strategie*. Außerdem gibt es *internationale Leitsätze* zu diesem Thema von der International Labour Organisation (ILO), der Organisation for Economic Co-operation and Development (OECD) und dem Global Compact der Vereinten Nationen.

DURCHSETZUNG. CSR-Maßnahmen unterscheiden sich darin, wer für ihre Implementierung zuständig ist, ob nur *intern* oder auch *extern* überwacht wird und wie detailliert das Berichtswesen ist (siehe Gandenberger 2009). Beispielsweise wird in der Bekleidungsbranche in vielen Fällen zwar im *Code of Conduct* ein Forderungskatalog bezüglich der Arbeitsbedingungen bei Zulieferern aufgestellt, deren Einhaltung wird aber nicht kontrolliert und überwacht. CSR-Maßnahmen werden somit unterschiedlich konsequent durchgesetzt und Unternehmen setzen sich de facto unterschiedlich stark für CSR-Maßnahmen ein. Hier ist eine Überprüfung des Einzelfalles geboten.

ZIELKONFLIKT. Besteht zwischen CSR und Gewinnerzielungsabsicht ein Zielkonflikt? CSR-Maßnahmen verändern die Wettbewerbsmöglichkeiten des Unternehmens auf dem heimischen Absatzmarkt. Die höheren Kosten müssen finanziert werden und folglich kann das Unternehmen möglicherweise nur dann rentabel wirtschaften, wenn die Konsumentinnen und Konsumenten einen höheren Preis akzeptieren. Auch können sich Lieferzeiten verlängern etc. CSR-Maßnahmen können die Produktionsmöglichkeiten und damit den Gewinn aber auch nachhaltig sichern, indem beispielsweise durch Umweltmaßnahmen die Ressourcen geschont werden. Außerdem kann sich das Unternehmen durch die CSR-Maßnahmen einen besonderen Ruf aufbauen, der Konsumentinnen und Konsumenten an das Unternehmen bindet. Letztlich sind also verschiedene Relationen zwischen Gewinn und CSR denkbar. Am einfachsten ist der Fall, wenn CSR und Gewinn vereinbar sind *(positiver Kompatibilitätsfall)*. Ökonomisch schwierig ist die Entscheidung, wenn CSR auf Kosten des Gewinns geht *(ökonomischer Konfliktfall)*. Moralisch schwierig ist die Entscheidung, wenn bei einer niedrigen moralischen Akzeptanz der Folgen des Wirtschaftens ein hoher Gewinn erzielt wird *(moralischer Konfliktfall)*. Wiederum einfach ist der Fall, wenn ohne die moralische Akzeptanz die Rentabilität ohnehin niedrig ist *(negativer Kompatibilitätsfall)*. Die verschiedenen Fälle sind in der folgenden Matrix systematisiert:

moralische Akzeptanz (bzw. Ausmaß der CSR-Aktivitäten)	Rentabilität: hoch	Rentabilität: niedrig
hoch	*positiver Kompatibilitätsfall*	*ökonomischer Konfliktfall*
niedrig	*moralischer Konfliktfall*	*negativer Kompatibilitätsfall*

Abbildung 1: Kompatibilität und Konflikt von CSR und Unternehmensgewinn
Quelle: nach Homann/Blome-Drees 1992: 132 ff.

Welche wirtschaftsethischen Argumente gibt es, wie sich das Unternehmen in diesen Situationen entscheiden soll? Im Fall einer *Win-win-Situation* (positiver Kompatibilitätsfall), gibt es wohl kein ethisches Argument, warum das Unternehmen die CSR-Maßnahme nicht durchführen sollte. Aber wie ist es wirtschaftsethisch zu beurteilen, wenn CSR und Gewinn im Widerspruch zueinander stehen (ökonomischer und moralischer Konfliktfall)? Auf diese Frage gibt es zwei grundsätzlich unterschiedliche Antworten, die im Folgenden vorgestellt werden. Damit sollen die entgegengesetzten Pole möglicher Antworten markiert werden. Dazwischen gibt es weitere Antworten, die Elemente aus beiden Ansätzen kombinieren. Diese sind aber nicht Gegenstand des vorliegenden Unterrichtsentwurfs.

Diskursethischer Ansatz. Die eine Antwort sieht das *Unternehmen grundsätzlich in der Verantwortung gegenüber all jenen Stakeholdern*, die ihren Anspruch im gesellschaftlichen Diskurs plausibel geltend machen können. Gegenüber den so legitimierten Stakeholdern hat das Unternehmen die Verantwortung, ihr Interesse in seine Entscheidungen einzubeziehen. Dafür muss es sein unternehmerisches Erfolgsstreben selbst begrenzen. So kann das Unternehmen beispielsweise die moralische Pflicht zum Umweltschutz oder zur Solidarität mit sozial Schwächeren haben. Im Gegenzug sollen von staatlicher Seite die Rahmenbedingungen des Wirtschaftens so gesetzt werden, dass der Wettbewerbsdruck auf das einzelne Unternehmen nachlässt. So sollen *Freiräume* geschaffen werden zur Umsetzung von CSR-Maßnahmen, indem der Widerspruch zwischen CSR und Gewinnerzielung verkleinert wird. Dieser Ansatz wird prominent von *Peter Ulrich*, Wirtschaftsethiker an der Universität St. Gallen (inzwischen emeritiert), vertreten (siehe Ulrich 1997a, b).

Ordoliberaler Ansatz. Die andere Antwort sieht das Unternehmen grundsätzlich in der Verantwortung, seine Anstrengung darauf zu verlagern, im Wettbewerb um die Gunst der Konsumentinnen und Konsumenten zu bestehen. Der Indikator dafür, ob sie das erfolgreich tun, ist ihr Gewinn. Der Gewinn ist bei Wettbewerb folglich ein Zeichen dafür, dass die Anstrengungen des Unternehmens den Wünschen der Konsumentinnen und Konsumenten entsprochen haben und dies zu den niedrigsten möglichen Kosten und Preisen. *Die Gewinnerzielung hat also eine wohlstandsschaffende Wirkung.* Damit das individuelle Gewinnstreben auch tatsächlich in diese vorteilhaften Bahnen gelenkt wird muss der Staat einen Rahmen setzen, der den Wettbewerb schützt. Dies heißt vor allem, dass verhindert wird, dass einzelne Unternehmen Marktmacht haben und somit der Wettbewerb zwischen den Unternehmen nicht funktioniert. Sonst werden die Konsumentinnen und Konsumenten durch überhöhte Preise ausgebeutet. In dieser Sicht sind CSR-Maßnahmen entweder ohnehin dem Gewinnstreben zuträglich, dann müssen die Unternehmen auch nicht explizit in die Verantwortung genommen werden. Wenn sie dem Gewinnerzielungsinteresse nicht zuträglich sind, soll nicht von den Unternehmen verlangt werden, gegen ihr eigenes Interesse zu entscheiden. *Stattdessen sollen die CSR-Maßnahmen allen Unternehmen im institutionellen Rahmen vorgegeben werden*, innerhalb dessen die Unternehmen miteinander konkurrieren. Welche CSR-Maßnahmen in diesem Fall in den Rahmen aufgenommen werden sollen, muss von staatlicher Seite aus, also letztendlich von Seiten aller Bürgerinnen und Bürger, abgewogen werden. Hierbei ist zu bedenken, dass eine Einschränkung des Gewinnstrebens eine Reduzierung des Wohlstands zur Folge haben kann. Diesen Ansatz vertritt prominent *Viktor Vanberg*, Ordnungsökonom an der Universität Freiburg (ebenfalls emeritiert) (siehe Vanberg 2007).

DIE KONSUMENTINNEN. Ob CSR und Gewinnerzielung in Konflikt zueinander stehen, hängt nicht allein, aber auch von der Entscheidung der Konsumentinnen und Konsumenten ab. Damit stellt sich die Frage des ethischen Handelns auch für sie. Mit dieser Frage beschäftigt sich die *Konsumethik* ebenso wie die *Warenethik*. Elementar für die Entscheidungsmöglichkeit der Konsumentinnen und Konsumenten ist außerdem die ausreichende Informiertheit über die Produktionsbedingungen, zum Beispiel durch Sozial- und Umweltsiegel. Dieses Thema wird in einem weiteren warenethischen ethos-Baustein ausgearbeitet.

DER STAAT. Auch der Staat bestimmt mit der Setzung des Wettbewerbsrahmens das Ausmaß des Konfliktes zwischen CSR und Gewinnerzielung. Legt er CSR-Maßnahmen fest, müssen alle Unternehmen sie einführen und die Einführung bringt somit keinen Wettbewerbsnachteil für ein einzelnes Unternehmen mit sich. Die Handlungsempfehlungen an den Staat unterscheiden sich bei den Ansätzen: Ulrich verortet die Verantwortung für CSR-Maßnahmen beim Unternehmen, wobei der Staat den Rahmen so setzen sollte, dass der Wettbewerbsdruck vermindert wird. Vanberg sieht CSR-Maßnahmen dagegen als einen Bestandteil, der im Ordnungsrahmen politisch und allgemein verbindlich geregelt werden soll. Beide Ansätze treffen auf Herausforderungen durch globalisierte Märkte: Sowohl der Stakeholder-Dialog als auch nationalstaatliche Regelungen stoßen an Grenzen. Vertreter des Ordoliberalismus setzen sich bspw. mit den Grenzen des nationalstaatlichen Handelns im Angesicht der globalen Mobilität von Unternehmen auseinander und diskutieren die Vor- und Nachteile internationaler Rahmenordnungen (beispielsweise Vanberg 2008). Diese zweifellos wichtige Perspektive kann als Ergänzung zu den bestehenden Materialien dieses Unterrichtsentwurfs beleuchtet werden.

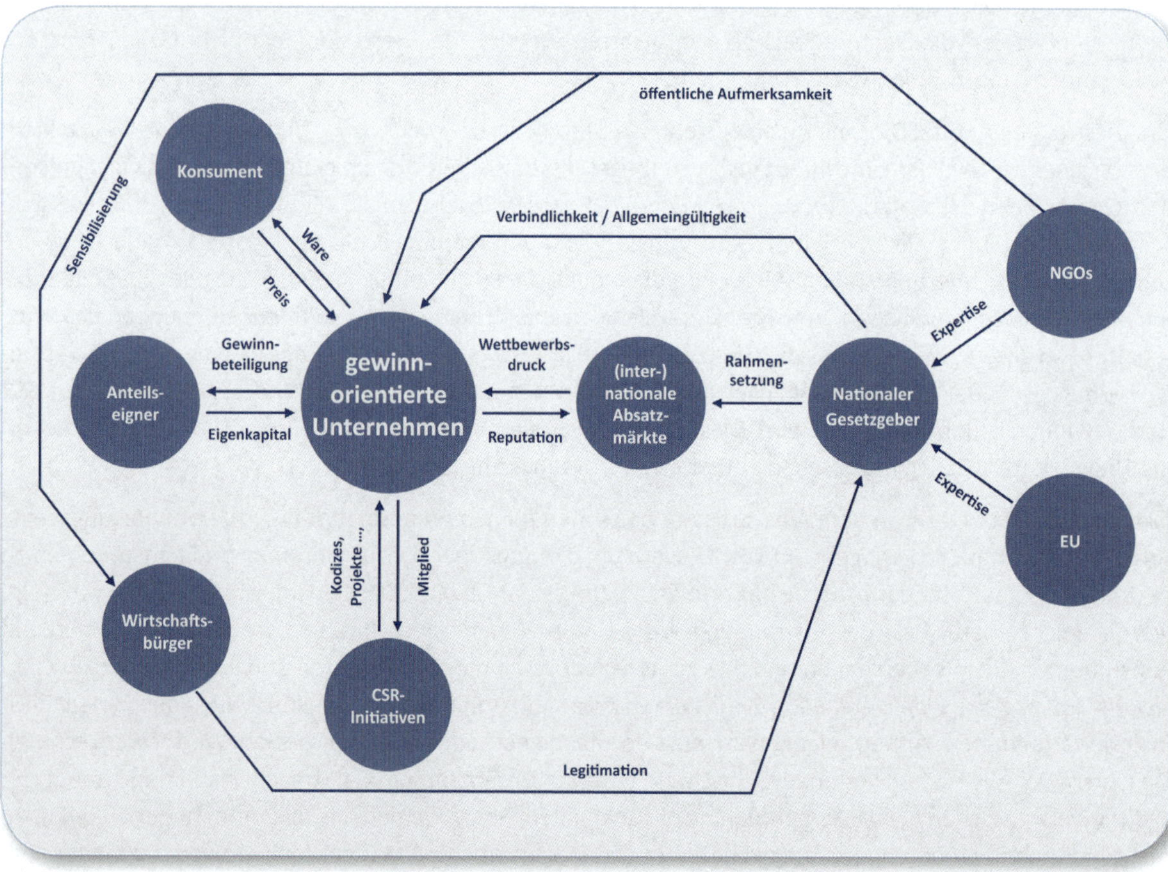

Abbildung 2: Die Durchsetzung warenethischer Standards im Wirkungs- und Beziehungsgeflecht der Akteure
Quelle: Eigene Darstellung in Anlehnung an Retzmann 2006: 298.

Unterrichtsplanung: Wirtschaftsethische Ansätze als Orientierung

BILDUNGSGEHALT. Anhand der Frage, ob Unternehmen die Verantwortung haben, CSR-Maßnahmen durchzuführen, können die Schülerinnen und Schüler die möglichen Auswirkungen des Wirtschaftens und die Rolle des Gewinns für die unternehmerische Entscheidung analysieren *(Exemplarität)*. Vor diesem Hintergrund reflektieren sie die grundsätzliche Rolle von Unternehmen in der Marktwirtschaft und die Frage des verantwortungsvollen Wirtschaftens zwischen der reinen Befolgung der Wettbewerbsregeln und dem Einsatz für CSR-Maßnahmen, auch wenn sie gewinnmindernd sind. Diese Fragen haben Bedeutung für verschiedene Rollen, die die Schülerinnen und Schüler einnehmen. Hier wird ihre Situation als Wirtschaftsbürgerinnen und -bürger in das Zentrum gestellt, die Wahlentscheidungen bezüglich der Ausgestaltung des Regelrahmens treffen können *(Gegenwarts- und Zukunftsbedeutung)*. Unmittelbar zugänglich ist dieses Thema über eine Reflexion des Produktionsprozesses der Waren, die man selber kauft *(Zugänglichkeit)*.

KOMPETENZERWERB. Die Auseinandersetzung mit dem Spannungsfeld unternehmerischen Wirtschaftens und die Frage nach der Übernahme von Verantwortung dafür kann zur Entwicklung verschiedener ökonomischer Fachkompetenzen beitragen, wie sie von der Deutschen Gesellschaft für Ökonomische Bildung (DeGÖB) 2004 formuliert wurden. Bei der Durchdringung des Spannungsfeldes, in dem Unternehmen agieren, lernen die Schülerinnen und Schüler ökonomische Systemzusammenhänge zu erklären. In der Diskussion um die Verantwortung der Unternehmen werden sie dazu angeregt, die Rahmenbedingungen der Wirtschaft zu verstehen und mitzugestalten. Indem der zugrunde liegende ethische Konflikt zwischen Gewinnerzielung und CSR-Maßnahme reflektiert wird und seine Lösung aus Sicht der verschiedenen beteiligten Akteure bewertet wird, erlernen sie zudem, Konflikte perspektivisch und ethisch zu beurteilen. Über den Erwerb von Fachkompetenz hinaus werden sie außerdem dazu angeregt, in ihrer eigenen Konsumentscheidung die zugrunde liegenden Produktionsbedingungen zu bedenken.

BEOBACHTER-PERSPEKTIVE. Das Thema CSR ist davon geprägt, dass die einzelnen Akteure sowohl von den Entscheidungen anderer Akteure als auch von dem institutionellen Rahmen beeinflusst werden. Diese Verstrickung kann mit der Beobachter-Perspektive auf die unternehmerische Entscheidung besser in den Blick genommen werden, als mit der Perspektive des Akteurs (das Unternehmen) oder der Adressaten (die Konsumentinnen und Konsumenten). Außerdem ist CSR ein Thema, das häufig zu einem Widerspruch zwischen Fordern und Handeln verleitet, sowohl auf Seiten der Unternehmen als auch der Konsumentinnen und Konsumenten. Aus der neutralen Beobachterperspektive können das Spannungsfeld, das zu diesem Widerspruch führt, und unterschiedliche wirtschaftsethische Bewertungen dieses Spannungsfeldes genauer in den Blick genommen werden. Daher wird hier die neutrale Beobachterperspektive eingenommen, bei der das Spannungsfeld der unternehmerischen Entscheidung im Fokus liegt und bewusst konträre ethische Positionen dargestellt werden. Die konträren Positionen können als Denkmodelle für die Orientierung als Bürger dienen bei der Bewertung, welche Verantwortung Unternehmen in der (Sozialen) Marktwirtschaft zukommt. In dem Unterrichtsentwurf werden diese beiden Pole dargestellt. Die Auseinandersetzung mit Vorschlägen, die sich dazwischen positionieren und beispielsweise neben der staatlichen Verantwortung als Regelsetzer auch die Unternehmen für freiwillige Initiativen in die Pflicht nehmen, kann daran angeschlossen werden.

LEHRPLÄNE. Das Thema CSR kann dort eingebettet werden, wo man sich mit ökologischen und sozialen Folgen des Wirtschaftens befasst, wie bei den Themen „Ökologie und Ökonomie", „Globalisierung" und „Unternehmensführung". Das gewählte Beispiel ermöglicht eine ethische Perspektive auf die Ware als Teilaufgabe der betrieblichen Warenwirtschaft. Die Schülerinnen und Schüler sollten über Vorkenntnisse zur Funktionsweise von Märkten und der Wirtschaftsordnung der Sozialen Marktwirtschaft verfügen.

ZUSAMMENHANG. Dieser ethos-Baustein steht thematisch in engem Bezug zu den ethos-Bausteinen zu CSR-Tests, zu Anti-Corporate-Campaigns sowie zu Umwelt- und Sozialsiegeln.

Unterrichtsverlauf: Vom Nachvollziehen wirtschaftsethischer Positionen zur informierten Diskussion mit Unternehmensvertreterinnen und -vertretern

Dieser ethos-Baustein ist für 3-4 Doppelstunden ausgelegt. Wer nur 2 Doppelstunden auf das Thema verwenden möchte, sollte sich auf **M 1** - **M 4** konzentrieren, wobei die Materialien **M 1** - **M 3** gekürzt werden müssen, insbesondere durch reduzierte Recherche-Aufträge und das Aussparen der Kontrolle [**M 2**: letzte Arbeitsaufträge].

Einstieg. Die meisten Schülerinnen und Schüler nutzen Waren, deren Produktionsbedingungen von NGOs angeprangert werden, aber auch Waren, deren Produktionsbedingungen sich positiv davon abheben. Der Blick auf den Erfolg von Herstellern bzw. Händlern ökologischer Bekleidung führt in die Thematik ein **[M 1]**. Daraufhin sammeln sie Informationen zu CSR-Maßnahmen in verschiedenen Branchen, kategorisieren diese und untersuchen ihre Glaubwürdigkeit **[M 2]**.

Ökonomische Analyse. Das Spannungsfeld der unternehmerischen Entscheidung für oder gegen das ethische Engagement zur Gewährleistung von Umwelt- und Sozialstandards wird von der Konsumentscheidung der Endverbraucher maßgeblich beeinflusst. Mit den unterschiedlichen Relationen zwischen Gewinn und CSR sowie dem Einfluss der Endverbraucher darauf setzen sich die Schülerinnen und Schüler durch **M 3** auseinander.

Wirtschaftsethische Analyse. Die Schülerinnen und Schüler reflektieren die Verantwortung von Unternehmen anhand von zwei gegensätzlichen wirtschaftsethischen Positionen **[M 4]**. Schließlich diskutieren Sie vor diesem Hintergrund unterschiedliche Positionen zur Durchführung von Stakeholder-Dialogen und andere grundlegende Fragen zu CSR **[M 5]**.

Praxiskontakt *(siehe ausführlich Loerwald 2011)*

Vorbereitung. Die Kontaktaufnahme mit dem Praxispartner sollte frühzeitig erfolgen, und es sollte möglichst schnell ein Termin für den Praxiskontakt vereinbart werden. Dieser muss systematisch vorbereitet werden, damit die Schülerinnen und Schüler bei der Realbegegnung das notwendige Grundlagenwissen haben und die Lernerfahrungen in übergeordnete Sach- und Sinnzusammenhänge einbetten können. Der Praxiskontakt mit der örtlichen Industrie- und Handelskammer sollte am Ende der Unterrichtseinheit stehen. Die Schülerinnen und Schüler sollten auf der Basis ihres aufgebauten Wissens zu CSR vorher Fragen sammeln. Beispielfragen:

- Welche CSR-Maßnahmen gibt es bei Unternehmen, die in der örtlichen Industrie- und Handelskammer (IHK) zusammengeschlossen sind?
- Wie werden sie überprüft und wie wird darüber berichtet?
- Wie reagieren die Konsumentinnen und Konsumenten darauf?
- Stehen Gewinnerzielung und CSR aus Sicht der IHK im Konflikt zueinander?
- Wenn Gewinnerzielung und CSR im Konflikt zueinander sind, welche Haltung hat die IHK dazu?
- Welches Verhalten wird von den Unternehmen in diesem Fall erwartet?

Durchführung. Es kann eine Expertin oder ein Experte der IHK an die Schule eingeladen werden. Diese, vor allem jedoch von den Schülerinnen und Schülern selbst entwickelte Fragen können ihm bzw. ihr gestellt und gemeinsam diskutiert werden.

Auswertung. Danach sollten die wesentlichen Lernerfahrungen in einer abschließenden Unterrichtsstunde gesammelt und systematisiert werden. Dabei können die berichteten CSR-Maßnahmen kategorisiert, die dargestellte Meinung bezüglich des Spannungsfeldes von CSR und Gewinnerzielung bewertet und die Haltung der IHK zu diesem Spannungsfeld vor dem Hintergrund der unterschiedlichen wirtschaftsethischen Ansätze hinterfragt werden. So kann überprüft werden, inwieweit die Lernerfahrungen exemplarisch sind und ob ein Transfer möglich ist.

Literatur

Gandenberger, Christian (2009): CSR im Spannungsfeld zwischen ökonomischen und sozialen Zielen: Ein kritischer Blick auf den Umgang mit ‚social issues' in der Wertschöpfungskette der Bekleidungsbranche. In: Zeitschrift für Wirtschafts- und Unternehmensethik (zfwu), 10/3, S. 304-321.

Hiß, Stefanie (2006): Warum übernehmen Unternehmen gesellschaftliche Verantwortung? Ein soziologischer Erklärungsversuch. Frankfurt am Main/New York.

Homann, Karl/Blome-Drees, Franz (1992): Wirtschafts- und Unternehmensethik, Göttingen.

Kommission der Europäischen Gemeinschaften (2001): Grünbuch Europäische Rahmenbedingungen für die soziale Verantwortung der Unternehmen, KOM (2001) 366 endg., Brüssel.

Kommission der Europäischen Gemeinschaften (2011): Eine neue EU-Strategie (2011-14) für die soziale Verantwortung der Unternehmen (CSR), KOM (2011) 681 endg., Brüssel.

Krol, Gerd-Jan (2001): ‚Ökonomische Bildung' ohne ‚Ökonomik'? In: Journal of Social Science Education, 2001/1, [→ http://www.sowi-online.de/sites/default/files/krol.pdf]

Loerwald, Dirk (2011): Praxiskontakte Wirtschaft. In: Thomas Retzmann (Hrsg.): Methodentraining für den Ökonomieunterricht, Band 1., 2. Aufl., Schwalbach/Ts. S. 81-100.

Lungershausen, Helmut/Retzmann, Thomas (Hrsg.) (2005): Warenethik und Berufsmoral im Handel. Beiträge zur Innovation der kaufmännischen Bildung. Schriftenreihe der Deutschen Stiftung für Warenlehre. Band 2. Essen. [→ http://www.wida.wiwi.uni-due.de/fileadmin/fileupload/BWL-WIDA/PDF-Dokumente/Retzmann2005_Warenethik___Berufsmoral_im_Handel.pdf (abgerufen am 10.01.2014)]

Retzmann, Thomas (2006): Didaktik der berufsmoralischen Bildung in Wirtschaft und Verwaltung. Eine fachdidaktische Studie zur Innovation der kaufmännischen Berufsbildung, Norderstedt. [→ http://www.wida.wiwi.uni-due.de/fileadmin/fileupload/BWL-WIDA/PDF-Dokumente/Retzmann2006_Didaktik_der_berufsmoralischen_Bildung.pdf (abgerufen am 10.01.2014)]

Ulrich, Peter (1997a): Wofür sind Unternehmen verantwortlich? Teil I: Zu den institutionenethischen Voraussetzungen der unternehmensethischen Verantwortungskonzeption, in: Forum Wirtschaftsethik, ‚Thema', 3/1997 [→ http://www.akademie-rs.de/wirtschaftsethik/start.htm (abgerufen am 10.01.2014)]

Ulrich, Peter (1997b): Wofür sind Unternehmen verantwortlich? Teil II: Stakeholder-Dialog und republikanische Mitverantwortung, in: Forum Wirtschaftsethik, ‚Thema', 1/1998 [→ http://www.akademie-rs.de/wirtschaftsethik/start.htm (abgerufen am 10.01.2014)]

Vanberg, Viktor J. (2007): Corporate social responsibility and the ‚game of catallaxy': the perspective of constitutional economics, in: Constitutional Political Economy, 18, S. 199-222.

Vanberg, Viktor J. (2008): Markt und Staat in einer globalisierten Welt: Die ordnungsökonomische Perspektive. In: ORDO – Jahrbuch für die Ordnung von Wirtschaft und Gesellschaft, Band 59, S. 3-30.

Internet

Einen guten Einblick in die Resolutionen verschiedener Organisationen und Initiativen, wie der International Labour Organisation (ILO), Organisation for Economic Co-operation and Development (OECD) und dem UN Global Compact ermöglicht die Seite:

http://www.csr-weltweit.de/initiativen-prinzipien/index.nc.html (abgerufen am 19.12.2013)

Praxispartner

Deutscher Industrie- und Handelskammertag (DIHK), Homepage: http://www.dihk.de/

Unter der Rubrik ‚IHK-Finder' gibt es ein Verzeichnis aller Industrie- und Handelskammern in Deutschland.

M 1 *Erfolg und Hürden durch CSR*

hessnatur

Das Beispiel „hessnatur"

„hessnatur" wurde 1976 durch Geschäftsgründer Heinz Hess vorrangig als naturbelassener Babybekleidungsversand ins Leben gerufen und ist heute einer der bekanntesten Naturtextilienshops Europaweit: 42 Millionen Euro Umsatz im Jahr (2007), Geschäfte in Deutschland, Österreich, Schweiz und den USA, Marktführer auf dem Naturtextilmarkt im gesamten deutschsprachigen Raum. 2008 wurde hessnatur für seinen Einsatz für fairen Handel mit dem „Positive Award" des Public Eye on Davos ausgezeichnet. Im Dezember 2008 wurde das Unternehmen mit dem Deutschen Nachhaltigkeitspreis in der Kategorie Einkauf geehrt.

Quelle: http://de.hessnatur.com/ueberuns/unternehmen/unternehmensgeschichte/ (abgerufen am 19.12.2013)

Randnotiz. „hessnatur" hat seit 2001 eine bewegte Geschichte, durch die das Unternehmen zum Beispiel von der Insolvenz des Karstadt/Quelle-Konzerns betroffen war. Danach begann ein Ringen um die Übernahme des Unternehmens. Zeitweilig stand im Raum, dass die US-amerikanische Private-Equity-Gesellschaft Carlyle Group „hessnatur" übernehmen wollte, die auch Rüstungsgeschäfte tätigt. Dieser Verkauf wurde jedoch verhindert. Inzwischen wurde „hessnatur" von dem Schweizer Investor Capvis übernommen. *Quelle: wikipedia*

Fair-grün-öko-Fashion 2009 – ein neuer Trend oder längst etabliert?

„Dass Öko schon längst im Fashion-Design angekommen ist, ist nicht neu. Immer mehr Fashion Designer setzen den Gedanken um, den ihre Väter und Mütter noch revolutionär durch legendäre Demos der 70iger und 80iger Jahre durchzusetzen versuchten. Fair, öko und nachhaltig produziert soll nicht nur das Müsli, der Wein, das Brot und Gemüse sein, auch ökologisch wertvolle Kleider wollen immer mehr getragen werden. Nicht, dass es die bisher nicht gab. Aber den Kleidern fehlte ein gewisses Sexappeal und das, was nötig ist, um für die internationale Modewelt interessant zu sein.

Nun machen junge Modedesigner sich auf, dem verstaubten Männer- und Frauenbild der Ökomode mehr Sex, mehr Pepp, und mehr Extravaganz zu verleihen. Das Bewusstsein für fair produzierte Kleidung drängt sich immer mehr in den Vordergrund und zwingt sogar Großkonzerne, deren Produktionen unter dem Motto "peppig aber billig" angeboten werden, mit kleinen Ökolinien ihr schlechtes Gewissen zu beruhigen.

Es ist ja auch unter wirtschaftlichen Aspekten, gerade in solchen Zeiten wie diesen, nicht gerade einfach, fair produzierte, ökologisch vertretbare Materialien zu verwenden und gleichzeitig eine gewisse Bezahlbarkeit für den besser verdienenden Normalbürger zu gewährleisten.

Das Problem liegt in der Produktion des Materials. Es ist teuer und nicht in kleinen Mengen zu ordern. Faire Produktionen von Kollektionen sind ebenfalls nicht zu Dumpingpreisen herzustellen. Bisher gab es zwar zaghafte Versuche, für Berliner Designer einen Vertrieb von ökologisch wertvoll, nachhaltig und fair produzierten Stoffen aufzubauen – aber das ist gescheitert und wird wohl noch dauern. Welcher Stoffhändler verfügt schon über eine Abteilung mit der Bezeichnung „ÖKOSTOFFE"? (...)"

Quelle: http://www.modesearch.de/index.php?option=com_content&task=view&id=467&Itemid=66

Arbeitsaufträge:

1. Recherchieren Sie im Internet Hintergründe zum Bekleidungshändler „hessnatur" (und ggf. zu vergleichbaren Bekleidungsunternehmen):
   - Womit handelt dieses Unternehmen?
   - Worauf beruht sein Erfolg?
2. Welchen Schwierigkeiten sind die Hersteller und Händler nachhaltig produzierter Bekleidung ausgesetzt? Nehmen Sie für Ihre Antwort den zweiten Text des Onlinemagazins ‚Modesearch' zur Hilfe.

M 2 *Unternehmen übernehmen Verantwortung: Beispiele für CSR-Maßnahmen von Unternehmen*

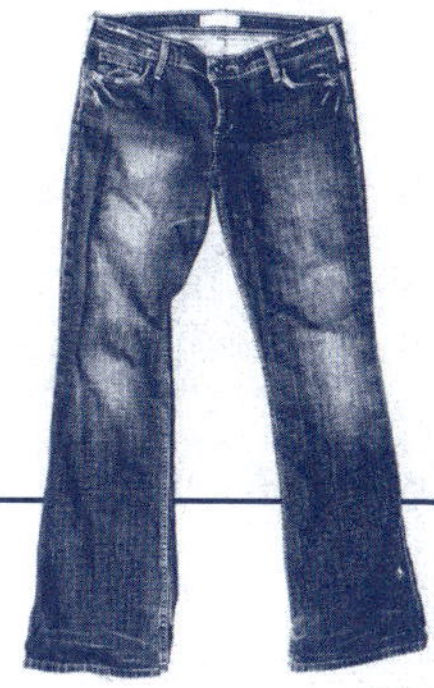

Drei Bereiche von CSR-Maßnahmen:

Äußerer Verantwortungsbereich: Charity (wohltätiges Engagement wie Spenden), Philanthropie (menschenfreundliches Handeln durch wohltätiges Engagement), Mäzenatentum (Förderung von Personen oder Institutionen bei bestimmten Vorhaben) etc.

Mittlerer Verantwortungsbereich: Freiwillige Initiativen und Projekte innerhalb der Wertschöpfungskette

Innerer Verantwortungsbereich:
Markt und Gesetz

Das Unternehmen wirtschaftet kostendeckend, hält sich an die Gesetze, produziert Güter und schafft Arbeitsplätze

Maßnahmen entlang der Wertschöpfungskette, die über den inneren Bereich hinausgehen, wie Verhaltenskodizes

Arbeitsaufträge:

1. Tragen Sie „Saubere Kleidung"?
   a) Erstellen Sie eine Liste der fünf Marken, von denen Sie die meisten Kleidungsstücke haben.
   b) Recherchieren Sie dann im Internet, ob diese Unternehmen CSR-Maßnahmen durchführen und wenn ja, welche.
   c) Ordnen Sie die CSR-Maßnahmen den drei Verantwortungsbereichen zu. Kennzeichnen Sie Zuordnungen, die nicht zweifelsfrei möglich sind.
2. Suchen Sie im Internet nach der Website von „CSR Germany". Beschreiben Sie drei ausgewählte Projektbeispiele und ordnen Sie sie den drei Bereichen von CSR-Maßnahmen zu.
3. Prüfen Sie, ob sich auch Informationen darüber finden, von wem die Projekte jeweils kontrolliert werden und wie die Berichterstattung verläuft.
   a) Beurteilen Sie vor diesem Hintergrund, wie überzeugend Sie die verschiedenen Projekte finden.
   b) Recherchieren Sie im Internet, ob Sie zu den von Ihnen ausgesuchten Unternehmen auch kritische Berichte finden.
   c) Beurteilen Sie: Wie glaubwürdig sind die von Ihnen ausgesuchten Projekte und die kritischen Berichte dazu?

M 3 *Unternehmensverantwortung und Gewinn: Ein Konflikt?* Seite 1

Zahlen sich CSR-Maßnahmen für ein Unternehmen aus? Oder sind sie ein Verlustgeschäft? Auf diese Fragen gibt es keine allgemeingültige Antwort. Vielmehr muss man den Einzelfall betrachten. Denn ob CSR-Maßnahmen rentabel sind oder ob ein Konflikt zwischen CSR und Gewinn besteht, hängt von verschiedenen Faktoren ab, zum Beispiel den Konsumentinnen und Konsumenten: Honorieren sie CSR-Maßnahmen und sind sie gegebenenfalls auch bereit, dafür einen höheren Preis zu zahlen, wenn höhere Kosten zu decken sind? Dazu gibt es verschiedene Studien:

Studie 1

„(...) Eine jetzt erschienene Studie hat auf der Basis von 40.000 analysierten Haushalten Einstellungen von Konsumenten zum Thema Corporate Responsibility abgefragt und sie mit dem tatsächlichen Kaufverhalten verglichen.

(...) Noch vor einiger Zeit konnte man überall die Auffassung hören, dass sich (...) Einstellungen nicht in Kaufentscheidungen konkret niederschlagen. Wer also gegen die Ausbeutung der Kaffeearbeiter in Südamerika ist, kauft deshalb noch lange nicht den fair gehandelten Kaffee mit dem entsprechenden Mehrpreis. Dem widerspricht die Studie. „Verantwortungsbewusste Engagierte" und „Kritisch Konsumierende" suchen aktiv Informationen über umwelt- und sozialverträgliches Verhalten von Unternehmen. Deshalb ist es auch für grundlegende Managemententscheidungen eines Unternehmens wichtig, dass es seine Corporate Responsibility entlang der gesamten Wertschöpfungskette praktiziert und die Erwartungen seiner Kunden bezüglich Corporate Responsibility identifiziert und beachtet."

Quelle: http://csr-agentur.blogspot.com/2009/08/csr-in-zahlen-fakten-konsumenten-und.html (abgerufen am 19.12.2013)

Studie 2

„Der Vergleich der Bedeutsamkeit von CSR bei Kaufentscheidungen verschiedener Produkte lässt die Hypothese sehr plausibel erscheinen, dass die Wichtigkeit von CSR-Leistungen der Unternehmen für Konsumenten sehr stark durch die Eigenarten des jeweiligen Produkts bedingt sind, das gekauft werden soll.

Am Beispiel von Joggingschuhen und von Waschmaschinen wurden (...) die möglichen Trade Offs zwischen Preis, Qualität und CSR-Leistungen von Unternehmen simuliert. Sowohl bei Joggingschuhen als auch bei Waschmaschinen waren Preis- und Qualitätsargumente deutlich wichtiger als CSR-Leistungen. Nur bei 20% der Befragten, nahm das CSR-Argument einen ähnlichen wichtigen Einfluss auf die Entscheidungen."

Quelle: http://www.imug.de/pdfs/verbraucher/imug_news_Sonderausgabe_CSR_und_Verbraucher_07_03.pdf (abgerufen am 19.12.2013)

Arbeitsaufträge:

1. Stehen CSR-Maßnahmen und Gewinn im Konflikt zueinander?
   Erläutern Sie, unter welchen Bedingungen dies der Fall ist und unter welchen Bedingungen nicht. Gehen Sie dabei insbesondere auf die Rolle der Konsumentinnen und Konsumenten ein.

Notizen:

....

....

....

....

M 3 *Unternehmensverantwortung und Gewinn: Ein Konflikt?* Seite 2

Arbeitsaufträge:

2. Ordnen Sie die Fälle, die in den Materialien **M 1** - **M 3** angesprochen werden, in die folgende Matrix ein. Fallen Ihnen auch Beispiele für die Felder ein, die bisher leer geblieben sind?

   Hinweis: **M 1**: der Bekleidungshändler „hessnatur" ‚Ökomode', **M 2**: die Fälle, die Sie eigenständig recherchiert haben, **M 3**: Joggingschuhe und Waschmaschinen.

Fassen Sie abschließend zusammen:

- In welchem Fall ist die Entscheidung für das Unternehmen, ob es CSR-Maßnahmen durchführt, einfach?
- In welchem Fall ist die Entscheidung aus ökonomischer Sicht schwierig?
- In welchem Fall ist sie aus ethischer Sicht schwierig?

		Rentabilität	
		hoch	niedrig
CSR-Maßnahmen	ja		
	nein		

Notizen:

M 4 *Wer hat die Verantwortung? Zwei Positionen in der Kontroverse* Seite 1

Peter Ulrich, Ökonom (emeritiert) an der Universität St. Gallen, vertritt die Auffassung:

„Das Unternehmen hat die Verantwortung, die Interessen der Stakeholder zu wahren, auch wenn es dadurch Gewinneinbußen hinnehmen muss."

Wer sind die „Stakeholder" des Unternehmens? Allgemein gesprochen sind Stakeholder alle Personen oder Gruppen, die ein Interesse am Verlauf oder Ergebnis eines Prozesses haben. Die Stakeholder des Unternehmens sind also die direkt am Unternehmen beteiligten Gruppen wie Mitarbeiter, Eigentümer und Manager sowie Gruppen, die mit dem Unternehmen, seiner Produktion und seinen Produkten zu tun haben, wie Kundinnen und Kunden, Lieferanten, aber auch die Gesellschaft als Ganzes und der Staat.

Ulrich sieht das Unternehmen grundsätzlich in der Verantwortung gegenüber allen Stakeholdern, die ihren Anspruch in einem ergebnisoffenen und unbeschränkten Diskurs unter allen Betroffenen mit guten Argumenten plausibel geltend machen können. Dies ist ein ‚diskursethischer Ansatz'. Gegenüber diesen Stakeholdern hat das Unternehmen die Verantwortung, ihr Interesse in seine Entscheidungen einzubeziehen. Im Zweifelsfall muss es dafür seinen Gewinn einschränken. So kann das Unternehmen zum Beispiel die moralische Pflicht zum Umweltschutz oder zur Solidarität mit sozial Schwächeren haben.

Es kann sein, dass ein Unternehmen in diesem Fall höhere Kosten in Kauf nehmen muss. Um diese auszugleichen, muss es höhere Preise verlangen. Im Wettbewerb mit anderen Unternehmen kann es dann passieren, dass das in diesem Sinne verantwortlich wirtschaftende Unternehmen seine Produkte nicht ‚an die Kundinnen und Kunden' bringen kann. Um dies zu verhindern, soll der Staat die Regeln für Märkte so setzen, dass der Wettbewerbsdruck auf das einzelne Unternehmen nachlässt. So sollen für Unternehmen Freiräume geschaffen werden, ihre CSR-Maßnahmen umzusetzen, indem die Spannung zwischen CSR und Gewinnerzielung verkleinert wird.

Viktor Vanberg, Ökonom (emeritiert) an der Universität Freiburg, vertritt die Auffassung:

„Das Unternehmen hat die Verantwortung, im Wettbewerb zu bestehen. Zeichen seines Erfolges ist der Gewinn."

Viktor Vanberg sieht das Unternehmen grundsätzlich in der Verantwortung, sich im Wettbewerb um die Gunst der Konsumentinnen und Konsumenten anzustrengen. Das Zeichen dafür, dass sie dabei erfolgreich sind, ist ihr Gewinn. Der Gewinn ist bei Wettbewerb also Zeichen dafür, dass die Anstrengungen des Unternehmens den Wünschen der Konsumentinnen und Konsumenten entsprochen haben und dass sie dies zu den niedrigsten möglichen Preisen getan haben.

Dieser Einklang von unternehmerischem Gewinnstreben und Konsumenteninteresse kann aber nur bestehen, wenn sich die Unternehmen in Wettbewerb zueinander befinden. Müssen die Unternehmen nicht bei den Konsumentinnen und Konsumenten um deren Gunst buhlen (zum Beispiel weil nur ein Anbieter auf dem Markt ist), kann ein Unternehmen mit überhöhten Preisen Gewinn machen. Der Gewinn ist dann nicht Zeichen dafür, dass es bestmöglich den Wünschen der Konsumentinnen und Konsumenten zu niedrigst möglichen Preisen entsprochen hat.

An dieser Stelle ist der Staat gefragt. Er muss dafür sorgen, dass der Wettbewerb geschützt wird, damit das individuelle Gewinnstreben auch tatsächlich in diese vorteilhaften Bahnen gelenkt wird. Dies ist der ‚ordoliberale Ansatz'. Der Staat muss vor allem verhindern, dass einzelne Unternehmen Marktmacht haben und somit der Wettbewerb zwischen den Unternehmen nicht funktioniert.

M 4 *Wer hat die Verantwortung? Zwei Positionen in der Kontroverse* Seite 2

Welche Verantwortung soll nun aus Vanbergs Sicht Unternehmen auferlegt werden?

Entweder sind die Unternehmen im Wettbewerb gerade wegen ihrer CSR-Maßnahmen für die Konsumentinnen und Konsumenten attraktiv. Dann müssen sie nicht extra zur Verantwortung ermahnt werden, sondern handeln schon aus Eigeninteresse so. Oder wegen der CSR-Maßnahmen können sie im Wettbewerb nicht bestehen. In diesem Fall soll nicht von den Unternehmen verlangt werden, sich gegen ihr eigenes Interesse zu entscheiden. Stattdessen sollen die CSR-Maßnahmen allen Unternehmen von staatlicher Seite aus verbindlich vorgegeben werden. Welche CSR-Maßnahmen in diesem Fall vorgegeben werden sollen, muss von staatlicher Seite aus, also letztendlich von Seiten aller Bürgerinnen und Bürger, abgewogen werden. Hierbei ist zu bedenken, dass eine Einschränkung des Gewinnstrebens zur Folge haben kann, dass die Unternehmen sich nicht mehr so um die Gunst der Konsumentinnen und Konsumenten bemühen. Letztendlich können dadurch die Konsumentinnen und Konsumenten schlechter gestellt werden.

Arbeitsaufträge:

1. Geben Sie beide Positionen mit eigenen Worten wieder. Erläutern Sie dabei, was Ulrich mit ‚Stakeholderdialog' meint und ob Unternehmen laut Vanberg ganz ohne staatliche Regulierungen handeln dürfen.
2. Stellen Sie die Ansätze in der folgenden Tabelle einander gegenüber.
3. Diskutieren Sie:
   - Welcher Ansatz bewirkt am ehesten, dass mehr CSR-Maßnahmen durchgeführt werden?
   - Ist einer der beiden Ansätze unternehmerfreundlicher? Oder konsumentenfreundlicher?

   Begründen Sie abschließend auf der Basis dieser Diskussion, welchem Ansatz Sie zustimmen.

Diskursethischer Ansatz	**Ordoliberaler Ansatz**
Welche Verantwortung sollen Unternehmen tragen?	
Wieviel CSR? Wer entscheidet darüber?	
Welche Verantwortung tragen die Konsumentinnen und Konsumenten?	
Welche Rolle soll der Staat übernehmen?	

M 5 *Stakeholderdialog oder Gesetzgebung? Die kontroversen Ansätze im Praxistest* Seite 1

Die Positionen zur unternehmerischen Verantwortung, wie sie von Ulrich und Vanberg vertreten werden, werden auch als Argumente in aktuellen Diskussionen um CSR genutzt. Ein Beispiel ist eine Kontroverse um die Bedeutung von Stakeholderdialogen für die unternehmerischen Entscheidungen, die im Folgenden in Ausschnitten dargestellt ist:

In einem Blogeintrag vom 16.02.2012 in der liberalen Netzzeitschrift ‚Die Freie Welt' (FreieWelt.net) argumentiert *Dr. Christoph Sprich* (Referent bei einem Wirtschaftsverband) wie folgt:

CSR unterwandert Privateigentum und Freiheit

„(...) In der Wirtschaftswissenschaft ist CSR ein Modethema, die Frequenz der Publikationen steigt rapide an. Auch in den Unternehmen wird CSR sehr ernst genommen. Manager verstehen unter CSR oft gesellschaftliches Engagement, das über das gesetzlich vorgeschriebene Maß hinausgeht. So unterhält die Privatwirtschaft Firmenkindergärten, sie engagiert sich für humanitäre Projekte, für den Umweltschutz oder für lokale Vereine. In der Managementpraxis geht es außerdem um Themen wie Nachhaltigkeitsberichterstattung, Korruptionsbekämpfung oder darum, wie man internationale Lieferketten kontrollieren kann. Gerade für große Kapitalgesellschaften ist CSR mittlerweile betrieblicher Alltag, für Beratungsunternehmen ein Millionenmarkt.

Ordnungspolitisch betrachtet ist eine so verstandene CSR vollkommen unproblematisch. Marktwirtschaftlich gedacht könnte man unter CSR schlicht die Fähigkeit von Unternehmen verstehen, auf sozialen Druck reagieren zu können. Leider ist die Sache nicht ganz so einfach. Denn die CSR-Debatte geht weiter, als es so mancher Manager wahrhaben will. Eine Gefahr für die Freiheit liegt in der Relativierung der Idee des Privateigentums. In einer Marktwirtschaft hat Eigentum eine wichtige Steuerungsaufgabe: Die Eigentümer oder Shareholder haben zu entscheiden, was ein Unternehmen tun soll. Man geht davon aus, dass die Eigentümer das auch können, denn sonst hätten sie im Wettbewerb ihr Eigentum nicht aufbauen können. Dieses Prinzip soll nach dem Willen so mancher CSR-Ideologen aufgebohrt werden. Dazu setzt die CSR-Debatte dem liberalen Shareholderansatz ihr Stakeholderprinzip entgegen: Die Entscheidungen der Unternehmen sollen eben nicht nur Sache der Eigentümer sein, sondern eine Angelegenheit von allen, die vom Handeln des Unternehmens betroffen sind. Also Arbeitnehmer, Kunden, Lieferanten usw.

Damit diese Stakeholder den Eigentümern bei der schwierigen Aufgabe der Wirtschaftsplanung beistehen können, sollen sich die Unternehmen in so genannten Multistakeholderdialogen mit ihren Stakeholdern unterhalten. Die Stakeholder werden dabei durch Funktionäre von Gewerkschaften, Verbraucherschutzverbänden, Umweltorganisationen usw. vertreten. Erst durch einen Konsens solcher „Räte" bezieht das Unternehmen dann seine – wie es im CSR-Sprech heißt – „licence to operate", also die Legitimation für ihre wirtschaftliche Tätigkeit. Anders als im Liberalismus gilt also im CSR-Denken nicht so lange Handlungsfreiheit, bis die Freiheit eines anderen einschränkt wird. Ganz im Gegenteil, im CSR-Denken muss das individuelle Recht zu handeln – die eigene „licence to operate" – von der Gesellschaft erbeten, diskutiert und legitimiert werden."

Quelle: http://www.freiewelt.net/csr-unterwandert-privateigentum-und-freiheit-10017610/
(abgerufen am 19.12.2013)

Notizen:

....

....

....

....

....

....

M 5 *Stakeholderdialog oder Gesetzgebung? Die kontroversen Ansätze im Praxistest* Seite 2

In einem Blogeintrag vom 14.03.2012 auf der Online-Plattform ‚CSR Strategie', herausgegeben von der Unternehmensberatung BetterRelations, widerspricht Riccardo Wagner (Geschäftsführer der Unternehmensberatung) dieser Argumentation:

Sehr geehrter Herr Dr. Sprich, hier einen abwägenden Artikel zu finden, kann ich leider nicht bestätigen. Es gelingt Ihnen nicht wirklich sich von der Denkweise zu lösen, die seit vielen Jahrzehnten die kritische CSR-Behandlung bestimmt und wie sie auch bei den Stellungnahmen Ihres Arbeitgebers immer wieder herauszulesen ist.

Sie missverstehen das Prinzip des Stakeholder-Dialogs vollkommen und reagieren reflexartig in liberaler Manier mit dem „Rettet die Freiheit-Ruf" und dem „Belasteter Unternehmer Habitus".

Stakeholderdialog meint keineswegs, dass irgendein Unternehmen irgendwen um Erlaubnis für irgendetwas bitten muss. Und CSR als zusätzliche unnötige Pflicht/Gefahr darzustellen, entspricht auch nicht dem modernen CSR-Verständnis nach langjähriger Forschung und Praxis.

Sie blenden, aus welchen Gründen auch immer, sich wandelnde Gesellschafts- und Kommunikationsstrukturen aus und ziehen ggf. positive und chancenorientierte Sichtweisen nicht ernsthaft in Erwägung. Die Unternehmens- und auch Lebensrealität (Kunden/Gesellschaft/Umwelt) ist aus vielfältigen Gründen nicht mehr die, die es noch vor 5 oder 10 Jahren gab. CSR heißt in erster Linie aktiv Chancen und Innovation zu suchen, Kunden und Mitarbeiter zu motivieren und Risiken zu minimieren und das Wichtigste: Einen messbar positiven Wertbeitrag für das Unternehmen zu generieren – all das schützt das Unternehmer/Shareholder-Eigentum. Es geht bei CSR nicht um falsch verstandenen Konsens oder Gutmenschentum – sondern um kluge Unternehmens- und Kommunikationsstrategien.

Quelle: http://csr-strategie.de/csr/untergrabt-csr-eingentumsrechte-stakeholderdialog-missverstanden/ (abgerufen am 19.12.2013)

Arbeitsaufträge:

1. Suchen Sie im Internet nach Beispielen für abgehaltene Stakeholderdialoge und ermitteln Sie, wer daran beteiligt war.
2. Überlegen Sie: Wenn man einen Stakeholderdialog für „hessnatur" **[M 1]** initiieren wollte: Wen müsste beziehungsweise wen sollte man dazu einladen?
3. Vergleichen Sie die Art und Weise, wie beide Autoren Stakeholderdialoge bewerten. Ordnen Sie die beiden Positionen den Ansätzen von Ulrich und Vanberg **[M 4]** zu.
4. Begründen Sie, welcher Sichtweise Sie selbst zuneigen.
5. Wenn man die Regeln für CSR nach dem Vanberg'schen Ansatz setzen möchte:
   - Wer muss hier alles im Vergleich zum Stakeholderdialog entscheiden?
   - Welches Interesse wird bei diesem Ansatz berücksichtigt?

Notizen:

....

....

....

....

....

Thomas Faust

Compliance-Management – ein Patentrezept gegen Korruption?

Unternehmerischer Kampf gegen Bestechung und Bestechlichkeit

Hrsg. von Thomas Retzmann und Tilman Grammes

Informationen für Lehrende

- → Einleitung der Herausgeber
- → Korruption und ihre Schäden – auch bei bestechenden Unternehmen
- → Compliance-Management: Möglichkeiten und Grenzen
- → Unterrichtsplanung und -verlauf
- → Literatur

Materialien für Lernende

M 1	Die Relevanz von Korruption: aktuelle Fallbeispiele
M 2	Korruption – ihre Ursachen und ihre Folgen
M 3	‚Petty' und ‚Grand' Corruption
M 4	Korruptionsbekämpfung – Ansatzpunkte auf drei Ebenen
M 5	Compliance-Management: Ziele und Instrumente, Kosten und Nutzen
M 6	Compliance-Management – ein unternehmensspezifisches Konzept
M 7	Compliance-Management in der Kontroverse
M 8	Compliance als Gesamtkonzept: weitere Informationen und ein Praxiskontakt
M 9	Rollenspiel: Compliance contra ‚Petty Corruption'
M 10	Konferenzspiel: Compliance contra ‚Grand Corruption'

Vertrauen in die Mitarbeiter ist gut. Ist Kontrolle besser? Wie können Unternehmen die Einhaltung der Gesetze gewährleisten?

Die Befolgung von Gesetzen ist Teil einer verantwortungsbewussten Unternehmensführung, ‚neudeutsch' Corporate Governance genannt. Dazu gehört auch, die Legalität des Mitarbeiterhandelns präventiv zu gewährleisten. Unter dem Stichwort ‚Compliance-Management' wird inzwischen nicht mehr nur in Fachkreisen diskutiert, welche Maßnahmen Unternehmen ergreifen sollten, um bewusste oder unbedachte Gesetzesbrüche ihrer Mitarbeiter zu verhindern, zu erschweren und aufzudecken. Compliance-Management ist in zahlreichen Unternehmen inzwischen zur Chefsache geworden. Der Vorstand beauftragt damit nicht nachrangige Führungskräfte, sondern fühlt sich selbst dafür verantwortlich. Unternehmensberatungen haben die ‚dolosen Handlungen' als Geschäftsfeld entdeckt und bieten den Unternehmen Integrity Services bzw. Forensic Services an.

Mancher fragt vielleicht verwundert, ob die Einhaltung der Gesetze nicht eine Selbstverständlichkeit ist und warum es überhaupt eines Compliance-Managements bedarf, um die Rechtschaffenheit und Rechtmäßigkeit des Handelns zu gewährleisten. Der vorliegende ethos-Baustein zeigt, dass es tatsächlich eine Sorgfaltspflicht der Unternehmensleitung ist, dafür zu sorgen, dass alle Einheiten und Mitarbeiter die gesetzlichen Bestimmungen einhalten. Doch er zeigt auch, dass dies keine leichte Aufgabe ist – schon allein deshalb, weil kein Unternehmen seinen Mitarbeitern lückenlos ‚auf die Finger schauen' kann, ohne selbst gegen Datenschutzgesetze und Arbeitnehmerrechte zu verstoßen. Je größer ein Unternehmen ist, desto weniger wird die Unternehmensleitung selbst bei ernsthaftem Bemühen für alle Mitarbeiter ‚die Hand ins Feuer legen' können. Gleichwohl ist es die berechtigte Erwartung der Öffentlichkeit, dass Unternehmen sich an die Gesetze halten.

Eine Vielzahl von Fragen stellt sich, zum Beispiel:

- **Ist die Bekämpfung der Wirtschaftskriminalität nicht zuallererst eine Aufgabe der Strafverfolgungsbehörden, also des Staates, statt der Unternehmen?**
- **Wird beim Compliance-Management nicht ‚der Bock zum Gärtner gemacht'?**
- **Wie viel Kontrolle der Mitarbeiter ist nötig und erlaubt? Wie viel Vertrauen in deren Integrität ist möglich?**
- **Welche negativen Nebenwirkungen kann die Einführung von Compliance-Systemen haben?**
- **Ist die Gewährleistung der Legalität hinreichend? Wo bleibt dabei die ethische Legitimität des Handelns?**

Dieser ethos-Baustein diskutiert die Möglichkeiten und Grenzen des unternehmerischen Compliance-Managements am Beispiel der Korruption exemplarisch. Das Thema ist brisant, da auch in Deutschland renommierte Unternehmen durch Korruptionsskandale negativ aufgefallen sind. Mancher Mitarbeiter erfuhr auf dem Weg zur Arbeit aus dem Radio, dass heute die Staatsanwaltschaft bei seinem Arbeitgeber zu Gast ist. Inzwischen wurden sogar Compliance-Beauftragte großer Traditionsunternehmen entlassen, weil sie selbst gegen Gesetze oder interne Verhaltensregeln verstoßen haben – das altbekannte Problem der Kontrolle der Kontrolleure scheint also auch hier auf. Spätestens seit sich erstmals ein Bundespräsident aufgrund von – wohl weitestgehend unberechtigten – Korruptionsvorwürfen zum Rücktritt gezwungen sah, ist das Thema in der Politik an oberster Stelle angekommen.

TRANSFER. Die an diesem Beispiel gewonnenen Einsichten sind auf andere Problemfelder der Wirtschaftskriminalität übertragbar, wie etwa Geldwäsche, Insiderhandel, Angebots- und Preisabsprachen.

LEHRPLAN-BEZUG. Korruption führt im Allgemeinen zu einem Wohlstandsverlust, weil knappe Ressourcen in die falschen Bahnen gelenkt werden (Fehlallokation) und sie untergräbt den Rechtsstaat. Insofern knüpft das Thema sowohl an die ökonomischen Urteilskategorien der Effizienz und der gesellschaftlichen Wohlfahrt als auch an die politischen Kategorien der Legitimität und Herrschaft an. In der Ausbildung zur/zum Investmentfondskauffrau/Investmentfondskaufmann ist Compliance als Teil der beruflichen Fertigkeiten und Kenntnisse ausdrücklich vorgesehen. Die Auszubildenden lernen, ‚Compliance-Regeln im Hinblick auf den Schutz der Kunden, der Anleger, der Mitarbeiter, des ausbildenden Betriebes und verbundener Unternehmen' anzuwenden.

Thomas Retzmann und Tilman Grammes

Korruption und ihre Schäden – auch bei bestechenden Unternehmen

KORRUPTIONSPHÄNOMEN. Kaum ein Tag vergeht, ohne dass die Medien empört über Korruptionsfälle berichten. Doch wo fängt eigentlich Korruption an? Schon beim verschenkten Kugelschreiber bei Geschäftskontakten? Oder ist die Grenze erst bei Schmiergeldern und gesponserten Luxusreisen überschritten? – Korruption galt lange lediglich als Kavaliersdelikt. Manche wollten ihr sogar positive Seiten abgewinnen, zum Beispiel die Beschleunigung von Bürokratie. Der Begriff ‚Korruption' fehlt im deutschen Strafgesetzbuch (StGB). Doch verbunden ist er meist mit Vorteilsgewährung und -annahme sowie Bestechung und Bestechlichkeit. Korruption ist ein Vorteilstausch, der mindestens zulasten Dritter geht. Ihre Dunkelziffer hierzulande wird auf bis zu 95 %, ihr wirtschaftlicher Schaden vorsichtig auf 4 Mrd. Euro pro Jahr geschätzt (vgl. Schreyögg 2008: 132; Vetter 2009: 34). Als sehr korruptionsanfällig gelten zum Beispiel das Gesundheits- und das Bauwesen. Korruption scheint gar zu manchen Geschäftsmodellen zu gehören: Langfristige, umfangreiche Bestechungsgeflechte werden als ‚Grand Corruption' bezeichnet – im Gegensatz zur spontan-situativen ‚Petty Corruption'. Abbildung 1 zeigt, dass die *Ursachen* und *Schäden* von Korruption drei Handlungsebenen betreffen.

Handlungsebene	Ursachen von Korruption	Schäden durch Korruption
Makro-Ebene: Rahmenordnung, Volkswirtschaft	schlechte Gesetze und Strafverfolgung, schwache Zivilgesellschaft und gesamtwirtschaftliche Steuerung	fragwürdige/überteuerte Infrastruktur, Umweltschäden, Staatsverschuldung, schrumpfendes Bruttoinlandsprodukt
Meso-Ebene: Unternehmen, Organisation	mangelhafte Kontrollen und Organisationsstrukturen, dubiose Anreiz- und Wertesysteme	Qualitäts-, Innovations-, Sicherheitsdefizite, sinkende Organisationsmoral, Reputationsverlust, Konkurs
Mikro-Ebene: Individuum	persönliche Gier und Geltungssucht, enttäuschte Erwartungen, Leichtsinn und Gedankenlosigkeit	Täter: Erpressbarkeit, Verschleierungsaufwand; Opfer: Frustration, Arbeitsplatzverlust, Unglücks- und Todesfälle

Abbildung 1: Ursachen und Schäden von Korruption

KORRUPTIONSBEKÄMPFUNG. Korruption wird traditionell durch Rechtsnormen und staatliche Sanktionen (Makro-Ebene) bekämpft. So sind korrupte Unternehmen durch Bußgeld, Schadenersatzpflicht und Gewinnabschöpfung bedroht (vgl. Faust 2006: 249). Und korrupte Personen riskieren, straf- und zivilrechtlich belangt zu werden. Zudem ist Korruption ins Visier von Nichtregierungsorganisationen, Journalisten und Staatsanwälten gerückt. So werden Bestechungsfälle vermehrt debattiert, zum Beispiel bei den Konzernen MAN und Siemens. Auch gehen Individuen (Mikro-Ebene) nun öfter gegen Korruption vor, etwa auf Enthüllungsplattformen im Web. Abbildung 1 zeigt, dass Unternehmen (Meso-Ebene) unter *Schäden* von Korruption leiden – selbst die, die durch Bestechungen Aufträge akquirieren. Und die *Entdeckungswahrscheinlichkeit* sowie die *Sanktionen* bei Korruption wachsen. Daher greifen immer mehr Unternehmen zu Gegenmaßnahmen – die oft als *Compliance-Management* bezeichnet werden.

Compliance-Management: Möglichkeiten und Grenzen

BEGRIFF UND ZIELE. Das englische Verb ‚to comply with' bedeutet so viel wie Folge leisten, etwas einhalten bzw. erfüllen. So wird Compliance meist als zuverlässige Befolgung von Gesetzen und anderen Regeln durch Unternehmen und ihre Mitarbeiter verstanden. Compliance gilt als wichtiger Teil verantwortungsbewusster Unternehmensführung und -kontrolle (Corporate Governance). So definiert der Deutsche Corporate Governance Kodex (DCGK) ‚Compliance' wie folgt: *„Der Vorstand hat für die Einhaltung der gesetzlichen Bestimmungen und der unternehmensinternen Richtlinien zu sorgen und wirkt auf deren Beachtung durch die Konzerneinheiten hin (Compliance).“* Die lückenlose Befolgung von (Antikorruptions-)Normen ist durchaus eine Herausforderung – allein angesichts zunehmender Regulierungen und weltweit unterschiedlicher Rechtssysteme. Vordringliche Compliance-Ziele sind die Risikominimierung und Schadensabwehr sowie die Transparenz- und Reputationssteigerung. Durch Compliance-Management signalisieren Unternehmen unter anderem, dass sie Korruption nicht dulden. Daneben richtet es sich gegen Delikte wie Datenmissbrauch und Geldwäsche. Eine Strukturanalyse des Compliance-Managements zeigt Abbildung 2.

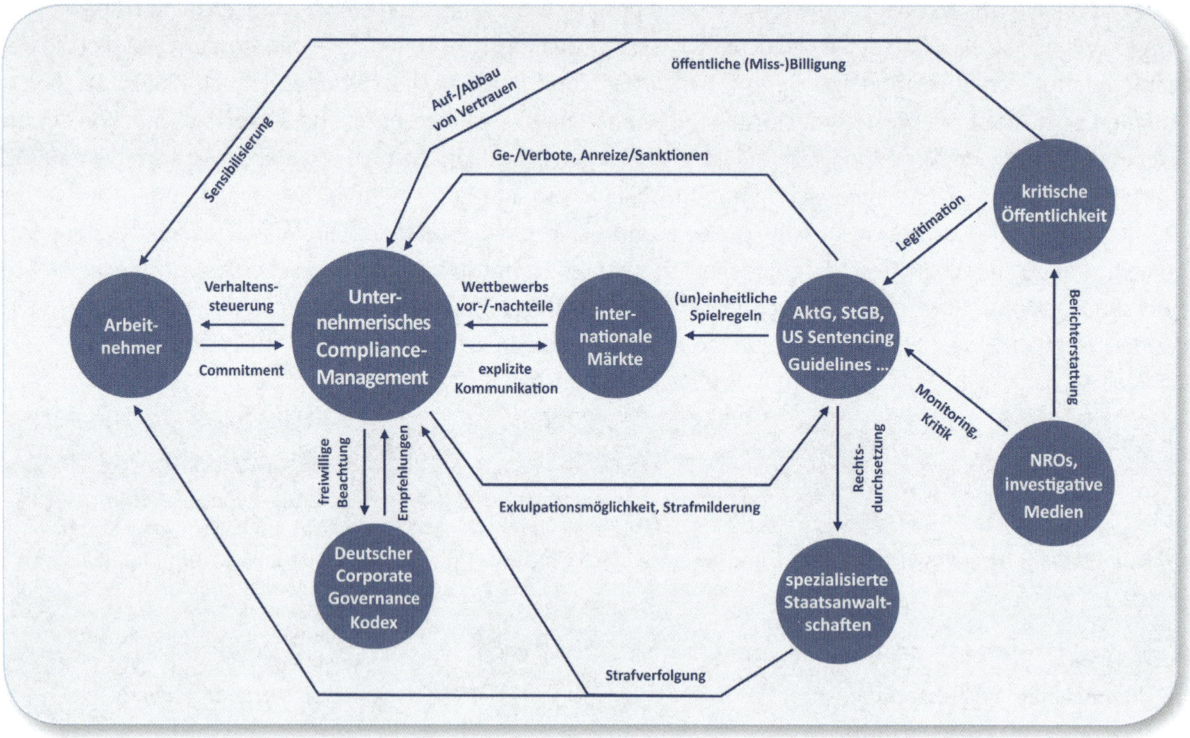

Abbildung 2: Strukturanalyse des Compliance-Managements
Quelle: Eigene Darstellung in Anlehnung an Retzmann 2006: 298.

USA VERSUS DEUTSCHLAND. Das Thema Compliance kam in den 1980er Jahren im Zuge der ‚Sentencing Guidelines' in den USA auf. Hiernach werden korruptionsauffällige Unternehmen als verantwortliche Rechtssubjekte behandelt. Doch können diese Unternehmen einen Strafnachlass erhalten, wenn sie zuvor ein Compliance-Programm installiert haben (vgl. Palazzo/Rasche 2010: 751 f.). In Deutschland steht Compliance erst seit ca. zehn Jahren im Fokus. Zurzeit existiert indes keine Verpflichtung zur Installation eines Compliance-Programms. Doch einige Rechtsnormen legen ein solches Programm nahe. So müssen Vorstand und Aufsichtsrat börsennotierter Aktiengesellschaften jährlich erklären, inwieweit sie die Empfehlungen des DCGK befolgt haben (§ 161 AktG). Und der Vorstand hat ein Überwachungssystem einzurichten, um existenzielle Unternehmensrisiken frühzeitig zu erkennen (§ 91 AktG).

ABLAUFSCHEMA. Zunächst spielt das jeweilige politisch-gesellschaftliche Umfeld bei Compliance-Maßnahmen eine Rolle. Doch auch Unternehmensgröße, Rechtsform und Branche können insoweit prägend sein (vgl. Wecker/Galla 2009: 71). Die Installation eines Compliance-Programms läuft idealtypisch in folgenden vier Schritten ab (vgl. Vetter 2009: 42 ff.):

1. *Identifizierung der Risiken:* Analyse des Umfelds des Unternehmens, Ermittlung der Eintrittswahrscheinlichkeit von Regelverstößen (zum Beispiel Korruption) sowie Einschätzung des potenziellen Schadensumfangs.
2. *Internes Informationssystem:* Analyse existierender Schutzmechanismen, Ableitung von Schritten zur Risikovorsorge, Zuordnung dieser Schritte zu Verantwortungsbereichen, Einschätzung des Schulungsbedarfs sowie Entwicklung von Verhaltensrichtlinien.
3. *Internes und externes Kommunikationssystem:* Festlegung von Verfahrensabläufen bei Beschwerden, Kontakte mit zuständigen Behörden, (ggf. elektronische) Meldesysteme für Regelverstöße sowie Entwicklung von Kommunikationsmedien (zum Beispiel Nachhaltigkeitsbericht, Governance- bzw. Social Responsibility-Report).
4. *Kontroll- und Überwachungssystem:* Bestellung einer Ombudsperson bzw. Installation eines Compliance-Bereichs, Entwicklung von Audit- und Kontrollverfahren, Festlegung von Kommunikationsabläufen und Sanktionsinstrumenten, ggf. externe Zertifizierung.

Aus den Kontrollen und Überwachungen schließlich kann sich der Bedarf einer erneuten Risikoanalyse ergeben. Es entsteht somit ein Compliance-Kreislauf.

Aufbauorganisation. Compliance ist institutionell sinnvoll zu verankern, um Wirkung entfalten zu können. Nicht selten ist die Compliance-Funktion in Revisions- oder Rechtsabteilungen integriert. Ein eigener Compliance-Bereich wird von eher größeren Unternehmen installiert – oft als Stabsfunktion der Leitungsebene. Teilweise gibt es hier eigene Vorstandsressorts, denn Compliance gilt zunehmend als ‚Chefsache'. Auch finden sich Compliance-Bereiche mit spartenspezifischem Know-how (vgl. Saitz 2010: 151). Kleinere Unternehmen beginnen mit der Institutionalisierung von Compliance oft, indem sie einen externen Compliance-Anwalt bestellen. Die höhere Unabhängigkeit Externer kann indes auch für Großunternehmen vorteilhaft sein. So finden sich oft auch Kombinationen unternehmensinterner und externer Compliance-Funktionen.

Verhaltenskodizes. Staatliche Verhaltensnormen erweisen sich nicht selten als unzulänglich. So werden durch unternehmerisches Compliance-Management oft zusätzliche Kodizes formuliert – also Aussagen darüber, wie das Unternehmen und seine Mitarbeiter handeln sollen. Kodizes bieten Orientierung, indem sie aufzeigen, was von Unternehmensangehörigen und vom Umfeld (zum Beispiel Kunden und Lieferanten sowie Staat und Zivilgesellschaft) am meisten geschätzt bzw. abgelehnt wird (vgl. Faust 2006: 218). Kodizes warnen insbesondere vor Handlungen, die berechtigte Interessen Dritter verletzen. Und sie fordern zu Verhaltensweisen auf, welche die Compliance-Ziele unterstützen. Im Kampf gegen Korruption kreieren Unternehmen meist spezifische Verhaltensregeln – zum Beispiel bezüglich Geschenken, Sponsorings sowie Auftragsvergaben und annahmen.

Unterweisungen. Zum Kernbestandteil von Compliance-Programmen zählen auch Schulungen und Belehrungen, etwa zur (inter-)nationalen Gesetzeslage, zu unternehmensinternen Verhaltensregeln sowie zu Korruptionsindikatoren. Insbesondere wird auf die drohenden Strafen bei Fehlverhalten hingewiesen. Adressaten dieser Unterweisungen sind vor allem neu eingestellte Mitarbeiter für risikoträchtige Aufgabenfelder. Zunehmend wird dabei auch Electronic Learning eingesetzt. Meist ist die Teilnahme an den Schulungen obligatorisch und per Unterschrift zu bestätigen. Dies ermöglicht Unternehmen den späteren Nachweis ihrer Compliance-Aktivitäten.

Weitere Bausteine. Compliance-Management kann, zumal in Großunternehmen, beispielsweise durch folgende Instrumentarien ergänzt werden:

- *Ethik-Hotlines:* Dies sind gebührenfreie Telefonnummern, die Mitarbeiter-Hinweise bezüglich Fehlverhalten aufnehmen. Über solche Hotlines wird ein (ggf. anonymer, längerfristiger) Dialog über Korruption und andere Missstände ermöglicht, etwa mit Compliance-Beauftragten. Aktuell sind Web-basierte Hinweisgebersysteme auf dem Vormarsch (vgl. Tur 2010: 438 ff.).
- *Auditierungen:* Hierunter fallen unternehmensinterne und/oder -externe Überprüfungen des bestehenden Compliance-Programms. Audits liefern Berichte, Indikatoren und Statistiken über die ‚ethische Qualität' des Unternehmens (vgl. Noll 2002: 150). Sie können die Aufbau-, aber auch die Ablauforganisation des Compliance-Managements in den Blick nehmen.
- *Zertifizierungen:* Ergänzend werden zunehmend Zertifizierungen von Compliance-Programmen durchgeführt. Dies sind strukturierte, regelgebundene Beurteilungen durch unabhängige Instanzen – etwa im Zuge des Qualitätsmanagements (ISO-Normen 9000 ff.). Zertifizierungen können eine besondere Glaubwürdigkeit unternehmerischer Compliance signalisieren.

Kritik. ‚Von oben' verordnete Compliance-Regeln werden von intrinsisch motivierten Mitarbeitern oft als demotivierend empfunden (vgl. Göbel 2006: 217). Compliance setzt eher auf extrinsisch motivierbare Mitarbeiter, die oft indes nicht aus innerer Überzeugung handeln. Zudem kann Compliance eine Bürokratisierung von Unternehmen bewirken – ein gravierender Nachteil im dynamischen, globalisierten Wettbewerb. Und Unternehmen steigern durch kommunizierte Compliance die Anspruchshaltung ihres Umfelds. Dies kann bei einem dennoch bekannt werdenden Korruptionsfall zu einem fatalen ‚Bumerang-Effekt' führen. Problematisch ist vor allem, wenn Compliance-Ziele mit der Unternehmenskultur und den Leistungsanreizen (zum Beispiel Bonussystemen) kollidieren. Denn dann verkommt Compliance zu einem bloßen Feigenblatt. Nicht zuletzt führt ein separat organisierter Compliance-Bereich dazu, dass Regelbefolgung oft als ‚Sonntagsveranstaltung' angesehen wird. Unter solchen Vorzeichen schadet Compliance-Management den Unternehmen eher, als dass es Nutzen stiftet.

COMPLIANCE UND INTEGRITY. Daher wird die Ergänzung ‚harter' Compliance durch ‚weiche' Integrity vorgeschlagen. Somit rückt eine gute Führungs- und Unternehmenskultur in den Blick. Dabei geht es um längerfristige Entwicklungen, die nur bedingt ‚von oben' zu verordnen sind. Integrity möchte ethisches Handeln ermöglichen – im Gegensatz zur Compliance, die unethisches Verhalten verhindern will. Doch auch der Integrity-Ansatz wird teils kritisiert, zum Beispiel weil er zu Beliebigkeit führe und keine verlässliche Verhaltenssteuerung ermögliche. Auch seien manche Mitarbeiter überfordert, da sie permanent die Integrität des Handelns reflektieren müssten (vgl. Noll 2002: 121). – Zusammenfassend zeigt Abbildung 3 wichtige Aspekte des Compliance- und des Integrity-Ansatzes. Am wirksamsten bekämpfen Unternehmen die Korruption wohl durch eine Balance von Compliance und Integrity – eine Balance, die auf ihr jeweiliges Risikoprofil abgestimmt ist.

	Compliance-Ansatz	Integrity-Ansatz
Zielsetzung	Konformität mit extern auferlegten Verhaltensstandards (vor allem Gesetzen)	ethisch-moralische Selbststeuerung der Mitarbeiter aus innerer Überzeugung
Steuerungsphilosophie	Verhinderung von kriminellem Handeln durch Einschränkung von Handlungsspielräumen, ‚law driven'	Ermöglichung von Freiräumen für integres, verantwortungsbewusstes Handeln, ‚value driven'
Menschenbild	von materiellem Eigeninteresse und Opportunismus geprägtes Wesen, das vor allem extrinsisch motiviert ist	soziales, lernfähiges Wesen, das von Eigeninteresse, und vor allem intrinsisch durch Werte und Ideale geleitet ist
Instrumente	Unterweisungen, Überwachungen, Fremdkontrollen, Drohungen, Anreize und Sanktionen	Personalentwicklung, Vorbild der Führungskräfte, organisatorisch-prozedurale Vorsorgemaßnahmen

Abbildung 3: Compliance versus Integrity

Quelle: Eigene Darstellung in Anlehnung an Paine (1994) sowie Göbel (2006).

Unterrichtsplanung und -verlauf

BILDUNGSGEHALT UND KOMPETENZENTWICKLUNG. Zum Kern ökonomischer Bildung zählt die Kompetenz, Konflikte perspektivisch und ethisch zu *beurteilen*. Auch ist die (wirtschafts-)ethisch fundierte Bearbeitung und *Lösung* von Konflikten entscheidend, etwa durch Individuen, Verbände und institutionelle Arrangements (vgl. Retzmann 2011: 16 f.). Dieser ethos-Baustein soll Schülerinnen und Schüler motivieren und befähigen, sich mit Korruption und mit Compliance-Management kritisch auseinanderzusetzen. Im späteren Berufsleben müssen auch die moralischen Dimensionen in Handlungs- und Entscheidungssituationen berücksichtigt werden. So sind bei den Schülerinnen und Schülern Fähigkeiten zur Beurteilung von *Qualitätsmaßstäben* für gutes Compliance-Management zu entwickeln. Doch sollte deutlich werden, dass extrinsische Compliance in der Berufspraxis oft unzulänglich ist. Wichtig ist daher die Einbeziehung von *Integrity*-Aspekten, die Korruption auf Basis intrinsischer Motivation bekämpfen. Vor diesem Hintergrund fördert der Unterrichtsbaustein vor allem folgende Fähigkeiten:

- *Ökonomische Fachkompetenz:* etwa durch die Reflexion der Ursachen und Folgen von Korruption sowie der (ökonomischen) Konsequenzen von Compliance-Management.
- *Werte- und Handlungskompetenz:* zum Beispiel die Fähigkeit zum Perspektivwechsel, zur rationalen Argumentation und Güterabwägung sowie zum Treffen gut begründeter Entscheidungen.
- *Medien- und Sprachkompetenz:* beispielsweise durch die Hinzuziehung von (englischsprachiger) Fachliteratur sowie die zielorientierte Internet-Recherche.
- *Sozial- und kommunikative Kompetenz:* insbesondere in den Phasen des Praxiskontakts und des Rollen- bzw. Konferenzspiels.

Lernvorrausetzungen. Zur Bearbeitung dieses ethos-Bausteins sind betriebswirtschaftliche Vorkenntnisse hilfreich, etwa hinsichtlich der Aufbau- und Ablauforganisation von Unternehmen. Förderlich ist zudem Basiswissen über ethische Argumentationen und Gestaltungsansätze, zum Beispiel bezüglich der Institutionen- und Individualethik. Sinnvoll sind nicht zuletzt Grundkenntnisse über die Rolle von Gesetzgebern und Strafverfolgungsbehörden. Günstig ist, dass diese Themen regelmäßig curricularer Bestandteil des Politik- bzw. Sozialkundeunterrichts sind. Die Themen Korruption und Compliance-Management sind hieran anschlussfähig und können somit vorhandene Kenntnisse erweitern und vertiefen.

Curriculare Einbindung. Wirtschafts- und unternehmensethische Inhalte finden sich in vielen Bildungsplänen. So etwa in Schleswig-Holstein (Wirtschaftsethik in Klassenstufe 11 an Gymnasien, innerhalb des Fachs Wirtschaftsphilosophie) sowie in Bayern (Diskussion wirtschaftsethischer Fragen im Rahmen der Sozialkunde in Jahrgangsstufe 12 an Berufs[fach]schulen). Das Compliance-Thema kann dort integriert werden, wo es um unternehmerische Verantwortung in der Marktwirtschaft geht. Zudem sollen etwa laut Lehrplänen der Freien und Hansestadt Hamburg in der gymnasialen Oberstufe ökonomische Menschenbilder reflektiert werden. Dies kann exemplarisch durch den Vergleich von Compliance und Integrity geschehen. Die Vermittlung dieser Inhalte kann in vier Unterrichtsphasen gegliedert werden, die im Folgenden skizziert werden.

Phase 1. Das Thema Korruption ist den meisten Schülerinnen und Schülern in allgemeiner Form zwar bekannt, aber die Details sind ein eher unbekanntes Terrain. Einführend sind daher Grundlageninformationen erforderlich, die ggf. anhand eines entsprechenden Dokumentarfilms vermittelt werden – beispielsweise:

- „Erdöl, Brot und Korruption" von Denis Poncet/Rémy Burkel oder
- „Siemens im Schmiergeldsumpf – Das Geschäft der Korruptionsermittler" von Thomas Leif.

Motivierend ist zudem, Vorkenntnisse der Schülerinnen und Schüler aus anderen Kontexten zu aktivieren und sie zur eigenständigen Fallrecherche zu ermuntern **[M 1]**. Um zunächst Distanz zu der prekären Thematik zu wahren, sollte die Perspektive *neutraler Beobachter* eingenommen werden. Die Vertiefung des Themas bezieht reflexive Elemente ein – etwa anhand der Analyse der Arten, Ursachen und Folgen von Korruption **[M 2, M 3]**. Nicht zuletzt sollte ein etwaiger *Praxiskontakt* **[M 8]** nun bereits vorbereitet werden, da dies meist zeitaufwändig ist.

Phase 2. Wichtig ist zunächst, dass Schülerinnen und Schüler die Makro-, Meso- und die Mikro-Ebene unterscheiden **[M 4]**. Bei Compliance und Korruptionsbekämpfung spielt der Staat als Regelsetzer (Makro-Ebene) eine wichtige Rolle (vgl. etwa §§ 299 ff. StGB und 76 ff. AktG). Doch Ergänzungen bzw. Alternativen zur staatlichen Regelsetzung werden zunehmend wichtig – vor allem das Compliance-Management (Meso-Ebene) **[M 5, M 6]**. Im Folgenden sollten die Schülerinnen und Schüler indes befähigt werden, auch Defizite von Compliance-Management zu reflektieren: etwa dass es in Public Relations, Kommerzialisierung und Datenschutz-Verstößen enden kann **[M 7]**. Diese weiter führenden Überlegungen können durch Literatur- und Internet-Recherchen sowie durch den Praxiskontakt **[M 8]** unterstützt werden.

In Phase 3 können ein Compliance-Rollenspiel **[M 9]** sowie ein Konferenzspiel **[M 10]** durchgeführt werden. Insoweit werden Perspektiven von Betriebsräten, Unternehmensverbänden, Nichtregierungsorganisationen etc. einbezogen. Das Konferenzspiel bietet sich auch dann an, wenn nicht alle Rollen besetzt werden. Deutlich sollte hierbei unter anderem werden, dass fast alle Beteiligten janusköpfig erscheinen: einerseits als Teil des Korruptionsproblems, andererseits als Teil einer Problemlösung. Und die ‚Orte' der Ethik treten nun in Gestalt einzelner Personen auf, so dass die Relevanz von Verantwortung auch auf der Mikro-Ebene deutlich wird. Die Schülerinnen und Schüler werden mit Korruption und Compliance-Management nun vor allem aus den Perspektiven *maßgeblicher Akteure, betroffener Adressaten* und *intervenierender Bürger* vertraut.

Phase 4 dient der abschließenden Reflexion und Festigung des Lernerfolgs. Dabei sollten indes die Erwartungen nicht zu hoch geschraubt werden. Denn die angesprochenen Themen sind äußerst komplex, so dass sich selbst Fachexperten mit Lösungsansätzen oft schwer tun. Abschließend sollten evaluative Nachbereitungen im Unterrichtsplenum erfolgen, bei denen zum Beispiel folgende Aspekte beleuchtet werden können:

- Inwieweit waren die Rahmenumstände des Gesprächs/Kontakts angemessen?
- War dabei die Atmosphäre eher kooperativ oder konfrontativ, eher sachlich oder emotional?
- Wo war der thematische Fokus des Gesprächs/Kontakts? Was wurde angesprochen, was wurde ausgeklammert?
- Inwieweit waren Gesprächsverlauf und -ergebnis für die Beteiligten zufrieden stellend?

Ausblick. Anknüpfungspunkte zur Diskussion weiterer ‚Orte' der Ethik sind offenkundig – mit der Zielsetzung, frühzeitig Korruption und anderen Delikten wirksam vorzubeugen. Ein Beispiel sind Übereinkommen über freiwillige Social Responsibility-Standards (vgl. ISO 26000: „Leitfaden gesellschaftlicher Verantwortung"). Nicht zuletzt können die Entwicklung internationaler Anti-Korruptionsregeln (Makro-Ebene) sowie Fragen individueller Verantwortung (Mikro-Ebene) erörtert werden, zum Beispiel anhand des ethos-Bausteins ‚Whistleblowing'.

Literatur

Faust, Thomas (2006): Organisationskultur und Ethik: Perspektiven für öffentliche Verwaltungen. Berlin (Nachdruck).

Göbel, Elisabeth (2006): Unternehmensethik. Stuttgart.

Noll, Bernd (2002): Wirtschafts- und Unternehmensethik in der Marktwirtschaft. Stuttgart/Berlin/Köln.

Paine, Lynn Sharp (1994): Managing for Organizational Integrity. In: Harvard Business Review. Vol. 72, S. 106-117.

Palazzo, Guido/Rasche, Andreas (2010): CSR-Compliance: Globale Unternehmensverantwortung zwischen Hard Law und Soft Law. In: Wieland, Josef/Steinmeyer, Roland/Grüninger, Stephan (Hrsg.): Handbuch Compliance-Management. Berlin, S. 745-760.

Retzmann, Thomas (2006): Didaktik der berufsmoralischen Bildung in Wirtschaft und Verwaltung. Eine fachdidaktische Studie zur Innovation der kaufmännischen Berufsbildung. Norderstedt.

Retzmann, Thomas (2011): Kompetenzen und Standards der ökonomischen Bildung. In: Aus Politik und Zeitgeschichte. Nr. 12/2011, S. 15-21.

Saitz, Bernd (2010): Compliance in mittelständischen Unternehmen – Theoretische Anforderungen und pragmatische Ansätze zur Umsetzung. In: Wieland, Josef/Steinmeyer, Roland/Grüninger, Stephan (Hrsg.): Handbuch Compliance-Management. Berlin, S. 147-170.

Schreyögg, Georg (2008): Unternehmensethik zwischen guten Taten und Korruption – Perspektiven für die Betriebswirtschaftslehre. In: Zeitschrift für betriebswirtschaftliche Forschung, Sonderheft 58/2008, S. 116-135.

Tur, Kenan (2010): Hinweisgebersysteme und Transparenz: Strukturen, Problemerkennung, Management. In: Wieland, Josef/Steinmeyer, Roland/Grüninger, Stephan (Hrsg.): Handbuch Compliance-Management. Berlin, S. 437-456.

Vetter, Eberhard (2009): Compliance in der Unternehmerpraxis. In: Wecker, Gregor/Laak, Hendrik van (Hrsg.): Compliance in der Unternehmerpraxis. 2. Auflage. Wiesbaden, S. 33-48.

Wecker, Gregor/Galla, Stefan (2009): Pflichten der Geschäftsleitung & Aufbau einer Compliance Organisation. In: Wecker, Gregor/Laak, Hendrik van (Hrsg.): Compliance in der Unternehmerpraxis. 2. Auflage. Wiesbaden, S. 49-72.

M 1 *Die Relevanz von Korruption: aktuelle Fallbeispiele*

Lange galt das Thema Korruption hierzulande als ein Tabu. Doch sind Bestechungsfälle in letzter Zeit vermehrt aufgedeckt und öffentlich diskutiert worden. Einzelheiten zu solchen Fällen können zum Beispiel auf den Websites folgender Akteure in Erfahrung gebracht werden:

- *(Wirtschafts-)Presse:* Business Week, Der Spiegel, Financial Times, Frankfurter Allgemeine Zeitung, Frankfurter Rundschau, Handelsblatt, Manager Magazin, Neue Zürcher Zeitung, Süddeutsche Zeitung, Wirtschaftswoche.
- *Rundfunk- und Fernsehsender:* ARD (Fakt, Panorama, Plusminus, Report), Arte, Deutsche Welle, Deutschlandfunk, Deutschlandradio Kultur, Phoenix, ZDF (Frontal 21, Länderspiegel, WISO), 3sat.
- *Netzwerke und Nichtregierungsorganisationen (NRO):* csr-news, Deutsches Netzwerk Wirtschaftsethik, Fairness Stiftung, Lobby Control, Netzwerk Recherche, Transparency International.

Arbeitsaufträge:

1. Welche zwei Korruptionsfälle haben nach Ihrer Ansicht in letzter Zeit die größte öffentliche Aufmerksamkeit erfahren? Recherchieren Sie nähere Details zu diesen Fällen und beschreiben Sie, um welchen Sachverhalt es jeweils geht.
2. Vergleichen Sie die Sichtweise der *unmittelbar Beteiligten* mit der Sichtweise des *Umfelds.*
3. Inwieweit sehen Sie Gemeinsamkeiten bei diesen Korruptionsfällen? Wo könnten Ursachen für diese Gemeinsamkeiten liegen?

Notizen:

M 2 *Korruption – ihre Ursachen und ihre Folgen*

Korruption ist ein sehr facettenreiches Phänomen, das bislang nicht eindeutig definiert ist. Und ebenso facettenreich sind die *Ursachen* und die *Folgen* von Korruption. Zu unterscheiden sind in diesem Zusammenhang

- die Mikro-Ebene (einzelnes Individuum)
- die Meso-Ebene (Unternehmen) sowie
- die Makro-Ebene (Staat und Gesellschaft).

Arbeitsaufträge:

1. Erarbeiten Sie einen eigenen Definitionsansatz für Korruption. Überlegen Sie: Welche Formen der Korruption werden von Ihrer Definition erfasst, welche nicht?
2. Welche generellen *Ursachen* hat Korruption? Berücksichtigen Sie hierbei die Mikro-, die Meso- und die Makro-Ebene.
3. Welche generellen *Folgen* hat Korruption? Berücksichtigen Sie hierbei die Mikro-, die Meso- und die Makro-Ebene! – Überlegen Sie außerdem: Könnte Korruption positive, wünschenswerte Folgen haben? Bitte begründen Sie.

Notizen:

M 3 *‚Petty' und ‚Grand' Corruption*

Korruptionsfälle können sich hinsichtlich Art und Umfang erheblich unterscheiden – dies zeigen öffentlich bekannt gewordene Fallbeispiele. Daher hat sich die Unterscheidung von ‚Petty' und ‚Grand' Corruption eingebürgert.

Arbeitsaufträge:

1. Was sind wesentliche Merkmale von ‚Petty' Corruption? Und was sind wesentliche Merkmale von ‚Grand' Corruption? Verdeutlichen Sie dies an je zwei Beispielfällen!
2. Überlegen Sie anhand obiger Beispielfälle: Inwiefern kann auch die ‚Petty' Corruption zu einem ‚großen' Problem werden?

Notizen:

M 4 *Korruptionsbekämpfung – Ansatzpunkte auf drei Ebenen*

Die Bekämpfung von Korruption kann grundsätzlich auf drei unterschiedlichen Handlungsebenen ansetzen: beim einzelnen Individuum (Mikro-Ebene), beim Unternehmen (Meso-Ebene) sowie bei Staat und Gesellschaft (Makro-Ebene).

Arbeitsaufträge:

1. Wie sollte sich ein einzelnes *Individuum* gegenüber Korruption verhalten? Inwieweit spielt hierbei das Umfeld des Individuums (zum Beispiel Familie, Freunde, Kollegen) eine Rolle?
2. Wie sollte sich ein *Unternehmen* gegenüber Korruption verhalten? Inwieweit spielt hierbei das Umfeld des Unternehmens (zum Beispiel die Wirtschaftsbranche) eine Rolle?
3. Wie sollten sich *Staat und Gesellschaft* gegenüber Korruption verhalten? Inwieweit spielt hierbei das (internationale) Umfeld eine Rolle?
4. Inwiefern bestehen bei der Korruptionsbekämpfung *Wechselwirkungen* zwischen den drei genannten Handlungsebenen?

Notizen:

M 5 *Compliance-Management: Ziele und Instrumente, Kosten und Nutzen*

Unternehmerisches *Compliance-Management* hat in letzter Zeit einen rasanten Aufschwung genommen – nicht nur im angelsächsischen, sondern auch im deutschsprachigen Raum.

Arbeitsaufträge:

1. Geben Sie eine allgemeine Umschreibung des Begriffs ‚Compliance-Management'.
2. Was sind die wesentlichen Ziele von Compliance-Management?
3. Beschreiben Sie drei wichtige Instrumente, die zum Compliance-Management zählen.
4. Wie kann Compliance-Management organisatorisch in einem Unternehmen verankert werden? Denken Sie dabei sowohl an die Aufbau- als auch an die Ablauforganisation.
5. Compliance-Management kann einerseits den Unternehmen nutzen, aber es bindet andererseits auch unternehmerische Ressourcen. Nennen Sie die wichtigsten betrieblichen Kosten- und Nutzenaspekte.

Notizen:

M 6 *Compliance-Management – ein unternehmensspezifisches Konzept*

Zwar gibt es grundlegende Prinzipien für Compliance-Management, doch in der Unternehmenspraxis wird das Konzept meist individuell ausgestaltet. Dies spiegelt sich auch in den *Kommunikationsinstrumenten* der Unternehmen (zum Beispiel Website, Corporate Governance-, Social Responsibility- bzw. Nachhaltigkeits-Report). Analysieren Sie vor diesem Hintergrund die Kommunikationsinstrumente eines

- Finanzdienstleisters (zum Beispiel Deutsche Bank, Munich Re),
- Industrieunternehmens (zum Beispiel Siemens, Daimler) und
- Logistik-/Infrastrukturunternehmens (zum Beispiel Deutsche Bahn, Fraport).

Arbeitsaufträge:

1. Vergleichen Sie: Wie definieren diese Unternehmen ‚Compliance-Management'? Was bezwecken die Unternehmen mit Compliance-Management? Welche *Compliance-Instrumente* haben die Unternehmen im Einsatz?
2. Welche Unterschiede fallen Ihnen anhand der Compliance-Kommunikationsinstrumente dieser Unternehmen noch auf? Worin liegen die Ursachen für diese Unterschiede?
3. „Ein chinesisches Unternehmen darf nicht blindlings das Compliance-Konzept eines US-amerikanischen Unternehmens kopieren." Welche Gründe sprechen für, welche Gründe sprechen gegen diese These?

Notizen:

M 7 *Compliance-Management in der Kontroverse*

Das unternehmerische Compliance-Management ist keineswegs unumstritten. So haben einige prominente Beispiele gezeigt, dass trotz der Implementation eines Compliance-Programms dennoch gravierende Korruptionsfälle auftreten können.

Arbeitsaufträge:

1. Wo sehen Sie grundsätzliche *Stärken* von Compliance-Management?
2. Wo sehen Sie grundsätzliche *Schwächen* von Compliance-Management?
3. Inwieweit sehen Sie *Möglichkeiten zur Fortentwicklung* von Compliance-Management?

M 8 *Compliance als Gesamtkonzept: weitere Informationen und ein Praxiskontakt*

Neben den Unternehmen spielen offenbar auch andere Akteure bezüglich nachhaltiger Korruptionsbekämpfung und Compliance eine wichtige Rolle. So enthalten zum Beispiel die Websites folgender Institutionen weiter führende Informationen bzw. Handlungsempfehlungen.

- *Staatliche Rahmenordnung/internationale Organisationen:* Bundesministerium der Justiz, Bundesministerium des Innern, Europäische Kommission, Internationaler Währungsfonds, OECD, Vereinte Nationen, Weltbank.
- *Wissenschaft/Denkfabriken:* Centrum für Interdisziplinäre Compliance Forschung (Frankfurt/Oder), Hans-Böckler-Stiftung, Konstanz Institut für Corporate Governance, Leadership Excellence Institute (Zeppelin Universität), Risk & Compliance Research Center (Münster), Steinbeis Hochschule Berlin, Technische Hochschule Deggendorf.
- *Verbände/wirtschaftsnahe Institutionen:* Bayerischer Bauindustrieverband, Bundesverband der Deutschen Industrie, Ethikverband der Deutschen Wirtschaft, Handelskammer Hamburg, IHK Frankfurt am Main, Internationale Handelskammer.
- *Unternehmensberatungen/Ombudspersonen:* Deloitte, Ernst & Young, ICM Institut für Compliance im Mittelstand, KPMG, Ombudsmann Dr. R. Frank (Berlin), Ombudsmann Dr. C. Thiel von Herff (Bielefeld), PricewaterhouseCoopers, Steria Mummert.

Arbeitsaufträge:

1. Gehen Sie exemplarisch bzw. arbeitsteilig vor: Welche Informationen bzw. Handlungsempfehlungen stellen o. g. Akteursgruppen zu den Themen Korruptionsbekämpfung und Compliance zur Verfügung?
2. Wie beurteilen Sie diese Materialien in formaler und inhaltlicher Hinsicht? Inwieweit wird eine Kooperation mit anderen Akteuren angestrebt? Inwieweit ist das Material auch durch eigennützige Interessen der Akteure beeinflusst?
3. Erkunden Sie weitere Details zum Thema Compliance mittels eines *Praxiskontakts*. Bereiten Sie einen Fragebogen vor, der dem Kontaktpartner ggf. vorab zur Verfügung gestellt wird. Dieser Fragebogen kann beispielsweise folgende Punkte beinhalten:
   a) Was versteht Ihre Institution unter ‚Compliance' und ‚Compliance-Management'?
   b) Wodurch wurde Ihre Institution auf Compliance-Management aufmerksam?
   c) Wo sehen Sie die Stärken, wo die Schwächen von Compliance-Management?
   d) Wie wird sich das Thema ‚Compliance-Management' künftig weiterentwickeln?

M 9 *Rollenspiel: Compliance contra ‚Petty Corruption'* **Seite 1**

Die folgende Fallsituation aus der Speditionsbranche ist rein fiktiv. Zu jeder Rolle können weitere Argumente gesammelt werden, um die Position im Rollenspiel zu stützen.

Fallsituation:

Gerd Gebert ist Inhaber der Hamburger Speditionsfirma ‚GeGe-Trans'. Er beschäftigt 26 Fernfahrer und elf Bürokräfte. Die Fahrer werden auf Routen in Norddeutschland, Dänemark, Schweden und Polen eingesetzt. Die wirtschaftliche Situation der Speditionsfirma ist angespannt; deshalb wurden kürzlich zwei Fahrer entlassen. Die Mitarbeiter sind durchweg sehr engagiert und stets auch zur Leistung von Überstunden bereit. Doch durch einen Zufall kam heraus, dass ein Fahrer von ‚GeGe-Trans' neulich die zulässige Höchstgeschwindigkeit um über 30 km/h überschritten und dem kontrollierenden Polizeibeamten 50 Euro zugesteckt hatte. Daraufhin verzichtete der Polizeibeamte darauf, rechtliche Schritte gegen den Fahrer von ‚GeGe-Trans' einzuleiten.

Gerd Gebert ist wegen des Vorfalls außer sich, und er beruft umgehend eine Besprechung ein. Neulich hat er in einer Zeitschrift einen Artikel über ‚Compliance-Management' gelesen, das dort als Wunderwaffe gegen Korruption gepriesen wurde.

Rollenkarten:

ROLLENKARTE

Gerd Gebert, Inhaber von ‚GeGe-Trans'

64 Jahre, seit 37 Jahren im Unternehmen.

Sie haben Ihr Leben lang hart für Ihre Spedition gearbeitet. Stets haben Sie in Ihrer Firmenzentrale die Stellung gehalten, gerade auch in wirtschaftlich schwierigen Zeiten. Korruption ist für Sie unter keinen Umständen duldbar, deswegen haben Sie eine Compliance-Expertin engagiert. Der gute Ruf und die Existenz Ihres Unternehmens stehen schließlich auf dem Spiel. Daher wollen Sie mit harter Hand gegen Korruption in Ihrer Firma durchgreifen.
„Wehret den Anfängen!" – das ist Ihr Motto.

ROLLENKARTE

Jana Jansen, Rechtsanwältin und Compliance-Expertin

42 Jahre, selbstständig.

Sie sind von Gerd Gebert als Moderatorin zu der Besprechung gebeten worden. Bei der Beratung international agierender Unternehmen ziehen Sie stets auch den Korruptionswahrnehmungsindex (CPI) von Transparency International heran. Und aus den USA wissen Sie, dass gut geführte Unternehmen dort nicht nur auf ‚Compliance', sondern vor allem auch auf ‚Integrity' Wert legen. Offenbar ist auf diesem Wege eine nachhaltigere Korruptionsbekämpfung möglich.

M 9 *Rollenspiel: Compliance contra ‚Petty Corruption‘* Seite 2

ROLLENKARTE

Max May, dienstältester Fahrer bei ‚GeGe-Trans‘

58 Jahre, seit 29 Jahren im Unternehmen.

Sie genießen das besondere Vertrauen Ihres Chefs. Und Sie wissen, dass er lange schon nicht mehr selbst ‚auf dem Bock‘ gesessen hat. Das Verhalten Ihres Fahrerkollegen ist für Sie zwar nicht ganz okay. Aber es ging doch nur um 50 Euro, also kein Grund zur Panik! Bei anderen Speditionen herrschen noch viel rauere Sitten – da könnte ‚GeGe-Trans‘ doch gleich einpacken. Und überhaupt die Polizei: Manche von denen kassieren bei den Fernfahrern sogar ‚Wegezoll‘ ab.

ROLLENKARTE

Silke Sievers, Betriebsrätin bei ‚GeGe-Trans‘

29 Jahre, seit 1 Jahr im Unternehmen.

Sie kannten das Thema Korruption bisher nur vom Hörensagen. Deshalb mussten Sie sich kurzfristig über Grundprobleme von Bestechungen kundig machen. Dabei haben Sie erfahren, dass Korruption neulich auch in einer anderen Hamburger Spedition aufgedeckt wurde. Für Sie ist die Erhaltung der Arbeitsplätze bei ‚GeGe-Trans‘ das oberste Ziel.
Sie fragen sich insgeheim, ob ein Schmiergeld diesem Ziel wirklich im Weg steht. Und es ist doch niemand zu Schaden gekommen!

Fragen für eine abschließende Diskussion:

1. Welche der im Rollenspiel vorgebrachten Argumente haben Sie überzeugt – welche weniger? Bitte begründen Sie Ihre Ansicht.
2. Welche weiter gehenden betriebswirtschaftlichen und unternehmenspolitischen Möglichkeiten hat Gerd Gebert, die Korruptionsanfälligkeit seiner Spedition zu reduzieren?

M 10 *Konferenzspiel: Compliance contra ‚Grand Corruption‘* Seite 1

Die folgende Fallsituation aus der Automobilbranche ist rein fiktiv. Zu jeder Rolle können weitere Argumente gesammelt werden, um die Position im Konferenzspiel zu stützen.

Fallsituation:

Bei mehreren Automobilkonzernen sind gravierende Bestechungen entdeckt worden. Hierin verwickelt sind nicht nur deren Führungskräfte und Mitarbeiter, sondern auch Verbandsvertreter, Journalisten und öffentlich Bedienstete. Innerhalb dieses Korruptionsgeflechts sind in den vergangenen fünf Jahren ca. 100 Mio. Euro geflossen. Die Medien haben über diese ‚Grand Corruption‘ ausführlich berichtet, sodass ein enormer öffentlicher Skandal entstanden ist.

Zu einer eilig einberufenen Konferenz sind Repräsentanten der betreffenden Parteien erschienen. Ziel der Konferenz ist, ein gemeinsames Compliance-Konzept zur nachhaltigen Bekämpfung von ‚Grand Corruption‘ zu entwickeln. Die folgende Abbildung zeigt die wichtigsten Wirkungsbeziehungen und Ansatzpunkte für das Compliance-Management.

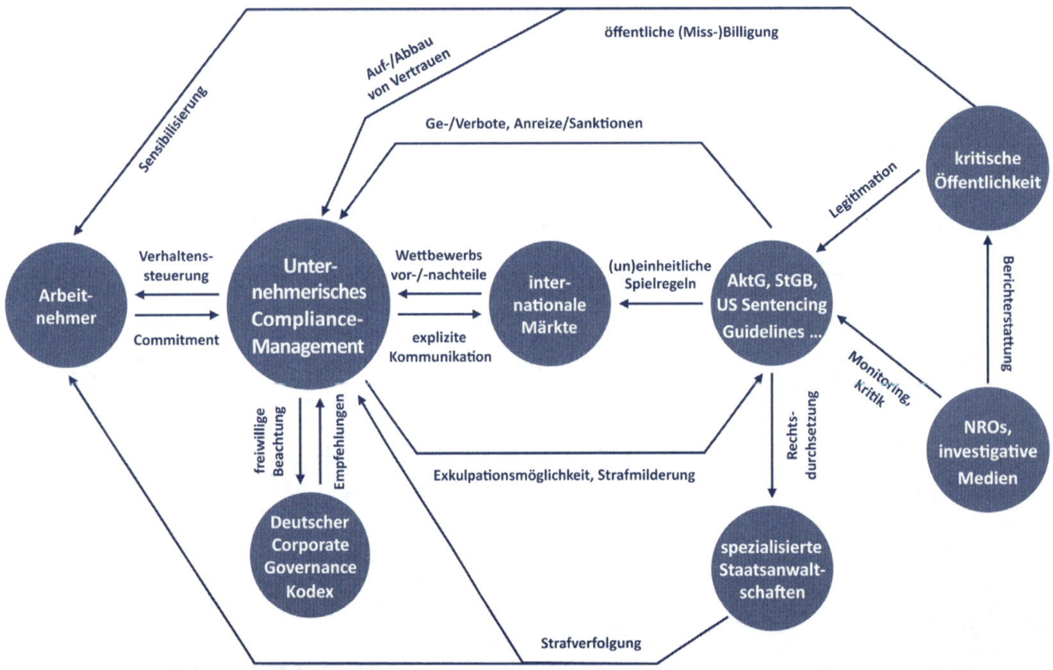

Quelle: Eigene Darstellung in Anlehnung an Retzmann 2006: 298.

M 10 ***Konferenzspiel: Compliance contra ‚Grand Corruption'*** **Seite 2**

Rollenkarte

M. Münch, Moderator/in der Compliance-Konferenz

Phase 1: Zunächst fertigen Sie Namensschilder und legen die Sitzordnung fest. Sodann begrüßen Sie die Konferenzteilnehmer und bitten sie, sich vorzustellen. Anschließend stellen Sie die Fallsituation dar und zeigen die Zielsetzung der Konferenz auf.

Phase 2: Sie bitten die Konferenzteilnehmer zunächst um ihre Einschätzungen zum Thema Korruption. Danach bitten Sie sie, zum Thema Compliance Stellung zu nehmen. Als Moderator/in verhalten Sie sich neutral und strukturieren die Diskussion. Sie halten Zwischenergebnisse fest und achten auf die gleiche Verteilung der Redezeiten (ggf. anhand einer Rednerliste).

Phase 3: Sie bitten die Konferenzteilnehmer die Aktivitäten darzulegen, die aus ihrer Sicht künftig zur Korruptionsvorsorge und -bekämpfung erforderlich sind. Abschließend bedanken Sie sich für die Diskussion und verabschieden die Konferenzteilnehmer.

M 10 ***Konferenzspiel: Compliance contra ‚Grand Corruption'*** **Seite 3**

ROLLENKARTE

A. Arns, Repräsentant/in eines Automobilkonzerns

Korruption: Bestechungen sind natürlich ein ernstes Problem. Doch leider wird diese Erkenntnis nicht überall geteilt, denn ohne Korruption kommt in manchen Ländern kein Geschäft zustande. Hierzulande wird Korruption oft von Boulevardmedien und NROs unnötig aufgebauscht. Und der Staat als Auftraggeber macht es bestechenden Auftragnehmern häufig allzu leicht. Wegen der Korruptionsfälle ist ein Aktionismus von Beratern entstanden, den Sie mit Skepsis betrachten.

Compliance: Ihr Unternehmen ist – auf Basis des Corporate Governance Kodexes – sehr aktiv in Sachen Korruptionsvorsorge. In Risikobereichen werden Ihre Mitarbeiter zu Compliance geschult, und korrupten Mitarbeitern wird selbstverständlich fristlos gekündigt. Doch Compliance bindet in Ihrem Unternehmen auch viele Ressourcen. Hinzu kommt die Bürokratisierungsgefahr und die Frustration von Mitarbeitern. Und (ausländische) Konkurrenzfirmen profitieren indirekt von Ihrem Compliance-Programm, ohne aber selbst in Compliance zu investieren.

Ausblick: Sie wollen eine Betriebsvereinbarung zur Korruptionsvorsorge abschließen, um Ihre Mitarbeiter besser einzubinden. Doch weitere (staatlich verordnete) Compliance-Aktionen kosten Ihren Konzern zu viel. So verweisen Sie auf Ihre unternehmerische Freiheit: Wenn Sie zu noch mehr Compliance gezwungen würden, dann müssen Sie Ihre Produktion nach Übersee verlagern. Arbeitsplätze und Steueraufkommen blieben dann hierzulande auf der Strecke. Und die Boulevardmedien und NROs sollten mit Compliance zunächst bei sich selber beginnen!

M 10 ***Konferenzspiel: Compliance contra ‚Grand Corruption'*** **Seite 4**

ROLLENKARTE

Z. Zeitz, Repräsentant/in eines Verbands von Automobilunternehmen und Zulieferern

Korruption: Wegen der Korruptionsfälle hat Ihre Branche einen enormen Reputationsverlust erlitten. Deswegen sind wirtschaftliche Probleme auch bei den Unternehmen aufgetreten, die bisher nie korruptionsauffällig waren! Daher müssen Sie entsprechende Beratungs- und Aufklärungsarbeit leisten, um verloren gegangenes Vertrauen zurück zu gewinnen.

Compliance: Ihr Verband favorisiert prinzipiell die Selbstreinigungskraft freier Märkte. Viele Automobilkonzerne betreiben leider ihre eigene Compliance-Politik; dies schwächt Ihren Verband erheblich – zumal im internationalen Kontext. Branchen-Selbstverpflichtungen betrachten Sie kritisch, denn sie sind in anderen Wirtschaftszweigen kläglich gescheitert. Mit Skepsis betrachten Sie auch schärfere Gesetze, da diese meist auf Nationalstaaten beschränkt sind. Eher setzen Sie auf bracheninterne Anreize und Sanktionen.
Ein korruptionsauffälliges Unternehmen wurde bereits aus Ihrem Verband ausgeschlossen – da gab es keinen Pardon!

Ausblick: Vor allem werden Sie die Beratungs- und Aufklärungsarbeit ausbauen, etwa durch Gutachten zum Korruptionsproblem an politische Entscheidungsträger. Auch wollen Sie mehr mittelständische Automobilzulieferer unterstützen, die sich keine eigenen Compliance-Abteilungen leisten können. Diese Unternehmen benötigen häufig praxistaugliche Instrumentarien – zum Beispiel innovative Compliance-IT-Lösungen. Hier bietet die Unterstützung Ihres Verbands Perspektiven, dass die freiwillige unternehmerische Compliance voran kommt.

M 10 ***Konferenzspiel: Compliance contra ‚Grand Corruption'*** **Seite 5**

ROLLENKARTE

G. Groh, Repräsentant/in einer Gewerkschaft

Korruption: Korruption untergräbt die persönliche Moral und gefährdet vor allem Arbeitsplätze. Sie wehren sich dagegen, wenn Arbeitnehmer (zum Beispiel von manchen Medien und Staatsanwälten) bei Bestechungen unter Generalverdacht gestellt werden. Zwar gibt es ‚schwarze Schafe', doch grundsätzlich ist von Integrität und Verantwortungsbewusstsein der Arbeitnehmer auszugehen.

Compliance: Manche Unternehmen forcieren Compliance derart, dass Frust und Demotivation um sich greifen. Dies kann letztlich nicht im Interesse dieser Unternehmen liegen. Und manche Firmen wollen Compliance gar durch Bespitzelungen erreichen, bei denen der Arbeitnehmer-Datenschutz verletzt wird. Andere Unternehmen verkünden einerseits wohlklingende Compliance-Programme; andererseits dulden sie Korruption inoffiziell, damit die Mitarbeiter lukrative Aufträge an Land ziehen. Eine solche Doppelmoral untergräbt jegliche glaubwürdige Compliance!

Ausblick: Der Gesetzgeber muss sich dem Arbeitnehmer-Datenschutz verstärkt annehmen, zumal die Gefahren durch neue IT-Werkzeuge zunehmen. Wichtig ist auch der Schutz integrer Arbeitnehmer, die einen Korruptionsfall an externe Stellen melden (Whistleblowing). Von den Unternehmen fordern Sie ehrliche, stimmige Integritätskonzepte, die Arbeitnehmer vor Interessenkonflikten bewahren. So können Betriebsvereinbarungen sehr sinnvoll sein. Aber auch das Wissen und Engagement integrer NROs wird zunehmend wichtig.

M 10 ***Konferenzspiel: Compliance contra ‚Grand Corruption'*** **Seite 6**

ROLLENKARTE

N. Noll, Repräsentant/in der Nichtregierungsorganisation ‚Bürger gegen Korruption'

Korruption: Korruption ist kein Kavaliersdelikt, sondern moralischer Verfall. Ihre NRO hat, ebenso wie einige Medien, Korruption überhaupt erst aus der Tabuzone geholt. Einzelakteure stehen gegen Korruption auf verlorenem Posten – auch der Staat, auf den allzu lange vertraut wurde.

Compliance: Compliance-Management ist oft zu rigoros; stattdessen ist eine gesellschaftliche Integritätskultur wichtig. Ihre NRO hat daher zivilgesellschaftliche Netzwerke gegen Bestechungen geknüpft – auch international. Denn Korruption macht vor keiner Grenze halt. Notfalls betreibt Ihre NRO konsequentes Lobbying im Dienste des Guten: Sie nehmen korrupte Akteure ‚in die Mangel', initiieren ggf. Antikorruptions-Kampagnen und klopfen auch bei Spitzenpolitikern an.

Ausblick: Neuerdings haben Sie auch einige Unternehmen und Verwaltungen als korporative Mitglieder in Ihren Reihen. Und die Vernetzung gegen Korruption muss vor allem auch international fortschreiten. Von den Unternehmen fordern Sie, dass sie endlich wirksame Compliance-Konzepte gegen Korruption installieren. Und dies muss, damit Vertrauen wachsen kann, für Ihre NRO überprüfbar werden – auch via Internet. Anderenfalls bleibt es doch nur bei Lippenbekenntnissen!

M 10 ***Konferenzspiel: Compliance contra ‚Grand Corruption'*** **Seite 7**

ROLLENKARTE

P. Precht, Repräsentant/in von Print-, Online- und Rundfunk-Medien

Korruption: Das Korruptionsproblem wurde allzu lange totgeschwiegen. Zugegeben: Einige Boulevardblätter beschränken sich bei Korruptionsfällen auf die Schilderung pikanter Details, doch diese Blätter müssen nun einmal auf den umkämpften Märkten bestehen. Aber kritische, unabhängige Medienberichte haben Korruptionsfälle oftmals erst aufgedeckt.

Compliance: Ob unternehmerisches Compliance-Management allein den fälligen Kurswechsel bewirkt – da fehlt Ihnen das Vertrauen. Korrupte Unternehmen und sonstige Organisationen müssen von kritischen Medien durchleuchtet und zur Räson gebracht werden: Die Medien gelten zu Recht als Vierte Gewalt im Staat! Doch einen Scheckbuch-Journalismus lehnen Sie natürlich genauso entschieden ab wie eine willfährige Hofberichterstattung. Daher haben sich viele Medienunternehmen bereits vor längerer Zeit eigene Compliance-Richtlinien verordnet.

Ausblick: Durch mehr qualifizierte Medienberichte können politische, ökonomische und gesellschaftliche Änderungen bezüglich des Korruptionsproblems angestoßen werden. Daher genießen auch die Aktivitäten einiger NROs Ihre Sympathie. So werben Sie um Unterstützung für mehr investigative Medienberichte – auch durch höhere Rundfunkgebühren. Weitere Konzentrationstendenzen bei den Medien würden die Vielfalt und Qualität der Berichte jedoch schmälern.

M 10 ***Konferenzspiel: Compliance contra ‚Grand Corruption'*** **Seite 8**

ROLLENKARTE

S. Scholz, Repräsentant/in des Staates

Korruption: Durch Korruption werden viele Steuergelder verschwendet und sinnvolle Infrastruktur-Investitionen verhindert. Zudem wird die Autorität staatlicher Instanzen untergraben. Auch Umweltschäden sind oft auf Bestechungen zurückzuführen. Der Staat muss zur Korruptionsbekämpfung auch externes Fachwissen ‚einkaufen' – selbstverständlich ohne dass neue Korruption entsteht!

Compliance: Unternehmerische Compliance betrachten Sie kritisch, denn sie ist zuweilen eine bloße Mogelpackung. Schärfere rechtliche Regeln und Sanktionen gegen Bestechungen tragen erste Früchte. Auch spezialisierte Staatsanwälte ermitteln nun entschlossener gegen Korruption. Zudem sind Compliance und Integrität zum Thema in öffentlichen Beschaffungsstellen geworden: Die Bediensteten werden zunehmend bezüglich der Gefahren von Korruption sensibilisiert.

Ausblick: Der Ausschluss korrupter Firmen von öffentlichen Aufträgen (‚Schwarze Liste') wäre sehr wirksam. Zudem wollen Sie eine Steigerung der Unternehmenstransparenz per Gesetz – zum Beispiel die Lockerung der Verschwiegenheitspflicht im Arbeitsrecht, damit Arbeitnehmer sich bei begründetem Verdacht auf Korruption an Externe wenden dürfen (Whistleblowing). Ähnliches fordern auch manche NROs. Nicht zuletzt setzen Sie auf die Rechtsharmonisierung in der Europäischen Union; auch sollte die dortige Antikorruptions-Behörde mehr Kompetenzen erhalten.

M 10 *Konferenzspiel: Compliance contra ‚Grand Corruption'* Seite 9

Fragen für eine abschließende Diskussion:

1. Welche Argumente haben Sie überzeugt – welche weniger? Bitte begründen Sie Ihre Ansicht.
2. Zwischen welchen Konferenzteilnehmern sehen Sie die größten inhaltlichen Differenzen? Und wo sehen Sie die größten Chancen, dass Bündnisse zur Korruptionsbekämpfung entstehen?
3. Sind solche Antikorruptions-Konferenzen überhaupt sinnvoll? Bitte begründen Sie Ihre Ansicht.

Notizen:

Mark Oliver Meßmer

Ombudsmann-Verfahren – Waffengleichheit zwischen Unternehmen und Kunde?

Die außergerichtliche Durchsetzung legitimer Ansprüche als Beitrag zur Vertragstreue

Hrsg. von Thomas Retzmann und Tilman Grammes

Informationen für Lehrende

- → Einleitung der Herausgeber
- → Ärger mit dem Versicherer – Bleibt nur der Gang zum Gericht?
- → Konfliktschlichtung durch Ombudsleute – Nur Vorteile? Für alle?
- → Unterrichtsplanung: Auf dem Weg zum mündigen Verbraucher und Wirtschaftsbürger
- → Unterrichtsverlauf: Einzelfall, Verfahrensregeln und Weiterentwicklung der Institution
- → Literatur und Internet

Materialien für Lernende

M 1	Ausgangsfall
M 2	Ärger mit der Versicherer – Welche Möglichkeiten hat der Kunde?
M 3	Wissenswertes zum Ombudsmann-Verfahren in Kurzform
M 4	Die Arbeit der Ombudsleute in der Versicherungswirtschaft in Zahlen (2007)
M 5	Rollenkarten für das Konferenzspiel
M 6	Beobachtungsbogen
M 7	Fälle aus der Praxis der Ombudsleute/Schlichtungsstellen
M 8	Ergebnissicherung: Die Stellung des Ombudsmannes zwischen Markt und Staat

Immer mehr Ombudsleute und Schiedsstellen in der Wirtschaft – Ein Beitrag zur Vertragstreue?!

Es ist für Verbraucher immer wieder aufs Neue ärgerlich, wenn Unternehmen vertraglich vereinbarte oder gesetzlich verbriefte Leistungen nicht erbringen – besonders dann, wenn man selbst seine Gegenleistung bereits erbracht hat. Mal erstattet der Versicherer den gemeldeten Schaden nicht oder nur teilweise, mal verlangt die Bank bei der vorzeitigen Kreditablösung eine zu hohe Vorfälligkeitsentschädigung und mal hält der Stromanbieter den versprochenen Wechselbonus zurück. Wenn die Verbraucher mit ihren Ansprüchen abgewiesen werden, steht es ihnen frei ‚ihr Recht' einzuklagen. Doch das Beschreiten des Rechtsweges ist mit Kosten verbunden (*Transaktionskosten*). Außerdem nimmt dies meist viel Zeit in Anspruch und der Erfolg ist ungewiss. Recht haben und Recht bekommen sind eben zweierlei, sagt der Volksmund.

Allerdings sind Kunden nicht immer tatsächlich im Recht, wenn sie sich von Unternehmen ungerecht behandelt fühlen. Ungerecht behandelt fühlen sich oft auch jene, die gar keinen Anspruch auf die verlangte Leistung haben und sich nur in dem Glauben wähnen. Vielen Verbrauchern fehlt einfach das nötige Fachwissen, um ihre Rechtsansprüche zutreffend einschätzen zu können. Sie sind schließlich Laien. Ganz anders die Unternehmen, die auf ihrem Gebiet Profis sind. Sie haben einen mehr oder weniger großen Informationsvorsprung (eine Form der *Informationsasymmetrie*). Den könnten sie aber auch vertrags- und gesetzeswidrig zu Lasten des Kunden ausnutzen. Doch wie soll der Verbraucher das als Laie beurteilen? Hilfreich wäre in dieser Situation eine Instanz, bei der er den strittigen Sachverhalt unabhängig und fachkompetent prüfen lassen kann, ohne gleich die Gerichte zu bemühen.

Zur außergerichtlichen Lösung solcher Konflikte zwischen Unternehmen und Verbrauchern gibt es *Ombudsleute* sowie *Schlichtungs- und Schiedsstellen* auf Branchenebene und ihre Zahl nimmt zu. Dieser ethos-Baustein thematisiert exemplarisch das Ombudsmann-Verfahren der Versicherungswirtschaft. Er antwortet auf folgende Fragen:

- Können Verbraucher auf eine *unparteiische* Entscheidung der Ombudsleute vertrauen?
- Wie läuft das *Verfahren* ab? Wie viel Zeit nimmt es in Anspruch? Wer trägt die *Kosten*?
- Kann oder muss am Ende doch noch der Gang zum *Gericht* beschritten werden?
- Schaffen Ombudsleute ‚Waffengleichheit' zwischen Unternehmen und Kunden?
- Handelten die Versicherer mit der Schaffung eines Ombudsmanns *uneigennützig*?
- Hat das Schlichtungsverfahren ggf. *Vorteile* für die Volkswirtschaft insgesamt?
- Sind *Weiterentwicklungen* des Ombudswesens aus Verbrauchersicht wünschenswert?

Ausgehend von einer Fallsituation erarbeiten die Schülerinnen und Schüler die Eckpunkte des Ombudsmann-Verfahrens durch eine angeleitete *Internetrecherche*. Dadurch erwerben sie das Know-how, um als *mündige Verbraucher* ggf. selbst einmal einen Ombudsmann anzurufen. Schluss- und Höhepunkt des Unterrichtsbausteins ist eine moderierte *Konferenz*, in der die Schülerinnen und Schüler das Schlichtungspotenzial des außergerichtlichen Ombudsmann-Verfahrens beurteilen und ggf. weiterentwickeln. Sie üben sich als *mündige Bürger*.

Lehrplan-Bezug. Vertragsstörungen sind ein Standardthema sowohl der ökonomischen Allgemeinbildung als auch der kaufmännischen Berufsbildung. Ebenso das Verhältnis von Markt und Staat im Wirtschaftssystem. Dieser ethos-Baustein knüpft daran unmittelbar an und fügt der üblichen vertragsrechtlichen Beurteilung eine wirtschaftsethische Perspektive hinzu.

Transfer. Ombudsleute und Schlichtungsstellen gibt es in zunehmender Zahl, zum Beispiel den Ombudsmann der Sparkassen oder die beiden Schlichtungsstellen Energie und Öffentlicher Personenverkehr. Offensichtlich hat sich das Verfahren der außergerichtlichen Beilegung von Streitigkeiten zwischen Unternehmen und Kunden bewährt.

Idee. Die Schülerinnen und Schülern recherchieren Branchen, in denen es trotz häufiger Vertragsstreitigkeiten noch keine solche Stelle gibt und schlagen dem Branchenverband deren Einrichtung vor.

Thomas Retzmann und Tilman Grammes

Ärger mit dem Versicherer – Bleibt nur der Gang zum Gericht?

Recht haben. Ärger mit dem Versicherer! Oder mit der Bank! Nimmt man die Häufigkeit der Berichterstattung in den Medien als Maßstab, so scheint dieses Phänomen zahlreichen Verbrauchern auf den Nägeln zu brennen. Der Streit kann sich an ‚Peanuts' entfachen, zum Beispiel einer aus Sicht des Versicherungsnehmers (VN) ungerechtfertigt abgelehnten Schadensmeldung im zweistelligen Euro-Bereich; oder an wertmäßig bedeutenden Summen, wie zum Beispiel der Höhe des Rückkaufwertes einer gekündigten Lebensversicherung. Dann erreicht der Streitwert schnell einige hundert Euro. Nicht immer ist der Kunde auch tatsächlich im Recht, wenn er sich ungerecht behandelt fühlt. Vielen Verbrauchern fehlt das Fachwissen, um ihre Rechte und Pflichten korrekt einzuschätzen. Sie sind schließlich überwiegend Laien. Ganz anders die Unternehmen, die auf ihrem Gebiet Profis sind. Sie haben daher in der Regel einen mehr oder weniger großen Informationsvorsprung. Den wiederum könnten Sie auch zu Lasten des Kunden ausnutzen. Doch wie soll er das als Laie beurteilen?

Zugenommen haben dürften in den letzten Jahren auch Fälle von Falschberatung im Zuge einer Geldanlage, möglicherweise als Folge des Verkaufsdrucks in der Branche. Typischer Fall: Einem risikoscheuen Kunden wird eine Kapitalanlage empfohlen, die im schlimmsten Fall zu einem Totalverlust führt. Laut einer Studie des Bundesverbraucherministeriums verlieren die Bundesbürger „pro Jahr zwischen 20 und 30 Mrd. Euro durch schlechte Finanzberatung". Hierfür mitverantwortlich seien falsche Anreize durch die Provisionssysteme, so Verbraucherministerin Aigner (Handelsblatt v. 23.-28.12.2008, S. 47). Die Brisanz dieser Problematik hat sich im Zuge der Finanzkrise verschärft!

Recht bekommen. Welche Möglichkeiten hat ein Kunde, einen strittigen Sachverhalt neutral, unabhängig und fachlich kompetent prüfen zu lassen? Wie kommt er zu seinem Recht? Eine Option ist der Gang zum Gericht. Problem: Der Ausgang des Verfahrens ist unsicher. Hinzu kommt das Risiko, auf den Kosten des Verfahrens sitzen zu bleiben. Zahlreichen Verbrauchern dürfte dieses Risiko, insbesondere bei geringen Streitwerten, zu hoch sein. Ebenso können psychische Hindernisse einer gerichtlichen Auseinandersetzung entgegenstehen. Nicht zu vergessen der ‚lange Atem' der Versicherer (VR) und Banken beim Gang durch die Instanzen: Selbst bei einem für den Kunden positiven Gerichtsurteil kann – wenn das Unternehmen ‚in Berufung geht' – ein endgültiges Urteil Jahre auf sich warten lassen. Diese Gründe könnten manch verärgerten Kunden dazu veranlassen, den Vorgang ‚zähneknirschend' ad acta zu legen. Vielleicht mit der Konsequenz, künftig die Dienste eines anderen Unternehmens in Anspruch zu nehmen. In diesem Falle hätten beide verloren! Zurück bliebe die Ohnmachtshaltung des Kunden, dass ‚die am anderen Ende doch am längeren Hebel sitzen'. Zu dem Informationsgefälle käme das empfundene Machtgefälle hinzu.

Die Alternative? Für Verbraucher ist die Beschwerde bei den Ombudsmännern[1] des jeweiligen Wirtschaftszweigs eine Alternative zum Rechtsweg. Der Begriff ‚Ombudsmann' kommt aus dem Schwedischen und bedeutet Treuhänder (vgl. Koch/Holthausen 2008: 229). Der Ombudsmann – zum Beispiel in der Versicherungswirtschaft – prüft das Anliegen des Kunden und trifft eine für den VR (verbindliche) Entscheidung oder gibt ihm eine Empfehlung. Zwar ist das Verfahren für den Verbraucher kostenlos. Doch kann er hier wirklich auf eine unparteiische Entscheidung hoffen? Schließlich werden die Ombudsleute von den Unternehmen finanziert! Oder muss er am Ende doch den mühsamen Gang zum Gericht beschreiten? Dann hätte er doch bloß Zeit verloren! Wie läuft das Verfahren ab? Wie viel Zeit nimmt es in Anspruch? Welche Möglichkeiten bietet es und welche verbaut es? Welche Weiterentwicklungen sind aus Verbrauchersicht wünschenswert? Handeln VR mit der Schaffung eines Ombudsmanns altruistisch? Hat das Schlichtungsverfahren ggf. Vorteile für die Volkswirtschaft insgesamt?

Konfliktschlichtung durch Ombudsleute – Nur Vorteile? Für alle?

In Wirtschaft, Gesellschaft und Staat gibt es verschiedene Ombudsleute sowie Schlichtungs- und Schiedsstellen. Sie alle dienen dem Ziel, einzelnen Verbrauchern und Bürgern *außergerichtlich* zu ihrem Recht zu verhelfen. In dieser Unterrichtseinheit steht *exemplarisch* das Ombudsmann-Verfahren der Versicherungswirtschaft **[M 3]** im Mittelpunkt. Die Befugnisse der Ombudsmänner anderer Wirtschaftssektoren können davon abweichen.

[1] Die Begriffe „Ombudsmann, -leute und Schlichter" werden hier synonym verwendet.

DER OMBUDSMANN DER VERSICHERUNGEN. Die deutsche Versicherungswirtschaft schuf 2001 den ‚Versicherungsombudsmann e.V.'. Der Verein wird getragen vom Gesamtverband der Deutschen Versicherungswirtschaft (GDV) e.V. und der Mehrzahl seiner Mitgliedsunternehmen. Die meisten Versicherungsunternehmen (VU) unterwerfen sich daher seinen Entscheidungen. Der Verband der privaten Krankenversicherung e.V. hat, wegen der Sonderstellung der privaten Krankenversicherung (PKV) im Gesundheitssystem, einen eigenen Ombudsmann geschaffen. Finanziert wird der ‚Service' durch die beteiligten VU. Gesellschaften, die mehr ‚Beratungsbedarf' verursachen, zahlen anteilig mehr (vgl. Finanztest 7/2003: 75). Der Ombudsmann für die Lebens-, Sach- und Rechtsschutzversicherung wird für eine 5-jährige Amtszeit (PKV: 3 Jahre; Statut für den Ombudsmann Private Kranken- und Pflegeversicherung, § 10 Abs. 1) berufen. Eine einmalige Wiederwahl ist beim Ombudsmann des GDV e.V. möglich. In der PKV ist eine zweimalige erneute Berufung möglich.

UNPARTEILICHKEIT. Die wirtschaftsethische Dimension der Institution ‚Ombudsmann' ist evident: Geschützt werden die zwischen VN und VR getroffenen Vertragsvereinbarungen („pacta sund servanda"). Eine Branche (hier: Versicherungswirtschaft) ermöglicht ihren Kunden, die Vertragstreue kostenlos von einer *unabhängigen* Person prüfen zu lassen. Entscheidet der Schlichter zu Gunsten des Kunden, führt dies – je nach Ausgestaltung seiner Befugnisse – zu einer Bindung des Unternehmens an den Schiedsspruch. Angesichts der erwähnten Risiken eines Streits vor Gericht führt die Einrichtung von Ombudsleuten zu einer Stärkung der Verbraucherinteressen. Prima facie ist das Ombudsmann-Verfahren eine für den Kunden vorteilhafte Institution. Doch der Ombudsmann ist *kein Verbraucherschützer,* der die Anliegen des Kunden ‚auf Biegen und Brechen' durchsetzen will. Er sitzt vielmehr ‚zwischen beiden Stühlen'. Auch er hält sich an geltendes Recht bzw. beachtet die Vertragsbedingungen. Den beiden Ombudsmännern (derzeit: G. Hirsch sowie H. Müller für die PKV) stehen Mitarbeiter (Juristen und Versicherungskaufleute) zur Verfügung, die ihnen bei der Bearbeitung der Fälle helfen. Für die Entscheidung verantwortlich ist aber der Ombudsmann.

RECHTSGRUNDLAGEN. Diese sind:

- Die Verfahrensordnung für den Versicherungsombudsmann (VomVO).
- Für die PKV: Das Statut für den Ombudsmann Private Kranken- und Pflegeversicherung.
- Ergänzend wendet der Ombudsmann die Zivilprozessordnung (ZPO) an.

Das Ombudsmann-Verfahren steht und fällt mit der *Glaubwürdigkeit der Repräsentanten*. Aus diesem Grund handelt es sich bei den Ombudsmännern in der Regel um ehemalige hohe Richter oder Ministerialbeamte mit der Befähigung zum Richteramt. Dies soll deren *Unabhängigkeit* und *Fachkompetenz* gewährleisten. Ihre Unabhängigkeit soll außerdem durch die Beteiligung der Beiratsmitglieder des Versicherungsombudsmann e.V. sichergestellt werden. Diese sind mehrheitlich Vertreter von Verbraucherverbänden (Verbraucherzentralen, Bund der Versicherten, Stiftung Warentest, ADAC) und anderer wichtiger gesellschaftlicher Gruppen, zum Beispiel Vertreter der Wissenschaft, der Bundestagsfraktionen und der Versicherungsaufsicht (vgl. Schmalohr 2007: 112).

Der VR hat den Kunden bei Antragstellung auf die Möglichkeit des außergerichtlichen Beschwerdeverfahren in Textform hinzuweisen (§ 7 VVG i.V.m. § 1 Nr. 19 VVG-InfoV). *Öffentlichkeit* über die ergangenen Entscheidungen wird mittels Internet bzw. Tätigkeitsbericht hergestellt. Dies ermöglicht eine *Evaluation* (vgl. Scholl 2001) und schafft *Transparenz* für die Verbraucher.

VORTEILE FÜR DEN STAAT. In unserer Wirtschaftsordnung ist es eine die Aufgabe des Staates, die Durchsetzung von Rechten, zum Beispiel aus einem Versicherungsvertrag, zu gewährleisten. Die hohe Anzahl der Beschwerden allein bei den Ombudsleuten im Versicherungsbereich **[M 4]** zeigt, welche Flut an Klageverfahren dadurch unterbleibt, selbst wenn nur ein Teil der Beschwerdeführer die *ordentliche Gerichtsbarkeit* bemühen würde. Insofern tragen die Schlichter zur *Entlastung des Staates bei seinen Kernaufgaben* bei. Dem Grundsatz der Sozialen Marktwirtschaft: *„So viel Markt wie möglich, so viel Staat wie nötig"*, wird durch das Schlichtungsverfahren Rechnung getragen, da dessen Ausgestaltung und Finanzierung den Marktteilnehmern überlassen wird (siehe dazu auch Abbildung 1, S. 154). Damit ist Selbstregulierung Ausdruck des *Subsidiaritätsprinzips* (vgl. Zypries 2007). Parallelen bestehen zur Freiwilligen Selbstkontrolle der Filmwirtschaft und dem Deutschen Werberat (siehe dazu den entsprechenden ethos-Baustein). Eine staatliche Beschwerdestelle ist dagegen die *Bundesanstalt für Finanzdienstleistungsaufsicht* (BaFin). Sie bearbeitet im Jahr ca. 20.000 Beschwerden im

Zusammenhang mit Versicherungen. Streitfälle kann sie allerdings nicht verbindlich entscheiden. Sie nutzt Beschwerden aber als Erkenntnisquelle für ihre Aufsichtstätigkeit.

Vorteile für die Wirtschaftsbürger. Zum einen wird eine Ausweitung des Justizwesens vermieden, die mit *Opportunitätskosten* verbunden wäre. Die Kosten des Ombudsmann-Verfahrens tragen die potenziellen Nutznießer *indirekt* durch ihre Versicherungsbeiträge. Für die Versichertengemeinschaft nachteilig ist die Kostenfreiheit des Verfahrens, wenn Beschwerden aus ‚Prinzipienreiterei' (zum Beispiel bei Streitwerten im Cent-Bereich) eingelegt werden (vgl. Römer 2004: 11). Zum anderen sind die Gerichte durch den ‚vorgeschalteten' Schlichter weniger belastet, d. h. der Zeitraum zwischen Klageeinreichung und Urteil ist ceteris paribus kürzer als ohne Ombudsmann-Verfahren – ein Vorteil für alle.

Vorteile für die Versicherer. Die Schaffung eines außergerichtlichen Schlichtungsverfahrens kann zu einer Steigerung der *Reputation* bei den Verbrauchern beitragen und damit letztendlich zum Ausbau der Marktposition. Im Finanzdienstleistungssektor sind die Kreditinstitute bereits Jahre früher diesen Weg gegangen. In Bezug auf ihr Ansehen hatte die Versicherungsbranche Nachholbedarf gegenüber anderen Dienstleistern, so Michaels (2008: 5) – zumindest bis zur Finanzkrise und ihren Folgen für die Banken bzw. den ‚Offenbarungseiden' mancher Bankvorstände. Bezeichnend ist die Überschrift *„Mangelndes Vertrauen als Beschwerdegrund"* im Jahresbericht des Versicherungsombudsmanns (2007: 14).

Beispiel: Geld kann man unter anderem bei einer Bank oder einer Versicherung anlegen. Der Verbraucher weiß vor Vertragsschluss nicht, wie sich die Bank oder Versicherung im Fall einer Meinungsverschiedenheit verhalten wird (Informationsasymmetrie; vgl. Homann/Suchanek 2005: 92 ff.). Durch die Einführung des Schlichtungsverfahrens signalisiert die Bankenbranche den Anlegern, im Streitfall den Sachverhalt neutral, unabhängig, kompetent und kostenlos zu prüfen. *Folge:* Die Transaktionskosten der Verbraucher im Konfliktfall werden gesenkt, das Zustandekommen eines Vertrags wird erleichtert! Die Wohlfahrt steigt.

Ebenfalls zu bedenken: Ein Gerichtsprozess bindet betriebliche Ressourcen, die an anderer Stelle produktiv (d. h. gewinn- und wohlfahrtssteigernd) eingesetzt werden könnten. Zudem: Ein Entscheid per Gerichtsurteil weckt im Vergleich zum Ombudsmann-Verfahren in stärkerem Maße das *öffentliche Interesse* (Berichterstattung in den Medien). Selbst bei Urteilen zugunsten der VR wird womöglich das Klischee der ‚knauserigen' Versicherungsunternehmen genährt. Bei einem für den VR negativen Urteil werden dadurch andere VN eher zur Klage animiert. Darüber hinaus dienen Gerichtsurteile als Maßstab für spätere Fälle. Demgegenüber hält sich aus Sicht des VR der ‚Schaden' durch ein Nachgeben im Schlichtungsverfahren in Grenzen. *Nicht zuletzt:* Ein außergerichtliches Verfahren lässt Platz für Konsens!

Kritik. Obwohl das Ombudsmann-Verfahren (nicht nur) in der Versicherungswirtschaft als Partizipationsmöglichkeit der mündigen Verbraucher grundsätzlich zu begrüßen ist, gibt es – nach Auffassung des Autors – verbesserungswürdige Aspekte.

(1) Zwar liegen 80 % der Beschwerden im Bereich bis 5.000 €. Und bei Summen bis 100.000 € halten sich die VR in der Regel an die Empfehlung und „riskieren eher keinen Prozess" (Ombudsmann für die Lebens-, Sach- und Rechtsschutzversicherung, in: Finanztest 6/2008: 57). Dennoch bleibt die Frage, warum die Entscheidung des Ombudsmanns für den VR nur bis 10.000 € bindend ist. Begründet wird dies damit, dass der Ombudsmann lediglich *nach Aktenlage entscheidet* und anders als ein Gericht keine Beweise erheben kann (vgl. ebd.). Die VomVO sieht lediglich eine *Erhebung von Urkundenbeweisen* vor. *Doch wäre es nicht ein sinnvolles Entgegenkommen der Branche, wenn eindeutig (durch Urkundenbeweis) zu klärende Fälle in unbeschränkter Höhe durch den Ombudsmann entschieden werden könnten?* In Großbritannien liegt die Grenze für bindende Entscheidungen immerhin bei 100.000 £.

(2) Der PKV-Verband stattet seinen Ombudsmann mit (noch) weniger Rechten aus. Er kann nur Empfehlungen aussprechen. *Handelt es sich hierbei nicht um eine eher halbherzige Lösung des Problems ‚unzufriedener Kunde'?*

(3) Die Trennung der Zuständigkeiten in PKV und Nicht-PKV ist nicht verbraucherorientiert. In Großbritannien ist der ‚Financial Ombudsman Service' (FOMS) sogar für alle Anliegen von Kunden gegenüber Finanzdienstleistern zuständig. *Würde die Zentralisierung nicht auch hierzulande Effizienzvorteile bringen? Erfordert die*

Tendenz zu Allfinanz-Konzernen mit einer Bank und Versicherung ‚unter einem Dach' nicht eine Zusammenlegung der Zuständigkeiten?

(4) Während sich in Deutschland nur Verbraucher (dies gilt auch für die meisten Ombudsleute im Bankensektor) an den Versicherungsombudsmann wenden können, kümmert sich die FOMS auch um Beschwerden von Unternehmen bis 1 Mio. £ Umsatz/Jahr. *Wird in Deutschland etwa eine geringere Schutzwürdigkeit von Selbstständigen/Gewerbetreibenden unterstellt?* Interessanterweise weitet das neue Versicherungsvertragsrecht (seit 2008) das Widerrufsrecht von 14 Tagen auf alle VN aus! Immerhin kann (!) der Ombudsmann des GDV e. V. seit November 2007 Beschwerden von Kleingewerbetreibenden behandeln.

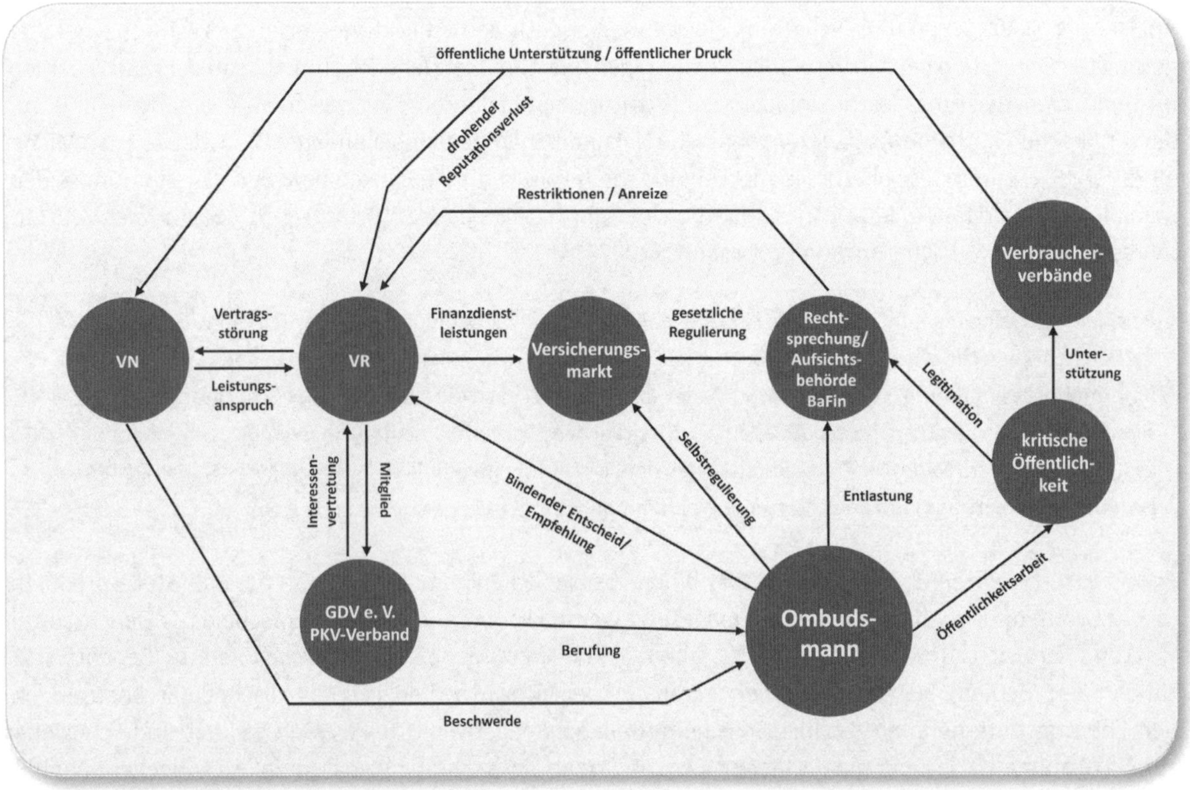

Abbildung 1: Die Stellung des Versicherungsombudsmanns zwischen Unternehmen, Gesellschaft und Staat
Quelle: Eigene Darstellung in Anlehnung an Retzmann 2006: 298.

Unterrichtsplanung: Auf dem Weg zum mündigen Verbraucher und Wirtschaftsbürger

Leitbild aller Bildungsbemühungen ist der *mündige Bürger*. Facetten dieses Ideals sind der mündige Verbraucher und Wirtschaftsbürger. Der Ökonomieunterricht kann die selbst- und mitverantwortliche Teilhabe fördern, indem er die ökonomische Urteils- und Handlungskompetenz mit probaten Unterrichtsthemen entwickelt. Das Thema ‚Ombudsmann' spricht mehrere Kompetenzbereiche der ökonomischen Bildung (vgl. DeGöB 2004: 6 ff.) an:

Versicherungen spielen nahezu im Leben eines jeden Wirtschaftsbürgers eine wichtige Rolle. Infolge der zunehmenden Verlagerung der Altersabsicherung auf den Einzelnen wird die Bedeutung von Versicherungsverträgen in Zukunft eher noch zunehmen. Unterschiedlichen Ansichten hinsichtlich des Leistungsumfangs eines Vertrags lassen sich nicht immer auf der Ebene VN–VR lösen. Die Schüler lernen durch diesen Unterrichtsbaustein eine Möglichkeit kennen, ihre Rechte bei divergierenden Meinungen effizient und risikolos durchzusetzen. Dabei wägen sie die Vor- und Nachteile des Verfahrens unter Berücksichtigung von Alternativen ab. Sie trainieren die *Fähigkeit, eigene Entscheidungen ökonomisch zu begründen*.

Das Ombudsmann-Verfahren in der Versicherungswirtschaft steht hierbei *exemplarisch für außergerichtliche Schlichtungsverfahren auf Branchenebene*. Es stellt einen (ökonomischen) Anreiz seitens des VR dar, der dem Kunden überwiegend Chancen und Vorteile bietet. Gleichwohl wird deutlich, dass sich ein Gerichtsverfahren nicht immer vermeiden lässt. Bei genauerer Betrachtung zeigt sich, dass die VR mit der Einführung des Verfahrens nicht selbstlos handelten. Die Schüler werden in die Lage versetzt, die Selbstbindung des VR an die selbst geschaffene Verfahrensordnung *ethisch zu beurteilen*.

Die Auseinandersetzung mit der außergerichtlichen Streitschlichtung zeigt, dass ethisches Handeln nicht nur für die Vertragspartner Vorteile zeitigt, sondern ggf. auch für unbeteiligte Dritte. Deutlich wird darüber hinaus, dass die gesellschaftlichen Akteure mit der Übernahme von Eigenverantwortung den Staat bei der Bereitstellung der Ressource ‚Recht' entlasten können. Die Schüler wissen, dass das *Subsidiaritätsprinzip* ein Merkmal der *Wirtschaftsordnung* ‚Soziale Marktwirtschaft' ist, welches staatliche Institutionen entlastet und die Eigenverantwortung der gesellschaftlichen Akteure fördert. Die Schüler können das Ombudsmann-Verfahren in der Versicherungsbranche evaluieren, indem sie aus Kundensicht wünschenswerte Erweiterungen darlegen.

Unterrichtsverlauf: Einzelfall, Verfahrensregeln und Weiterentwicklung der Institution

Einstieg. Die Schüler werden mit einem authentischen Fall aus der Praxis des Ombudsmanns konfrontiert **[M 1]**. Vermutlich haben die wenigsten Schüler bislang selbst ‚Ärger' mit einem VR gehabt, da sie noch keine Versicherungsverträge abgeschlossen haben. Dennoch werden sie die Situation eines Verbrauchers in der Situation des Hilfe suchenden Kunden nachvollziehen können. Ethisch problematisieren lässt sich der Fall durch die Frage *„Halten Sie Herrn Kunzes Forderung für berechtigt?"*. Bereits an dieser Stelle wird deutlich, dass die Interessen des VR und VN divergieren und nicht immer klar ist, wer im Recht ist (Kontroversität). Unabhängig davon, wie die Schülerinnen und Schüler das inhaltlich beurteilen, kann die Frage geklärt werden, wie Herr Kunz ggf. vorgehen *könnte*. Vor der Überleitung zur Internetrecherche sollte deutlich werden, dass der Gang zum Gericht ein Risiko für den Kläger birgt und somit nur die *ultima ratio* sein kann.

Erarbeitung (Internetrecherche). Die Schüler klären die Fragen des Arbeitsblatts **[M 2]** mit Hilfe des Mediums Internet (Zeitbedarf ca. 3 Unterrichtsstunden). Die Fragen stellen ‚Leitplanken' dar, da bei Internetrecherchen die Gefahr besteht, dass die Schüler das Ziel aus den Augen verlieren und in Konsequenz demotiviert werden. Die Fragen beziehen sich auf folgende Themenkomplexe:

- Das Ombudsmann-Verfahren im engeren Sinne.
- Die Vorteile des Verfahrens für die Akteure VR, Staat und Wirtschaftsbürger.
- Institutionen des Verbraucherschutzes.

Wie entschied der Ombudsmann den Eingangsfall?

Der Ombudsmann empfahl, den Zuschlag auf null herabzusetzen. Die Übertragung eines Risikozuschlags auf später auftretende Erkrankungen sei nicht zulässig. Der VR kam der Empfehlung nach.

Hinweis M. O. M.: Das Risiko einer mit dem Alter zunehmenden Krankheitswahrscheinlichkeit trägt der VR. Aus diesem Grund ist eine Beitragserhöhung während der Vertragsdauer wegen des Älterwerdens ausgeschlossen (allerdings nur bei Versicherungen, für die eine Alterungsrückstellung nach dem Versicherungsaufsichtsgesetz § 12 Abs. 1 Nr. 2 zu bilden ist). Beitragsanpassungen aufgrund gestiegener Kosten im Gesundheitswesen sind jedoch zulässig (Zustimmung eines unabhängigen Treuhänders erforderlich!).

Präsentation. Die Schüler präsentieren ihre Ergebnisse vor der Klasse.

Sicherung und Wissenserweiterung (Konferenzspiel). Das Konferenzspiel **[M 5]** dient hier der Erreichung kognitiver, affektiver und psychomotorischer Lernziele. Es ist auf Kontroversität hin angelegt. Die Teilnehmer als Vertreter der Verbraucher- und Versicherungsverbände werden mit gegensätzlichen Forderungen konfrontiert, die bei der Internetrecherche nicht zwangsläufig erarbeitet wurden (Wissenserweiterung). Die Konfrontation mit dem Konflikt zwischen den Verbänden erfordert eine Empathiefähigkeit der Diskutanten und Beobachter. Durch das Agieren in der zugeteilten Rolle lernen die Schüler, dass sich eine der Situation angemessene Körpersprache vorteilhaft auf die Durchsetzung eigener Interessen auswirken kann. Zeitbedarf ca. 60 Minuten.

Je nach Leistungsvermögen der Schüler kann der Lehrer beim Konferenzspiel hinsichtlich der Vorgaben (Forderungen der Verbände, Argumente) variieren.

Nach Beendigung des Konferenzspiels ist darauf zu achten, dass die Teilnehmer aus ihrer Rolle ‚entlassen' werden. Dies ermöglicht eine kritische Reflexion des eigenen Verhaltens und vermindert die Gefahr, dass Diskutanten sich gegenüber Beobachtern rechtfertigen müssen.

LEHRPLÄNE. Die behandelte Thematik lässt sich unter folgende Bereiche subsumieren:

- *Privater Haushalt:* Rechte und Pflichten aus Verträgen, Verbraucherschutz, Ohnmacht der Verbraucher,
- *Unternehmen:* Selbstregulierung, Marktmacht, Verbraucherschutz, Corporate Social Responsibility,
- *Staat:* Wirtschaftsordnung, Subsidiarität,
- *Soziale Marktwirtschaft:* Transaktionskosten, Marktintransparenz/Informationsdefizite.

ANSCHLUSSMÖGLICHKEITEN. Im Anschluss an diesen Baustein können folgende, thematisch verwandte Themen behandelt werden: Versicherungsbetrug, Volkswirtschaftliche Bedeutung von Versicherungsunternehmen, Geldanlagemöglichkeiten, Altersvorsorge (Demographieproblem, Möglichkeiten der Altersvorsorge und ihre Chancen/Risiken), Bankensystem in Deutschland, volkswirtschaftliche Bedeutung von Banken, Unternehmensleitbild/nachhaltige Unternehmenskultur.

Literatur

Bundesverband deutscher Banken (2013): Ombudsmann der privaten Banken. Tätigkeitsbericht 2012. Online-Dokument: www.bankenverband.de → Bankenverband → Broschüren

DeGöB – Deutsche Gesellschaft für ökonomische Bildung (Hrsg.) (2004): Kompetenzen der ökonomischen Bildung für allgemeinbildende Schulen und Bildungsstandards für den mittleren Schulabschluss. Köln.

Finanztest 07/2003: Schiedsrichter von Fall zu Fall, S. 74-75.

Finanztest 06/2008: Neuer Ombudsmann, S. 57. Auch als Online-Dokument: www.test.de/themen/versicherung-vorsorge/meldung/-interview/1678947/1678947/ (Stand 6.1.2009).

Handelsblatt Nr. 249/2008: Deutsche Bank muss Schadenersatz zahlen, S. 46.

Handelsblatt Nr. 249/2008: Falschberatung kostet Anleger Milliarden, S. 47.

Homann, Karl/Suchanek, Andreas (2005): Ökonomik – Eine Einführung. Tübingen.

Koch, Peter/Holthausen, Hubert (2008): Rechtsfragen zum Versicherungsvertrag. Karlsruhe.

Michaels, Bernd (2008): Stabwechsel im Amt des Versicherungsombudsmanns. Zusammenfassung der anlässlich der Amtsübergabe am 8. April 2008 gehaltenen Reden. Hrsg. v. Versicherungsombudsmann e. V. Berlin, S. 4-9.

Ombudsmann Private Kranken- und Pflegeversicherung (2013): Tätigkeitsbericht 2012. Hrsg. v. Ombudsmann Private Kranken- und Pflegeversicherung. Berlin.

PKV Publik (2008): Neuer Amtsinhaber – vertraute Themen. Hrsg. v. Verband der privaten Krankenversicherung e. V. Köln.

Scholl, Wolfgang (2001): Der Versicherungsombudsmann e. V. – Die Erwartungen der Verbraucher. Online-Dokument (Stand 06.01.2009): www.vzbv.de → Themen → Allgemeine Verbraucherfragen → Allg. Verbraucherrecht → Dokumente

Retzmann, Thomas (2006): Didaktik der berufsmoralischen Bildung in Wirtschaft und Verwaltung. Eine fachdidaktische Studie zur Innovation der kaufmännischen Berufsbildung. Norderstedt.

Römer, Wolfgang (2004): Konfliktmanagement in Wirtschaft und Bürgerschaft, einführende Bemerkungen. Vortrag vom 9. September beim Konfliktmanagement-Kongress, Veranstalter: Niedersächsisches Justizministerium. Online-Dokument: www.km-kongress.de/download/2004_einfuehrung.doc.

Schmalohr, Rolf (2007): Versicherungen und Finanzen 1. Haan-Gruiten.

Versicherungsombudsmann e. V. (2007): Jahresbericht 2007. Hrsg. v. Versicherungsombudsmann e. V. Berlin.

Zypries, Brigitte (2007): 15 Jahre Ombudsmann der Privaten Banken. Online-Dokument (Stand 6.1.2009): www.bmj.bund.de Service → Pressestelle → Reden → Brigitte Zypries.

Internet

www.bafin.de

www.wettbewerbszentrale.de

M 1 ***Ausgangsfall*** **[Einstiegsfolie]**

GEORG KUNZ schloss vor 15 Jahren eine private Krankenversicherung bei der Astra Krankenversicherung ab, für die er seither wegen einer Schilddrüsenüberfunktion einen Risikozuschlag (60 €/Monat) zahlt.

Heute spielt das Leiden keine Rolle mehr.
Deshalb verlangt HERR KUNZ die Streichung des Zuschlags. Der Versicherer lehnt dies ab.

Begründung: HERR KUNZ hat mittlerweile andere, teils schwere Erkrankungen.

HERR KUNZ fühlt sich im Recht.

Halten **Sie** seine Forderung für berechtigt?

Welche Möglichkeiten hätte HERR KUNZ ggf., seine Forderung durchzusetzen?

M 2 *Ärger mit dem Versicherer – Welche Möglichkeiten hat der Kunde?*

Arbeitsauftrag:

- Bilden Sie Arbeitsgruppen à 3 Schüler und bearbeiten Sie folgende Aufgaben (Zeitvorgabe: 3 Unterrichtsstunden):
- Lesen Sie bitte den Fall noch einmal durch.
- Beantworten Sie dann mit Hilfe des Internets die Fragen bzw. Aufgaben.
- Fassen Sie Ihre Ergebnisse mit Hilfe eines Textverarbeitungsprogramms zusammen.

Bei Fragen/Problemen wenden Sie sich bitte an Ihren Lehrer.

ÄRGER MIT DEM VERSICHERER! – WELCHE MÖGLICHKEITEN HAT DER KUNDE?

GEORG KUNZ schloss vor 15 Jahren eine private Krankenversicherung bei der Astra Krankenversicherung AG ab. Wegen einer Schilddrüsenüberfunktion*, die Herr Kunz bei Vertragsabschluss hatte, zahlt er einen Risikozuschlag in Höhe von monatlich 60 €.

Das Schilddrüsenleiden des Herrn Kunz stellt heute kein Risiko mehr dar. Aus diesem Grund beantragt HERR KUNZ bei seiner Versicherung die Streichung des Risikozuschlags. Schließlich addieren sich die monatlichen Risikozuschläge im Laufe eines Lebens zu einer beachtlichen Summe! Die Astra Krankenversicherung AG lehnt ab. Begründung: HERR KUNZ leidet zwischenzeitlich an anderen, teils schweren Erkrankungen. Diese kosten den Versicherer viel Geld (teure Medikamente, regelmäßige Arztbesuche). HERR KUNZ fühlt sich im Recht. Obwohl er ‚sauer' ist, kommt eine Kündigung für ihn nicht infrage, da ihn eine andere Krankenversicherung wegen der Erkrankungen nicht mehr annehmen würde.

Halten **Sie** seine Forderung für berechtigt? Welche Möglichkeiten hat er, seine Forderung durchzusetzen?

* Hinweis zur Krankheit: Die Schilddrüse produziert lebenswichtige Hormone. Dazu benötigt sie den Grundbaustein Jod. In Deutschland, insbesondere im Süden, kann der Bedarf des Körpers an Jod durch die Nahrungsmittel häufig nicht gedeckt werden. Die Schilddrüse möchte den Jodmangel ausgleichen, indem sie sich vergrößert. Hierzulande leiden mehrere Millionen Menschen an Jodmangel. Therapiert wird die Krankheit durch die Gabe von Jodtabletten und/oder durch die operative Verkleinerung der Schilddrüse. Dies sind Kosten für das Versicherungsunternehmen, die mit dem Risikozuschlag abgedeckt werden sollen.

Teil A) Das Ombudsmann-Verfahren

Informieren Sie sich über die Aufgaben der Ombudsleute in der Versicherungsbranche.

Hinweis: www.versicherungsombudsmann.de, www.pkv-ombudsmann.de

- Schildern Sie Herrn Kunz, welche Voraussetzungen erfüllt sein müssen, damit der Ombudsmann seine eventuelle Beschwerde annimmt. Was raten Sie Herrn Kunz: Ombudsmann oder Gericht? Begründen Sie Ihren Ratschlag.
- Wie würde das Ombudsmann-Verfahren im Fall von Herrn Kunz ablaufen?
- Welche Erweiterungen/Verbesserungen des Ombudsmann-Verfahrens bzw. des Verbraucherschutzes wären aus Verbrauchersicht in der Versicherungsbranche wünschenswert? Begründen Sie.

Teil B) Vorteile des Verfahrens für die Wirtschaftsakteure Versicherer, Staat und Bürger

Die Versicherungsunternehmen finanzieren die beiden Ombudsmänner der Versicherungsbranche.

Überlegen Sie, welche Vorteile (mindesten 3) dieses Verfahren für die Versicherer haben könnte.

Hinweis: Unterstellen Sie, dass ein Teil der Kunden ihren Fall vor ein Gericht bringen würde, falls es das Schlichtungsverfahren nicht gäbe.

Denken Sie an die Rolle des Staates in der Sozialen Marktwirtschaft. Inwiefern bringt das Ombudsmann-Verfahren dem Staat und den Bürgern einen Vorteil?

Überprüfen Sie, ob das Ombudsmann-Verfahren auch in anderen Branchen Anwendung findet.

Teil C) Institutionen des Verbraucherschutzes

Erläutern Sie, inwiefern die folgenden Institutionen zum Verbraucherschutz in Deutschland beitragen:

- Verbraucherverbände,
- Stiftung Warentest,
- Bundesanstalt für Finanzdienstleistungsaufsicht (BaFin).

M 3 *Wissenswertes zum Ombudsmann-Verfahren in Kurzform*

Im Vorfeld	Bevor der Versicherungskunde den Ombudsmann einschalten kann, muss er seinen Anspruch bei dem Versicherungsunternehmen geltend machen und diesem **sechs Wochen** Zeit für die Bearbeitung geben.
Form der Beschwerde	Bei der Anrufung des Ombudsmanns sind **keine Formvorschriften** zu beachten. Die Beschwerde kann mündlich, schriftlich oder per E-Mail erfolgen.
Kosten	Für den Versicherungskunden ist das Ombudsmann-Verfahren **kostenlos**. Er trägt lediglich die eigenen Porto- und Kopierkosten.
Dauer	Die Bearbeitungszeit beträgt in der Regel **einige Wochen**.
Rechtsfolgen	Während der Bearbeitungszeit ist die **Verjährung** der Forderung des VN (drei Jahre; Beginn mit Ablauf des Jahres, in dem der Anspruch entstanden ist; §§ 191, 195 BGB) ausgesetzt. *Besonderheit in der PKV:* Die Beschwerde muss innerhalb eines Jahres nach Eingang der schriftlichen Entscheidung des VR erfolgen oder – falls der VR keine Entscheidung vorlegt – innerhalb eines Jahres nach Ablauf der sechswöchigen Bearbeitungsfrist des VR.

Beispiel: Der privat krankenversicherte Georg Kunz ist über die Nichterstattung der Kosten (35,80 €) für ein Medikament empört. Er fordert in einem Schreiben (Poststempel: 12.1.) seinen Versicherer auf, die Auslagen umgehend zu begleichen. Am 28.1. erhält er vom VR ein Antwortschreiben mit einer Begründung, weshalb eine Kostenerstattung nicht möglich sei [Verweis auf die Allgemeinen Versicherungsbedingungen]. Die Jahresfrist beginnt in diesem Fall am 28.1.

Fallvariation: Der VR beantwortet das Schreiben von Herrn Kunz nicht. Jetzt beginnt die Frist am 23.2., also sechs Wochen nach Einlegen der Beschwerde.

Verfahren	Das Verfahren basiert auf **Unterlagen**, die der VN und der VR dem Ombudsmann zur Verfügung stellen. Offenen Fragen kann der Ombudsmann nachgehen. Die Entscheidung des Ombudsmanns ist bis 10.000 € für die VU **bindend**, von 10.000,01 € bis 100.000 € spricht der Ombudsmann eine **Empfehlung** aus. *Ausnahme:* In der PKV kann der Ombudsmann lediglich eine Empfehlung aussprechen.
Voraussetzungen	• Der Beschwerdeführer muss ein **Verbraucher** sein. Beschwerden im Zusammenhang mit einer gewerblichen oder selbstständigen Tätigkeit sind nicht zulässig (Ausnahme: Kleingewerbe). • Die Beschwerde darf **nicht** vor einem Gericht oder einer anderen Streitschlichtungseinrichtung anhängig oder von einer solchen Stelle entschieden worden sein. Auch darf ein außergerichtlicher Vergleich nicht stattgefunden haben. • Der Anspruch darf **nicht** verjährt sein. • Der Beschwerdewert darf 100.000 € nicht überschreiten. Weitere Voraussetzungen nennt § 1 VomVO.
Bei Misserfolg	Wird das Gesuch vom Ombudsmann abgelehnt bzw. folgt der VR dem Rat des Schlichters nicht, kann der VN immer noch (ohne Nachteile, aber mit Zeitverlust) den Gang zum **Gericht** antreten.

M 4 *Die Arbeit der Ombudsleute in der Versicherungswirtschaft in Zahlen (2012)*

Der Versicherungsombudsmann

17.263 Beschwerden

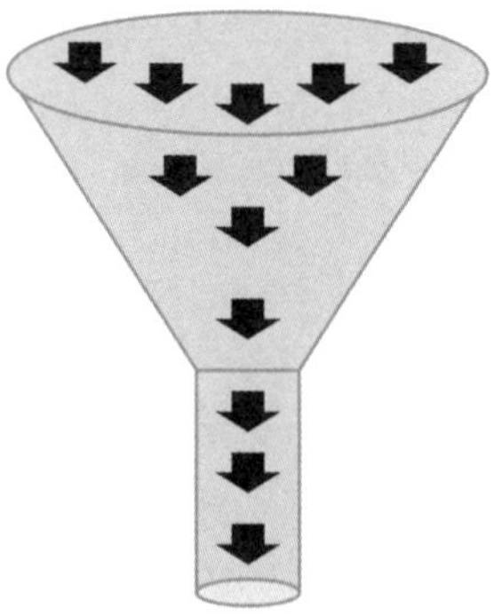

- davon 16.468 Unternehmensbeschwerden (396 Versicherungsvermittler, 399 Sonstige)
- unzulässig (z. B. Beschwerde betrifft PKV): 5.128
- durchschnittliche Dauer der Beschwerdeverfahren (zulässige Beschwerden): 3,5 Monate
- am häufigsten betroffene Sparten: Leben/Rente, Rechtsschutz, Gebäude
- 82,9 % der Beschwerden hatten einen Beschwerdewert bis 5.000 €

Erfolgsquote der Unternehmensbeschwerden: 36,4 % (Lebensversicherung: 23,3 %; Vermittlerbeschwerden: 22,2 %)

Anmerkung zur Erfolgsquote im Bereich der Lebensversicherung: Der Großteil der Beschwerden bezog sich auf die Überschussbeteiligung und Ablaufleistung. Diese waren in der Regel nicht zu beanstanden, sondern dem Beschwerdeführer nur zu erläutern.

Quelle: Versicherungsombudsmann e. V., Tätigkeitsbericht 2012: 78 ff.

Der Ombudsmann der Privaten Kranken- und Pflegeversicherung

6.354 Beschwerden

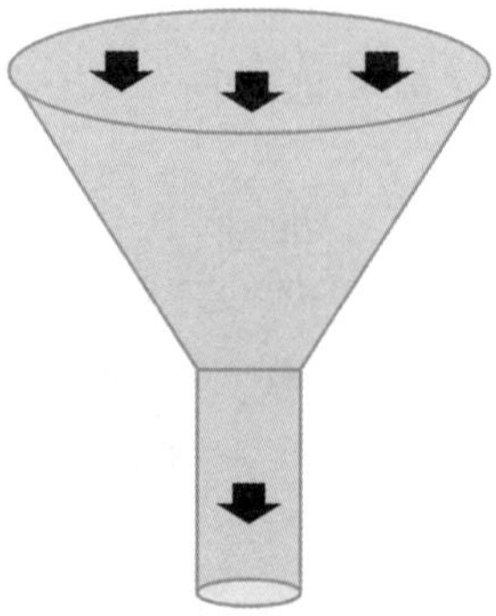

- davon zulässig: 4.842

Zum Vergleich:

2012 gingen beim Ombudsmann der privaten Banken 7.179 Beschwerden ein.

Bundesverband deutscher Banken 2012: 38

In 25,2 % der im Jahr 2012 abgeschlossenen 4.728 Beschwerden konnte der Ombudsmann vollständig oder zumindest teilweise weiterhelfen.

Der hohe Anteil der erfolglosen Beschwerden wird als „rechtskonforme Bearbeitung der einzelnen Krankenversicherer" interpretiert.

Quelle: Ombudsmann Private Kranken- und Pflegeversicherung, Tätigkeitsbericht 2012: 18 ff.

M 5 *Rollenkarte „Versicherungsverbände GDV und PKV“* Seite 1

ROLLENKARTE

Versicherungsverbände GDV und PKV

Das Ombudsmann-Verfahren in der Versicherungsbranche steht im Mittelpunkt des Treffens mit dem Verbraucherverband. Ein bekannter TV-Moderator leitet die Konferenz.

Als *Interessenvertretung der Versicherungsunternehmen* stehen Sie unter Erwartungsdruck! Lassen Sie sich in der ersten Verhandlungsrunde auf **keine** Kompromisse ein!

Arbeitsaufträge: *(15 Minuten)*

1. Entscheiden Sie, welche beiden Gruppenmitglieder an der Konferenz teilnehmen.
2. Rekapitulieren Sie die Ergebnisse Ihrer Internetrecherche.
3. Schauen Sie sich die untenstehenden Ziele Ihres Verbandes an. Überlegen Sie weitere Argumente. Nehmen Sie mögliche Argumente des Verbraucherverbands gedanklich vorweg.
4. Gruppenmitglieder, die an der Konferenz nicht direkt beteiligt sind, verfolgen die Diskussion bitte aufmerksam und machen sich auf dem Beobachtungsbogen Notizen.

Ihre Ziele:

- *Keine Zusammenlegung der Ombudsleute der Banken und Versicherungen wie zum Beispiel in Großbritannien.*
  Argumente: Versicherungsbranche möchte derzeit aus Imagegründen nicht mit den Banken in Verbindung gebracht werden. Effizienzvorteile bei Spezialisierung auf einen Bereich.
- *Vermeidung einer ‚schwarzen Liste' der Versicherer, über die sich die Kunden am häufigsten beschweren.*
  Überlegen Sie sich Argumente!
- *Keine Ausweitung der Entscheidungsbefugnisse der beiden Ombudsmänner.*
  Argumente: Ausweitung nicht notwendig, da sich das Verfahren bewährt hat. Außerdem liegen 80 % der Fälle unter einem Betrag von 5.000 €.
  Überlegen Sie sich ein weiteres Ziel, das Ihnen vernünftig erscheint und stellen Sie die positiven Aspekte des Schlichtungsverfahrens heraus.

M 5 *Rollenkarte „Verbraucherverband“* Seite 2

ROLLENKARTE

Verbraucherverband

Das Ombudsmann-Verfahren in der Versicherungsbranche steht im Mittelpunkt des Treffens mit dem Verbraucherverband. Ein bekannter TV-Moderator leitet die Konferenz.

Als *Interessenvertretung der Verbraucher* stehen Sie unter Erwartungsdruck! Lassen Sie sich in der ersten Verhandlungsrunde auf **keine** Kompromisse ein!

Arbeitsaufträge: *(15 Minuten)*

1. Entscheiden Sie, welche beiden Gruppenmitglieder an der Konferenz teilnehmen.
2. Rekapitulieren Sie die Ergebnisse Ihrer Internetrecherche.
3. Schauen Sie sich die untenstehenden Ziele Ihres Verbandes an. Überlegen Sie weitere Argumente. Nehmen Sie mögliche Argumente der Versicherungsverbände gedanklich vorweg.
4. Gruppenmitglieder, die an der Konferenz nicht direkt beteiligt sind, verfolgen die Diskussion bitte aufmerksam und machen sich auf dem Beobachtungsbogen Notizen.

Ihre Ziele:

- *Ausweitung der Befugnisse der Ombudsmänner (insbesondere in der privaten Krankenversicherung).*
  Überlegen Sie sich Argumente!
- *Versicherungsunternehmen, über die sich die Kunden häufig beschweren, sollen in einer ‚schwarzen Liste‘ veröffentlicht werden.*
  Überlegen Sie sich Argumente!
- *Schaffung eines Ombudsmanns für Banken* ***und*** *Versicherungen wie in Großbritannien (‚alles unter einem Dach‘).*
  Argumente: Kunde hat nur einen Ansprechpartner bei Problemen mit Finanzdienstleistungen. Politischer Einfluss des Ombudsmanns steigt (Gesetzgebungslücken anmahnen).
- Überlegen Sie sich ein weiteres Ziel, das Ihnen vernünftig erscheint. Stellen die Schutzbedürftigkeit der Verbraucher heraus!

M 5 *Rollenkarte „Moderator“* Seite 3

ROLLENKARTE

Moderator

In Kürze beginnt die Konferenz zwischen dem Verbraucherverband und den Versicherungsverbänden GDV und PKV. Bereits im Vorfeld wurde deutlich, dass die Stimmung aufgeheizt ist, da beide Interessenvertretungen unter hohem Erwartungsdruck stehen.
Es ist daher notwendig, dass die Diskussion von einem **neutralen** Moderator geleitet wird.

Forderungen des Verbraucherverbands:

- *Ausweitung der Befugnisse der Ombudsmänner (insbesondere in der privaten Krankenversicherung).*
- *Versicherungsunternehmen, über die sich die Kunden häufig beschweren, sollen in einer ‚schwarzen Liste‘ veröffentlicht werden.*
- *Schaffung eines Ombudsmanns für Banken* ***und*** *Versicherungen wie in Großbritannien (‚alles unter einem Dach‘).*

Forderungen der Versicherungsverbände:

- *Keine Ausweitung der Entscheidungsbefugnisse der beiden Ombudsmänner.*
- *Vermeidung einer ‚schwarzen Liste‘ der Versicherer, über die sich die Kunden am häufigsten beschweren.*
- *Keine Zusammenlegung der Ombudsleute der Banken und Versicherungen wie zum Beispiel in Großbritannien.*

Arbeitsaufträge: *(15 Minuten)*

1. Wählen Sie ein Gruppenmitglied, das die Konferenz leitet.
2. Erarbeiten Sie in der Gruppe einen Moderationsleitfaden (Eröffnung der Gesprächsrunde, Vorstellung der Teilnehmer, Fragen an die Teilnehmer usw.).
3. Der Moderator ist während der Konferenz zugleich Zeitmanager. Die erste Verhandlungsrunde soll ca. 10 Minuten dauern. Wenn in dieser Zeit keine Einigung erzielt wird, beendet der Moderator die Verhandlung und ruft den Schlichter zu Hilfe (Zeitvorgabe für die zweite Verhandlungsrunde: max. 10 Minuten).
4. Gruppenmitglieder, die an der Konferenz nicht direkt beteiligt sind, verfolgen die Diskussion bitte aufmerksam und machen sich auf dem Beobachtungsbogen Notizen.

M 5 *Rollenkarte „Schlichter"* Seite 4

ROLLENKARTE

Schlichter

Die Konferenz zwischen dem Verbraucherverband und den Versicherungsverbänden GDV und PKV ist festgefahren, da beide Interessenvertretungen unter hohem Erwartungsdruck stehen. Mit Ihrer Hilfe und Erfahrung als ‚elder statesman' soll nach der gescheiterten ersten Verhandlungsrunde eine Lösung gefunden werden.

Forderungen des Verbraucherverbands:

- *Ausweitung der Befugnisse der Ombudsmänner (insbesondere in der privaten Krankenversicherung).*
- *Versicherungsunternehmen, über die sich die Kunden häufig beschweren, sollen in einer ‚schwarzen Liste' veröffentlicht werden.*
- *Schaffung eines Ombudsmanns für Banken* ***und*** *Versicherungen wie in Großbritannien (‚alles unter einem Dach').*

Forderungen der Versicherungsverbände:

- *Keine Ausweitung der Entscheidungsbefugnisse der beiden Ombudsmänner.*
- *Vermeidung einer ‚schwarzen Liste' der Versicherer, über die sich die Kunden am häufigsten beschweren.*
- *Keine Zusammenlegung der Ombudsleute der Banken und Versicherungen wie zum Beispiel in Großbritannien.*

Arbeitsaufträge: *(15 Minuten)*

1. Wählen Sie ein Gruppenmitglied, das die Gruppe beim Schlichtungsverfahren vertritt.
2. Erarbeiten Sie einen Kompromiss, der für beide Seiten akzeptabel ist. Finden Sie mit Hilfe des Informationsmaterials Argumente, um Ihren Kompromiss durchzusetzen.
3. Gruppenmitglieder, die an der Konferenz nicht direkt beteiligt sind, verfolgen die Diskussion bitte aufmerksam und machen sich auf dem Beobachtungsbogen Notizen.

M 6 *Beobachtungsbogen*

Arbeitsauftrag:

Bitte protokollieren Sie den Verhandlungsverlauf ausführlich!

Erste Verhandlungsrunde

Begründung der Versicherungsverbände	Verhandlungs-gegenstand	Begründung des Verbraucherverbands
	(1)	
	(2)	
	(3)	
	(4)	

Zweite Verhandlungsrunde

Entgegenkommen der Versicherungsverbände?	Kompromissvorschlag des Schlichters	Entgegenkommen des Verbraucherverbands?
	(1)	
	(2)	
	(3)	
	(4)	

M 7 *Fälle aus der Praxis der Ombudsleute/Schlichtungsstellen* Seite 1

1. Schlichtungsstelle Mobilität: Fahrpreisnacherhebung aufgrund von Falschinformation

Eine Kundin der Deutschen Bahn erwarb am Schalter einen Fahrschein nach Berlin. Sie erhielt den Hinweis, dass sie mit dem Ticket den Nahverkehr in Berlin benutzen dürfe. Ein entsprechender Hinweis befand sich auch auf dem Ausdruck der Reiseverbindung. Problem: Das sog. „City-Ticket" gilt nur für den Fall, dass der Kunde das Bahn-Ticket mit einer Bahn-Card kauft, nicht aber beim Erwerb eines Fahrscheins zum Normalpreis. Die Kundin wurde bei einer Kontrolle der Berliner Verkehrsgesellschaft (BVG) des Schwarzfahrens bezichtigt (Nachzahlung in Höhe von 40 €).

Die BVG gab sich unnachgiebig und die Deutsche Bahn lehnte die Verantwortung für den Schaden ab.

Die Kundin wandte sich daraufhin an die Schlichtungsstelle Mobilität. Diese versuchte bei der BVG zu intervenieren, allerdings erfolglos. Daraufhin unterbreitete die Schlichtungsstelle der Deutschen Bahn und der Beschwerdeführerin einen Schlichtungsvorschlag. Im Verhältnis 70 zu 30 sollten die Bahn und die Beschwerdeführerin an dem Schaden beteiligt werden. Begründung: Die Bahn hat die größere Verantwortung für die gegebene Falschinformation. Allerdings hat auch der Kunde die Pflicht, den Fahrschein zu überprüfen. Beide Parteien nahmen den Schlichtungsvorschlag an. Ein Erfolg der Kundin beim Gang zum Gericht darf als eher unwahrscheinlich gelten.

2. Ombudsleute der Bankenbranche: Girokonto für jedermann

Regelmäßig erhalten die Ombudsmänner der Bankenbranche Beschwerden von Verbrauchern, die erfolglos die Einrichtung eines Girokontos auf Guthabenbasis bei einem Kreditinstitut beantragten.

Der Zentrale Kreditausschuss legte im Jahr 1995 eine Empfehlung zum sog. „Girokonto für jedermann" vor. Demnach sollen Banken dem Verbraucher grundsätzlich – sofern nicht schwerwiegende Gründe dagegen sprechen – ein Girokonto zur Verfügung stellen. Schufa-Eintragungen allein sind kein Grund, die Einrichtung eines Girokontos auf Guthabenbasis zu verweigern. Hintergrund dieser Empfehlung ist die Bedeutung eines Girokontos für die Teilnahme am Wirtschaftsleben (bargeldloser Zahlungsverkehr, Lohnzahlungen).

Von den 3.600 Beschwerden im Jahr 2007 beim Ombudsmann der privaten Banken betrafen 386 das Girokonto für jedermann. Davon wurden 49 Beschwerden von den Kunden nicht weiterverfolgt. Von den verbleibenden 337 Beschwerden wurden 77 % zu Gunsten der Kunden entschieden.

3. Versicherungsombudsmann e. V.: Diebstahl mit richtigem Schlüssel

Eine Kundin verbrachte den Tag auf ihrem Gartengrundstück in einer Schrebergartenkolonie. Sie legte ihre Handtasche, in der sich der Wohnungstürschlüssel befindet, in der Laube ab. Gegen Abend stellte der Ehemann bei der Rückkehr in die Wohnung fest, dass diese unverschlossen ist. Diebe entwendeten eine Schmuckkassette aus dem Schlafzimmerschrank. Jetzt bemerkt die Kundin die Entwendung ihrer Handtasche aus der Laube.

Der Hausratversicherer lehnt die Entschädigung des Schadens wegen fahrlässigem Verhalten ab (Handtasche in unverschlossener Laube).

Die Beschwerde beim Ombudsmann hat Erfolg, der VR ist zum Ersatz des Diebstahlschadens verpflichtet. Begründung: Fahrlässiges Verhalten kann der Kundin nicht vorgeworfen werden, da der Garten durch einen Zaun gesichert ist. Das Gartentor ist 1,50 m hoch und von außen wegen einer fehlenden Klinke nicht zu öffnen. Die Versicherte verbrachte die ganze Zeit auf dem Grundstück und suchte alle 15 Minuten die Terrasse in unmittelbarer Nähe des Laubeneingangs auf. Darüber hinaus waren zwei Nachbarn anwesend und hielten sich in ihren Gärten auf.

M 7 *Fälle aus der Praxis der Ombudsleute/Schlichtungsstellen* Seite 2

4. Versicherungsombudsmann e. V.: Anspruch auf die bei Vertragsabschluss prognostizierte Ablaufleistung

Ein Kunde schloss 1988 eine Lebensversicherung mit einer Laufzeit von 15 Jahren ab. Der Versicherungsvermittler stellte dem Kunden bei Vertragsabschluss eine Ablaufleistung von über 12.000 € in Aussicht. Im Jahr 2003 erhielt der VN vom VR 11.109,42 € ausbezahlt.

Die Beschwerde des Kunden beim Ombudsmann hatte keinen Erfolg. Begründung: In den Allgemeinen Versicherungsbedingungen des Lebensversicherungsvertrages wurde ein Garantiezins von 3,5 % vereinbart. Die monatlichen (Spar-) Beiträge des Kunden sind so kalkuliert, dass sie am Ende der Vertragslaufzeit die vereinbarte Versicherungssumme von 8.596 € ergeben. Erwirtschaftet der VR auf dem Kapitalmarkt mehr als die vertraglich garantierte Verzinsung in Höhe von 3,5 %, gibt er die „Überzinsen" zu mindestens 90 % an die Kunden weiter, d. h. zur Versicherungssumme kommt eine Überschussbeteiligung. Beide zusammen ergeben die Ablaufleistung. In Zeiten sinkender Kapitalmarktrenditen muss der VR die Überschussbeteiligung senken. Die bei Vertragsabschluss genannte Ablaufleistung stellte lediglich eine unverbindliche Prognose dar.

5. Ombudsmann der Privaten Kranken- und Pflegeversicherung: Kinderbetreuungskosten

Ein privatversicherter Familienvater wurde durch einen Verkehrsunfall so schwer verletzt, dass er seine Kinder nicht mehr beaufsichtigen konnte. Zusammen mit seiner Frau organisierte er eine alternative Kinderbetreuung und verlangte die Erstattung der Kosten von seiner Krankenversicherung.

Da Kinderbetreuungskosten, auch wenn sie krankheitsbedingt anfallen, nicht in den Versicherungsschutz der PKV eingeschlossen sind, konnte der Ombudsmann nicht helfen. Stattdessen empfahl er, die Kinderbetreuungskosten als Schadenersatz gegenüber dem Unfallverursacher geltend zu machen.

6. Ombudsmann der Privaten Kranken- und Pflegeversicherung: Vollnarkose als Zahnbehandlung

Die Tochter eines Privatversicherten ließ sich die Weisheitszähne ziehen. Die hierfür erforderliche Vollnarkose wurde vom Versicherer aus dem Ambulanttarif und nicht aus dem Zahntarif erstattet. In der Folge kam der Selbstbehalt des Ambulanttarifs zum Tragen.

Die Versicherte war der Ansicht, die Narkose sei aus dem Zahntarif zu erstatten, da diese Leistung im Zusammenhang mit der Zahnbehandlung stand. Der Versicherer lehnte dies ab, da die Narkose eine rein ärztliche Leistung sei.

Der Ombudsmann schloss sich der Auffassung der Versicherten mit dem Argument an, für die Zuordnung einer ärztlichen Leistung zum jeweiligen Tarif sei ausschlaggebend, welchem Behandlungsziel der Eingriff diene. Der Versicherer folgte der Empfehlung des Ombudsmanns, die Kosten zu erstatten.

Achtung!

Die Fälle 1-4 (Quellen: Internetseiten der jeweiligen Ombudsleute) werden aus didaktischen Gründen nur gekürzt wiedergegeben. Bei der Lösung von juristischen Sachverhalten sind jedoch stets alle Details zu berücksichtigen. Ein direktes Übertragen auf ähnliche Fälle ist deshalb problematisch! Die Fälle 5 und 6 wurden ungekürzt entnommen aus: PKV Publik 4/2008, S. 45.

M 8 *Ergebnissicherung: Die Stellung des Ombudsmannes zwischen Markt und Staat*

Arbeitsaufträge:

Die folgende Abbildung deutet an, dass ein Ombudsmann mit vielen anderen Akteuren und Institutionen verbunden ist.

1. Klären Sie diese Zusammenhänge, indem Sie die eingezeichneten Pfeile beschriften.
   Verwenden Sie dazu die Begriffe aus der „Begriffebox".
2. Erklären Sie jede Beziehung zwischen den Akteuren und Institutionen mit ein oder zwei Sätzen.

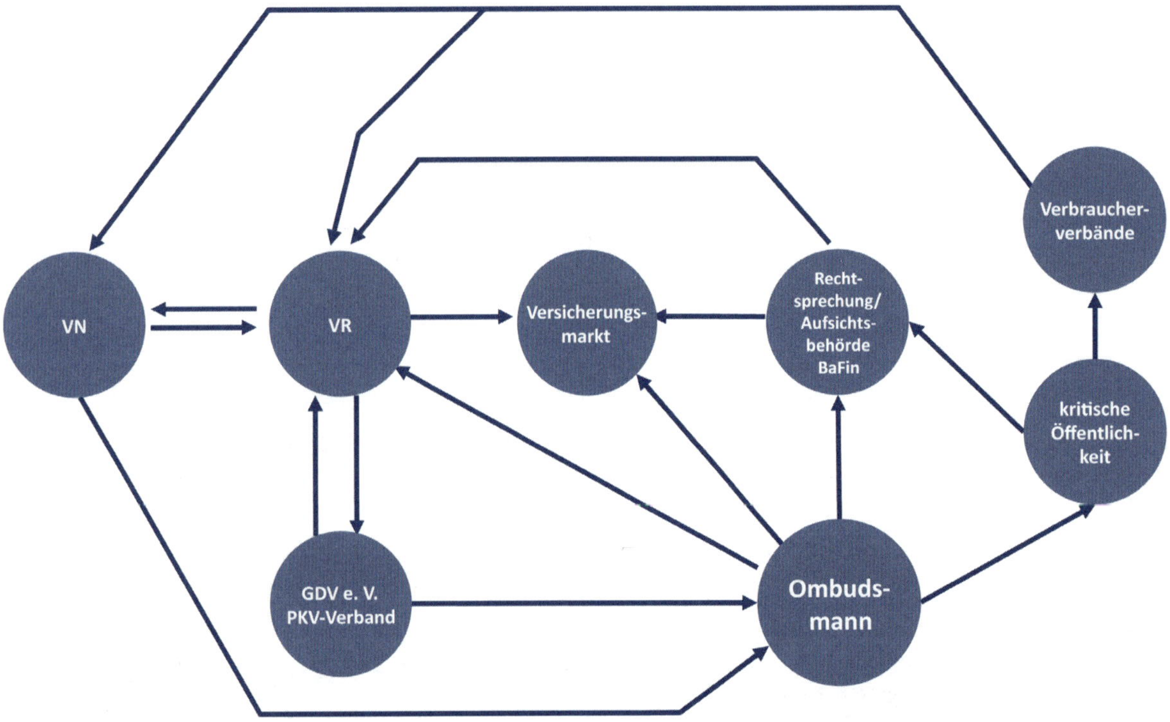

Begriffebox:

[1] Leistungsverweigerung
[2] Entlastung
[3] Rechtfertigung
[4] Ernennung
[5] Beschwerde
[6] Entscheidung/Empfehlung
[7] Finanzdienstleistungen
[8] gesetzliche Regulierung
[9] Selbstregulierung
[10] Mitglied
[11] Interessenvertretung
[12] Öffentlichkeitsarbeit
[13] Öffentliche(r) Unterstützung/Druck
[14] drohender Ansehensverlust
[15] Leistungsanspruch
[16] Handlungsgrenzen
[17] Unterstützung

Markus Niederastroth

Der Deutsche Werberat – eine Erfolgsstory für die Ethik in der Werbung?

Möglichkeiten und Grenzen der ethischen Selbstregulierung am Beispiel der Werbewirtschaft

Hrsg. von Thomas Retzmann und Tilman Grammes

Informationen für Lehrende

Materialien für Lernende

Vorfahrt für die Freiheit! Aber auch Werbung ohne Grenzen? Zur ethischen Selbstbindung aus Einsicht in die Notwendigkeit

Werbung ist nahezu allgegenwärtig. Um überhaupt noch aufzufallen, lassen sich Werbemacher immer wieder Neues einfallen. Sie versuchen, sich gegenseitig mit kreativen Ideen zu übertrumpfen. Dabei verletzen sie manchmal moralische Standards, denn das Abweichen von der gesellschaftlichen Norm und die moralische Grenzüberschreitung versprechen eine größere Aufmerksamkeit. Das kann im Konkurrenzkampf ein Vorteil sein. Und warum sollten Werbetreibende eigentlich nicht für sich beanspruchen dürfen, was Künstlern gemeinhin ohne Weiteres zugestanden wird: die gezielte Provokation und der öffentliche Tabubruch? Sexistische Darstellungen und die Verletzung religiöser Gefühle gibt es auch in der Kunst! Gleichwohl überbieten sich Werbetreibende dennoch nicht mit immer hemmungsloseren Norm- und Regelverstößen. Wer oder was hält sie derart im Zaum?

Die persönlichen, wirtschaftlichen und politischen Freiheitsrechte, die freiheitliche Verfassungen ‚ihren' Staatsbürgern garantieren, sind Errungenschaften der menschlichen Zivilisation, die gegen unbotmäßige Eingriffe unbedingt verteidigt werden müssen. Sie machen unser demokratisch verfasstes politisches Gemeinwesen sowie unsere plurale, für verschiedenste Lebensentwürfe offene Gesellschaft attraktiv – nicht zuletzt für jene Menschen, denen diese Freiheiten mit Macht und Gewalt vorenthalten werden. Wenngleich manche Zeitgenossen diese Freiheit mit Willkürfreiheit verwechseln und missbrauchen, so kann man sich dennoch kaum den Staat als Sittenwächter wünschen. Vielmehr ist auch diesbezüglich eher die Zivilgesellschaft gefordert.

Anknüpfend an diesen Dreiklang von demokratischem Rechtsstaat, offener Gesellschaft und freiheitlicher Wirtschaft thematisiert dieser ethos-Baustein den Deutschen Werberat, der als Organ der freiwilligen Selbstkontrolle zwischen Markt und Staat angesiedelt ist. Er nimmt die Aufgabe wahr, ethische Standards für die Werbewirtschaft zu formulieren und zu überwachen. Dieser ethos-Baustein antwortet auf folgende Fragen:

- Welche ethischen Standards in der Werbung sollen beachtet werden?
- Wie arbeitet der Deutsche Werberat?
- (Wie) Kann auch ich als Bürger gegen anstößige Werbung vorgehen?
- Schließen die Standesregeln des Deutschen Werberats die ‚Regulierunglücke', die der Staat lässt?
- Kann der Deutsche Werberat die ethischen Grenzen der Werbung wirkungsvoll ‚verteidigen'? Oder kann nur der Staat die Erosion ethischer Standards in der Werbung verhindern?
- Ist die ethische Selbstregulierung der Werbewirtschaft beispielgebend für andere Branchen? Oder bedarf sie selbst der Weiterentwicklung?

In fiktiven Dialogen mit verschiedenen Gesprächspartnern wird die Werbung volks- und betriebswirtschaftlich sowie rechtlich eingeordnet. Sodann lernen die Schülerinnen und Schüler die Institution des Deutschen Werberats kennen. Dessen Aufgabe simulieren sie abschließend in einer Konferenz, in der über eingegangene Beschwerden von Bürgern befunden wird.

Lehrplan-Bezug. Marketing und Werbung, ihre marktwirtschaftlichen Funktionen und ihre Wirkung sind mit unterschiedlichen Schwerpunktsetzungen Standardthemen sowohl der ökonomischen Allgemeinbildung als auch der kaufmännischen Berufsbildung. Neuere Ausbildungsrahmenpläne und Rahmenlehrpläne schreiben das Thema ‚Ethik in der Werbung' ausdrücklich vor. Erfahrungen aus den Erprobungen dieses ethos-Bausteins haben immer wieder gezeigt, dass das Thema ‚Ethik in der Werbung' großes Interesse bei jungen Menschen findet. Ausgehend von anschaulichen und konkreten Erfahrungen mit Werbebotschaften geht der Lernweg bis hin zu komplexen politischen Gestaltungsprinzipien wie dem Subsidiaritätsprinzip.

Transfer. Das gewählte Beispiel lädt dazu ein, die Gemeinsamkeiten mit und die Unterschiede zu anderen, teils ebenfalls branchenspezifischen Formen der freiwilligen Selbstkontrolle zu untersuchen: Hierfür bieten sich zum Beispiel der *Deutsche Presserat* als Organ der Freiwilligen Selbstkontrolle der Presse in Deutschland (www.presserat.info) an oder die *Freiwillige Selbstkontrolle der Filmwirtschaft* (www.fsk.de), des *Fernsehens* (www.fsf.de) und der *Multimedia-Diensteanbieter* (www.fsm.de).

Thomas Retzmann und Tilman Grammes

Erosion ethischer Standards in der Werbung als Folge der Werbeflut?

EINERSEITS, ANDERERSEITS. Werbung erfüllt in einer Volkswirtschaft wichtige Funktionen. Beispielsweise leistet sie einen Beitrag zum *Funktionieren des Wettbewerbs* und damit zur *bedarfsgerechten Versorgung* mit preiswerten Gütern. Sie fördert den Absatz und damit das *Wirtschaftswachstum*. Und natürlich schafft sie Arbeitsplätze.

Als *Preis* hierfür wird die *Beeinflussung* der Verbraucherinnen und Verbraucher in Kauf genommen. Denn ohne diese Beeinflussung könnte die Werbung ihre wirtschaftsfördernde Wirkung nicht entfalten.

Begrenzt wird der Einfluss der Werbung dort, wo er dem marktwirtschaftlichen Wettbewerb abträglich ist. So regeln Gesetze und Verordnungen unter anderem, dass die Informationen über Preis, Verwendungszweck, Qualität usw. der Produkte ihre Richtigkeit haben müssen und ein durchschnittlich informierter, aufmerksamer und verständiger Verbraucher seine Kaufentscheidung zwangfrei und unbelästigt fällen kann. Doch der Staat ist womöglich damit überfordert, die Einhaltung ethischer Standards in der Werbung zu überwachen.

SCHEINWELTEN. Um den Nutzen und die Attraktivität des Beworbenen zu betonen oder einfach nur um die Aufmerksamkeit auf das Beworbene zu lenken, werden die Produkte in eigens für diesen Zweck kreierten ‚Scheinwelten' präsentiert. In der Folge werden nicht nur die *Produkte*, sondern auch diese *Scheinwelten* beworben.

Dies kann zum Problem werden, wenn die in den Scheinwelten dargestellten Werte von den gesellschaftlich akzeptierten Werten abweichen. Werden beispielsweise bestimmte Bevölkerungsgruppen diskriminierend dargestellt, verletzt das nicht nur die Betroffenen in ihrer Würde, sondern lenkt darüber hinaus die Gesellschaft unterschwellig in eine ungewollte Richtung. Damit trägt sie zur Erosion ethischer Standards bei.

REGELVERSTÖSSE. Dass Unternehmen immer wieder solche Werbung einsetzen, liegt in der Regel daran, dass sie mit ‚Alltagswerbung' die Verbraucher kaum noch erreichen: Diese müssen mittlerweile so viele Informationen verarbeiten, dass sie nur noch maximal 5 % der ihnen präsentierten Werbeinformationen wahrnehmen (Esch 2004: 17).

Lösen ließe sich das Problem, wenn es gelänge, neue Wege zu den Verbrauchern zu erschließen, die einerseits werbewirksam sind und andererseits auf Diskriminierung, Sexismus, Schockwerbung etc. verzichten. Doch genau solche Wege zeigen weder Kommunikationswissenschaft noch Werbepraxis auf. Einig sind sich beide Lager anscheinend nur darin, dass die Zeiten ‚netter' Werbung vorbei sind (Landmann 2007: 10). Damit bestätigt sich ein Trend, den Werner Gaede schon fünf Jahre früher in „Abweichen von der Norm" aufzeigte. Bereits damals wurde beobachtet, dass Werbung in Zeiten der Informationsüberlastung besonders erfolgreich ist, wenn sie Regeln und Normen bricht – und sei es nur mit einer ‚lila Kuh'.

WERBEKLIMA-POLITIK. Damit die Unternehmen sich dennoch nicht gegenseitig in Norm- und Regelverstößen überbieten wurde bereits 1972 der *Deutsche Werberat* gegründet. Denn die Werbewirtschaft hatte erkannt, dass die ganze Branche für die kurzfristigen Erfolge, die einzelne Unternehmen mit reißerischer Werbung erheischen, dergestalt abgestraft wird, dass sich die Verbraucher in der Folge zunehmend *aller Werbung verweigern*.

Um solchen *branchenvernichtenden Entwicklungen* entgegenzuwirken, soll der Deutsche Werberat für ein *Werbeklima* sorgen, dass Verbrauchern und Wirtschaft *gleichermaßen zuträglich* ist. Gelingt ihm das? Reichen seine Mittel weit genug, um die Erosion ethischer Standards in der Werbung zu verhindern? In diesem ethos-Baustein wird diesen und weiteren Fragen nachgegangen.

Schutz ethischer Standards mittels Selbstregulierung und Partizipation?

DER DEUTSCHE WERBERAT ist ein Organ des Zentralverbandes der deutschen Werbewirtschaft (ZAW). Er hat die Aufgabe, „durch geeignete Maßnahmen die Werbung im Hinblick auf Inhalt, Aussage und Gestaltung weiterzuentwickeln, verantwortungsbewusstes Handeln zu fördern, Missstände im Werbewesen festzustellen und zu beseitigen sowie als ständiges Ansprechorgan für verbraucherbezogene Werbeprobleme zur Verfügung zu stehen" (Punkt 1 der Arbeitsgrundsätze). Seine 13 Mitglieder rekrutieren sich aus den Reihen des ZAW-Präsidiums, das von den ZAW-Mitgliedsverbänden gewählt wird (http://www.zaw.de/doc/ZAW_Organigramm.pdf).

Staatliche Regulierung. Wettbewerb und Werbung werden unter anderem durch das Gesetz gegen den unlauteren Wettbewerb (UWG) geregelt. Das UWG „dient dem Schutz der Mitbewerber, der Verbraucherinnen und Verbraucher sowie der sonstigen Marktteilnehmer vor unlauterem Wettbewerb" (§ 1 S. 1 UWG), indem es beispielsweise irreführende Geschäftspraktiken oder auch unzulässige Beeinflussungen verbietet. Das UWG wird hierin zunehmend durch das europäische Recht beeinflusst. Darüber hinaus wird die Werbung beispielsweise durch den Rundfunkstaatsvertrag (RStV), das Gesetz über die Werbung auf dem Gebiet des Heilwesens (HWG), die Preisangabenverordnung (PAngV), das Säuglingsnahrungswerbegesetz (SNWG) oder auch das Verbot vorsätzlicher, sittenwidriger Schädigung im Sinne des § 826 BGB reguliert.

Freiheitsgarantien. Gleichzeitig steht die Werbung unter dem Schutz des Grundgesetzes (GG). Spätestens seit der Entscheidung „Benetton" ist klar, dass sich die Pressefreiheit auch auf die in Werbeanzeigen enthaltenen Meinungsäußerungen erstreckt. Der Bereich der wertenden, meinungsbildenden Wirtschaftswerbung fällt also unter den Schutz des Art. 5 Abs. 1 Satz 1 GG, so dass auch hier gilt: „Jeder hat das Recht, seine Meinung in Wort, Schrift und Bild frei zu äußern und zu verbreiten [...]". Dabei spielt es laut Bundesverfassungsgericht keine Rolle, ob die Werbung rational oder emotional, begründet oder grundlos ist, ob sie von anderen für nützlich oder schädlich, gehaltvoll oder wertlos gehalten wird (BVerfG, Urteil vom 12.12.2000 – 1 BvR 1762/95, Rn. 66, S. 6). Der grundgesetzliche Schutz der Werbung wird zwar durch Art. 5 Abs. 2 GG beschränkt, jedoch fällt die meiste Werbung nicht unter diese Schranken, weil sie weder die allgemeinen Gesetze noch die Bestimmungen zum Schutze der Jugend oder das Recht der persönlichen Ehre verletzt.

Auch das UWG ist in einigen Fällen ein ‚stumpfes Schwert', zum Beispiel bei diskriminierender Werbung. Für diese Werbeform, über die beim Deutschen Werberat die meisten Beschwerden eingegangen sind, existiert *kein gesetzliches Verbot*. Allenfalls § 1 UWG könnte hier Anwendung finden. Allerdings würde seine Anwendung wiederum einer Rechtfertigung durch überwiegende Interessen und Rechte von Dritten oder durch Gemeinwohlbelange bedürfen. Da das in der Regel nicht gegeben ist, greift der Deutsche Werberat hier mit seinen Leitlinien und Verhaltensregeln Lücken *schließend* ein.

Schutzbereich des Werberats. Die Arbeit des Deutschen Werberats beginnt dort, wo die Reichweite der Gesetze und Verordnungen zu Wettbewerb und Werbung endet. Er regelt den Bereich, der *für den Gesetzgeber schwer zugänglich* ist. Er bewahrt die *Umworbenen* vor Darstellungen, die diese als anstößig oder unzuträglich empfinden könnten. Dabei orientiert er sich an der aktuell *herrschenden Auffassung* von Sitte, Anstand und Moral. Zusätzlich berücksichtigt er die *Wirklichkeit*, die im redaktionellen Teil der Medien dargestellt wird. Dies führt dazu, dass sich die ethische Beurteilung der Werbung durch den Deutschen Werberat mit der herrschenden Moralauffassung stetig (weiter-)entwickelt.

Schutz durch Verhaltensregeln. Der Deutsche Werberat ermittelt die *Grauzonen* innerhalb des juristischen Rahmens. Dafür entwickelt er *Leitlinien* und *Verhaltensregeln* mit selbstdisziplinierendem Charakter, die er mit den ZAW-Verbänden abstimmt. Es handelt sich um *Standesregeln* für die Mitglieder des ZAW. Über seine Arbeit und die aktuellen Entwicklungen in der Werbung informiert er durch seine Veröffentlichungen.

Schutz durch Selbstdisziplinierung. Jeder Bürger, der Anstoß an einer bestimmten Werbung nimmt, kann sich beim Deutschen Werberat beschweren. Berechtigte Kritik wird an die Unternehmen mit dem Ziel weitergeleitet, dass diese die entsprechende Werbemaßnahme einstellen oder ändern (= Beanstandung). Dies war seit dem Bestehen des Deutschen Werberats 2.700-mal der Fall. Nur in 110 Fällen waren die Unternehmen uneinsichtig, was dann zu einer öffentlichen Rüge der entsprechenden Werbemaßnahme führte. Somit konnte sich der Deutsche Werberat in rund 96 % der Fälle durchsetzen.

Vorzüge der Werbeselbstregulierung. Ganz allgemein entspricht die Werbeselbstregulierung dem Grundgedanken einer modernen Demokratie, weil sie auf *gesellschaftliche Selbstbestimmung* setzt. Den Verbrauchern wird hier – ausgehend vom Menschenbild eines aufgeklärten und mündigen Wirtschaftsbürgers – ein Maximum an Partizipationsmöglichkeiten eingeräumt (Gottzmann 2005: 274).

Die Werbeselbstregulierung leistet weiterhin einen Beitrag dazu, dass das Wettbewerbsrecht nicht unnötig aufgebläht und verkompliziert werden muss. Denn getreu dem Motto der Marktwirtschaft *‚So viel Markt wie möglich, so viel Staat wie nötig'*, muss der Staat sein Regelsystem nicht ausbauen, wo die Selbstregulierung effizient gelingt. Dort, wo der Staat *schlecht regeln kann*, weil er einfach zu unbeweglich ist, um den sich im kontinuierlichen Wandel befindlichen Verhältnissen der Gesellschaft unmittelbar und kurzfristig Rechnung tragen zu können (Beckmann 1991: 704), greift die Selbstregulierung ein und erfasst selbst solche Lebensbereiche, „die *gesetzlich nicht regelbar sind* oder nicht geregelt werden sollen, wie Fragen des Anstands und des guten Geschmacks" (Gottzmann 2005: 219).

Ein weiterer Vorteil der Werbeselbstregulierung ist, dass sich die betroffenen Branchen leichter mit den Regeln *identifizieren* können, weil sie bei deren Entwicklung beteiligt waren und weil die Kontrolle der Einhaltung dieser Regeln Personen aus ihren Reihen obliegt. Dabei wissen die Branchen, dass sie sich über den vom Gesetzgeber vorgeschriebenen Rahmen hinaus selbst beschränken und damit für die Wirtschaft eine *Vorbildfunktion* übernehmen.

Reaktionsgeschwindigkeit. Häufen sich Beanstandungen zu einem Problemkreis, zu dem es noch keine Lauterkeitsrichtlinien oder Verhaltensregeln gibt, kann der Deutsche Werberat schnell und unkompliziert reagieren. Anders als der Gesetzgeber muss er sich nur innerhalb der sich selbst beschränkenden Wirtschaft abstimmen. Anschließend kann er die Werbewirtschaft durch seine Öffentlichkeitsarbeit zeitnah über die neuen Standards informieren.

Noch schneller reagiert er auf die Beschwerden der Bürger. Seit der Etablierung des Internets bearbeiten die über Deutschland verteilten, ehrenamtlichen Mitglieder des Deutschen Werberats die aktuellen Beschwerden überwiegend *online*. Auf einer Internetplattform können sie die Beschwerden und die dazu gehörigen Werbemaßnahmen einsehen und über diese abstimmen, wobei die einfache Mehrheit der Mitglieder über das weitere Vorgehen entscheidet. Dieses Verfahren hat die Reaktionsgeschwindigkeit gegenüber der *traditionellen Konferenz* enorm beschleunigt.

Kritik. In der Literatur wird vor allem kritisiert, dass der Deutsche Werberat die Öffentlichkeit unzureichend einbezieht. Bis heute werden keine Außenstehenden in seine Reihen berufen. Jedoch führt der Deutsche Werberat regelmäßig Gespräche mit verbraucherbezogenen Organisationen, beispielsweise mit dem Deutschen Frauenrat und den Gleichstellungsstellen.

Darüber hinaus informiert er die Öffentlichkeit über seine Arbeit, erstellt Broschüren sowie Unterrichtsmaterialien und ruft dazu auf, sich mit Beschwerden an ihn zu wenden. Es wurden zwei Werbekampagnen durchgeführt, um ihn stärker in das Licht der Öffentlichkeit zu rücken. Gleichwohl scheint die Kritik der unzureichenden Partizipation der Öffentlichkeit nicht unbegründet. In der 40-jährigen Geschichte des Deutschen Werberats gab es nur knapp 18.000 Proteste, die sich auf knapp 7.700 Werbeaktivitäten bezogen. Somit gab es im *Jahresdurchschnitt* nur 450 Proteste, die sich auf 193 Werbeaktivitäten bezogen. Grund genug für Volker Nickel, den Sprecher des ZAW, zu resümieren, dass Beschwerden gegen Werbung in Deutschland immer noch ein „Randphänomen" seien.

Partizipation der Bürger. Die geringe Protestquote ist auch das Resultat einer gewissen Werbelethargie der Verbraucher, die sich bislang zu selten für ihre eigenen Interessen einsetzen. Dabei lebt das System der Werbeselbstkontrolle von der Partizipation der Verbraucher. Moralisch verantwortliches Handeln in der Wirtschaft kann besser gewährleistet werden, wenn alle betroffenen Instanzen ihren Beitrag zum Gelingen des Ganzen leisten. Deshalb müssen sich auch die Verbraucher aktiv für ihre Interessen einsetzen und sowohl als kritische Öffentlichkeit, als Wirtschaftsbürger und durch ihre Verbraucherorganisationen die nötigen Impulse geben, damit das komplexe Beziehungsgeflecht funktionieren kann und sie die Werbung erhalten, die sie wirklich wollen.

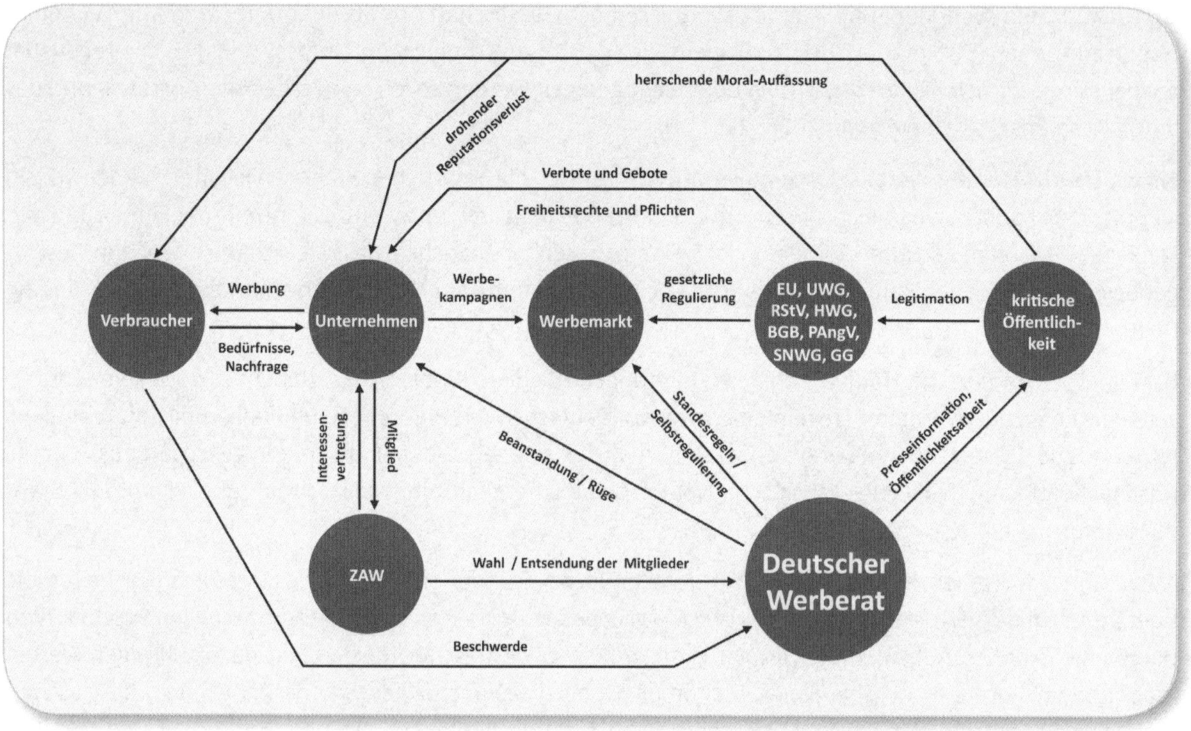

Abbildung 1: Die Stellung des Deutschen Werberats zwischen Wirtschaft, Gesellschaft und Staat
Quelle: Eigene Darstellung in Anlehnung an Retzmann 2006: 298.

Unterrichtsplanung: Vom Marktteilnehmer zum intervenierenden Bürger

INTENTIONEN. Ziel dieser Unterrichtsreihe ist es, die Schülerinnen und Schüler dazu anzuregen und zu befähigen, Werbung inhaltlich zu hinterfragen, sich mit den dort vermittelten Werten kritisch auseinanderzusetzen und sich in letzter Konsequenz aus der Perspektive eines mündigen Bürgers für eine Werbung einzusetzen, die allgemeinen ethischen Maßstäben gerecht wird (DeGöB 2004: 5 ff. oder auch GPJE 2004: 13 ff.).

ANALYSE UND PLANUNG. Bislang haben sich die meisten Schülerinnen und Schüler nur aus der Sicht eines Marktteilnehmers mit der Werbung beschäftigt. Sie verfügen im Umgang mit dieser über verfestigte Einsichten und eingeübte Verhaltensmuster, deren Praxistauglichkeit sich für sie im Laufe der Zeit erwiesen hat. Die Frage, ob sie mit dem Einfluss, den die Werbung auf die Gesellschaft ausübt, immer einverstanden waren, stellte sich für sie in der Regel nicht. Vor diesem Hintergrund scheint es nötig, die Schülerinnen und Schüler anzuregen, sich dieses bekannte Thema *neu* zu erschließen und ihre diesbezüglichen Einstellungen und Verhaltensweisen zu *reorganisieren*. Voraussetzungen hierfür sind, dass die Schülerinnen und Schüler

- über neue Fachinformationen verfügen,
- auf dieser Basis einen Perspektivwechsel vornehmen,
- Maßstäbe für ethische Standards in der Werbung finden,
- eine bewusste Entscheidung für die Werbung treffen, die sie wirklich wollen,
- und abschließend die Notwendigkeit ihrer aktiven Einflussnahme erkennen.

Fachinformationen: Diese erhalten die Schülerinnen und Schüler durch die fünf Gespräche des fiktiven Journalisten Ö. Konom **[M 1 - M 5]**, die sie sich am Anfang der Reihe erarbeiten. Durch die Kenntnis des Beschwerdeverfahrens beim Deutschen Werberat lernen sie die reale Möglichkeit ihrer Einflussnahme kennen.

Perspektivwechsel: Um sich für eine Werbung einsetzen zu können, die über ihre persönlichen Bedürfnisse hinausgeht und sich am Allgemeinwohl orientiert, müssen sie von der Perspektive des Marktteilnehmers in die Perspektive eines Wirtschaftsbürgers wechseln. Dies wird den Schülerinnen und Schülern in drei Schritten ermöglicht:

- Zunächst werden sie in einen kognitiven Konflikt geführt, weil sie die neuen Fachinformationen nicht problemlos in ihr Vorwissen assimilieren können. In der Folge müssen sie ihre alten Denkschemata und damit die Entscheidungsgrundlage für ihren bisherigen, persönlichen Umgang mit der Werbung reorganisieren. Dabei verlassen die Schülerinnen und Schüler zunehmend ihre ursprüngliche Perspektive und öffnen sich für die Perspektive eines mündigen Bürgers, der in der Lage ist, gesamtgesellschaftliche Verantwortung zu übernehmen.
- Der nächste Entwicklungsschritt erfolgt dann im anschließenden Konferenzspiel. Hier verlassen die Schülerinnen und Schüler ihre ursprüngliche Perspektive vollständig, um die ausgewählte Werbung aus der Perspektive ihrer Rolle **[M 7]** zu besprechen.
- Zum Abschluss der Reihe begeben sie sich dann auf die Metaebene und reflektieren das System der Selbstkontrolle ausschließlich aus der Bürgerperspektive.

Maßstäbe für ethische Standards: Bereits durch das Gespräch mit dem Deutschen Werberat **[M 5** in Verbindung mit **M7]** erfahren die Schülerinnen und Schüler, dass sich dieser bei der Entwicklung seiner Standesregeln an der aktuell herrschenden Auffassung von Sitte, Anstand und Moral orientiert sowie dem, was in den redaktionellen Beiträgen der Medien als gesellschaftliche Realität präsentiert wird. Diese aktuelle Auffassung – beispielsweise die Menschenrechte oder auch das Diskriminierungsverbot – erschließen sie sich, während sie sich die Verhaltensregeln des Deutschen Werberats erarbeiten. Dies dient der Vorbereitung auf das Konferenzspiel. Dabei gleichen sie diese Werte mit ihren eigenen ab, hinterfragen beide und gewinnen so zunehmend Klarheit über ihre eigene Position.

Entscheidung: Spätestens im Konferenzspiel erkennen sie die Komplexität der Problematik. Sie werden mit den Interessen verschiedener Gruppen und den Verhaltensregeln des Deutschen Werberats konfrontiert und müssen sich hier – unter Berücksichtigung ihrer eigenen Interessen und Werte – entscheiden, ob sie eine Werbung beanstanden wollen oder nicht.

Notwendigkeit der aktiven Einflussnahme: Abschließend überdenken die Schülerinnen und Schüler das System der Selbstkontrolle und erkennen, dass dieses nur funktionieren kann, wenn alle in Abbildung 1 genannten Instanzen ihren Beitrag leisten – also auch sie selber in der Position des Verbrauchers.

Unterrichtsverlauf

Einstieg. Um die Schülerinnen und Schüler für das Thema zu sensibilisieren, wird mit ihnen eine Werbung besprochen, die vom Deutschen Werberat aktuell gerügt wurde: http://www.werberat.de → Publikationen → Rügen.

Erarbeitung. Mit Hilfe der fünf Gespräche des fiktiven Journalisten Ö. Konom **[M 1 - M 5]** lernen die Schülerinnen und Schüler die volkswirtschaftliche Vorteilhaftigkeit, die betriebswirtschaftlichen Funktionen sowie juristische und standesrechtliche Grenzen des Werbens kennen. Dabei sind folgende Erkenntnisse besonders wichtig:

- Die Schülerinnen und Schüler erkennen den volkswirtschaftlichen Nutzen der Werbung. Denn erst auf diesem Fundament kann es für sie Sinn machen, sich für eine Werbung einzusetzen, die sie wirklich wollen.
- Die Schülerinnen und Schüler erkennen die Begrenztheit der Werbung, indem sie lernen,
  - ✔ dass es sich bei der Werbung nur um ein Instrument unter vielen im Marketing-Mix handelt.
  - ✔ dass es auch mittels sehr guter Werbung auf Dauer nicht möglich ist, schlechte oder überflüssige Produkte in den Markt zu ‚drücken'.
  - ✔ dass der Fokus des Marketings nicht auf einem manipulierenden Werben, sondern eher auf einem offenen, kunden- und dialogorientierten ‚Dienen' zum Erreichen ökonomischer Ziele liegt.
  - ✔ dass Werbung immer weniger Beachtung findet.
- In der Folge erkennen sie, dass Werbung weder nur manipuliert noch allmächtig ist, was weitere wichtige Voraussetzungen für eine konstruktive Auseinandersetzung mit derselben sind.

- Die Schülerinnen und Schüler erkennen, warum der Deutsche Werberat gegründet wurde. Dieses Ziel kann besonders gut erreicht werden, indem die historische Entwicklung der Werbung, des Marketings und des ZAW nebeneinander auf einem gemeinsamen Schaubild dargestellt werden.
- Die Kenntnis des Aufgabenbereichs des Deutschen Werberats zeigt den Schülern
  - ✔ mit welchen Problemen sie sich an diesen wenden können und mit welchen nicht und
  - ✔ vermittelt ihnen darüber hinaus notwendige Grundlagen, um dessen Arbeit beurteilen zu können.
- Um beurteilen zu können, inwieweit der Deutsche Werberat ein geeignetes Instrument zum Schutz ethischer Standards darstellt, müssen die Schülerinnen und Schüler zudem noch die Begrenztheit des staatlichen Instrumentariums kennen lernen. Hierfür könnte zunächst die Entscheidung „Benetton" thematisiert werden. Darüber hinaus könnte thematisiert werden, welche Mittel der Staat einsetzen müsste, um den Deutschen Werberat zu ersetzen und welche Konsequenzen dies für die Werbelandschaft und die Wirtschaft hätte.

ANWENDUNG (KONFERENZSPIEL). Nachdem die Schülerinnen und Schüler im letzten Gesprächsbaustein den Deutschen Werberat kennengelernt haben, versetzen sie sich nun in dessen Perspektive und beurteilen verschiedene Werbekampagnen in einem Konferenzspiel.

Als Vorbereitung darauf erhalten sie Rollenkarten **[M 8]**, mit deren Hilfe sie sich in Gruppen die jeweilige Rolle erarbeiten, aus der heraus sie in der Konferenz argumentieren werden. In die Konferenz schickt dann jede Gruppe einen Vertreter. Die übrigen Schülerinnen und Schüler dienen als Evaluatoren. Da vorgesehen ist, mehrere Werbekampagnen zu besprechen, erhält jede Schülerin und jeder Schüler im Laufe der Zeit die Gelegenheit an einer Konferenz teilzunehmen. Nach der Abstimmung, ob die besprochene Werbung zu rügen ist, wird jede Konferenz im Plenum hinsichtlich der Form der Auseinandersetzung und ihrer Inhalte ausgewertet.

SICHERUNG. Um das in den verschiedenen Konferenzen Erarbeitete zu sichern, erstellen die Schülerinnen und Schüler anschließend einen gemeinsamen Klassen-Ethik-Kodex für ihren Umgang mit der Werbung. Dieser kann direkt angewendet werden, falls den Schülerinnen und Schülern im Verlauf der Reihe eine Werbung auffällt, die sie für anstößig halten. Dann kann die Klasse diesbezüglich eine Beschwerde beim Deutschen Werberat einreichen.

ABSCHLUSS DER REIHE. Auf Basis der neuen Kenntnisse und Erfahrungen wird überprüft, inwieweit der Deutsche Werberat ein geeignetes Instrument zum Schutz ethischer Standards in der Werbung ist; ferner, ob Selbstkontrolle auch für weitere Wirtschaftsbereiche ein gangbarer Weg sein könnte. Schließlich wird überprüft, was dies für die Schülerinnen und Schüler in ihrer Rolle als Verbraucher bedeutet; und nicht zuletzt, welche Konsequenzen es hat, wenn sie oder andere in Abbildung 1 genannten Institutionen nicht ihren Beitrag zum Gelingen des Ganzen leisten.

Literatur

Beckmann, Christoph (1991): Werbeselbstdisziplin in Deutschland und Europa. In: WRP – Wettbewerb in Recht und Praxis 11/91, S. 702-707.

DeGöB – Deutsche Gesellschaft für ökonomische Bildung (Hrsg.) (2004): Kompetenzen der ökonomischen Bildung für allgemeinbildende Schulen und Bildungsstandards für den mittleren Schulabschluss. Köln.

Gaede, Werner (2002): Abweichen von der Norm. Enzyklopädie kreativer Werbung. München.

Gottzmann, Nicole (2005): Möglichkeiten und Grenzen der freiwilligen Selbstkotrolle in der Presse und der Werbung. München.

GPJE – Gesellschaft für Politikdidaktik und politische Jugend- und Erwachsenenbildung (2004): Anforderungen an Nationale Bildungsstandards für den Fachunterricht in der Politischen Bildung an Schulen. Schwalbach/Ts.

Kroeber-Riel, Werner/Esch, Franz-Rudolf (2004): Strategie und Technik der Werbung. Stuttgart.

Landmann, Hinnerk (2007): Der Trojanische Wolf. Saarbrücken.

Lehmann, Alexandra (2005): Werbeselbstkontrolle in Italien und Deutschland. Tönning.

Nickel, Volker/Grote, Anne-Marie (2005): Abenteuer Kommunikation: Und jetzt: Werbung! Bonn.

Retzmann, Thomas (2006): Didaktik der berufsmoralischen Bildung in Wirtschaft und Verwaltung. Eine fachdidaktische Studie zur Innovation der kaufmännischen Berufsbildung. Norderstedt.

Zentrale zur Bekämpfung unlauteren Wettbewerbs e.V. (2004): Schriftenreihe Wettbewerbsrecht in der Praxis. Band 1: Werbung und Wettbewerbsrecht.

M 1 *Werbung & Wettbewerb: Dient Werbung dem Wohle aller?*

Werbung – die einen lieben sie, den anderen ist sie ein Gräuel. Dabei wird die Gruppe der Menschen, die sich über bestimmte Werbungen beschweren, immer größer. Diese Situation nimmt der Journalist Ö. KONOM zum Anlass, um sich mit mehreren Interviewpartnern aus sehr unterschiedlichen Perspektiven Gedanken zum Thema „Werbung" zu machen. In fünf Interviews ergründet er die gesamtwirtschaftliche Funktion der Werbung, beschäftigt sich mit ihren Aufgaben und zeigt auf, wo der Werbung Grenzen gesetzt sind und welche Auswirkungen Grenzüberschreitungen haben.

Seine erste Interviewpartnerin ist Frau WELFARE:

Vielen Dank, dass Sie sich die Zeit nehmen, mit mir über die gesamtwirtschaftliche Funktion der Werbung zu sprechen. Wie ich hörte, vertreten Sie die Meinung, dass Werbung und marktwirtschaftlicher Wettbewerb untrennbar zusammengehören. Deshalb möchte ich mit Ihnen zunächst den grundlegenden Fragen nachgehen, warum wir überhaupt Wettbewerb haben, warum dieser so wichtig ist und wie er funktioniert. Ich hoffe, dass mich die Antworten auf diese Fragen besser verstehen lassen, welche Funktionen der Werbung in unserem Wirtschaftssystem zukommen und wann sie ihre Aufgaben nicht erfüllt.

WELFARE: Nun, Wettbewerb ist deshalb so wichtig, weil dann alle Beteiligten ihr Bestes geben. Das dient dem Wohlergehen aller am besten.

Bitte erklären Sie das etwas ausführlicher.

WELFARE: Gerne! In der Praxis sieht das so aus: Nachfrager versuchen möglichst günstig zu kaufen. Anbieter hingegen versuchen ihre Ware gewinnbringend zu verkaufen. Wenn sie im Wettbewerb mit anderen Anbietern stehen und mehr Produkte angeboten als nachgefragt werden, müssen sich die Anbieter viel Mühe geben, damit die Nachfrager ihre Produkte und nicht die Produkte der Konkurrenz kaufen. Das führt dazu, dass die Anbieter immer stärker auf die Wünsche der Nachfrager eingehen, was zu einer Steigerung des allgemeinen Wohlstands führt.

Und auf welche Nachfragerwünsche gehen die Anbieter konkret ein? Wie sieht diese Wohlstandssteigerung genau aus?

WELFARE: Häufig ‚purzeln' zunächst die Preise, weil sich die Anbieter so besonders leicht von ihren Mitbewerbern abgrenzen können. Auch geben sich die Anbieter Mühe, eine bessere Qualität als die Konkurrenz anzubieten. Darüber hinaus passen die Anbieter ihre Produkte immer mehr an die Kundenwünsche an oder entwickeln sogar ganz neue Produkte, um die Bedürfnisse der Nachfrager noch besser befriedigen zu können. Dabei wächst gleichzeitig die Produktvielfalt, so dass die Nachfrager immer leichter die Produkte finden können, die sie wirklich kaufen wollen. All dies führt dazu, dass es den Nachfragern, also uns allen, immer besser geht.

Sie behaupten also, dass der Wohlstand aller durch Wettbewerb gefördert wird, ohne dass irgendjemand dieses Ziel vorsätzlich verfolgen würde?

WELFARE: Richtig. Obwohl die Verbraucher nur günstig einkaufen und die Anbieter einfach nur Geld verdienen wollen, führt dies in einem funktionierenden Wettbewerb zu einer effizienten, preiswerten Güterversorgung und damit zum Wohlstand für alle.

Sie unterstellen einen funktionierenden Wettbewerb. Kann es denn auch passieren, dass der Wettbewerb nicht funktioniert?

WELFARE: Natürlich! Der Wettbewerb funktioniert nur, wenn sich alle Wettbewerber an die gleichen Spielregeln halten. Verstöße gegen die Wettbewerbsregeln, zum Beispiel Betrug, verhindern die wohlstandsfördernde Wirkung des Wettbewerbs. Deshalb achtet der Staat auch darauf, dass die Wettbewerbsregeln eingehalten werden und der Wettbewerb fair bleibt.

Gibt es noch andere Gründe für ein Versagen des Wettbewerbs?

WELFARE: Der Wettbewerb funktioniert auch dann nicht optimal, wenn die Marktteilnehmer nicht richtig informiert sind. Dann kommt es zu Fehlentscheidungen, die eine effiziente, preiswerte Güterversorgung verhindern.

Aha, jetzt kommt die Werbung ins Spiel.

WELFARE: Ja, die Werbung hat hier sicher ihren Platz. Sie soll die Nachfrager ja nicht nur beeinflussen, vielmehr soll sie diese informieren und damit einen Beitrag zur Markttransparenz leisten. Denn wenn alle Marktteilnehmer richtig informiert sind und sich dementsprechend verhalten, dann funktioniert der Wettbewerb.

Darüber hinaus kurbelt die Werbung den Wettbewerb doch auch erst richtig an?

WELFARE: Ja. Wenn man den Wettbewerb mit einem Auto vergleicht, dann ist die Werbung der Motor. Sie bringt den Wettbewerb in Fahrt und hält ihn zum Wohle aller am Laufen.

Dann ist die Werbung ihrer Meinung nach also prinzipiell eine gute Sache?

WELFARE: Sicher. Aber eben nur so lange sie ihre Funktionen erfüllt!

Nun arbeitet die Werbung meines Wissens unter der Regie des MARKETING mit mehreren Kollegen zusammen, die alle das gleiche Ziel verfolgen.

WELFARE: Genau. Die Werbung ist keinesfalls so allmächtig, wie das viele Menschen immer annehmen. Mittlerweile ist sie deshalb ein Team-Player.

Dann macht es vermutlich Sinn, als nächstes das MARKETING zu interviewen. Ihnen möchte ich aber jetzt schon einmal sehr herzlich für dieses interessante Gespräch danken.

M 2 *Produktion & Absatz: Wie ernst nehmen Unternehmen Kundenwünsche?*

Der Journalist Ö. KONOM im Gespräch mit dem MARKETING

Wie wir gerade erfahren haben, braucht unsere Wettbewerbswirtschaft auch Werbung. Nach meinen Informationen sind Sie in den Unternehmen dafür verantwortlich.

MARKETING: Das ist richtig. Ich trage die Verantwortung für die bewusst marktorientierte Führung der Unternehmen. Werbung ist eine meiner vielen Aufgaben.

Was machen Sie genau?

MARKETING: Im Rahmen der *Produktpolitik* kümmere ich mich um die marktorientierte Gestaltung des Leistungsprogramms der Unternehmung. Bei der *Preispolitik* lege ich fest, wie viel dieses Leistungsprogramm kosten darf. Durch die *Vertriebspolitik* stelle ich zum Beispiel sicher, dass die Produkte den Endverbraucher erreichen. Und im Rahmen der *Kommunikationspolitik* informiere ich durch Werbung, Verkaufsförderung und Öffentlichkeitsarbeit über das Leistungsprogramm. Ich versuche zu erreichen, dass die Produkte auch gekauft werden.

Da haben Sie ja viel zu tun. War Ihr Aufgabenbereich schon immer so umfassend?

MARKETING: Nein, noch vor hundert Jahren gab es kaum Probleme Produkte abzusetzen. Wegen der zunehmenden maschinellen Fertigung wurden sie immer billiger. Dadurch verkauften sie sich fast von selbst. Weil man sich damals eigentlich nur darum kümmern musste, dass die Produktion lief, nennt man diese Zeit auch die Phase der *Produktionsorientierung*.

Wann endete diese Phase?

MARKETING: Mitte der 1950er Jahre. Damals setzte in Deutschland das so genannte „Wirtschaftswunder" ein. Die Wirtschaft boomte und in immer mehr Branchen überstieg das Angebot an Gütern die Nachfrage. Da waren die Unternehmen plötzlich in einer schwächeren Position.

Inwiefern?

MARKETING: Mit zunehmender *Marktsättigung* konnten sie nicht mehr davon ausgehen, dass ihre Produkte Abnehmer finden. Sie mussten sich verstärkt auf den Absatz ihrer Produkte konzentrieren. Die Phase der *Produktionsorientierung* wurde von einer Phase der *Verkaufsorientierung* abgelöst. Die Unternehmen verstärkten ihre Anstrengungen im Bereich Verkauf. Es wurden Außendienstmitarbeiter eingestellt und diese durch Werbung und Marktinformationen unterstützt.

Und dadurch konnten sich die Unternehmen wieder im Wettbewerb behaupten?

MARKETING: Zunächst ja, doch schon bald reichte es nicht mehr aus, seine Produkte in den Markt zu ‚drücken'. Wer sich am Markt behaupten wollte, musste grundsätzlich umdenken: weg von der Verkaufsorientierung, hin zu einer *Marketingorientierung*.

Was hat diesen Wandel verursacht?

MARKETING: Es war nicht zuletzt die Erkenntnis, dass ein Unternehmen auf Dauer nicht überleben kann, wenn es seine Produkte nicht an die Marktbedingungen, insbesondere an die *Kundenwünsche*, anpasst: Während man noch in der Phase der Verkaufsorientierung versucht hatte abzusetzen, was man produziert hatte, versuchte man jetzt in der Phase der Marketingorientierung zu produzieren, was man später auch absetzen konnte.

Und ging dieses Konzept auf?

MARKETING: Zunächst ja, doch es dauerte nicht lange, bis die Unternehmen feststellen mussten, dass sich auch *Marktbedingungen* und Kundenwünsche im Laufe der Zeit verändern. Manche Produkte, die zu dem Zeitpunkt, als man ihre Produktion plante, gerne von den Konsumenten gekauft worden wären, wurden zu dem Zeitpunkt, zu dem man sie dann auf den Markt brachte, schon nicht mehr benötigt. Diese Erkenntnis führte spätestens Mitte der 1970er Jahre zu einer neuen Ära des Marketings, nämlich der des *strategischen Marketing*.

Also schon wieder etwas absolut Neues?

MARKETING: Nein. Aber man dachte jetzt halt weiter. Nun orientierte man sich nicht nur am *aktuellen* Absatzmarkt, sondern bezog den erwarteten Absatzmarkt in seine Überlegungen ein. Man plante für die Zukunft.

Braucht man dazu nicht hellseherische Fähigkeiten?

MARKETING: Nein, auch wenn es immer wieder Überraschungen gibt, so gibt es doch handfeste Anhaltspunkte, zum Beispiel die Entwicklung der Gesamtwirtschaft und des Wettbewerbs oder der technische Fortschritt. Zu bedenken ist auch, was den Menschen zukünftig gut gefallen könnte. Diese vielen Überlegungen sind die Basis für die strategische Entscheidung, auf welchen Märkten die Unternehmen wie und wann konkurrieren wollen.

Die Entwicklung, die sie durchlaufen haben, finde ich sehr spannend. Ist absehbar, wann Sie eine nächste Entwicklungsstufe erreichen werden?

MARKETING: Ich muss mich ständig weiter entwickeln. So berücksichtige ich heutzutage zum Beispiel die Umwelt und versuche, zum Kunden eine persönliche Beziehung aufzubauen. Darauf einzugehen würde wohl den Rahmen sprengen.

Schade, aber da haben Sie sicher recht. Ich danke Ihnen für unser Gespräch.

M 3 *Beeinflussung & Unterhaltung: Heiligt der Zweck alle Mittel?*

Der Journalist Ö. KONOM im Gespräch mit der WERBUNG

Wir haben im letzten Interview erfahren, dass Sie für das MARKETING tätig sind.

WERBUNG: Richtig. Ich arbeite dort im Rahmen der Kommunikationspolitik zusammen mit meinen Kollegen Verkaufsförderung, Messe, PR, Event-Marketing, Direktmarketing und Sponsoring. Meine Aufgabe ist es, die Kunden und weitere Gruppen wirkungsvoll anzusprechen, sie zu informieren – und sie zu beeinflussen.

Ist es richtig, dass Sie schon lange bevor das Marketing das Licht der Welt erblickt hat, geworben haben?

WERBUNG: Im Vergleich zu mir ist das Marketing ein ‚Jungspund'. Ich bin wirklich wesentlich älter. Bereits in der Antike habe ich mich mit Tontafeln und Marktschreiern um die Gunst der Kunden bemüht.

Warum haben Sie sich dann entschlossen beim Marketing mitzumachen?

WERBUNG: Ehrlich gesagt, habe ich das nicht ganz freiwillig getan. Wer gibt schon gerne seine Freiheit auf? Aber als das Marketing mit seiner ausgeklügelten Kombination der vier Politikfelder auf den Plan trat, hatte ich einfach keine andere Wahl. Wie alle anderen musste auch ich mich dem Primat des Marketing und seiner Gesamtstrategie unterwerfen.

Was genau tragen Sie dazu bei?

WERBUNG: Mir persönlich geht es in erster Linie um das Informieren und Beeinflussen von Kunden und anderen relevanten Gruppen. Für das Gesamtergebnis, also den Absatz, ist MARKETING zuständig.

Marketing hat uns berichtet, dass es sich im Laufe der Zeit immer wieder an die veränderten Marktverhältnisse anpassen musste. Haben Sie auch eine solche Entwicklung durchgemacht?

WERBUNG: Sicher! Gerade in den letzten 50 Jahren hat sich bei mir viel getan. Früher habe ich die Menschen noch richtig informiert. Heute weichen die Inhalte zunehmend den Bildern und der Musik. Ich muss immer lauter werden, weil mich sonst keiner hört.

Woran liegt das?

WERBUNG: Die Menschen schaffen es einfach nicht mehr die vielen Informationen zu verarbeiten, die ihnen Fernsehen, Rundfunk, Zeitschriften, Zeitungen und Internet anbieten. Ich schätze, dass ich heute nur noch mit höchstens 5 % der von mir angebotenen Informationen die Menschen erreiche.

Welche Konsequenzen ziehen Sie aus dieser Entwicklung?

WERBUNG: Ich muss meine Anstrengungen quantitativ und qualitativ an die veränderten Verhältnisse anpassen.

Und wie wollen Sie sich quantitativ anpassen?

WERBUNG: Ich möchte überall noch stärker präsent sein. Deshalb bin ich ständig auf der Suche nach neuen Wegen, die Menschen zu erreichen. Das Internet, zum Beispiel Soziale Netzwerke bieten hier immer wieder neue und interessante Möglichkeiten. Aber ich denke auch darüber nach, die Menschen einfach mal zu Hause anzurufen. Allerdings muss ich hier noch überprüfen, inwieweit der Gesetzgeber für meine Ambitionen Verständnis zeigt.

Und ihre qualitativen Anstrengungen?

WERBUNG: Weil die Menschen wenig Zeit haben, meine Werbebotschaft zu lesen, versuche ich das, was ich mitteilen möchte, zu visualisieren. Bilder kann das Gehirn nämlich wesentlich schneller verarbeiten als Text. Im Radio kann ich leider nicht mit Bildern arbeiten. Dort unterstreiche ich meine Botschaft mit Musik oder Geräuschen. Aber im Kino, Fernsehen oder Internet kombiniere ich alle Elemente miteinander. Das macht dann richtig Spaß.

Bleiben dabei die Inhalte nicht auf der Strecke?

WERBUNG: Die informierende Werbung geht immer mehr zurück – die zieht heute nicht mehr. Ich versuche die Menschen zu erreichen, indem ich etwas Neues, Ungewohntes, vielleicht sogar Anrüchiges präsentiere. Ich arbeite mit Lifestyle und präsentiere den Menschen ihre Träume. Denn dann schenken sie mir ihre Aufmerksamkeit und Zuneigung. Und das rechnet sich für uns!

Verraten Sie damit nicht Ihre originäre Profession? Ging es ursprünglich nicht um den Wettbewerb zwischen den Unternehmen zu Gunsten der Verbraucher?

WERBUNG: Ich diene doch noch immer dem Wettbewerb. Ich bin DER Motor der Wirtschaft. Fragen Sie mal MARKETING. Der würde mir bestimmt kein so großes Budget zur Verfügung stellen, wenn meine Arbeit sinnlos wäre. Aber man muss halt mit der Zeit gehen. Die Menschen wollen keine Informationen mehr, sie wollen Unterhaltung. Und die biete ich ihnen in jeder Form. Hier heiligt der Zweck die Mittel.

Darüber muss ich mal in Ruhe nachdenken. Vielleicht hilft mir dabei meine nächste Gesprächspartnerin. Auf jeden Fall danke ich Ihnen jetzt erst einmal für dieses aufschlussreiche Gespräch.

M 4 *Autonomie & Heteronomie: Hält der Staat sich zu sehr zurück?*

Der Journalist Ö. KONOM im Gespräch mit Frau JUS TITIA

Wir haben vom MARKETING und der WERBUNG erfahren, mit welchen Schwierigkeiten sie zu kämpfen haben. Dabei hat mich besonders die Entwicklung der Werbung betroffen gemacht. Was denken Sie darüber?

JUS TITIA: Ich habe Verständnis für die Probleme der beiden. Aber bei manch aktueller Entgleisung der Werbung drängt sich schon das Gefühl auf, dass da Grenzen überschritten werden, die man besser nicht überschreiten sollte.

Wie sollte man damit umgehen?

JUS TITIA: Es gibt in diesem Land Gesetze, die solche Probleme regeln. Darüber hinaus kümmern sich der Zentralverband der deutschen Werbewirtschaft (ZAW) und sein Organ, der Deutsche Werberat, darum, dass die Werbung nicht allzu sehr über die Stränge schlägt.

Welches Gesetz regelt denn die Werbung?

JUS TITIA: Zum Beispiel das Gesetz gegen den unlauteren Wettbewerb (UWG). Es soll faires Verhalten im Wettbewerb – also auch in der Werbung – gewährleisten und Verbraucher wie Wettbewerber schützen. Es verbietet Wettbewerbshandlungen, die dazu geeignet sind, den Wettbewerb zum Nachteil von Mitbewerbern oder Verbrauchern zu beeinträchtigen. Schließlich entfaltet nur ein fairer Wettbewerb die von Frau WELFARE beschriebene positive Wirkung.

Wenn das UWG das alles regelt, welche Funktion haben dann noch ZAW und Deutscher Werberat?

JUS TITIA: Der ZAW, dem heute 42 Verbände der werbenden Unternehmen, Medien, Werbeagenturen, Werbeberufe und Forschung angehören (http://www.zaw.de/doc/ZAW_Organigramm.pdf), wurde 1948 gegründet, um Missständen auf dem Gebiet der Werbung entgegenzuwirken, die nicht durch das UWG geregelt werden. Der ZAW kümmert sich also um die Werbung, die zwar legal, aber dennoch anstößig oder anderweitig problematisch ist. Da greifen die Gesetze leider nicht.

Ich kann kaum glauben, dass der eigene Dachverband die Freiheit der Werbung über die gesetzlichen Bestimmungen hinaus beschränkt?

JUS TITIA: Doch, das tut er! Die Werbewirtschaft besteht nicht nur aus freiheitsliebenden Kreativen. Viele Kaufleute wissen, dass man auf Dauer nur in einer von Wertschätzung und gegenseitigem Respekt geprägten Atmosphäre gute Geschäfte machen kann. Und deshalb sind sie bestrebt, alles zu vermeiden, was dazu geeignet ist, diese Atmosphäre zu zerstören. Darüber hinaus wollte man verhindern, dass der Staat die Werbewirtschaft stärker kontrolliert. Und dieses Ziel konnte man nur erreichen, indem man staatliches Eingreifen vorsorglich unnötig machte.

Warum gründete der ZAW über 20 Jahre später zusätzlich den Deutschen Werberat?

JUS TITIA: Der äußere Anlass, der 1972 zur Gründung des Werberates führte, war eine Resolution des Europarates, in der die Werbewirtschaft der Mitgliedstaaten aufgefordert wurde, selbstdisziplinäre Institutionen zur Bekämpfung unlauterer Werbung zu gründen. Der innere Anlass lag in der Unzufriedenheit der Menschen mit der Werbung. Schließlich war die Verkaufsorientierung damals in ihrer Hochphase angelangt: Die Werbung versuchte mit allen Mitteln (zunehmend erfolglos) den Menschen alles Mögliche ‚aufzuschwatzen'. Die Menschen hatten von der ‚medialen Drückerkolonne' einfach ‚die Nase voll'. Mit dem Deutschen Werberat wurde eine Einrichtung geschaffen, die als Ansprechpartner für die Verbraucher dient und Konflikte aus der Welt schaffen kann.

Hätte nicht besser der Staat mit gesetzlichen Werberegelungen eingegriffen und dem scharfen Schwert der Justitia gedroht?

JUS TITIA: Warum unnötig sein Schwert zücken, wenn die Werbeselbstdisziplin Vorteile hat? So sind staatliche Gerichte im Bereich der Werbung bestimmt nicht so fit, wie die Werbung treibende Wirtschaft selber. Schließlich sitzen im Werberat Vertreter aus allen Bereichen der Werbewirtschaft, also echte Spezialisten. Außerdem benötigt ein Verfahren vor Gericht viel Zeit. Der Werberat hingegen kann sehr schnell eingreifen und Kampagnen, die gegen seine Verhaltensregeln verstoßen, bereits im Anfangsstadium stoppen. Ein dritter, nicht zu unterschätzender Vorteil ist, dass die Werbewirtschaft die Kosten für den Deutschen Werberat alleine trägt. Das erspart dem Staat Kosten für Personal- und Sachaufwand in den Bereichen der Gesetzgebung, Rechtsprechung und Verwaltung.

So wenig Staat wie möglich?

JUS TITIA: Nein, soviel Staat wie nötig! Der Gesetzgeber kann nicht alle Bereiche des Lebens rechtlich erfassen, erst recht kann er die schnelllebige Werbung nicht bis ins Detail gesetzlich regeln. Die Werbung entwickelt sich kontinuierlich weiter, orientiert sich am Zeitgeist, greift aktuelle Trends auf. Der Wettbewerb hat doch auch sein Gutes! Deshalb sollte die Werbung so viel Freiheit wie möglich haben! Nur ihre Grenzen darf sie nicht überschreiten. Die findet sie in den Gesetzen des Staates und in den ungeschriebenen Moralvorstellungen der Gesellschaft.

Vielen Dank für das interessante Gespräch. Ich freue mich bereits auf mein Interview mit dem Deutschen Werberat.

DEUTSCHER WERBERAT

M 5 *Regelverstöße & Sanktionen: Wie scharf ist das Schwert des Deutschen Werberats?*

Der Journalist Ö. KONOM im Gespräch mit dem WERBERAT

Wir haben von Frau JUS TITIA erfahren, dass Sie sich um die Werbung kümmern, die zwar erlaubt – also legal –, aber dennoch anstößig ist. Wie gehen Sie dabei vor?

WERBERAT: Zunächst stecke ich mit von mir selbst entwickelten Verhaltensregeln die Grenzen ab, innerhalb derer die Werbewirtschaft aktiv werden darf. Diese Verhaltensregeln überprüfe ich regelmäßig auf ihre Aktualität und passe sie bei Bedarf an die veränderten gesellschaftlichen Verhältnisse an.

Woran orientieren Sie sich bei der Entwicklung dieser Verhaltensregeln?

WERBERAT: Einerseits an der aktuell herrschenden Auffassung von Sitte, Anstand und Moral. Andererseits an dem, was in den redaktionellen Beiträgen der Medien als gesellschaftliche Realität präsentiert wird.

Was passiert, wenn sich ein Unternehmen nicht an diese Verhaltensregeln hält?

WERBERAT: Über Regelverstöße kann sich jeder Bürger bei mir beschweren – kostenlos und unkompliziert: per Post, Fax, Telefon oder E-Mail.

Wie gehen Sie mit einer solchen Beschwerde um?

WERBERAT: Zunächst prüft die Geschäftsführung die Zuständigkeit und ob die Beschwerde nicht offensichtlich unbegründet ist. Nach dieser Vorprüfung werde ich gegebenenfalls aktiv. Dann fordere ich den Werbenden auf, zu der Werbung Stellung zu beziehen. Falls die Werbung nach dieser Aufforderung eingestellt oder so verändert wird, dass der Grund für die Beschwerde entfällt, dann ist die Sache für mich erledigt. Das ist übrigens der Regelfall.

Dann scheint das System ja zu funktionieren. Aber was passiert in den anderen Fällen, in denen der Werbetreibende die Beschwerde für unbegründet hält und nichts verändern will?

WERBERAT: Dann prüfe ich die Werbung und entscheide über die Beschwerde.

Nach welchen Kriterien prüfen Sie die Werbung?

WERBERAT: Ich orientiere mich an den bürgerlichen Gesetzen, den werberechtlichen Vorschriften und – natürlich ganz besonders – an meinen eigenen Verhaltensregeln. Dabei versetze ich mich immer in die Lage eines verständigen Durchschnittsverbrauchers. Seine Sicht der Dinge zählt für mich!

Wer entscheidet über die Beschwerde?

WERBERAT: Ein Gremium, das sich aus ehrenamtlichen Spezialisten aus der Werbewirtschaft zusammensetzt, stimmt darüber ab, ob die Werbung in Ordnung ist. Die einfache Mehrheit entscheidet.

Was passiert, wenn die Mehrheit des Gremiums beschließt, dass die Werbung nicht O.K. ist?

WERBERAT: Dann rüge ich diese Werbung. Über diese Rüge informiere ich die Öffentlichkeit. Dabei nenne ich auch den Namen des werbenden Unternehmens.

Das hört sich aber nicht besonders schlimm an. Das ist doch so ähnlich wie ein Klassenbucheintrag!

WERBERAT: Oh, unterschätzen Sie das nicht! Eine solche Rüge ist für das betroffene Unternehmen richtig unangenehm! Erstens erleidet es einen Reputationsverlust, weil plötzlich die ganze Republik weiß, dass es sich nicht ordentlich verhalten hat. Und zweitens druckt bzw. sendet keines unserer Mitglieder mehr diese Werbung.

Also ist eine Rüge in etwa so wie eine rote Karte im Fußball! Ist das Schwert der Justitia nicht sehr viel schärfer?

WERBERAT: Bedenken Sie, dass eine solche Rüge die Unternehmen teuer zu stehen kommt. Zum einen ist das Geld für die Entwicklung und Produktion des teuren Werbespots ‚verloren'. Manchmal muss das Unternehmen sogar die gebuchte Werbefläche oder -zeit bezahlen, obwohl die gerügte Werbung nicht mehr gedruckt oder gesendet werden darf. Und in einigen Fällen bedeutet eine Rüge das Aus für die ganze Werbekampagne. Schließlich arbeitet das Marketing so vernetzt, dass ein Wegbrechen der Werbung das ganze Kampagnenkonzept kippen kann.

Wenn ihre Rüge tatsächlich ‚so sehr ins Geld geht', wer nimmt dann das Risiko einer Rüge in Kauf?

WERBERAT: Beispielsweise Newcomer oder Anbieter in einem besonders umkämpften Markt. Vermutlich haben sie Angst, dass sie sich sonst nicht behaupten können und hoffen, dass ihnen jede noch so schlechte Berichterstattung weiterhilft. Hauptsache man ist im Gespräch.

Und? Haben sie damit Erfolg?

WERBERAT: Nein. Sonst würden sich die anderen ja auch gerne rügen lassen. Aber seit meinem Bestehen musste ich erst etwas mehr als 100-mal rügen.

Ich danke Ihnen für das interessante Gespräch.

WERBERAT: Schauen Sie doch mal auf meiner Homepage (www.werberat.de) vorbei. Da erfahren Sie noch mehr über mich und über aktuelle Fälle. Auch die von mir aufgestellten Verhaltensregeln können Sie dort im Einzelnen nachlesen.

M 6 *Fälle vor dem Deutschen Werberat – zu beanstanden oder nicht?* Seite 1

A) Frauendiskriminierung, ja oder nein?

Ein Hersteller individueller Fahrzeugeinrichtungen warb in einer Anzeige mit der Abbildung eines nur mit einem BH bekleideten Busens. Darunter stand der Werbetext: „Frauen wissen, was Ladungssicherung bedeutet!" Die Beschwerdeführerin kritisierte die Werbung als sexistisch: Der Vergleich von Ladungssicherheit mit einem Frauen-BH samt Abbildung sei diskriminierend und reduziere Frauen auf eine rein sexuelle Funktion.

○ ja Begründung: ____________________

○ nein ____________________

____

B) Diskriminierung von Personengruppen, ja oder nein?

Ein Milchgetränkehersteller warb mit dem Slogan „Vorsicht Suchtgefahr" für ein Schokoladenmilchgetränk. Der Beschwerdeführer empfand das als Schlag ins Gesicht für alle Suchtkranken und als Beleidigung dieser Menschen.

○ ja Begründung: ____________________

○ nein ____________________

____

C) Nachahmungsgefahr gefährlichen Verhaltens, ja oder nein?

In einem TV-Spot saß ein Junge in der Badewanne und schaute fern. Der TV-Apparat war auf einem Bord direkt über der mit Wasser gefüllten Wanne platziert. Der Beschwerdeführer sah in der Situation des elektrischen Geräts in der Nähe des Wassers eine Gefahr für den badenden Jungen und auch eine Nachahmungsgefahr gegeben.

○ ja Begründung: ____________________

○ nein ____________________

____

D) Gefährdung von Kindern und Jugendlichen, ja oder nein?

Ein Hersteller von Körperpflegemitteln zeigte in einem Fernsehspot mehrere junge Mädchen in einer Geisterbahn, in der verschiedene Horrorvorstellungen der Mädchen durch lebensgroße Marionetten ins Bild gesetzt wurden. Neben einer scheltenden Klassenlehrerin und einem hämischen kleinen Bruder, der über den Inhalt der schwesterlichen Mails berichtet, wurde auch eine „Vater-Marionette" gezeigt, die im heimischen Wohnzimmer auf die Tochter zugeht und fragt: „Lust auf einen Tanz mit Papi?" Der Beschwerdeführer sah in diesem Werbespot eine Anspielung auf sexuellen Missbrauch von Kindern.

○ ja Begründung: ____________________

○ nein ____________________

____

M 6 *Fälle vor dem Deutschen Werberat – zu beanstanden oder nicht?* Seite 2

E) Gewaltverharmlosung/Unzuträgliche Sprache in der Werbung, ja oder nein?

Ein Bildbearbeitungsunternehmen bewarb seine Dienstleistungen mit einem Flyer, in dem die Schritte der Bildretusche dargestellt wurden. Die Abbildung eines offensichtlich verprügelten, da aus der Nase blutenden Mannes mit verquollenem Gesicht, wurde schrittweise bearbeitet, bis zuletzt sämtliche Blessuren behoben waren. Begleitend enthielt der Flyer den Text: „Fresse polieren für Fortgeschrittene. (...) Bildbearbeitung zum fairen Festpreis. Also haut rein, Jungs und Mädels)". Hier werde ein Gewaltopfer für die Werbung missbraucht, so der Vorwurf des Beschwerdeführers. Zudem sei der Text überaus aggressiv und missverständlich, so dass Kinder die Werbemaßnahme als Aufforderung zu Gewalt auffassen könnten.

○ ja Begründung: ____________________

○ nein ____________________

____

F) Gewaltverharmlosung und Verletzung religiöser Gefühle, ja oder nein?

Ein Internetdienstleister für Online-Spiele warb in seinem TV-Spot mit einer Kerkerszene. Zu sehen ist ein Gefangener, der in Kreuzigungshaltung an der Wand gefesselt ist, sowie der Wärter. Der Gefangene lässt die Spielkarten in seiner Hand fallen und stirbt, der Wärter ist darüber erbost und wirft seine Spielkarten in Richtung des toten Häftlings. Der Beschwerdeführer sah in der Werbung Gewalt verharmlost und religiöse Gefühle verletzt.

○ ja Begründung: ____________________

○ nein ____________________

____

G) Verletzung religiöser Gefühle, ja oder nein?

Im Schaufenster seines Geschäfts warb ein Händler mit einem Poster, das eine junge Frau in Unterwäsche zeigte. Die Frau saß breitbeinig auf einer Treppe, über ihr der Spruch „Macht hoch die Tür, die Tor' macht weit!" Die Beschwerdeführerin sah durch den Spruch, der auf den Anfang eines bekannten Weihnachtslieds hinweist, in Kombination mit der Abbildung der spärlich bekleideten Frau, ihre religiösen Gefühle verletzt.

○ ja Begründung: ____________________

○ nein ____________________

____

M 7 *Von der Beschwerde bis zur Rüge – Das Verfahren des Deutschen Werberats*

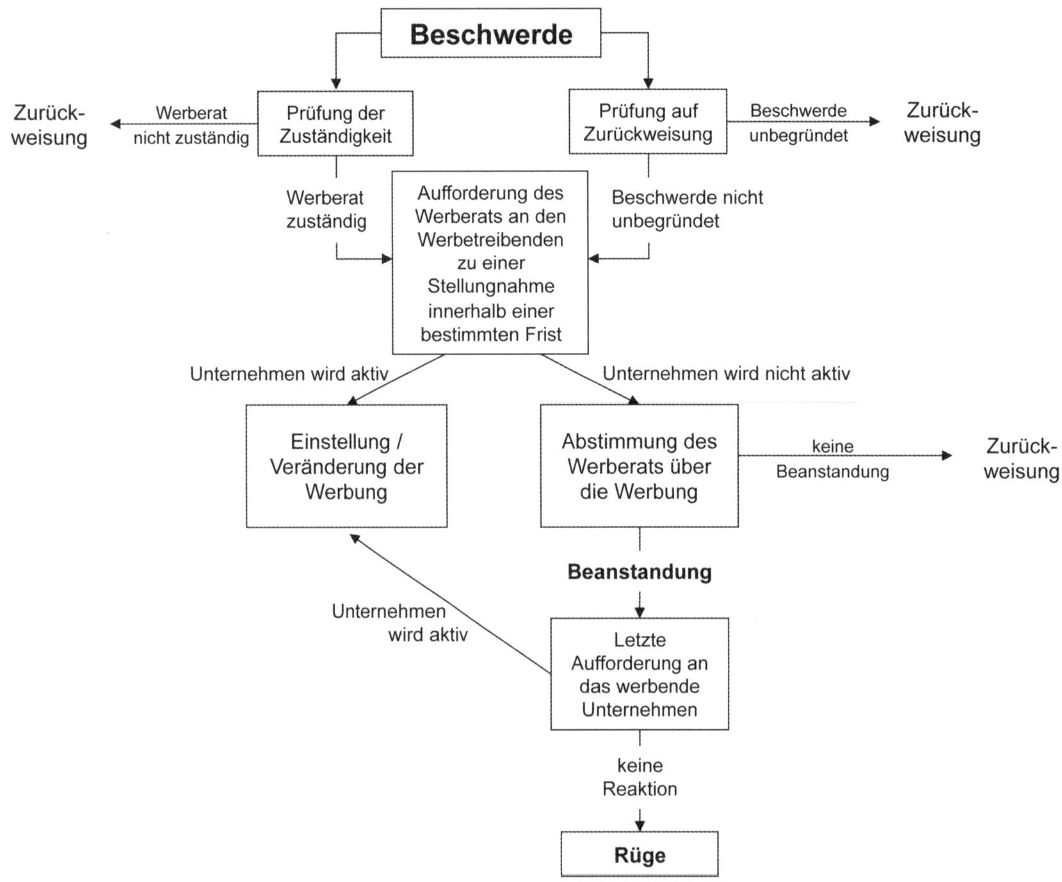

Beschwerden, Beanstandungen, Rügen – die Bilanz von 40 Jahren

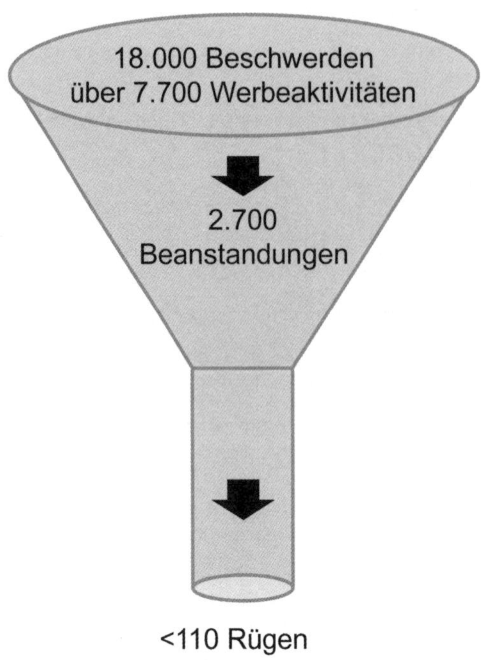

M 8 *Rollenkarten für das Konferenzspiel „Deutscher Werberat“* Seite 1

ROLLENKARTE

Moderator/in

Sie bereiten die Konferenz vor und leiten sie.

Vorbereitung: Um die Konferenz vorzubereiten, basteln Sie kleine Tischnamensschilder, auf die Sie die Rollen der verschiedenen Gruppen schreiben. Weiterhin stellen Sie einige Tische und Stühle so auf, dass die Klasse und die Konferenzteilnehmer sich sehen können. Es bietet sich hier an – ähnlich den diversen Talkshows – eine halbrunde Tischgruppe zu bilden. Bitte denken Sie daran, dass auch Sie und der Zeitwächter an dieser Tischgruppe Platz finden sollen.

Eröffnung: Sie eröffnen die Konferenz, indem Sie die Konferenzteilnehmer und die Zuschauer begrüßen und das Ziel der Konferenz und die zu beurteilende Werbung vorstellen. Anschließend bitten Sie die Konferenzteilnehmer sich und ihre Rolle kurz vorzustellen.

Durchführung: Während der Konferenz gehört es dann zu Ihren Aufgaben,

... dafür Sorge zu tragen, dass die Gesprächsregeln eingehalten werden.
... die Rednerliste zu führen und deren Einhaltung zu überwachen.
... für ein Konferenzklima zu sorgen, dass die konstruktive Auseinandersetzung fördert.
... Redner, die ihre Redezeit überschreiten, auf die zeitlichen Abmachungen hinzuweisen.

Inhaltlich nehmen Sie keinen Einfluss auf die Konferenz. Allerdings kann es manchmal Sinn machen, Zwischenergebnisse zusammenzufassen und damit die Konferenz zu strukturieren.

Abschluss: Wenn Sie den Eindruck haben, dass alle Argumente ausgetauscht sind, geben Sie den Konferenzteilnehmern die Gelegenheit für ein abschließendes Statement. Dabei weisen Sie darauf hin, dass die Konferenzteilnehmer nun nicht mehr an ihre Rollenvorgaben gebunden sind, sondern sich auch den guten Argumenten anderer Konferenzteilnehmer anschließen können. Danach lassen Sie über die zu beurteilende Werbung abstimmen und verkünden abschließend das Ergebnis, nämlich ob die Werbung zu rügen ist oder nicht.

ROLLENKARTE

Zeitwächter

Sie wachen über die Redezeit.

Bitte erinnern Sie die Konferenzteilnehmer 15 Sekunden vor Ablauf der Redezeit daran, dass sie zum Schluss kommen müssen. Wie Sie dies signalisieren, bleibt Ihnen überlassen. Vielleicht deuten Sie einfach nur stumm auf Ihre Uhr.

Sollte sich der entsprechende Konferenzteilnehmer davon nicht beeindrucken lassen, informieren Sie den Moderator darüber, dass die Redezeit abgelaufen ist.

M 8 ***Rollenkarten für das Konferenzspiel „Deutscher Werberat"*** **Seite 2**

ROLLENKARTE

Gruppe:
Schutz von Kindern/Schutz vor dem Aufruf zum Alkoholmissbrauch

Sie sind Mitglied des Deutschen Werberats.

In der Konferenz achten Sie darauf, dass durch die besprochene Werbung die Verhaltensregeln des Deutschen Werberates für ***die Werbung mit und vor Kindern in Hörfunk und Fernsehen*** *und die Verhaltensregeln über* ***kommerzielle Kommunikation für alkoholhaltige Getränke*** *eingehalten werden.*

Bitte informieren Sie sich über diese Verhaltensregeln auf der Homepage des Werberates. Sammeln Sie weitere Argumente, um Ihr Anliegen in der Konferenz überzeugend vertreten zu können.

Darüber hinaus wissen Sie ganz genau, dass Werbung nicht nur Kinder beeinflusst. Es gibt auch genügend Erwachsene, die dem Glamour der Werbung erliegen. Deshalb halten Sie es für sinnvoll, auch für ältere Personen zu überprüfen, ob ihnen das in der Werbung Präsentierte gut tut.

ROLLENKARTE

Gruppe: Menschenwürde

Sie sind Mitglied des Deutschen Werberats.

In der Konferenz achten Sie darauf, dass durch die besprochene Werbung die Grundsätze des Deutschen Werberates zur ***Herabwürdigung und Diskriminierung von Personen*** *und die Verlautbarung des Deutschen Werberates zur* ***Werbung mit Politikern*** *eingehalten werden.*

Bitte informieren Sie sich über diese Verhaltensregeln auf der Homepage des Werberates. Sammeln Sie weitere Argumente, um Ihr Anliegen in der Konferenz überzeugend vertreten zu können.

Manchmal kommt es vor, dass die Werbung, die in der Konferenz besprochen wird, Ihren Aufgabenbereich nicht berührt. Dann überlegen Sie sich bitte, ob Sie wollen, dass die in der besprochenen Werbung dargestellten Werte Einfluss auf Ihre Zukunft und Ihr Leben nehmen. Wenn Sie die in der Werbung dargestellte Realität persönlich ablehnen, dann argumentieren Sie bitte auch persönlich gegen die Werbung.

ROLLENKARTE

Gruppe:
Medien

Sie sind Mitglied des Deutschen Werberats.

In der Konferenz vertreten Sie die ***Werbung durchführenden Medien*** *und beurteilen die Werbung aus dieser Perspektive.*

Bitte versetzen Sie sich in die Lage dieser Medien und sammeln Sie Argumente, um deren Sichtweise in der Konferenz überzeugend vertreten zu können. Eine Aufstellung Werbung durchführender Medien finden Sie unter folgendem Link: http://www.zaw.de/doc/ZAW_Organigramm.pdf.

M 8 ***Rollenkarten für das Konferenzspiel „Deutscher Werberat"*** **Seite 3**

ROLLENKARTE

Gruppe: Sicherheit am Arbeitsplatz und im Verkehr

Sie sind Mitglied des Deutschen Werberats.

In der Konferenz achten Sie darauf, dass durch die besprochene Werbung die Verlautbarungen des Deutschen Werberates zur ***Werbung mit unfallriskanten Bildmotiven, zur Reifenwerbung und zum verantwortungsvollen Umgang mit Verkehrsgeräuschen in der Hörfunkwerbung*** *eingehalten werden.*

Bitte informieren Sie sich über diese Verhaltensregeln auf der Homepage des Werberates. Sammeln Sie weitere Argumente, um Ihr Anliegen in der Konferenz überzeugend vertreten zu können.

Ansonsten sind Sie persönlich davon überzeugt, dass Werbung nur dann ihre wirtschaftsfördernde Wirkung entfalten kann, wenn sie auf eine breite gesellschaftliche Akzeptanz stößt. Deshalb sind Sie persönlich gegen eine schrille oder tabubrechende Werbung.

ROLLENKARTE

Gruppe: Werbeberufe

Sie sind Mitglied des Deutschen Werberats.

In der Konferenz vertreten Sie die ***Werbeberufe*** *und beurteilen die Werbung aus dieser Perspektive. Machen Sie sich bitte mit der Sichtweise dieser Branche vertraut und sammeln Sie Argumente, um diese Sichtweise in der Konferenz überzeugend vertreten zu können. Die folgenden Informationen verstehen Sie bitte nur als Anregung.*

Aufgabe Ihrer Branche ist es, gute Werbung zu machen. Gut ist Werbung, wenn sie vom Konsumenten wahrgenommen wird. Ihre Werbung findet aber aus verschiedenen Gründen immer seltener Beachtung.

Bedauerlicherweise gibt es keine allgemeingültige Theorie, wie man gute Werbung macht. Jeder Autor sagt dahingehend etwas Anderes. Teilweise widerspricht sich die Fachliteratur sogar. Einig ist man sich nur darin, so Hinnerk Landmann, dass die Zeiten „netter" Werbung vorbei sind.

Vor diesem Hintergrund scheint die Idee von Prof. Gaede für Ihre Zunft richtungweisend zu sein. In seinem Buch „Abweichen von der Norm" beschreibt er, dass Regeln und Normen gebrochen werden müssen, um in Zeiten der Informationsüberlastung wahrgenommen zu werden.

Deshalb fordern viele der durch Sie vertretenen Mitglieder, dass Sie die Freiheit der Werbung in der Konferenz unter allen Umständen verteidigen sollen. Mit inhaltlichen Beschränkungen könne man nicht arbeiten. Schließlich müsse man noch seinen Job machen dürfen.

M 8 ***Rollenkarten für das Konferenzspiel „Deutscher Werberat"*** **Seite 4**

ROLLENKARTE

Gruppe: Kommunikationsagenturen

Sie sind Mitglied des Deutschen Werberats.

In der Konferenz vertreten Sie die ***Kommunikationsagenturen*** *und beurteilen die Werbung aus dieser Perspektive.*

Machen Sie sich bitte mit der Sichtweise dieser Branche vertraut und sammeln Sie Argumente, um diese Sichtweise in der Konferenz überzeugend vertreten zu können. Die folgenden Informationen verstehen Sie bitte nur als Anregung.

Mit Menschen, die es nicht mehr schaffen, alle Informationen zu verarbeiten, lässt sich schlecht kommunizieren – besonders, wenn man nicht persönlich, sondern über die Medien kommuniziert. Ein weiteres Problem für Ihre Branche stellt die zunehmende Austauschbarkeit von Werbebotschaften dar. Solche Werbebotschaften langweilen die Menschen. Und was langweilt, wird ignoriert.

Deshalb meinen die von Ihnen vertretenen Agenturen, dass nicht alle Werbeinhalte auf die Goldwaage gelegt werden sollten. Richtiger sei es, der Kreativität freien Raum zu lassen. Das macht nicht nur den Kreativen Spaß, sondern auch den Verbrauchern. Schließlich verstehen die Menschen sehr wohl, dass die in der Werbung dargestellte Fiktion nicht real ist oder gar zum Nachahmen einlädt.

ROLLENKARTE

Gruppe: Werbetreibende Unternehmen

Sie sind Mitglied des Deutschen Werberats.

In der Konferenz vertreten Sie die ***werbetreibenden Unternehmen*** *und beurteilen die Werbung aus dieser Perspektive.*

Bitte versetzen Sie sich in ihre Lage und sammeln Sie Argumente, um deren Interessen in der Konferenz überzeugend vertreten zu können. Die folgenden Informationen verstehen Sie bitte nur als Anregung.

Von schriller oder tabubrechender Werbung halten die durch Sie vertretenen Unternehmen eigentlich nichts. Die Unternehmen wissen, dass die Menschen durch solche Werbung unangenehm berührt werden und in der Folge den Konsum aller Werbung einschränken. Das bedeutet dann auch, dass die Konsumenten die Werbung der von Ihnen vertretenen Unternehmen verweigern. Und das darf natürlich nicht passieren!

Werner Nagel

Soziale Dilemmata: Wenn Eigennutz im Widerspruch zum Gemeinwohl steht!

Ein Unterrichtsexperiment zu einer wirtschaftsethischen Standardsituation

Hrsg. von Thomas Retzmann und Tilman Grammes

Informationen für Lehrende

→ Einleitung der Herausgeber

→ Wenn das Eigeninteresse gemeinschaftliche Nachteile verursacht

→ Ökonomische Analyse, Erklärung und Lösung sozialer Dilemmata

→ Didaktische Analyse: Der Wirtschaftsbürger und die Institutionenethik

→ Unterrichtsverlauf: Von der Proberunde bis zum Transfer

→ Literatur

Materialien für Lernende

M 1	Werbeplakate gegen im öffentlichen Raum arglos entsorgte Abfälle
M 2	Arbeitsauftrag Experiment
M 3	Entscheidungsblatt für die (zweite) experimentelle Runde
M 4	Zinsberechnung mit Hilfe einer Tabellenkalkulation (Muster)
M 5	Arbeitsblatt zum sozialen Optimum
M 6	Experimentelle Situation exemplarisch für 10 Schüler und einen Trittbrettfahrer
M 7	Ertrag für Trittbrettfahrer in Abhängigkeit von deren Anzahl (N=21)
M 8	Ausgewählte Faktoren der Beeinflussung von Kooperation
M 9	Dilemma-Situation „Park“
M 10	Schablone für weitere Dilemma-Situationen

Egoismus = Wenn jeder nur an sich selbst denkt!
Soziales Dilemma = Wenn keiner tut, was alle wollen!

Mancher Zeitgenosse ist der Meinung, dass sich Eigennutz und Allgemeinwohl *prinzipiell* nicht vertragen: *Entweder* handelt man eigennützig oder gemeinwohlorientiert (= uneigennützig). Diesen, meist sehr idealistisch denkenden Menschen erscheint die egoistische Motivation dementsprechend als das Gegenteil der moralischen Motivation. Weil jeder Teilnehmer am Wirtschaftsgeschehen – sei es als Verbraucher, Arbeitnehmer oder Unternehmer – normalerweise vorrangig seinen eigenen Nutzen im Blick hat, gilt die Marktwirtschaft dann schnell als Hort der Unmoral. Implizit wird unterstellt, dass der eigene Vorteil *stets* zu Lasten eines anderen geht. Umgekehrt könnte man dann anderen nur dadurch einen Vorteil verschaffen, dass man selbst einen Nachteil auf sich nimmt. Doch dieses Schwarz-Weiß-Denken ist zu simpel und als generelle Denkfigur schlichtweg falsch. Nur im „Geschäftsmodell" eines Betrügers ist vorgesehen, dass der eigene Gewinn systematisch auf Kosten von anderen – nämlich den betrogenen Opfern – erzielt wird. Das Konzept der Marktwirtschaft setzt demgegenüber systematisch auf Win-Win-Situationen, in denen der eigene Vorteil realisiert wird, indem man dem Vertragspartner einen Vorteil verschafft und ihn nicht darum prellt. Damit ist dann dem Wohl beider gedient. Idealerweise ist das Tauschgeschäft ein beiderseitiger Erfolg – basierend auf dem individuellen Nutzenstreben der Beteiligten. Eigennütziges Streben gefährdet also nicht per se das Allgemeinwohl. Und moralisches Handeln ist sicherlich nicht dadurch definiert, dass es den Einzelnen teuer zu stehen kommt. Dennoch kommt es oft genug zum Konflikt von Eigennutz und Allgemeinwohl. Dann befindet man sich in einem *sozialen Dilemma.*

Eigennütziges Streben ist mit dem Allgemeinwohl vereinbar, wenn die Handlungen für den Einzelnen vorteilhaft (nachteilig) sind, die der Gesellschaft insgesamt nützen (schaden). Dann verfolgt der Einzelne das Allgemeinwohl aus Eigennutz und er vermeidet aus demselben Motiv dessen Schädigung. An diesen Fall dachte Adam Smith bei seinem berühmten Theorem der unsichtbaren Hand. Eigennütziges Streben gerät aber mit dem Allgemeinwohl in Konflikt, wenn die Handlungen für den Einzelnen nachteilig (vorteilhaft) sind, die der Gesellschaft insgesamt nützen (schaden). Dann werden gemeinwohlförderliche Handlungen ggf. unterlassen, um sich nicht selbst zu schaden: aus Eigennutz wird wider das Allgemeinwohl gehandelt. Ob sich Eigennutz mit dem Allgemeinwohl verträgt, ist also keine Frage der *persönlichen* Motivation, sondern der für alle gleichen *situativen* Handlungsanreize. Dieser ethos-Baustein hilft, diesen nicht ganz einfachen Zusammenhang klarer zu sehen, indem er ein *Trittbrettfahrerproblem* im Unterricht simuliert. Dazu werden die Schülerinnen und Schüler durch ein *Classroom Experiment* in eine fiktive Situation versetzt, die ein soziales Dilemma repräsentiert. Folgende Fragen werden aufgeworfen:

- Ist im sozialen Dilemma der „Ehrliche" (= Kooperative) immer der Dumme?
- Welche Rolle spielt die moralische Motivation für das Handeln, welche die ökonomischen Anreize?
- Wie kann es dazu kommen, dass keiner tut, was allen nützt, obwohl das eigentlich alle wollen?
- Warum ist „Trittbrettfahren" in großen Gruppen wahrscheinlicher als in kleinen Gruppen?
- Wie kann „Trittbrettfahren" wirksam verhindert werden?
- Welche sozialen Dilemmata gibt es in unserer Gesellschaft konkret?
- Warum erfordern soziale Dilemmata kollektive (politische) statt individuelle Lösungen?

LEHRPLAN-BEZUG. Dieser ethos-Baustein thematisiert eine wirtschaftsethische Standardsituation in ihrer *formalen* Grundstruktur, ein so genanntes Beitragsdilemma. Dadurch ist er in *variablen* Unterrichtskontexten einsetzbar, was den Transfer ermöglicht und erleichtert. Bei vielen, von Wolfgang Klafki so genannten epochaltypischen Schlüsselproblemen der Menschheit handelt es sich, durch die Brille des Ökonomen betrachtet, um soziale Dilemmata: entweder um Beitragsdilemmata oder um Nutzungsdilemmata. Deren strukturelle Ursachen können durch eine ökonomische Analyse der situativen Anreize erkannt und durch politische Neugestaltung der Rahmenbedingungen des individuellen Handelns gelöst oder zumindest entschärft werden.

Thomas Retzmann und Tilman Grammes

Wenn das Eigeninteresse gemeinschaftliche Nachteile verursacht

Privat vs. Öffentlich. *„Was im Wohnzimmer stört, stört auch im Park."* titelt eine schweizer Kampagne gegen Verunreinigung in öffentlichen Räumen (Littering) und illustriert damit sehr eindrücklich **[M 1]** ein bekanntes Problem: Während kaum jemand in seiner Privatwohnung Verpackungen oder Abfälle nach Gebrauch einfach fallen lässt, ist solches Verhalten in öffentlichen Gebieten wie Parks oder Fußgängerzonen verbreitet. Bekannte Folge solchen Verhaltens sind von jedermann als verschandelt und damit unschön wahrgenommene öffentliche Bereiche. Eine wünschenswert einfache Erklärung für Littering wäre ein Mangel an Alternativen, beispielsweise in Form fehlender Abfalleimer. Leider werden solche Erklärungsversuche nicht nur durch eigene Beobachtung, sondern auch durch Studien widerlegt. Eine Studie in der Stadt Basel hat beispielsweise ergeben, dass am Rheinufer, einem Gebiet mit hoher Abfalleimerdichte, 69 % des Unrats auf dem Boden landet, während 96 % der Abfalleimer halbleer oder leer bleiben (Litteringstudie der Universität Basel 2004). Offensichtlich sind andere Erklärungsansätze nötig.

Eigennutz vs. Gemeinwohl. Ein möglicher Ansatz ist es, das Littering-Problem als einen Konflikt zwischen Eigeninteresse und Gemeinwohl zu betrachten. Die Tatsache, dass man in seiner eigenen Wohnung allein und dauerhaft mit den Konsequenzen des eigenen Litterings leben muss, sorgt dafür, dass die meisten den Aufwand, Abfall ordnungsgemäß zu entsorgen, auf sich nehmen. In öffentlichen Bereichen fällt die Aufwandsbewertung im Vergleich zu den Konsequenzen häufig anders aus: Öffentliche Bereiche nutzt der Einzelne seltener und vor allem nicht allein. Dies führt dazu, dass der durch Littering entstehende Schaden vom Einzelnen als geringer als im privaten Bereich eingeschätzt wird und damit keinen ausreichenden Anlass mehr bietet, den Aufwand einer adäquaten Müllentsorgung auf sich zu nehmen, obwohl jeder eine saubere Umwelt schätzt. Die Verfolgung des Eigeninteresses schadet damit der Gemeinschaft: Eine Konstellation, die als „soziales Dilemma" bezeichnet wird.

Beispiele. Littering ist dabei nur ein Beispiel unter vielen. Nahezu alle umweltbezogenen Problemsituationen zeigen den oben dargestellten Konflikt zwischen Eigeninteresse und Gemeinwohl. Das wohl bekannteste Beispiel aus einem anderen Bereich ist der Umgang mit den eigenen Steuerverpflichtungen, die gemeinschaftliche Einrichtungen mittragen. Ein weiteres Beispiel ist die Inanspruchnahme von Versicherungsleistungen, die dann das Gemeinwohl mindern, wenn Sie unrechtmäßig beansprucht werden (siehe dazu auch den ethos-Baustein zum Thema „Versicherungsbetrug").

Beispiele auf höheren Ebenen. Es ist wichtig festzuhalten, dass soziale Dilemmata nicht nur in Bezug auf Einzelpersonen auftreten. Auch die Unternehmen oder Staaten unterliegen den Verhaltensmustern, die zu sozialen Dilemma-Situationen führen. So ist beispielsweise ein Unternehmen interessiert, Produktionskosten möglichst gering zu halten, was eventuell den Einbau einer für die gemeinsame Umwelt vorteilhaften Filteranlage verhindert. Im staatlichen Entscheidungsbereich könnte das nationale Eigeninteresse z. B. dazu verleiten, heimischen Fischfangflotten möglichst wenige Fangbeschränkungen aufzubürden, was letztlich zur Schädigung der weltweiten Fischpopulation führen kann.

Ökonomische Analyse, Erklärung und Lösung sozialer Dilemmata

Trittbrettfahrer. Soziale Dilemmata treten in den verschiedensten gesellschaftlichen Bereichen auf. Ihr Verständnis ist für die Bearbeitung fundamentaler Problemsituationen zentral. All diese Problemsituationen verbindet die Tatsache, dass ein aus Sicht des Einzelnen nutzenmaximierendes Verhalten ein für die Gemeinschaft unerwünschtes Ergebnis hervorruft. Das für den Einzelnen vernünftige Verhalten kann als „free riding" bzw. Trittbrettfahren bezeichnet werden; als ein Verhalten, bei dem der Einzelne die Leistungen einer Gemeinschaft ausnutzt, ohne selbst etwas dazu beizutragen. Besonders stark sind die Anreize Trittbrett zu fahren, wenn Einzelne nicht von den Leistungen der Gemeinschaft, z. B. ein Leuchtturm oder ein Deich, ausgeschlossen werden können. Eine solche „Nicht-Ausschließbarkeit" ist Teil der ökonomischen Definition von Kollektivgütern bzw. öffentlichen Gütern; entsprechend häufig erscheinen diese Güterarten bei Betrachtungen von Problemkonstellationen mit Trittbrettfahrerverhalten.

Kooperation vs. Defektion. Um die Zusammenhänge in sozialen Dilemma-Situationen anschaulich zu machen, soll Abbildung 1 schrittweise erläutert werden. Die drei Säulen (I bis III) stellen dabei den individuellen Nutzen bei unterschiedlichen Verhaltensoptionen dar. Der Begriff „Nutzen" wird dabei im ökonomischen Verständnis gebraucht, steht also pauschal für etwas Erwünschtes. Entsprechend stellt der Übergang von I auf II in Abbildung 1 dar, dass sich die Individuen in sozialen Dilemmata durch Kooperation besser stellen, als wenn sie alleine bzw. autark agieren. Zum Beispiel erhöht ein schöner Park den Nutzen aller; jedoch besteht bei sozialen Dilemma-Situationen immer die Möglichkeit, den individuellen Nutzen durch Trittbrettfahren noch weiter zu steigern. Beim Park entspräche dies etwa einer Nutzung der schönen Anlage, ohne selbst auf deren Sauberkeit zu achten und sich den Weg zum Abfalleimer zu sparen. Abb. 1 zeigt dies durch den Übergang von II auf III. Um den Gegensatz zur Kooperation zu verdeutlichen, wird ein solches Verhalten auch *Defektion* genannt.

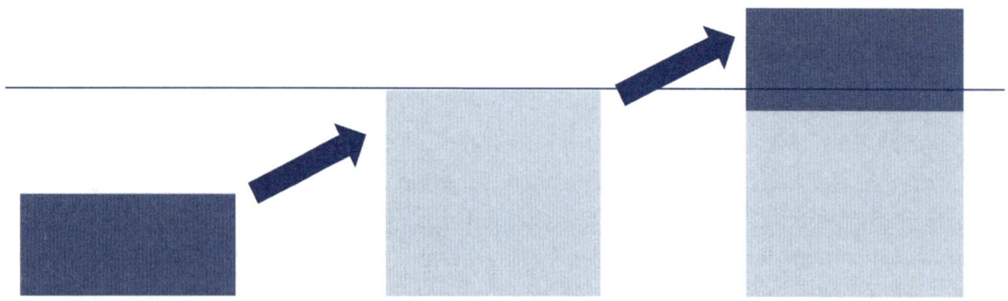

Abbildung 1: Schematische Zusammenhänge im sozialen Dilemma
Quelle: Eigene Darstellung.

Nutzenbetrachtung. Im Folgenden werden die Auswirkungen individuellen Verhaltens auf den Nutzen der anderen betrachtet. Dazu ist bei theoretischer Betrachtung zunächst festzuhalten, dass sowohl in der Situation der Einzellösung (I) als auch in der Situation der vollständigen Kooperation (II) der individuelle Nutzen für alle Beteiligten genau gleich hoch ist. Bei Säule III wird davon ausgegangen, dass genau eine Person der Gemeinschaft defektiert, während die anderen weiterhin kooperieren. Unter diesen Voraussetzungen zeigt sich das Dilemma am deutlichsten: Der einzelne Trittbrettfahrer erhöht seinen individuellen Nutzen, was in Abbildung 1 grafisch als Addition des gemeinschaftlichen Nutzens (hellblaue Teilsäule) und des individuellen Zusatznutzens (dunkelblaue Teilsäule) dargestellt wird. Gleichzeitig mit der individuellen Nutzenerhöhung für den Trittbrettfahrer, führt sein Defektieren zur Senkung des Nutzens der anderen in der Gemeinschaft. Diese Konsequenz ist durch die Höhe der hellblauen Teilsäule in III visualisiert, die verglichen zur vollständigen Kooperation (II) kürzer wurde. Zu erklären ist der Rückgang des Nutzens aus der Kooperation damit, dass in III der Beitrag des Trittbrettfahrers zum gemeinschaftlichen Ergebnis fehlt. Im Beispiel Park findet sich bei einer defektierenden Person zwar Abfall, aber eben nur so wenig, dass die Schönheit des Parks nur ein wenig leidet.

Die Tragödie der Gemeingüter. Die Tragik solcher Dilemma-Situationen besteht darin, dass die gerade beschriebenen Zusammenhänge Anreize dafür bieten, zu defektieren bzw. Trittbrett zu fahren. Je mehr Individuen dies jedoch tun, desto geringer wird der (hellblaue) Anteil des Gemeinschaftsnutzen, der durch Säule III verkörpert wird. Im Extremfall entfällt der Nutzen aus der Kooperation vollständig und es entsteht (wieder) die Einzellösung (I). Damit verursacht Defektieren nicht nur Nachteile bei anderen, sondern unter Umständen auch bei den Trittbrettfahrern selbst. In sozialen Dilemmata stehen die Chancen also gut, sich durch rationales Verhalten letztendlich doch ins eigene Fleisch zu schneiden. Damit ist der grundlegende Problemzusammenhang sozialer Dilemmata dargestellt: Individuelle Interessen stehen im direkten Konflikt zu kollektiven Interessen, wobei das Individuum selbst Teil des Kollektivs ist.

Ökonomische Erklärung. Von zentraler Bedeutung für das bis hier Dargestellte erscheinen die Prinzipien, nach denen die Individuen ihre Entscheidungen treffen. Die ökonomische Verhaltenstheorie versucht diese häufig über den Rational-Choice-Ansatz zu erklären, der von drei Annahmen ausgeht (Seeber 2002: 103 f.):

1. Individuelles Handeln basiert auf einem stabilen Präferenzsystem aus Einstellungen und Werten.
2. Die Individuen versuchen immer, den persönlichen Nutzen zu optimieren. Die Theorie erwartet demnach nicht, dass die Individuen auf einen persönlichen Vorteil verzichten, um den kollektiven Nutzen zu steigern.
3. Um den persönlichen Nutzen zu optimieren, verhalten sich die Individuen völlig rational. Andere handlungsleitende Kriterien neben der Nutzenmaximierung kommen laut diesem Ansatz demnach nicht in Betracht.

Das theoretische Gesamtkonzept hinter diesem Ansatz ist unter der Bezeichnung *homo oeconomicus* weithin bekannt (vgl. Suchanek 2007: 177 ff.).

Typologie. Obwohl alle sozialen Dilemma-Situationen auf den bisher beschriebenen Kernaspekten fußen, können zur besseren Orientierung zwei Dilemma-Typen unterschieden werden: „Nutzungsdilemma" und „Beitragsdilemma" (siehe Loerwald 2009: 171 ff.).

1. Nutzungsdilemmata oder Take-some-Dilemmata liegen vor, wenn Individuen über eine gemeinsame Ressource verfügen, von deren Nutzung niemand ausgeschlossen werden kann, bei deren Nutzung jedoch Rivalität besteht. Typische Beispiele für solche Quasi-Kollektivgüter sind nahezu alle natürlichen Ressourcen wie z. B. Fischgründe. Defektieren bzw. Trittbrettfahren geschieht in diesen Kontexten als überzogenes Nutzungsverhalten, das zwar kurzfristig individuell profitabel ist, langfristig jedoch die Ressource vernichtet. Das wird auch als eine *Allmendeklemme* bezeichnet.
2. Beitragsdilemmata oder Give-some-Dilemmata: Davon spricht man, wenn sich Individuen zusammenschließen müssen, um ein öffentliches Gut zu schaffen bzw. zu erhalten. Öffentliche Güter wie beispielsweise ein Leuchtturm oder ein Deich oder auch ein sauberer Park definieren sich im ökonomischen Verständnis durch Nicht-Ausschließbarkeit und keine Rivalität im Konsum (Samuelson/Nordhaus 2005). Ein Beitragsdilemma entsteht immer dann, wenn die Entstehung des öffentlichen Gutes zwar für die Gemeinschaft vorteilhaft ist, jedoch individuelle Anreize bestehen, sich nicht an den Kosten der Bereitstellung des Gutes zu beteiligen.

Das Unterrichtsmaterial dieses ethos-Bausteins thematisiert ein Beitragsdilemma experimentell.

Experimentelle Forschung. In den Wirtschaftswissenschaften ist es vor allem die experimentelle Wirtschaftsforschung, die bereits seit den 1960er Jahren (Kagel/Roth 1995: 19) versucht, die dargestellte Theorie mit tatsächlich beobachtetem Verhalten der Akteure zu vergleichen. Exemplarisch für die daraus gewonnenen Erkenntnisse werden im Folgenden die in Abbildung 2 komprimiert dargestellten Ergebnisse eines neueren Laborexperiments erläutert (Gürerk/Irlenbusch/Rockenbach 2006: 1089 ff.).

Auswahlentscheidung. Das Experiment lief über 30 Runden. In jeder Runde mussten die Teilnehmer entscheiden, wie viel eines frei verfügbaren Betrages sie in ein öffentliches Gut (eine Gemeinschaftskasse) investieren und wie viel sie privat einsetzen möchten. Ebenfalls in jeder Runde neu konnte jeder Einzelne über die Partizipation an einem Strafsystem entscheiden. Wer dem Strafsystem beitrat, konnte andere Teilnehmer dieser Untergruppe des Experiments für defektieren finanziell strafen oder für Kooperation belohnen, musste sich selbst jedoch auch diesen Möglichkeiten unterstellen. Wer dies nicht wünschte, konnte eine Untergruppe wählen, bei der keinerlei Sanktionen möglich waren.

Ergebnisse. Die in Abbildung 2 dargestellten Kurven geben an, welchen Anteil ihrer finanziellen Ausstattung die Teilnehmer durchschnittlich in das öffentliche Gut investieren. Ein hoher Punkt bedeutet also viel Beitrag und ein niedriger Punkt wenig Beitrag und starkes Trittbrettfahrerverhalten. Der Verlauf der Kurve im System ohne Strafe ist recht typisch für eine anonyme Gruppen (Ledyard 1994: 41): Die Bereitschaft, an der Bereitstellung des öffentlichen Gutes mitzuwirken, nimmt mit zunehmender Rundenzahl ab; defektieren wird die *dominante Strategie*. Anders verläuft die Kurve im System mit Strafe. Über den Verlauf des Experiments hinweg steigert sich die Kooperation der Individuen kontinuierlich. In den letzten Runden werden nahezu alle verfügbaren Mittel in das öffentliche Gut eingebracht. Der Verlauf der Säulen im Hintergrund von Abb. 2 ergänzt diese Ergebnisse um eine bemerkenswerte Erkenntnis. Die Zahl der Teilnehmer, die sich freiwillig einem Strafsystem unterstellen, steigt mit zunehmender Rundenzahl. Am Ende waren über 90 % der Individuen bereit, sich freiwillig einem Strafsystem zu unterstellen.

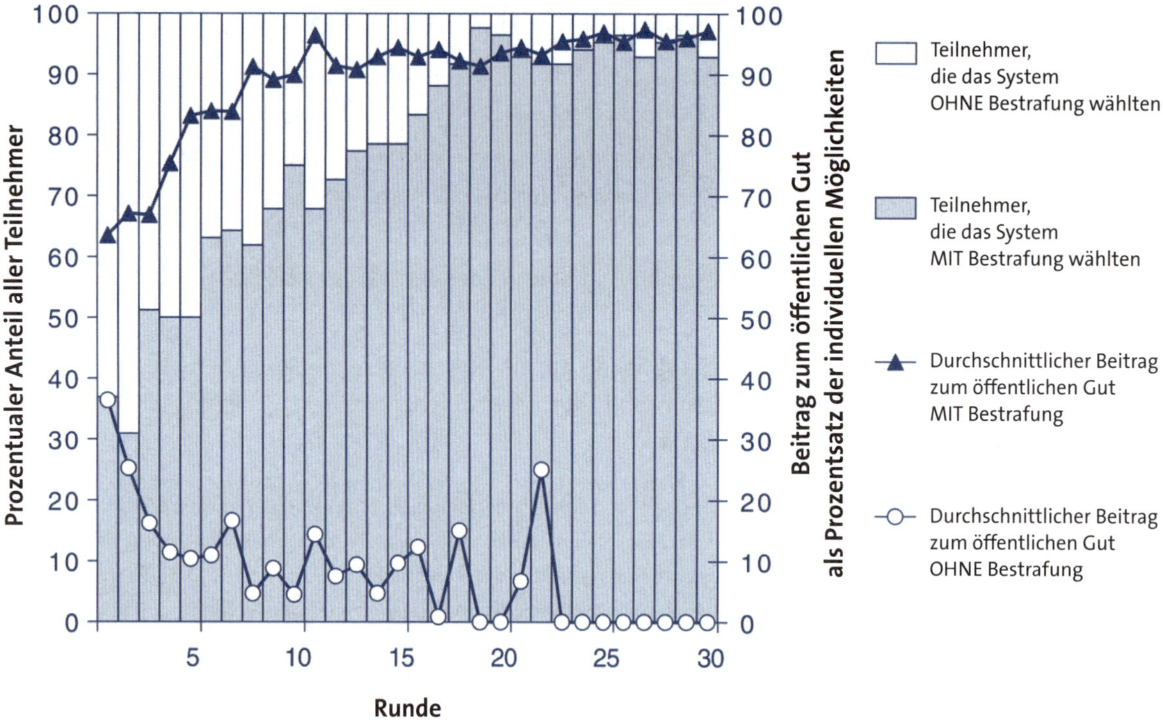

Abbildung 2: Ergebnisse eines Laborexperiments
Quelle: nach Gürerk/Irlenbusch/Rockenbach 2006: 108.

FAZIT. Das Experiment zeigt, dass Strafsysteme eine Lösungsmöglichkeit für soziale Dilemmata sind. Sie modifizieren die Anreize so, dass Trittbrettfahren unattraktiv wird. Weiter verdeutlichen die experimentellen Ergebnisse die gezielte Suche der Individuen nach Auswegen aus sozialen Dilemmata. Um sich aus dem Dilemma zu befreien, unterstellen sie sich freiwillig komplexen institutionellen Konstrukten wie Strafsystemen, auch wenn dies die Möglichkeit beinhaltet, selbst bestraft zu werden. Strafsysteme sind in der Realität weniger effektiv als in Experimenten oder theoretischen Betrachtungen. Grund dafür ist, dass die Trittbrettfahrer nicht bzw. nur mit immensem Aufwand zu identifizieren und damit zu strafen sind. Beispielsweise ist hinterlassener Müll nicht ohne weiteres seinem Verursacher zuzuordnen.

Didaktische Analyse: Der Wirtschaftsbürger und die Institutionenethik

INTENTIONEN. Ein Ziel der ökonomischen Bildung ist die Förderung von Mündigkeit. Es findet sich auch in den Lehrplänen (z.B. Bildungsplan Gymnasium Baden-Württemberg 2004, 250 oder Bildungsstandards und Inhaltsfelder – Das neue Kerncurriculum für Hessen. Sekundarstufe I – Realschule. Politik und Wirtschaft, 8 ff.). Der *mündige Wirtschaftsbürger* sollte die institutionellen Rahmenbedingungen des Wirtschaftens kritisch in den Blick nehmen und deren Funktionalität bzw. Dysfunktionalität prüfen können (vgl. Retzmann 2007b: 371). Für genau diese Intention können soziale Dilemmata genutzt werden. Durch diesen ethos-Baustein wird das *Spannungsfeld zwischen Eigennutz und Gemeinwohl* experimentell erlebbar. Er verdeutlicht zum einen die Notwendigkeit von Kooperation zur kollektiven Verbesserung und zum anderen die Faktoren, die dies erschweren oder verhindern. Lösungen ergeben sich aus einer Veränderung der Anreize. Die dafür nötigen Institutionen basieren auf gesellschaftlich akzeptierten Wertvorstellungen. Damit liefert Unterricht zur Thematik sozialer Dilemmata Beiträge zum Verstehen des institutionenethischen Paradigmas (Retzmann 2007a: 45), was als Beitrag zur Bildung mündiger Wirtschaftsbürger verstanden werden kann.

KOMPETENZEN. Um sich mit der Komplexität einer sozialen Dilemma-Situation auseinandersetzen zu können, müssen die Schülerinnen und Schüler vielschichtige inhaltliche Aufgaben bewältigen. Diese Fülle lässt sich in die beiden Bereiche *Wissen* und *Ziele* gruppieren (vgl. Ziefle 2000: 414) und darin folgende durch den Unterrichtsvorschlag geförderten Kompetenzen festhalten:

Im Bereich Wissen (knowledge):

- Systemisches Verständnis der Zusammenhänge von Eigennutz und Gemeinwohl in sozialen Dilemmata.
- Soziales Wissen als Verständnis der persönlichen Dependenz vom Verhalten anderer und als Fähigkeit, deren erwartete Handlungen einzuschätzen.
- Kenntnisse über Lösungen für soziale Dilemmata und deren Grenzen.

Im Bereich Ziele (morality):

- Abwägen des eigenen Nutzens gegenüber dem Gemeinwohl unter
- Berücksichtigung der Möglichkeit einer für alle gleich „guten" Lösung.

Der Unterrichtsvorschlag provoziert die Notwendigkeit, mit anderen zu interagieren, auch wenn deren Ziele bzw. Verhalten von den eigenen Vorstellungen abweichen. Diese Konstellation trainiert Frustrationstoleranz und fördert die Entscheidungskompetenz. Es bietet sich die Möglichkeit für Diskussionsbeiträge und für die Vertretung einer eigenen Meinung.

Unterrichtsverlauf: Von der Proberunde bis zum Transfer

Einstieg, Proberunde. Die Problemzusammenhänge sozialer Dilemmata sollen ausgehend von der experimentellen Erfahrung bearbeitet werden. Dazu bietet es sich an, den Schülerinnen und Schülern direkt mit der experimentellen Situation aus **M 2** zu konfrontieren. Sobald der Arbeitsauftrag und die Regeln des Experiments – unter Umständen mit Hilfe der Beispielrechnung – verstanden sind, kann eine Proberunde beginnen. Die Schülerinnen und Schüler tragen dazu ihre Anlageentscheidung in das Entscheidungsblatt **M 3** ein und geben die unbedingt mit Namen versehenen Blätter ab. Die Lehrperson erfasst die Ergebnisse in der eventuell bereits mit den Namen der Schülerinnen und Schülern versehene Excel-Tabelle nach dem Muster aus **M 4** (Download von http://www.wida.wiwi.uni-due.de/downloads/). Neben den individuellen Zinserträgen sind auch die Summen der Anlagen in Klassenkasse und privaten Sparbüchern bekannt zu geben. In der Proberunde ist zu erwarten, dass die Mehrzahl der Schülerinnen und Schüler einen Zinsertrag unter 10 EUR erwirtschaftet.

Erarbeitung I. Im direkten Anschluss an die Proberunde wird das soziale Optimum der experimentellen Situation entwickelt **[M 5]**. Diese Kooperationslösung besteht in der kollektiven Einzahlung in die Klassenkasse und garantiert jedem Schüler eine Auszahlung von 10 EUR. Nach bisherigen Erfahrungen wird diese Lösung schnell gefunden. **M 6** kann als Sicherung des Ergebnisses eingesetzt werden. Je nach Präferenz ist es sowohl als Basis einer Einzel- als auch einer Kleingruppenarbeit nutzbar.

Im Idealfall ergibt sich aus der Erarbeitung des sozialen Optimums eine Diskussion, in der für eine kollektive Nutzung der Klassenkasse geworben wird. Initiiert werden könnte dies unter anderem durch Sammeln unterschiedlicher Ergebnisse von Aufgabe 2 in **M 5**. Bringen die Schülerinnen und Schüler selbst zu diesem Zeitpunkt das Trittbrettfahren als Handlungsoption offen ein, können die Risiken dieses Verhaltens mit Hilfe der Ergebnisse der Proberunde dargelegt werden.

Durchführung des Experiments. Vor der zweiten Runde ist darauf hinzuweisen, dass die in dieser Runde erzielten Ergebnisse gewertet und Sieger gekürt werden. Eventuell können kleine Preise ausgelobt werden. In diesem Zusammenhang ist darauf hinzuweisen, dass im Fall des Erreichens des sozialen Optimums alle Schülerinnen und Schüler einen Preis erhalten. Dementsprechend sollte man auf diese Situation vorbereitet sein und genügend Preise zur Hand haben. Auch die Durchführung der zweiten Runde erfolgt durch Ausfüllen und Auswerten des Entscheidungsblattes **[M 3]** mit der Excel-Tabelle **[M 4]**.

Erarbeitung II. In dieser Phase ist wichtig, die Unterrichtsinhalte aus dem gerade experimentell Erlebten zu entwickeln. Auf diese Weise ist eine starke Aktivierung der Schülerinnen und Schüler gewährleistet und die Methode entfaltet ihre optimale Wirkung.

In bisherigen Einsätzen des Experiments wurde das soziale Optimum noch nie erreicht. Die Anzahl der Trittbrettfahrer variierte jedoch so stark, dass sich nicht vorhersagen lässt, ob das Defektieren zu einem Ertrag über dem sozialen Optimum von 10 EUR führt oder nicht.

In jedem Fall ist nach der Ehrung der Siegerin oder des Siegers die Interpretation der Ergebnisse durch die Schülerinnen und Schüler selbst zu leisten. Je nach Klasse ist hier mit einer hoch emotionalen Diskussion zu rechnen. Dabei sollen Schilderungen der Schülerinnen und Schüler zu individuellen Herangehensweisen, unterschiedlichen Handlungsmotiven oder Zielsetzungen genutzt werden, die Anreizstrukturen im sozialen Dilemma des Experiments offenzulegen. Zur Unterstützung dieses Vorgangs kann das Schema aus **M 6** genutzt werden, das den Darstellungen der Sachanalyse entspricht. Wurden von einzelnen Schülern Erträge über 10 EUR erreicht, können diese Werte der eigenen experimentellen Durchführung die exemplarischen Werte aus **M 6** ersetzen. Wurde das soziale Optimum von niemandem erreicht, können die Werte aus **M 6** zur Situationsanalyse hinzugenommen werden. Mit Hilfe von **M 7** kann auch der Effekt einer zunehmenden Zahl von Trittbrettfahrern dargestellt werden.

Diese Phase wird mit einem Unterrichtsgespräch abgeschlossen, in dem einzelne Faktoren und deren Auswirkungen auf Kooperation bzw. Trittbrettfahren thematisiert **[M 8]** und in direkten Bezug zu den experimentellen Ergebnissen gebracht werden. Das Unterrichtsgespräch sollte auch die theoretische Lösungsmöglichkeit eines Strafsystems thematisieren, deren Wirksamkeit mit Hilfe von Abbildung 2 dargestellt werden kann.

Transfer. Um das im Experiment direkt Erlebte aus dem Klassenzimmer hinaus auf reale Kontexte zu übertragen, ist von den Schülern ein Transfer zu leisten. Dazu fungiert die bereits bekannte schematische Darstellung sozialer Dilemmata als Bindeglied zwischen Experiment und realen Beispielsituationen. Entsprechend besteht die abschließende Aufgabe der Schülerinnen und Schüler darin, eigenständig nach realen Situationen sozialer Dilemmata zu suchen und die Anreizstrukturen aus individuellem bzw. gemeinschaftlichem Nutzen der jeweiligen Situation in die Schablone von **M 10** einzutragen. Exemplarisch kann diese Aufgabe mit der Situation „Park" wie in **M 9** gemeinsam erarbeitet und ggf. mit **M 1** illustriert werden.

Ergänzend kann ein Transfer auch über den Einsatz anderer ethos-Bausteine erreicht werden. Sowohl die Thematik des Versicherungsbetrugs als auch Produkt- und Markenpiraterie sind konkrete Beispiele für soziale Dilemmata, deren Unterrichtsvorschläge eine ideale Erweiterung der mit Hilfe des vorliegenden Beitrags vermittelten Grundkenntnisse darstellen.

Literatur

Gürerk, Ö./Irlenbusch, B./Rockenbach, B. (2006): The Competitive Advantage of Sanctioning Institutions. In: Science, Jg. 312, H. 5770, S. 108-110.

Hessisches Kultusministerium (2010): Bildungsstandards und Inhaltsfelder. Das neue Kerncurriculum für Hessen. Download nach Fächern und Schularten unter: http://verwaltung.hessen.de/irj/HKM_Internet?cid=9ac47f3484b40a67a678fd2f4ba49cdd, Stand: 9.4.2014

Interessengemeinschaft für eine saubere Umwelt: http://www.igsu.ch/de, Stand: 1.5.2013.

Kagel, J. H./Roth, A. E. (Hrsg.) (1995): The Handbook of Experimental Economics. Princeton, (NJ).

Ledyard, J. O. (1994): Public goods: a survey of experimental research. Rev. Pasadena, Calif.: Div. of the Humanities and Social Sciences California Inst. of Technology (Social science working paper, 861).

Litteringstudie der Universität Basel (2004): http://issuu.com/igsu/docs/litteringstudie, Stand: 1.5.2013.

Loerwald, D. (2009): Sind soziale Dilemmata handlungsorientiert erfahrbar? Eine kritische Analyse von Dilemma-Spielen für den Wirtschaftsunterricht. In: Seeber, G. (Hrsg.): Ökonomische Bildung und gesellschaftliche Teilhabe. Schwalbach/Ts., S. 171-188.

Ministerium für Kultus, Jugend und Sport Baden-Württemberg (2004): Bildungsplan Gymnasium 2004. Stuttgart.

Nagel, W. (2006): Experimentelles Lernen in der ökonomischen Bildung der Sekundarstufe I. Aachen.

Retzmann, T. (2007a): Die Dilemmamethode im Ökonomieunterricht. In: Unterricht Wirtschaft, Heft 30 (2/2007), S. 41-47.

Retzmann, T. (2007b): Ökonomische und Politische Bildung für eine nachhaltige Entwicklung. In: Althammer, J./Andersen, U./Detjen, J./Kruber, K.-P. (Hrsg.): Handbuch zur ökonomisch-politischen Bildung. Schwalbach/Ts., S. 365-378.

Samuelson, P. A./Nordhaus, W. D. (2005): Volkswirtschaftslehre. München.

Seeber, G. (2002): Die ethische Dimension sozialer Dilemmata als wirtschaftspädagogisches Problem. In: Kölner Zeitschrift für „Wirtschaft und Pädagogik", 17. Jg. 2002, Heft 32, S. 99-119.

Suchanek, A. (2007): Ökonomische Ethik. Tübingen.

Ziefle, W. (2000): Fischerspiel und Verfassungsspiel. Die Allmendeklemme und mögliche Auswege. In: Breit, G./Schiele, S. (Hrsg.): Werte in der politischen Bildung. Schwalbach/Ts., S. 396-426.

M 1 *Werbeplakate gegen im öffentlichen Raum arglos entsorgte Abfälle*

Quelle: http://www.igsu.ch/de/downloads.html (abgerufen am 16.3.2010)
Weitere Plakate verfügbar unter: http://www.igsu.ch/de/plakate/plakate-downloaden/

M 2 *Arbeitsauftrag Experiment*

Ihre heutige Aufgabe ist es, 100 EUR gewinnbringend anzulegen.

Dazu stehen zwei Anlagemöglichkeiten zur Verfügung:

Ihr privates Sparbuch:

Anlage Ihrer Einzahlung zu 5 % Zinsen, die Sie alleine behalten.

die Klassenkasse:

Ihr Geld wird zusammen mit dem Geld angelegt, das die anderen Klassenmitglieder auf das gemeinsame Sparbuch einzahlen. Die Summe wird mit 10 % verzinst. Die Zinsen stehen *ALLEN Klassenmitgliedern zu und müssen geteilt werden*!

Die 100 EUR dürfen frei auf die beiden Anlagemöglichkeiten verteilt werden, sind jedoch vollständig einzubezahlen. Werden beide Anlagemöglichkeiten genutzt, ergeben sich die erzielten Zinsen als Summe der Zinsen aus beiden Geldanlagen.

Beispielrechnung:

Fasika und Klaus sind die einzigen Schüler der Beispielklasse.

	Einzahlung Klassenkasse (10 %)	Einzahlung privates Sparbuch (5 %)	Ausgezahlter Betrag aus den Zinsen der Klassenkasse	Ausgezahlter Betrag aus den Zinsen des privaten Sparbuchs	**Gesamter erhaltener Betrag aus den Zinsen**
Fasika	40,00 EUR	60,00 EUR			
Klaus	60,00 EUR	40,00 EUR			

Hinweis: Der Zinsertrag der Klassenkasse ist durch die Anzahl der Schüler in der Klasse zu teilen! Im Beispiel also durch 2.

Lösung der Beispielrechnung:

	Einzahlung Klassenkasse (10 %)	Einzahlung privates Sparbuch (5 %)	Ausgezahlter Betrag aus den Zinsen der Klassenkasse	Ausgezahlter Betrag aus den Zinsen des privaten Sparbuchs	**Gesamter erhaltener Betrag aus den Zinsen**
Fasika	40,00 EUR	60,00 EUR	*5,00 EUR*	*3,00 EUR*	*8,00 EUR*
Klaus	60,00 EUR	40,00 EUR	*5,00 EUR*	*2,00 EUR*	*7,00 EUR*

M 3 *Entscheidungsblatt für die (zweite) experimentelle Runde*

Name: ______________________________

Entscheidungsblatt

Tragen Sie Ihre Entscheidungen in die folgende Tabelle ein.

Verteilen Sie genau 100 EUR auf diese beiden Anlagemöglichkeiten!	
Klassenkasse (10 % Zinsen)	**privates Sparbuch (5 % Zinsen)**
Ihre Einzahlung: ________EUR	Ihre Einzahlung: ________EUR

M 4 *Zinsberechnung mit Hilfe einer Tabellenkalkulation (Muster)*

	Einzahlung an		Auszahlung aus		
Schüler/in	Klassenkasse	Privates Sparbuch	Klassenkasse	Privates Sparbuch	**Gesamt**
1 **Alexandra**	25,00 EUR	75,00 EUR	2,93 EUR	3,75 EUR	**6,68 EUR**
2 **Artem**	75,00 EUR	25,00 EUR	2,93 EUR	1,25 EUR	**4,18 EUR**
3 **Constanze**	0,01 EUR	99,99 EUR	2,93 EUR	5,00 EUR	**7,93 EUR**
4 **Dennis**					
5 **Timo**					
6 **Vivienne**					
Summe	100,01 EUR	199,99 EUR	8,79 EUR	10,00 EUR	**18,79 EUR**

M 5 *Arbeitsblatt zum sozialen Optimum*

Welche Anlage ist optimal?

Wir möchten herausfinden, wie das Geld für alle Schüler am ertragreichsten angelegt werden kann. Dazu betrachten wir erneut die Beispielklasse, die aus genau zwei Schülern besteht.

Arbeitsaufträge:

1. Suchen Sie eine Verteilung der 100 EUR auf die beiden Anlagemöglichkeiten, die beiden Schülern einen möglichst hohen Zinsertrag bringt!

	Einzahlung Klassenkasse (10%)	Einzahlung privates Sparbuch (5%)	Ausgezahlter Betrag aus den Zinsen der Klassenkasse	Ausgezahlter Betrag aus den Zinsen des privaten Sparbuchs	**Gesamter erhaltener Betrag aus den Zinsen**
Fasika					
Klaus					

2. Erläutern Sie, warum das gefundene Ergebnis für **alle** Schüler vorteilhaft ist:

Notizen:

M 6 *Experimentelle Situation exemplarisch für 10 Schüler und einen Trittbrettfahrer*

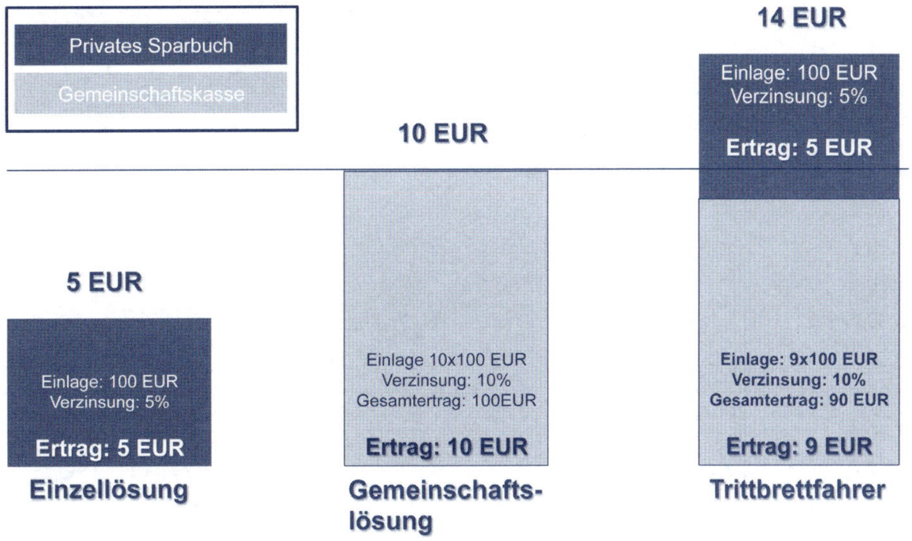

Notizen:

M 7 *Ertrag für Trittbrettfahrer in Abhängigkeit von deren Anzahl (N=21)*

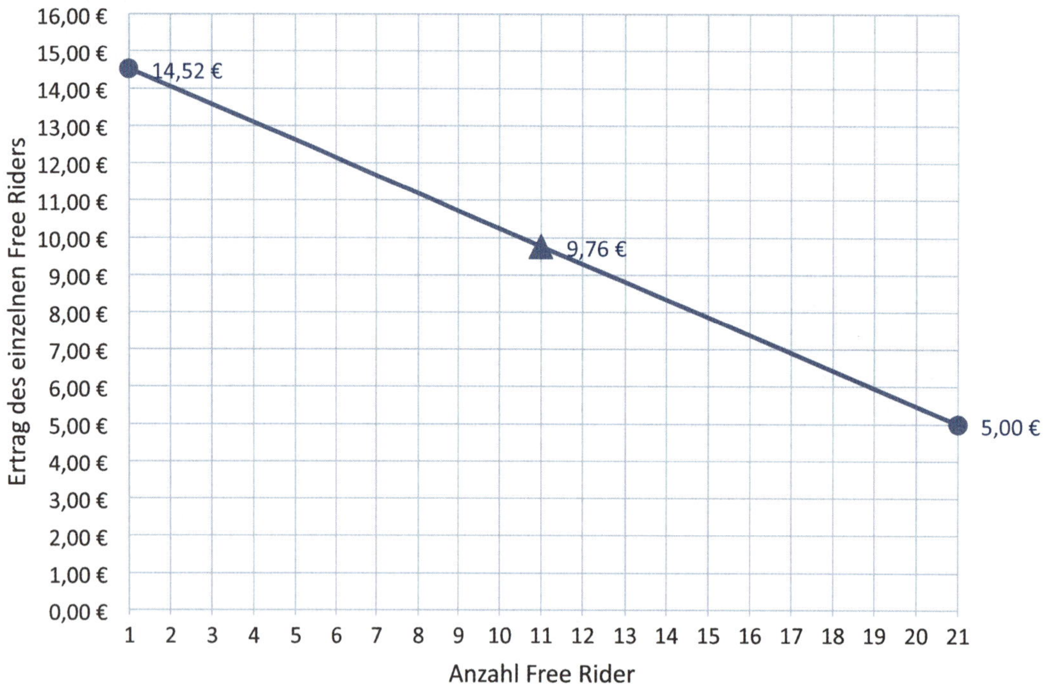

Notizen:

....

....

....

....

....

....

....

....

....

....

....

M 8 *Ausgewählte Faktoren der Beeinflussung von Kooperation*

Faktor	**Auswirkung auf Kooperation**
Nutzen des öffentlichen Gutes	Kooperation nimmt stark zu
Kommunikation	Kooperation nimmt stark zu
Freundschaften/Identifikation mit der Gruppe	Kooperation nimmt zu
Geschlecht der Akteure	Keine Auswirkung feststellbar
Lernen	Keine Auswirkung feststellbar
Ökonomisches Vorwissen	Kooperation nimmt ab
Erfahrung	Kooperation nimmt ab
Wiederholung	Kooperation nimmt stark ab

Quelle: Ledyard 1994: 36.

Notizen:

....

....

....

....

....

....

....

....

....

....

....

....

....

M 9 *Dilemma-Situation „Park“*

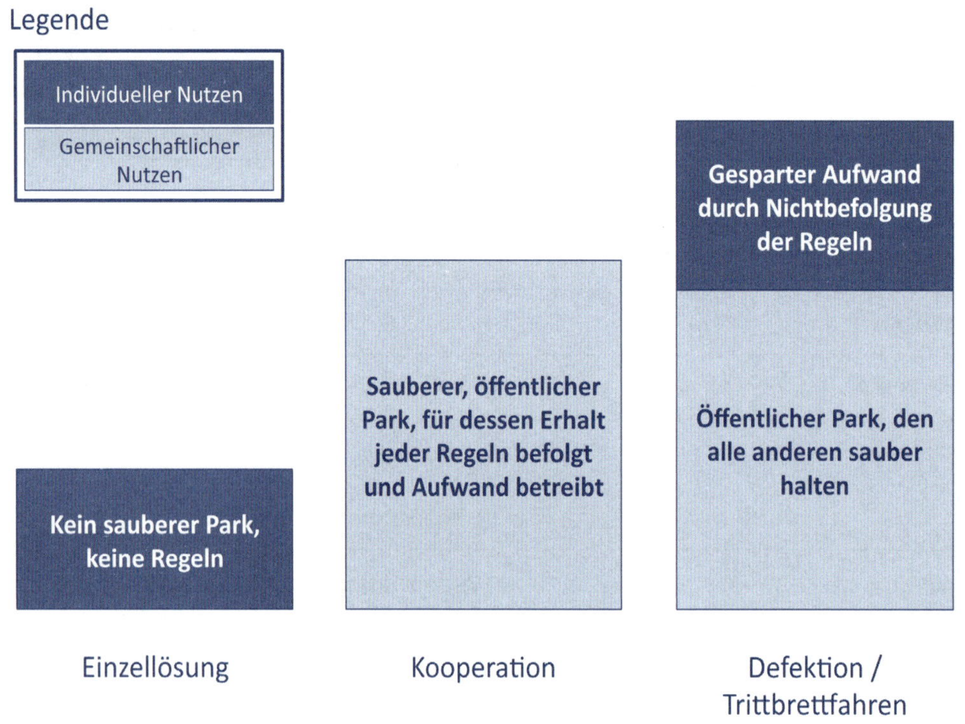

M 10 *Schablone für weitere Dilemma-Situationen*

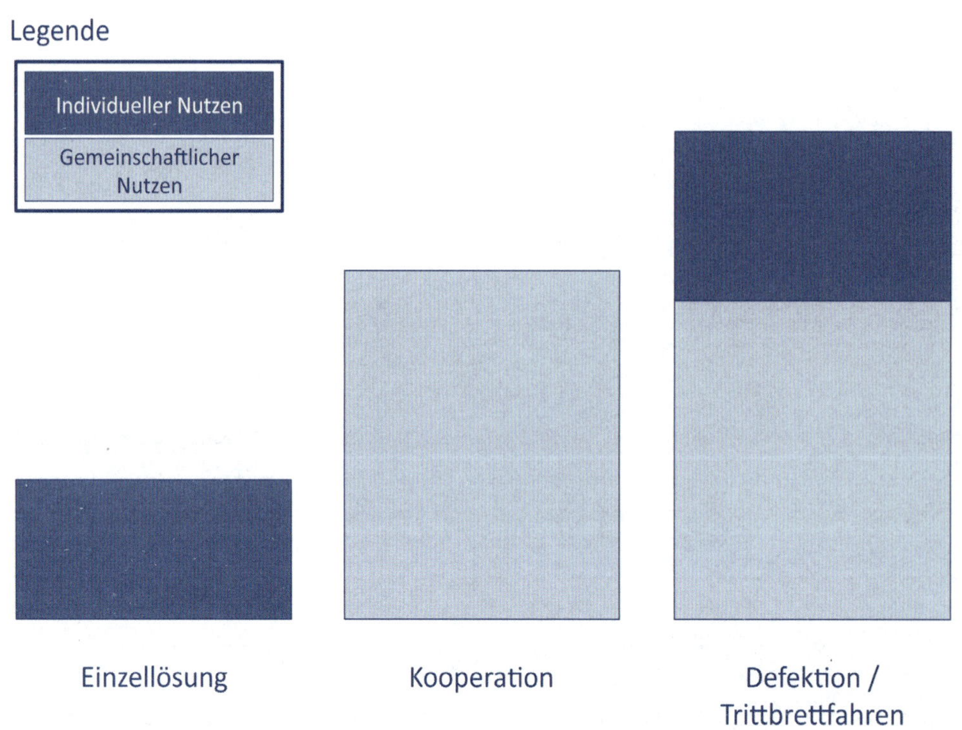

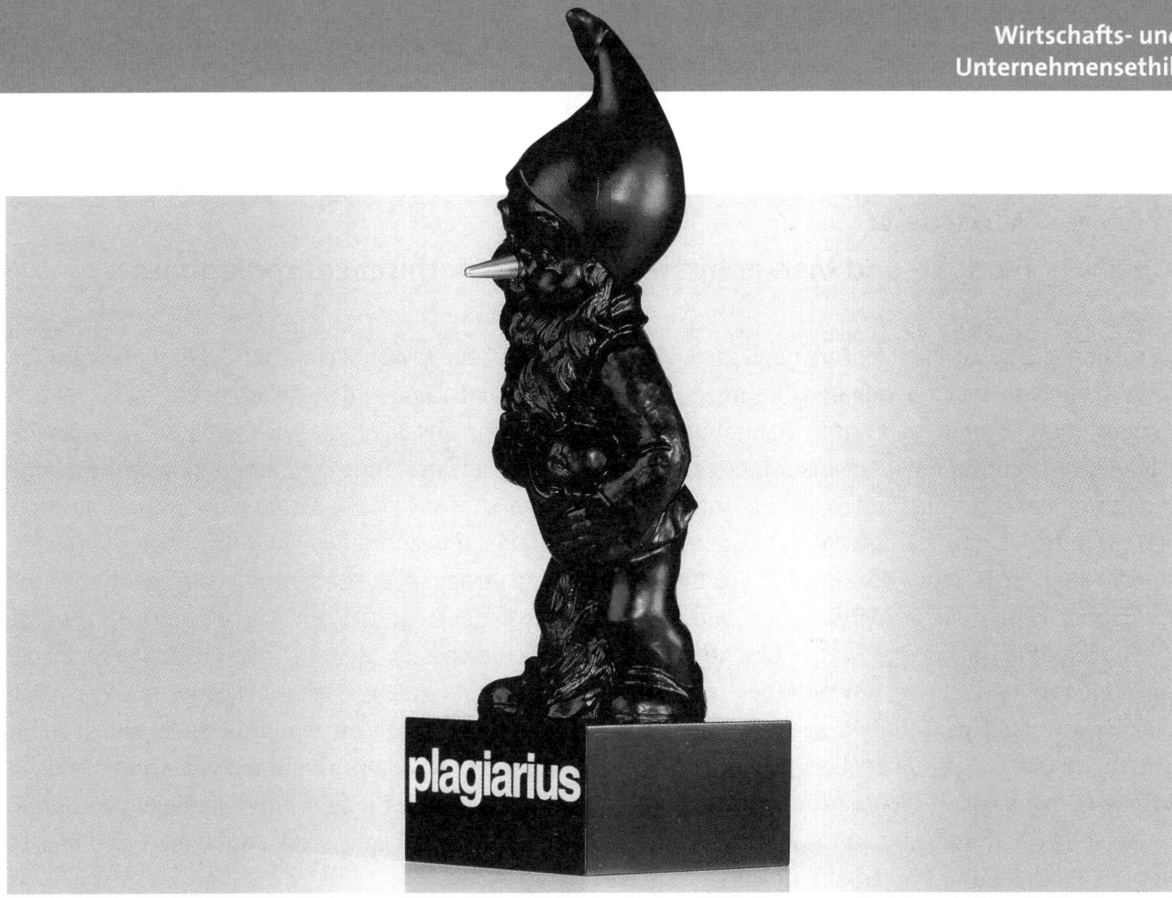

Dirk Loerwald

Produkt- und Markenpiraterie – Fluch der Marktwirtschaft?

Schutz und Missachtung geistigen Eigentums in der globalisierten Wirtschaft

Hrsg. von Thomas Retzmann und Tilman Grammes

Informationen für Lehrende

Materialien für Lernende

Geistiges Eigentum – eine überholte Idee in der globalisierten Wirtschaft?
Produkt- und Markenpiraterie als warenethisches Problemfeld

Menschen, die etwas ihr Eigentum nennen, schützen dieses Gut für gewöhnlich gegen Raub und Diebstahl: Sie verschließen ihre Wohnung und ihr Fahrzeug, umzäunen Grundstücke und installieren Alarmanlagen und Videokameras. Über diese privaten Maßnahmen hinaus, die schon aus Eigeninteresse erfolgen, wird das Privateigentum in unserer Wirtschaftsordnung durch das Grundgesetz gewährleistet. Wer die Eigentumsrechte anderer missachtet, muss mit Schadenersatzansprüchen *und* Strafverfolgung rechnen. Der Staat macht es sich zur Aufgabe, *materielle Werte in Privateigentum* zu schützen, unrechtmäßige Zugriffe anderer abzuwehren und zur Durchsetzung der Eigentumsrechte vor Gericht zu verhelfen. Die Bedeutung von Eigentums- und Verfügungsrechten für das Wirtschaften wird von Ökonomen in der *Property Rights Theorie* analysiert, wurde aber auch schon von *Thomas Hobbes* beschrieben: Wenn andere sich der Güter durch Raub und Diebstahl bemächtigen können, ist Fleiß unwahrscheinlich, weil kein Vorteil davon zu erwarten ist. Die meisten Menschen respektieren das Eigentum anderer. Nur wenige vergreifen sich daran, selbst wenn die Gelegenheit dafür günstig ist und sie sich unbeobachtet fühlen können. Doch gilt dies auch für *geistiges Eigentum*? Sind die illegalen Downloads von Software und Musik nicht ein untrügliches Indiz für das Gegenteil? Sehen die Bürger im Hersteller bzw. Anbieter von Plagiaten den Dieb bzw. Hehler? Wie bereitwillig kaufen sie – des Preises wegen – Produkt- und Markenfälschungen?

Produkt- und Markenpiraten treten als Anbieter von Waren auf den Markt. Ohne selbst in Forschung, Entwicklung und Reputation zu investieren, kopieren sie die Produkte von Konkurrenten. Sie profitieren dabei von dem „kostspielig" aufgebauten Marken- und Herstellerimage, verhalten sich also wie *Trittbrettfahrer*. Zudem gefährdet die oft mangelhafte Qualität der Waren die Verbraucher, zum Beispiel bei Medikamenten, Autoersatzteilen oder Handy-Akkus. Von den Konsumenten wird die Markenpiraterie und Produktfälschung oft nicht als kriminelle Handlung angesehen, sondern als „Kavaliersdelikt". Als Begründung kann man hören: *„Macht die Produkte doch einfach billiger, dann kauft man auch das Original! Wer zockt hier eigentlich wen ab?"* Oder es wird die Meinung vertreten: *„Wer Plagiate kauft, bringt damit zum Ausdruck, dass er die Originalprodukte nicht erwerben will!"* Deshalb sei es Unfug, wenn die Hersteller behaupteten, dadurch Umsatzausfälle in Millionenhöhe zu haben.

Viele Schülerinnen und Schüler bringen persönliche Erfahrungen zu diesem Thema mit: Im Internet oder im Urlaub sind nachgemachte Markenprodukte oft zu einem Spottpreis zu haben. Trendige Sneakers für zehn Euro oder die „Rolex" unter hundert Euro. Ein bisschen heiß wird einem dann bei der Ankunft am Flughafen zuhause, denn die „Schnäppchen" können teuer werden, falls der Zoll die Fälschungen entdeckt. Dieser ethos-Baustein fördert eine warenethische Reflexion der Produkt- und Markenpiraterie. Die Schülerinnen und Schüler klären Fragen wie:

- Worin besteht der Unterschied zwischen der legitimen Nachahmung eines Produktes und einer illegitimen Produktfälschung?
- Für wen ist Produkt- und Markenpiraterie mit Nachteilen verbunden, für wen mit Vorteilen?
- Wer ist in unserer Wirtschaftsordnung für die Aufdeckung von Fälschungen zuständig?

Methodisch werden verschiedene mögliche Praxispartner vorgeschlagen. In vielen Regionen empfiehlt sich ein Kontakt mit dem Zoll (www.zoll.de/dienststverz/index.html).

Lehrplan-Bezug. In berufsbildenden Schulen ergeben sich zahlreiche Bezüge zu kaufmännischen Themenfeldern, allen voran die *Warenkunde*, das *Wirtschaftsrecht* und das *Marketing*. Der Baustein eignet sich auch für die konsumökonomische Bildung in allgemeinbildenden Schulen. Grundkonzepte wie (geistiges) Eigentum und sein Zusammenhang mit Wettbewerb und Innovation werden geprüft. Im Unterricht kann das Verhalten der Produkt- und Markenpiraten sowohl mit Bezug auf die Verletzung der Institution des (geistigen) Eigentums als auch mit Bezug auf die Gefährdung der Verbraucher warenethisch reflektiert werden.

Thomas Retzmann und Tilman Grammes

Nachahmung von Produktideen – Kavaliersdelikt oder wirtschaftliche Bedrohung?

Sympathische Piraten? In Literatur und Film wird von der Piraterie zum Teil ein romantisch verklärtes Bild gezeichnet. Berühmte fiktive Piraten wie *Long John Silver* („Die Schatzinsel"), *Ephraim Langstrumpf* („Pippi Langstrumpf") oder *Captain Jack Sparrow* („Fluch der Karibik") werden als verwegene Sympathieträger dargestellt. Für die realen Übergriffe heutiger Piraten – beispielsweise in den Gewässern vor Somalia – gibt es in der öffentlichen Diskussion hingegen nur wenig Verständnis. Diese Ambivalenz von Akzeptanz und Verurteilung kann auch in der Diskussion um eine ganz andere Art der Piraterie beobachtet werden: Die Produkt- und Markenpiraterie wird zuweilen als ‚Kavaliersdelikt', aber auch als wirtschaftliche Bedrohung wahrgenommen. Einerseits werden Strafen für Produktfälscher gefordert, andererseits ist der Handel mit Plagiaten ein florierender Geschäftszweig.

(Un)Gefährliche Plagiate. Produkt- und Markenplagiate werden oftmals dann geduldet und konsumiert, wenn die gefälschten Produkte nicht sehr komplex sind, wenn die Fälschung gut gemacht ist und wenn die Produkte im Niedrigpreissegment zu verorten sind. Was aber, wenn Produktfälschungen Qualitätsmängel aufweisen? Wenn einem Konsumenten der Handy-Akku am Ohr explodiert oder der Rauchmelder im Notfall nicht funktioniert, dann werden die problematischen Folgen der Produkt- und Markenpiraterie deutlich.

Imitation und Nachahmung. Und wenn die Produktfälschungen gut gemacht sind und von ihnen keine besonderen Gefahren für Leib und Leben ausgehen? Ist Produkt- und Markenpiraterie dann legitim oder gibt es andere ethisch begründbare Einwände? *Sicherlich:* Dem Markenunternehmen entsteht ein wirtschaftlicher Schaden, wenn es seine eigenen Ideen nicht mehr zu Grenzkostenpreisen auf dem Markt absetzen kann, weil es der Konkurrenz billiger Fälschungen ausgesetzt ist. *Aber:* Ist Nachahmung nicht ein ganz normaler Prozess in modernen, global verflochtenen Marktwirtschaften? Worin liegt eigentlich das moralische Problem der Produkt- und Markenpiraterie? Diese Frage lässt sich nicht so einfach beantworten, wie es auf den ersten Blick scheint.

Ethische Sicht. In der vorliegenden Unterrichtseinheit soll die Produkt- und Markenpiraterie aus wirtschaftsethischer Sicht beleuchtet werden. Folgende Fragen stehen dabei im Zentrum:

- Worin besteht der Unterschied zwischen der legitimen Nachahmung eines Produktes und einer ethisch problematischen Produktfälschung?
- Für wen ist Produkt- und Markenpiraterie mit Nachteilen verbunden, für wen mit Vorteilen?
- Was sind die Ursachen von Produkt- und Markenpiraterie?
- In welchen Fällen und aus welchen Gründen konsumieren Verbraucher, zum Teil, bewusst Plagiate?
- Welche Auswirkungen hat die Produkt- und Markenpiraterie auf die Gültigkeit nationaler und internationaler Sozial-, Umwelt-, Gesundheits- und Sicherheitsstandards?
- Warum gelten Ideen bzw. geistiges Eigentum als schützenswert und welche Rechtsgrundlagen gibt es in Deutschland zum Schutze geistigen Eigentums?
- Wer ist in Deutschland für die Bekämpfung von Produkt- und Markenpiraterie zuständig?

Ursachen, Ausmaß und Folgen von Produkt- und Markenpiraterie

Begriff. Die illegale Nachahmung und Übernahme fremder Leistungen wird mit verschiedenen Begriffen belegt: Produktfälschung, Ideenklau, Plagiarismus etc. (vgl. Hintze 2007: 16 f.). In der öffentlichen und wissenschaftlichen Diskussion haben sich die Bezeichnungen *Produkt- und Markenpiraterie* durchgesetzt. Unter Markenpiraterie wird die „Nachahmung von Markenrechten" verstanden, unter Produktpiraterie die „Imitation von rechtlich geschützten Produkten", ganz gleich, ob zusätzlich eine Nachahmung der Marke vorliegt oder nicht (vgl. Welser/González 2007: 59).

Arten. Plagiate können danach unterschieden werden, wie die Produktfälscher den Originalhersteller in Bezug zur eigenen gefälschten Ware bringen.

- *Marken- und Produktpiraterie:* gefälschte Produkte, die nicht als Fälschungen erkannt werden sollen. Der Verbraucher soll glauben, es handele sich um das Markenprodukt. Dazu werden das Produkt und das Markenlogo nachgeahmt. Lediglich der Preis unterscheidet sich vom Original. Beispiele: gefälschte Rolex-Uhren und gefälschte Louis-Vuitton-Handtaschen.
- *Produktpiraterie mit Bezug zur Marke:* Plagiate, die das Produkt kopieren und die Marke verändern. Der Produktname und das Markenlogo werden abgewandelt, erinnern aber an das Original. Beispiele: Bucksstar Coffee statt Starbucks Coffee, Haagen Bozs statt Häagen-Dazs und Adidos statt Adidas.
- *Produktpiraterie ohne Bezug zur Marke:* Nachahmungen, die das Produkt, aber nicht die Marke imitieren. Die Produktplagiate werden unter anderem Produktnamen und Produktlogo angeboten. Beispiel: Salz- und Pfefferstreuer der Marke Koziol wurden vom italienischen Unternehmen Due Esse kopiert und unter dessen Namen vertrieben.

Entwicklung. Die EU verzeichnet ein starkes Anwachsen von Urheberrechtsverletzungen. Insgesamt wurden 2011 mehr als 114 Millionen Produktfälschungen beschlagnahmt. Im Vergleich zu 2009 entspricht dies einem Zuwachs von mehr als 100 %.

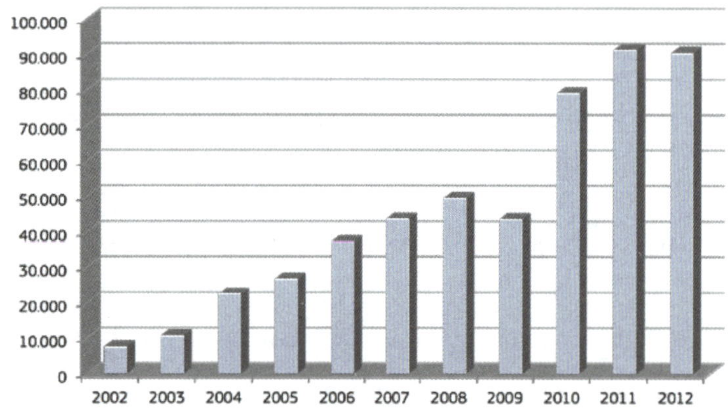

Jahr	Anzahl der Fälle
2002	7.553
2003	10.709
2004	22.311
2005	26.704
2006	37.334
2007	43.671
2008	49.381
2009	43.572
2010	79.112
2011	91.254
2012	90.473

Abbildung 1: Urheberrechtsverletzungen in der EU: registrierte Fälle von 1999 bis 2012
Quelle: http://ec.europa.eu/taxation_customs/resources/documents/customs/customs_controls/counterfeit_piracy/statistics/2013_ipr_statistics_en.pdf (abgerufen am 29.12.2013).

Ursachen. Die Zunahme der Produktpiraterie hat mehrere Ursachen:

- *Technischer Fortschritt:* Fälschungen werden dadurch einfacher. Mittels PC und Bildbearbeitungssoftware lassen sich beispielsweise Marken-Logos problemlos kopieren.
- *Hohe Gewinne:* Die Produktfälscher tragen weder Kosten für Forschung und Entwicklung noch für das Marketing. Da sie wegen der Qualität der Produkte nicht haftbar gemacht werden, können sie in Billiglohn-Ländern produzieren.
- *Geringes Risiko:* Das Risiko der Strafverfolgung ist gering. Schwarzmärkte entziehen sich in weiten Teilen der Kontrolle. Hinzu kommt, dass die Unterscheidung zwischen Plagiaten und Originalen aufgrund der verbesserten Produktionstechniken der Fälscher immer schwieriger wird.
- *Neue Kommunikations- und Absatzwege:* Fälschungen sind nicht auf Urlaubsorte beschränkt, an denen ausländische Touristen ‚übers Ohr gehauen' werden. Über Online-Märkte lassen sich Waren aus entfernten Teilen der Welt in heimische Wohnzimmer ordern.

Imitation und Diffusion. Aus ökonomischer Sicht sind die Nachahmung und Verbreitung von Produktideen nicht per se problematisch. *Imitations- und Diffusionsprozesse* sind vielmehr ein integrales und wichtiges Element der modernen Marktwirtschaft **[M 5]**. Ohne die Möglichkeit, gute Ideen nachzuahmen, würde die Anbieterkonkurrenz stark eingeschränkt.

Kulturelle Unterschiede. Während das Plagiieren in den westlichen Nationen nicht nur als Urheberrechtsverletzung, sondern überwiegend auch als Mangel an Kreativität abgestraft wird, hat sich die Nachahmung und Weiterentwicklung von Produktideen in Teilen Chinas zu einer Kulturleistung der ganz eigenen Art entwickelt, die mit dem Oberbegriff *„Shanzai"* belegt wird. Das Besondere an *Shanzai* ist, dass Markenprodukte nicht einfach nur imitiert, sondern auch variiert und weiterentwickelt werden. Befürworter des *Shanzhai* sprechen von der „Intelligenz des Volkes", von einer „Kreativität von unten" und sogar von einem „Instrument der Demokratisierung" (vgl. Siemons 2009). Gleichwohl hat sich im Zuge des WTO-Beitritts Chinas 2001 auch das Urheberrecht in China den europäischen Standards in vielem angepasst.

Wirtschaftliche Folgen. Der wirtschaftliche Schaden bei Konsumenten, Produzenten und Staat (siehe Abbildung 2), kann nicht genau beziffert werden. Die Internationale Handelskammer schätzt ihn auf 650 Milliarden US-Dollar weltweit pro Jahr.

Abbildung 2: Wirtschaftliche Folgen von Produkt- und Markenpiraterie
Quelle: Eigene Darstellung in Anlehnung an Welser/González 2007: 47 ff.

Bedeutung des Privateigentums. Wirtschaftliches Wachstum ist von *Investitionen in Vermögenswerte* abhängig. Vermögenswerte können *materiell* oder *immateriell* sein. Die Höhe der Investitionen hängt von der *Sicherheit der Verfügungsrechte* ab: „Wenn der investierende Akteur damit rechnen muss, dass sich andere die Erträge seiner Investition aneignen werden, wird er die Investition unterlassen" (Homann/Suchanek 2005: 118). Der Schutz von Verfügungsrechten ist die Aufgabe des Staates. Die Institution ‚Privateigentum' wird in Deutschland im Grundgesetz (Art. 14) festgelegt.

Schutz geistigen Eigentums. Das geistige Eigentum wird zuweilen auch als das „Öl des 21. Jahrhunderts" bezeichnet. Infolge des Übergangs von der Industriegesellschaft hin zur Wissensökonomie wird *Wissen* – neben Arbeit, Kapital und Boden – als *vierter Produktionsfaktor* anerkannt. Wissen ist als *Vermögenswert* schützenswert und deshalb steht der Schutz geistigen Eigentums in westlichen Gesellschaften auf der aktuellen politischen Agenda. Der staatliche Schutz geistigen Eigentums ist aus ökonomischer Sicht notwendig, da Wissen den Charakter eines *öffentlichen Gutes* hat (vgl. Goldhammer 2006: 85 ff.). Ohne staatliche Regelungen würde ökonomisch relevantes Wissen nicht bereitgestellt. Unternehmen würden nicht in Innovation und Forschung investieren, weil sie befürchten müssen, dass sie von Konkurrenten ausgebeutet werden, die das Wissen zwar nutzen, sich aber nicht an den Kosten der Bereitstellung beteiligen. Der Schutz geistigen Eigentums und die

Bekämpfung von Produkt- und Markenpiraterie erfolgen durch zivil-, straf- und zollrechtliche Bestimmungen. Die wichtigsten deutschen Gesetze sind das Markengesetz, das Urheberrechtsgesetz, das Geschmacksmustergesetz, das Patentgesetz, das Gebrauchsmustergesetz und das Sortengesetz.

ZGR. Die deutsche Zollverwaltung hat 1995 die Zentralstelle Gewerblicher Rechtsschutz (ZGR) eingerichtet. Sie koordiniert die *Grenzbeschlagnahmungsverfahren*. Bei der Beschlagnahme schutzrechtsverletzender Waren arbeiten die *Zollbehörden* mit dem *Zollkriminalamt* und den regionalen *Zollfahndungsämtern* zusammen. Die Initiative geht aber von den Unternehmen aus: „Inhaber von gewerblichen Schutzrechten wie zum Beispiel Marken, Geschmacksmustern, Urheberrechten oder Patenten können bei der Zentralstelle Gewerblicher Rechtsschutz in München das Tätigwerden der Zollbehörden beantragen.“ (BMF 2008: 8).

Sachstruktur. Am Tausch von Produktplagiaten sind zunächst nur die Anbieter und die Nachfrager beteiligt. *Produktfälscher* und *Markendiebe* imitieren gute Ideen und vertreiben diese Produkte auf legalen und illegalen Märkten. Die *Konsumenten* erstehen wissend oder unwissend günstige Plagiate und setzen sich damit ggf. Konsumrisiken aus. Die Folgen von Produkt- und Markenpiraterie betreffen ebenso Dritte – so genannte negative externe Effekte. Aufgrund der dadurch hervorgerufenen gesellschaftlichen Probleme sind Produktfälscher und Konsumenten von Plagiaten der Kritik der *Wirtschaftsbürger* ausgesetzt. Diese Kritik wird durch Interessengruppen unterstützt. *Staatliche Rahmenordnungen* wie das Patent, das Marken- und das Urheberrechtsgesetz sollen den Pionierunternehmen Schutz für innovative Ideen gewähren und Anreize für Investitionen in Forschung und Entwicklung schaffen. Der nationalstaatliche Rahmen wird in allen GATT-Mitgliedsländern durch das *„Agreement on Trade-Related Aspects of Intellectual Property Rights“* (TRIPS) gerahmt. Die *Pionierunternehmen* selbst versuchen, sich vor Produkt- und Markenpiraterie zu schützen und beauftragen den *Zoll* mit der Grenzbeschlagnahme.

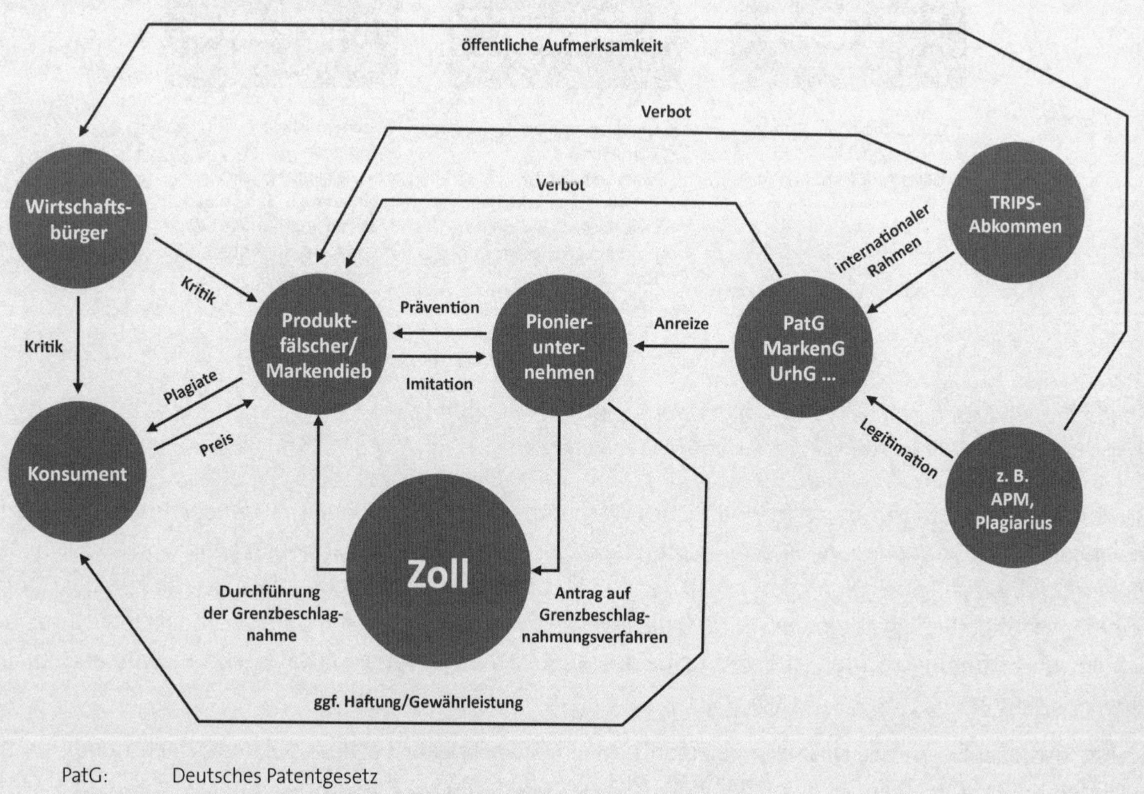

PatG:	Deutsches Patentgesetz
MarkenG:	Gesetz über den Schutz von Marken und sonstigen Kennzeichen
UrhG:	Gesetz über Urheberrecht und verwandte Schutzrechte
TRIPS:	Agreement on Trade-Related Aspects of Intellectual Property Rights
APM:	Aktionskreis gegen Produkt- und Markenpiraterie e. V.
Plagiarius:	Aktion Plagiarius e. V.

Abbildung 3: Sachstruktur der Produkt- und Markenpiraterie
Quelle: Eigene Darstellung in Anlehnung an Retzmann 2006: 298.

Unterrichtsplanung: Praxiskontakt Zoll

Wirtschaftsbürger. Über die *persönlichen* Erfahrungen mit gefälschten Produkten – beispielsweise im Urlaub oder bei Ebay – kann ein schülerorientierter Einstieg in die Thematik gelingen, doch letztlich handelt es sich bei der Produkt- und Markenpiraterie um ein *gesellschaftliches* Problem. Daher sollte nicht lediglich die Betroffenen-Perspektive eingenommen werden. Schülerinnen und Schüler können lernen, ein sachlich fundiertes und moralisch abgewogenes Urteil über politische Handlungsalternativen zu fällen.

Kompetenzförderung. Ein zentrales Ziel ökonomischer Bildung ist, dass Schülerinnen und Schüler die Notwendigkeit einer sozialen Ordnung für wirtschaftliches Handeln erkennen. Sie sollen lernen die *Rahmenbedingungen der Wirtschaft zu verstehen und mitzugestalten* (DeGöB 2004: 6 f.). Am Beispiel der Produkt- und Markenpiraterie können die unterschiedlichen Auswirkungen nationalstaatlicher Rahmenbedingungen – insbesondere Urheberrecht und Patentrecht – auf wirtschaftliche Aktivitäten veranschaulicht werden. Die Komplexität der Problematik wird nachvollziehbar, wenn *internationale Verflechtungen* und *langfristige Folgewirkungen* in den Blick geraten. So können Produktfälschungen in anderen Ländern Auswirkungen auf den deutschen Markt haben – beispielsweise in Form von Billig-Konkurrenz durch ausländische Nachahmer. Ebenso sind die innovationshemmenden Auswirkungen von Produkt- und Markenpiraterie nicht auf den ersten Blick offensichtlich. Die Auseinandersetzung mit dieser Thematik kann bei Schülerinnen und Schülern die Fähigkeit fördern, *ökonomische Systemzusammenhänge zu erklären* (DeGöB 2004: 6).

Lernvoraussetzungen. Es sind nur wenige ökonomische Vorkenntnisse notwendig, da sich viele Grundsachverhalte an der Thematik erarbeiten lassen. Sinnvollerweise bringen die Schülerinnen grundlegendes Wissen über Märkte und die auf den Märkten handelnden Akteure mit. Insbesondere sollte klar sein, wie sich ein Preis bildet und welche Informationen ein Preis über die Kostenstrukturen der Anbieter und die Zahlungsbereitschaften der Nachfrager liefert. Nur dadurch kann der Preiswettbewerb nachvollziehbar werden, zu dem die Produktfälscher und Markendiebe innovative Unternehmen zwingen.

Curriculare Einbettung. Die Thematik kann exemplarisch in unterschiedlichen lehrplanrelevanten Inhaltsfeldern der ökonomischen Bildung konkretisiert werden. Sie ist aus der Sicht von *Verbrauchern* beispielsweise hinsichtlich qualitativer und ökologischer Kaufrisiken relevant. Aus der Perspektive von *Unternehmen* können Anreize für Innovationen thematisiert werden. Das Thema kann mit Blick auf die Notwendigkeit einer *staatlichen Rahmenordnung* für wirtschaftliches Handeln – zum Beispiel Patentrecht oder Urheberrecht – und vor dem Hintergrund *globaler wirtschaftlicher Verflechtungen* – zum Beispiel fehlender internationaler Rechtsrahmen – rekonstruiert werden.

Methodik. Die realwirtschaftlichen Auswirkungen der Produkt- und Markenpiraterie sind für Schülerinnen und Schüler beobachtbar bzw. erfahrbar. Daher wird hier die methodische Großform der *Praxiskontakte* zur Erschließung der Problemstellung vorgeschlagen. Praxiskontakte zwischen Schule und Wirtschaft bieten authentische Lerngelegenheiten, durch die wirtschaftliche Sachverhalte greifbar werden können. Unmittelbare Bezüge zur Realität können die Relevanz des Lerngegenstands offenlegen. Dies steigert in vielen Fällen die *Lernmotivation*. Durch die eigenaktive und selbstständige Auseinandersetzung mit realen Problemen können die Schülerinnen und Schüler theoretisch Gelerntes handelnd überprüfen. Dies steigert in vielen Fällen die *Nachhaltigkeit von Lernerfolgen*. Je nachdem, ob Praxiskontakte schulextern oder schulintern stattfinden, sind sie mehr oder weniger zeitaufwendig und bedürfen gesonderter Organisation. Steht diese Zeit nicht zur Verfügung, können die Schülerinnen und Schüler alternativ eine Internetrecherche durchführen.

Praxispartner. Als Praxispartner wird der *Zoll* vorgeschlagen: Er ist für die Einfuhr- und Ausfuhrabfertigung zuständig und hat die Aufgabe, im *Grenzbeschlagnahmungsverfahren* gefälschte Produkte zu identifizieren und aus dem Verkehr zu ziehen. Er ist in ganz Deutschland sowohl an den als auch innerhalb der Landesgrenzen tätig. Eine Übersicht über die Standorte der Hauptzollämter, Zollfahndungsämter, Zollkriminalämter und Sonderstellen der Zollverwaltung findet sich hier: http://www.zoll.de/dienststverz/index.html. Für einen Praxiskontakt zur Produkt- und Markenpiraterie sind insbesondere einfuhrintensive Standorte wie Häfen oder Flughäfen interessant. Als weitere Praxispartner kommen *Verbraucher*, international agierende *Unternehmen*, *Politiker* oder *Juristen* in Frage. Gegebenenfalls bietet sich ein Besuch im Museum *„Plagiarius"* in Solingen an. Dort werden mehr als 250 Originale und Plagiate **[M 1]** ausgestellt. Außerdem finden dort Workshops und Seminare statt.

Unterrichtsverlauf

Die Kontaktaufnahme mit dem Praxispartner sollte frühzeitig erfolgen und es sollte möglichst schnell ein Termin für den Praxiskontakt vereinbart werden. Dieser muss systematisch vorbereitet werden, damit sich die Schülerinnen und Schüler mit dem notwendigen Grundlagenwissen in die Realbegegnung hineinbegeben und die Lernerfahrungen in übergeordnete Sach- und Sinnzusammenhänge einbetten können. Dafür ist folgender Verlauf sinnvoll:

Vorbereitung	• Zentrale Problemstellung einführen und entfalten • Inhaltliche Grundlagen vermitteln • Fragen für ein Expertengespräch sammeln
Durchführung	• Erkundung: Kennenlernen der Arbeit des Zolls, Kontakt mit gefälschter Ware etc. • Expertengespräch: Fragen der Schülerinnen und Schüler an den Praxispartner
Auswertung	• Sammeln und Systematisieren der wesentlichen Lernerfahrungen • Prüfung der Lernerfahrungen: Was sind die grundlegenden Erkenntnisse?

Generalisierung. Praxiskontakte sind eine Form exemplarischen Lernens: Der Lernprozess rankt sich um ein möglichst anschauliches Beispiel, welches nicht lediglich im Unterricht thematisiert, sondern von den Lernenden selbst *erfahren*, durch Experten praxisnah *vermittelt* oder im Modell realitätsnah *simuliert* wird. Praxiskontakte sind zeitlich begrenzt und kontextgebunden; sie sind Momentaufnahmen eines Realitätsausschnittes. Das Gelernte bezieht sich dementsprechend zunächst lediglich auf die erfahrene Situation und den erlebten Zeitpunkt. Die Herausforderung bei der Auswertung des Praxiskontaktes besteht darin, die grundlegenden Einsichten und die zentralen Kategorien herauszuarbeiten, um einen Transfer auf ähnlich gelagerte Probleme zu ermöglichen.

Bei dem hier skizzierten Praxiskontakt ist also beispielsweise zu fragen, ob neue Erkenntnisse gewonnen werden konnten über ...

- ... das Ausmaß und die branchenübergreifende Verbreitung der Produkt- und Markenpiraterie,
- ... über wirtschaftliche Ursachen und Auswirkungen der Produkt- und Markenpiraterie,
- ... über die Schwierigkeiten des Zolls bei der Identifikation gefälschter Waren und der Androhung der Produktfälscher und Markendiebe,
- ... über die Situation in den Herkunftsländern der gefälschten Produkte,
- ... über die Funktionsweise und die Grenzen der deutschen Rechtsgrundlagen zur Bekämpfung der Produkt- und Markenpiraterie oder
- ... über die Notwendigkeit und die Schwierigkeiten international abgestimmter Vorgehensweisen.

Literatur

BMF – Bundesministerium für Finanzen (2007): Gewerblicher Rechtschutz. Jahresbericht 2006. Berlin.

BMF – Bundesministerium für Finanzen (2007a): Kampf gegen die Marken- und Produktpiraterie. Ergebnisse des G 8-Gipfels von Heiligendamm für die internationale Zusammenarbeit der Zoll- und Grenzschutzbehörden. In: Monatsbericht des BMF. Juli 2007, S. 93-98.

BMF – Bundesministerium der Finanzen (2008): Der Zoll. Produktpiraterie im Visier. Jahresbericht 2007. Berlin.

DeGöB (2004): Kompetenzen der ökonomischen Bildung für allgemeinbildende Schulen und Bildungsstandards für den mittleren Schulabschluss. Köln.

DPMA (2008): Jahresbericht 2007. München.

European Commission Taxation and Customs Union (Hrsg.): Summary of Community Customs Activities on Counterfeit and Piracy Results at the European Border – 2006.

Goldhammer, Klaus (2006): Wissensgesellschaft und Informationsgüter aus ökonomischer Sicht, in: Hoffmann, Jeanette (Hrsg.): Wissen und Eigentum. Geschichte, Recht und Ökonomie stoffloser Güter. Bonn, S. 81-106.

Furjan, Natalie (2008): Medikamente für alle, in: Im Klartext. Informationen zur sozialen Marktwirtschaft. Heft 04/2008, S. 2-3.

Hintze, Marco (2007): Die Problematik der chinesischen Marken- und Produktpiraterie. Saarbrücken.

Homann, Karl/Suchanek, Andreas (2005): Ökonomik. Eine Einführung. 2., überarbeitete Auflage, Tübingen.

Siemons, Mark (2009) : Mit Adodas zu Bucksstar Coffee. In: Frankfurter Allgemeine Zeitung vom 10.01.2009, Nr. 8, S. 29.

Straubhaar, Thomas (2007): Markenpiraterie kein Kavaliersdelikt. HWWI Standpunkt, September 2007.

Welser, Markus v./González, Alexander (2007): Marken- und Produktpiraterie. Strategien und Lösungsansätze zu ihrer Bekämpfung. Weinheim.

Zentralstelle Gewerblicher Rechtsschutz: Statistik für das Jahr 2011. München.

M 1 *Original und Fälschung*

Salz- und Pfefferstreuer „Step'n Pep"

Originale: Koziol GmbH, Erbach
Plagiate: DUE ESSE s.r.l., Martina Franca, Italien

Quelle: http://plagiarius.de/winner9_2007.html

Notizbuch „Moleskine"

Originale: Hersteller: Moleskine S.r.l., Mailand, Italien/ Vertrieb (D, AT, CH): Authentics GmbH, Gütersloh
Plagiate: ars nova GmbH Großhandel für Künstlermaterialien, Witten

Quelle: http://plagiarius.de/winner2_2007.html

Motorsäge „MS 380"

Originale: ANDREAS STIHL AG & Co. KG, Waiblingen
Plagiate: SWOOL Power Machinery Co. Ltd., Quzhou, Zhejiang, PR China

Quelle: http://plagiarius.de/winner9_2006.html

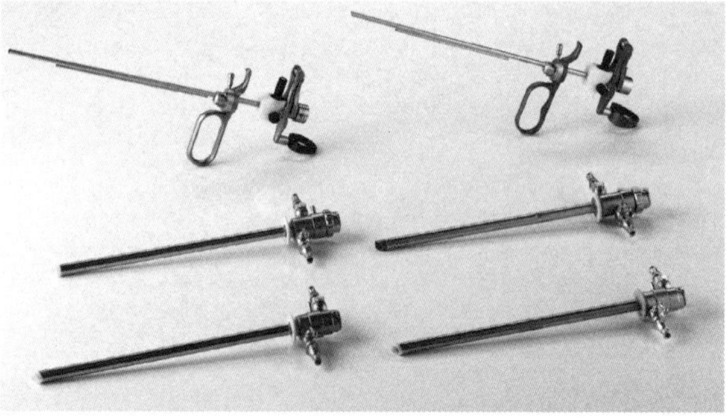

Resektoskop für die Urologie (Arbeitselement)

Originale: KARL STORZ GmbH & Co. KG, Tuttlingen
Plagiate: Wenkert Medizintechnik Klaus Wenkert, Seitingen

Quelle: http://plagiarius.de/winner8_2007.html

Arbeitsaufträge:

Die Aktionsgemeinschaft „Plagiarius" verleiht jedes Jahr einen Negativpreis in Form eines schwarzen Zwergs an die dreistesten Fälscher.

(Die Internetpräsenz www.plagiarius.com hilft dir bei dem Beantworten der nachfolgenden Fragen.)

1. Welche Intention könnte eine solche Preisverleihung haben?
2. Welche Branchen werden prämiert?

M 2 *Begriffliche Unterschiede: klein, aber entscheidend?!*

Markenpiraten und Produktfälscher

Markenpiraten verwenden illegal Zeichen, Namen, Logos (Marken) und geschäftliche Bezeichnungen, die von den Markenherstellern zur Kennzeichnung ihrer Produkte im Handel eingesetzt werden. Produktfälscher beuten fremdes geistiges Schaffen rücksichtslos aus; sie machen sich fremde Entwicklungen zunutze, ohne einen kreativen oder finanziellen Beitrag dazu geleistet zu haben. Produkte, für die der rechtmäßige Hersteller eingetragene Schutzrechte besitzt, werden gezielt nachgeahmt und vervielfältigt. Produktfälscher und Markenpiraten werden in ihrem Vorgehen immer dreister. Sie überschwemmen den Weltmarkt längst nicht mehr nur mit gefälschten Modeaccessoires oder nachgeahmten Textilien, kopiert werden auch Autoersatzteile, Medikamente, Nahrungsmittel und Getränke, Computersoftware, Zigaretten und Elektroartikel.

Produktsicherheit

Darunter leidet zunehmend auch die Produktsicherheit. Gefälschte Lenkteile für Pkw oder Bremsscheiben können zu schweren Unfällen führen. Gefälschte und damit qualitativ schlechte Nahrungsmittel können sich unmittelbar auf die Gesundheit des Verbrauchers auswirken. Aber auch fehlende Wirkstoffe im Arzneimittelbereich sowie schadhafte oder nicht dem Sicherheitsstandard entsprechende Elektroartikel können fatale Folgen auslösen. Plagiate schädigen also nicht nur den Ruf des Originalherstellers; sie können auch erhebliche Gesundheitsrisiken für den Verbraucher mit sich bringen.

Produkthaftung – Gewährleistung – Garantie

Vor allem die Produkthaftung spielt in diesem Zusammenhang eine große Rolle, denn wegen schlechter Qualität der Produkte kommt es zu Produkthaftungs-, Gewährleistungs- und Garantie-Streitigkeiten, worunter auch das Markenimage leidet. Produkt- und Markenpiraten tragen kein unternehmerisches Risiko; sie müssen nicht, wie der Unternehmer, hohe finanzielle Mittel einsetzen, um ein Produkt zu entwickeln und auf den Markt zu bringen.

Quelle: BMF (Hrsg.): Gewerblicher Rechtsschutz – Jahresbericht 2006, München, S. 6.

Arbeitsauftrag:

Produktfälscher werden mit „Piraten" verglichen. Für wie aussagekräftig halten Sie diesen Vergleich und wo sehen Sie Grenzen?

Begründen Sie Ihre Antwort.

Notizen:

....

....

....

....

....

....

M 3 *Produkt- und Markenpiraterie – ein Randphänomen?*

In den Anfängen war die Produkt- und Markenpiraterie ein Randphänomen. Sie hat sich vor allem auf die Imitation ausgewählter Luxus- und Designerprodukte – zum Beispiel Rolex-Uhren oder Lacoste-T-Shirts – beschränkt. Heute lassen sich Plagiate in nahezu allen wirtschaftlichen Warengruppen ausfindig machen. Von *einfachen Gebrauchsgegenständen* (zum Beispiel Regenschirme/Scheren) und *Entertainment-Produkten* (zum Beispiel Musik-CDs/Computerspiele) über *Produktionsgüter* (zum Beispiel Pflanzenschutzmittel) und *Designerprodukte* (zum Beispiel Küchenaccessoirs) bis hin zu *hochkomplexen technologischen Produkten* (zum Beispiel medizinische Instrumente) gibt es kaum ein erfolgreiches Produkt, das nicht gefälscht und auf den Markt gebracht wird.

Beschlagnahmefälle in Deutschland 2011 nach Herkunftsländern

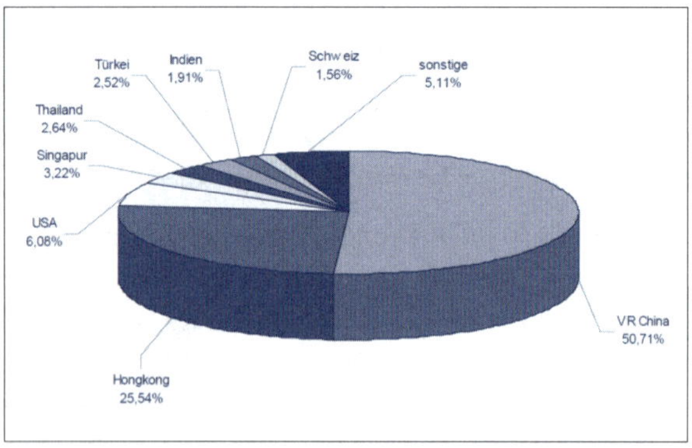

Quelle: Zentralstelle Gewerblicher Rechtsschutz: Statistik für das Jahr 2011: 11.

Beschlagnahmefälle in Deutschland 2011 nach Warengruppen

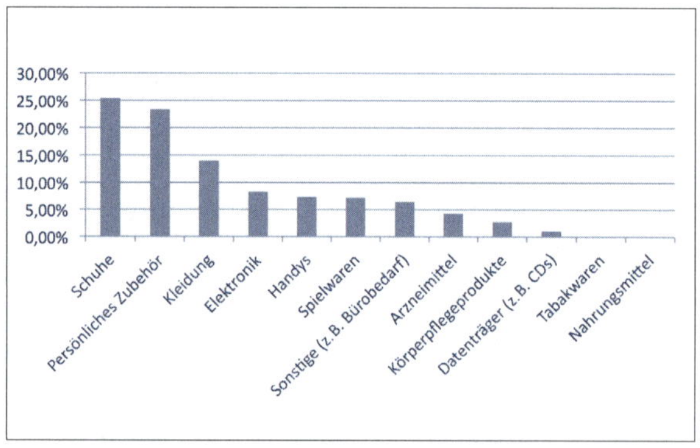

Quelle: Zentralstelle Gewerblicher Rechtsschutz: Statistik für das Jahr 2011: 5 (eigene Darstellung).

Arbeitsauftrag:

Formulieren Sie auf der Basis der bisherigen Informationen Fragen zum Thema Produkt- und Markenpiraterie, die Sie einer Mitarbeiterin/einem Mitarbeiter des Zolls stellen wollen. Weitere Informationen erhalten Sie unter www.zoll.de.

Notizen:

M 4 *Praxiskontakt Zoll*

Gefälschte Waren sind manchmal selbst von Experten kaum zu erkennen. Um Original und Fälschung unterscheiden zu können, müssen die Unternehmen ihre Waren detailliert beschreiben und die Spezifika herausstellen, die ein Plagiat wahrscheinlich nicht vorweist. In Deutschland hat der Zoll die Aufgabe, mögliche Produktfälschungen bei der Wareneinfuhr oder -ausfuhr zu erkennen, zu beschlagnahmen und das betreffende Unternehmen zu informieren.

Der Zoll – Produktpiraterie im Visier

Das größte Kapital eines Unternehmens ist die Idee. Ohne Idee kein Produkt und ohne Produkt kein Umsatz. Ideen spiegeln sich in den gewerblichen Schutzrechten, die ein Unternehmen erworben hat, wider. Der Zoll unterstützt die Unternehmen bei der Verteidigung dieser gewerblichen Schutzrechte und hilft, den Handel mit Plagiaten einzudämmen.

Inhaber von gewerblichen Schutzrechten wie zum Beispiel Marken, Geschmacksmustern, Urheberrechten oder Patenten können bei der Zentralstelle Gewerblicher Rechtsschutz in München das Tätigwerden der Zollbehörden beantragen. [...] Hat eine Zollstelle anhand der vorliegenden Informationen den Verdacht, dass Waren gefälscht sind, wird sie aktiv. Sie hält die Waren an und informiert den Inhaber des möglicherweise verletzten Schutzrechts. Dieser hat dann die Möglichkeit, seine Rechte zivilrechtlich geltend zu machen oder – unter bestimmten Voraussetzungen – die Waren im Rahmen eines vereinfachten Verfahrens vernichten zu lassen. Damit kann er verhindern, dass Fälschungen auf den europäischen Markt gelangen.

Arbeitsauftrag:

Ergänzen Sie den folgenden Fragenkatalog um weitere Fragen für den Praxiskontakt beim Zoll.

- Warum engagiert sich der Zoll in der Bekämpfung von Produkt- und Markenpiraterie?
- Wie können Fälschungen vom Original unterschieden werden?
- Worin liegen die Probleme von Produkt- und Markenpiraterie?
- Ist der Zoll zur Bekämpfung von Produkt- und Markenpiraterie international tätig?
- ______________________________
- ______________________________
- ______________________________
- ______________________________
- ______________________________
- ______________________________
- ______________________________
- ______________________________
- ______________________________

M 5 *Nachahmung im Wirtschaftsleben – Imitation als integraler Prozess wirtschaftlicher Entwicklung*

Im Jahr 2001 brachte das deutsche Unternehmen Philips in Kooperation mit dem niederländischen Kaffeeröster Douwe Egberts die erste Kaffeemaschine auf den deutschen Markt, die nach dem Kaffeepadsystem funktioniert. Es dauerte nicht lange, bis diese Idee von anderen Unternehmen nachgeahmt wurde. Mittlerweile gibt es ein breites Angebot von Kaffeepadmaschinen wie beispielsweise die Melitta Mycup oder die Braun Tassimo.

Solche „Innovations-Imitations-Zyklen" sind typisch für den Prozess der wirtschaftlichen Entwicklung. Der Ökonom Joseph Alois Schumpeter hat Mitte des 20. Jahrhunderts in seiner Theorie der wirtschaftlichen Entwicklung die Innovationen als die zentralen Antriebskräfte für wirtschaftlichen Fortschritt hervorgehoben. Der zum geflügelten Wort gewordene ‚Schumpetersche Pionierunternehmer' steht im Zentrum dieser Theorie. Wenn ein Unternehmen der Konkurrenz durch andere Unternehmen ausgesetzt ist, zwingt ihn das dazu, neue Verfahren und neue Produkte zu entwickeln. Ebenso hat Schumpeter bereits auf die Relevanz von Nachahmern hingewiesen, die durch die Imitation innovativer Produktideen zur Verbreitung (Diffusion) der Produkte beitragen.

Joseph Alois Schumpeter

Einen solchen „Innovations-Imitations-Zyklus" kann man sich wie folgt vorstellen: Manche Unternehmen können als „Bahnbrecher" bezeichnet werden. Sie entwickeln, in zum Teil aufwendigen Verfahren, neue Produktideen und setzen sich damit von der Konkurrenz ab. Für einen mehr oder weniger kurzen Zeitraum haben sie die Marktmacht an sich gerissen und die Konkurrenten hinken hinterher. Dies ist aus ökonomischer Sicht dann kein Problem, wenn sich die Marktmacht nicht verfestigt, sondern durch den „Wettbewerb der Nachahmer" auflöst. Der Vorsprung des „Bahnbrechers" wird wieder eingeholt.

Quelle: Autorentext.

Arbeitsaufträge:

1. Arbeiten Sie heraus, worin genau die Anreize für Produktinnovationen bestehen und welche Rolle der Nachahmung von Produkten zugesprochen wird.
2. Übertragen Sie die theoretischen Zusammenhänge auf das Beispiel der Kaffeepadmaschinen.
3. Geben Sie weitere Beispiele für ökonomisch erwünschte Nachahmungen im Wirtschaftsleben.

Notizen:

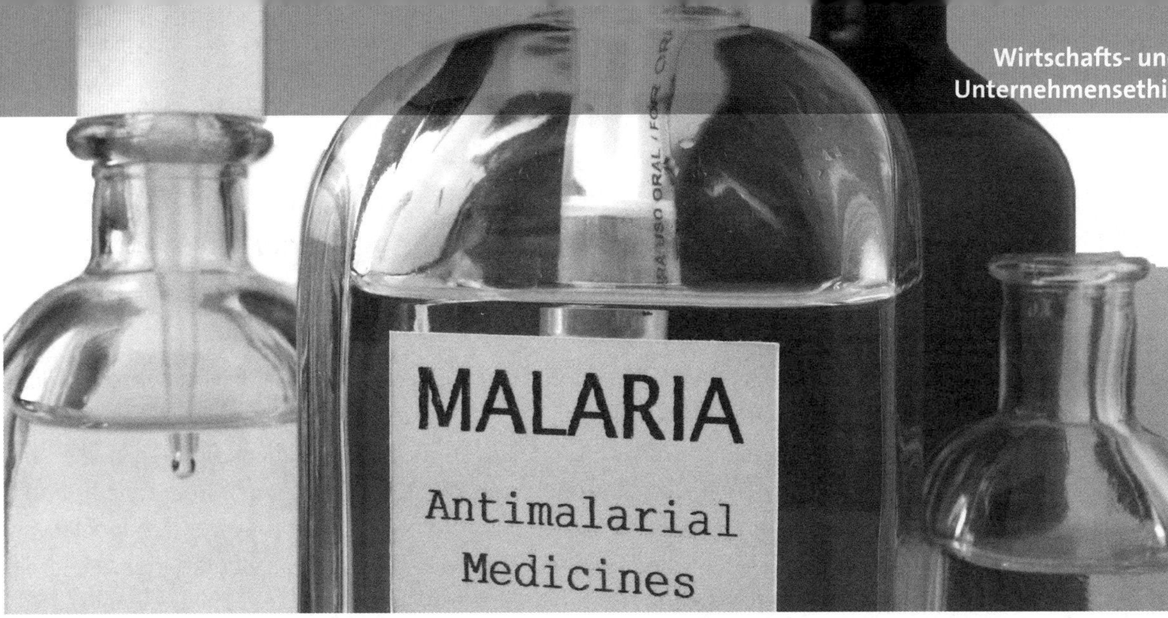

Christian Meyer-Heidemann, Arne Rogg-Pietz

Patente für lebenswichtige Medikamente – Lebensretter oder Todesurteil für Erkrankte?

Die Gestaltung der Rahmenordnung als wirtschaftsethisches Problem

Hrsg. von Thomas Retzmann und Tilman Grammes

Informationen für Lehrende

Materialien für Lernende

Patente für Medikamente – Eine notwendige Bedingung privater Forschung? Oder ein Modell, zu dem es bessere Alternativen gibt?

Patente dienen dem Schutz geistigen Eigentums. Sie ermöglichen dem Inhaber die exklusive wirtschaftliche Verwertung seiner Erfindung. Der Staat gewährleistet dies auch für neue Medikamente, damit gewinnorientierte Pharmaunternehmen einen wirtschaftlichen Anreiz haben, in Forschung und Entwicklung zu investieren. Weil die Entwicklung von Medikamenten dem Allgemeinwohl dient, wird ein temporäres Anbietermonopol ausnahmsweise in Kauf genommen, obwohl der Staat ansonsten die Entstehung von Monopolen bekämpft, weil sie volkswirtschaftlich *ineffizient* sind. Solange Patente den Wettbewerb unterbinden, liegt der Preis der Medikamente weit über den Herstellungskosten und die Hersteller machen hohe Gewinne. Sobald der Patentschutz endet, sinken die Preise drastisch, weil Konkurrenten mit günstigen Nachahmerpräparaten auf den Markt kommen. Die Versorgung der Bevölkerung mit Medikamenten scheint also – wie bei anderen Waren auch – den bekannten „Marktgesetzlichkeiten" zu genügen. Dies gilt zumindest für die wirtschaftlich hoch entwickelten Länder mit einem ausgebauten Gesundheitssystem und einem funktionierenden Krankenversicherungswesen zu dessen Finanzierung.

Wie ist dieser Zusammenhang bei Krankheiten – wie zum Beispiel der Immunschwächekrankheit AIDS – zu beurteilen, an denen viele Menschen leiden, die nur über eine sehr geringe Kaufkraft verfügen? Muss der Markt-Preis-Mechanismus in unterentwickelten Ländern nicht zwangsläufig versagen? Durch die Monopolstellung des Patentinhabers werden notwendige Medikamente für Menschen ohne Krankenversicherung unerschwinglich. In der sogenannten „Dritten Welt" ist das eine Frage, die über Leben und Tod entscheidet. Generika für Standard-AIDS-Medikamente konnten dagegen die Behandlungskosten allein im Jahr 2000 von 10.000 Dollar auf 130 Dollar senken, also um fast 99 %! Dies ist nur eine der vielen Informationen, mit denen sich Schülerinnen und Schüler im Verlauf dieses ethos-Bausteins auseinandersetzen. Dies wirft viele Fragen auf:

- Sind lebenswichtige Medikamente nicht eine ganz besondere „Ware", auf die jeder Kranke ein Anrecht hat?
- Sind Patente auf Medikamente eine notwendige Bedingung privater Forschung oder kommen sie einem Todesurteil für Erkrankte gleich?
- Gibt es für die Pharmaforschung ein besseres Anreizmodell als Patente?
- Gibt es eine globale medizinische Gerechtigkeit?

Methodisch stehen am Beginn der Lerneinheit zwei kontroverse Plakate, die der öffentlichen Meinungsbildung dienen sollen. Höhepunkt der Lerneinheit ist die Durchführung einer Konferenzsimulation, in der Alternativen zur bestehenden Rahmenordnung ausgelotet werden, insbesondere alternative Finanzierungsmöglichkeiten der Forschung. Die dafür notwendige Recherche ist mit Medien (Videos), Materialien (Textarbeit) und Webarbeit sorgfältig strukturiert. Die Recherche wird an einer Video-Dokumentation abgeglichen, so dass eine schülergerechte Reduktion des Komplexitätsniveaus gewährleistet ist.

Lehrplanbezug. Dieser ethos-Baustein kann einerseits dazu dienen, Grundtatbestände des Wirtschaftens am Fallbeispiel aufzuzeigen und zu problematisieren, wie etwa die Anreizwirkungen alternativer Rahmenordnungen, die Preisbildung auf verschiedenen Märkten oder auch die Problematik des Marktversagens. Ebenso eignet sich dieser ethos-Baustein für die Erschließung der politischen Dimensionen der internationalen Wirtschaftsbeziehungen (Internationale Organisationen, Nord-Süd-Konflikt, Globalisierung).

Transfer. Das Thema ist exemplarisch, weil das internationale Abkommen über den Schutz geistigen Eigentums TRIPS beispielhaft für das multiperspektivische Konfliktfeld der Etablierung und Durchsetzung einer internationalen Rahmenordnung steht. Die Auseinandersetzung mit den ökonomischen Folgen der politischen Rahmenbedingungen bietet den Schülerinnen und Schülern die Möglichkeit, Prozesse der Globalisierung in ihren Auswirkungen zu beurteilen.

Thomas Retzmann und Tilman Grammes

Patentschutz – die Nebenwirkungen können tödlich sein ...

Kosten, Risiken und Gewinne. Einen neuen Wirkstoff gegen bislang unheilbare Krankheiten zu erforschen, stellt die Pharmaindustrie nicht nur vor wissenschaftlich schwierige Aufgaben, sondern ist auch mit hohen Kosten – und daher finanziellen Risiken – verbunden. Oftmals geben Pharmaunternehmen Millionen aus, ohne dass ein verwertbares Ergebnis dabei herausspringt. Nur ein geringer Anteil der Forschungen führt zu einem neuen Medikament. Erfolgreiche Forschung wird dagegen belohnt: Der Inhaber eines Patents hat das Recht, den neuen Wirkstoff 20 Jahre lang exklusiv herzustellen. Der Konkurrenz ist währenddessen das Nachahmen verboten. Diese zeitlich befristete Monopolstellung ermöglicht es dem Hersteller, höhere Preise am Markt zu verlangen. So können die erfolgreichen Forscher ihre Ausgaben kompensieren und darüber hinaus Gewinne einfahren. Dank dieser Aussicht investieren private Unternehmen in die Erforschung neuer Wirkstoffe.

Lebensretter mit Nebenwirkungen. Patente können durch ihre Forschungsanreize zum Lebensretter für Erkrankte werden, die dringend auf neue Wirkstoffe angewiesen sind. Die Kampagne „Forschung ist die beste Medizin" des Verbandes der forschenden Arzneimittelhersteller will hierauf aufmerksam machen. In einem von zahlreichen Patientenportraits der Kampagne sagt Ingrid Ratensperger aus Düsseldorf: „Ich hatte Brustkrebs. Aber ich habe ihn besiegt. Ohne die richtigen Medikamente hätte ich es nicht geschafft." Doch Patente haben auch Nebenwirkungen, die für andere Menschen tödlich sein können. Denn die höheren Preise verschlechtern die Versorgung mit diesen Medikamenten. Viele Patienten können die höheren Preise nicht zahlen. Die Nichtregierungsorganisation Oxfam beispielsweise setzt sich unter dem Slogan „Patients Before Profits" für geringere Medikamentenpreise ein.

Unterversorgung. Insbesondere in Entwicklungsländern gibt es eine Unterversorgung mit lebensnotwendigen Medikamenten. Selbst Präparate gegen dort häufig auftretende, schwere Krankheiten wie AIDS, Malaria oder Tuberkulose können sich viele Menschen nicht leisten, da die Preise ihr Monatseinkommen um ein Vielfaches übersteigen. Wie dramatisch die Situation ist, zeigt ein Beispiel: Nur ein Bruchteil der 22,5 Millionen HIV-Infizierten in Sub-Sahara-Afrika wird mit AIDS-Medikamenten versorgt; im Jahr 2009 starben dort 1,3 Millionen Menschen an AIDS. In Bezug auf die globale Verteilung von lebenswichtigen Medikamenten kann also von Marktversagen gesprochen werden.

Alternativen der Forschungsfinanzierung? Das ethische Problem von Patenten auf lebenswichtige Medikamente ergibt sich aus der Universalität der Menschenwürde. Diese gebietet es, dass ein lebenswichtiges Gut einem kranken Menschen nicht vorenthalten wird, auch wenn er den Marktpreis nicht bezahlen kann. Da aber die Erforschung neuer Wirkstoffe einigen Patienten überhaupt erst ein würdevolles Leben ermöglicht, ist es wirtschaftsethisch geboten, über Alternativen der Forschungsfinanzierung nachzudenken:

- Gibt es eine Möglichkeit, Pharmaforschung so zu finanzieren, dass einerseits neue Medikamente gegen unheilbare Krankheiten entwickelt, aber anderseits die schon zugelassenen Medikamente für jeden Menschen verfügbar werden?
- Löst eine öffentliche Forschungsfinanzierung dieses Problem?

In diesem ethos-Baustein sollen Pharmapatente kritisch hinterfragt werden und Alternativen der Forschungs(re)finanzierung beurteilt werden. Das exemplarische Thema Patente für lebenswichtige Medikamente kann als fall- und problemorientierter Einstieg dienen, um anschließend die Problematik der Gestaltung der wirtschaftlichen Rahmenordnung grundsätzlich und systematisch aufzuarbeiten.

Der globale Markt für Medikamente – Besonderheiten und Gestaltungsnotwendigkeit

Medikamente als Ware. Medikamente sind Substanzen, die zur Vorbeugung oder Heilung von Krankheiten dienen. Sie sind eine besondere Ware, da Konsumenten dabei oft auf Fachleute (Ärzte oder Apotheker) angewiesen sind. In Deutschland sind Medikamente unterteilt in verschreibungspflichtige und apothekenpflichtige. Verschreibungspflichtige Medikamente müssen durch einen Arzt verordnet werden und sind nur in der Apotheke erhältlich. Apothekenpflichtige Medikamente bekommt man ebenfalls nur in der Apotheke, sie sind dort aber frei verkäuflich. Die Preise für verschreibungspflichtige Medikamente werden in Deutschland durch die staatliche Arzneimittelpreisverordnung reguliert; für apothekenpflichtige Medikamente können die Apotheken den Verkaufspreis selbst bestimmen. Verkauf und Preisgestaltung von Medikamenten sind von Staat zu Staat unterschiedlich geregelt.

PHARMAUNTERNEHMEN. Es gibt zwei Arten von Herstellern.

1) *Forschende Unternehmen* investieren in die Entwicklung neuer Wirkstoffe und tragen dabei ein erhebliches Risiko: Der Forschungsprozess ist kostenintensiv und langwierig; überdies führen nur wenige Forschungsprojekte am Ende zu einem zugelassenen Medikament. Diese Entwicklungskosten versuchen die forschenden Pharmaunternehmen über ihre Erlöse zu refinanzieren; im Erfolgsfall ist diese riskante Investition dank des Patentschutzes äußerst gewinnträchtig.

2) *Nicht forschende Pharmaunternehmen* nutzen die von der Konkurrenz erforschten Wirkstoffe. Sobald deren Patentschutz abgelaufen ist, stellen sie Nachbildungen von Markenpräparaten her, *Generika* genannt. Generikahersteller tragen nicht zur Erforschung neuer Wirkstoffe bei, sorgen aber durch geringere Preise für eine bessere Versorgung.

PATENTSCHUTZ. Ein Patent ist ein Recht zur ausschließlichen Nutzung und gewerblichen Verwertung einer Erfindung. Für die Zeit des Patentschutzes darf ein Pharmaunternehmen einen Wirkstoff exklusiv herstellen und verkaufen. Es kann dieses Recht gegen eine Lizenzgebühr an andere Unternehmen übertragen. Gibt es für den patentierten Wirkstoff keine Substitute, besitzen Patentinhaber ein zeitlich befristetes Monopol. Dadurch können sie höhere Preise als unter Wettbewerbsbedingungen verlangen. Durch die höheren Erlöse versuchen sie ihre Entwicklungskosten zu decken und Gewinne zu erzielen, die teilweise als Investitionen in neue Forschungsprojekte zurückfließen. Die Patentlaufzeit beträgt in Deutschland 20 Jahre ab Patentanmeldung. Es vergehen jedoch einige Jahre von der Patentierung des Wirkstoffs bis zur Zulassung des Medikaments, so dass die durchschnittliche Patentverwertungszeit kürzer ist (vgl. www.vfa.de).

TRIPS. Patentrechte und geistiges Eigentum sind im Welthandel von wachsender Bedeutung. Durch intensivierten Handel und Direktinvestitionen verbreiten sich geistige Leistungen schneller über Staatsgrenzen hinweg und werden weltweit nutzbar. Da Patentrechte auf Nationalstaaten oder Staatenverbünde wie die EU begrenzt sind, können die Rechteinhaber durch internationalen Technologietransfer ihren Schutz verlieren. Um Patentrechten international Geltung zu verschaffen, hat die Welthandelsorganisation (WTO) ein Abkommen über Trade-Related Aspects of Intellectual Property Rights (TRIPS) verabschiedet. Dieser Vertrag legt Mindeststandards fest, die die WTO-Mitglieder zum Schutz geistigen Eigentums einhalten müssen. Das TRIPS-Abkommen ist umstritten und wird auch als Herrschaftsinstrument der Industrieländer kritisiert, da die Mindeststandards für Patentrechte auch von Entwicklungsländern einzuhalten sind. Vom globalen Schutz geistigen Eigentums profitieren Unternehmen mit innovativen Produkten und aufwendiger Forschungstätigkeit, die ihren Sitz überwiegend in den Industrieländern haben.

GLOBALE RAHMENORDNUNG: Fragen und Antworten.

1) *Warum kann man geistiges Eigentum global patentieren lassen?* Nur ein weltweites Patentabkommen kann für global handelbare Waren einen wirksamen Schutz bieten.

2) *Warum unterzeichnen die Entwicklungsländer überhaupt das TRIPS-Abkommen?* Dies ist Voraussetzung für eine Mitgliedschaft in der WTO, von der sie sich eine größere Teilhabe am Welthandel und damit Wohlstandsgewinne versprechen.

3) *Warum betreiben die Pharmaunternehmen nicht eine vollständig differenzierte Preispolitik in den verschiedenen Ländern?* Weil es wiederholt zu Re-Importen gekommen ist: Günstig in Entwicklungsländern erworbene Medikamente wurden an Patienten in Industrieländern zurückverkauft. Um dies zu verhindern, kennzeichnen die Pharmaunternehmen die für die verschiedenen Märkte bestimmten Medikamente (zum Beispiel durch verschiedenfarbige Tabletten).

4) *Welche Alternativen zur privaten Forschungsfinanzierung gibt es?*

Öffentliche Forschung. In Deutschland geschieht dies im Paul-Ehrlich-Institut (Impfstoffe) und im Robert-Koch-Institut (Infektionskrankheiten). Für lebenswichtige Medikamente könnte ein internationales Institut unter dem Dach der Weltgesundheitsorganisation (WHO) aufgebaut werden. Nachteilig könnte sich dabei allerdings das Fehlen von Wettbewerb auswirken, der eine wichtige Innovationsfunktion erfüllt. Eine andere Möglichkeit ist die Vergabe von Forschungsaufträgen an private Unternehmen durch den Staat. Dies vermeidet Parallelforschung. Problematisch ist allerdings die Kalkulation der entstehenden Kosten als Grundlage für eine angemessene Vertragssumme. Wirkstoffherstellung und Medikamentenvertrieb könnten gegen die Zahlung einer Lizenzgebühr anderen Pharmaunternehmen zugänglich gemacht werden, so dass sich durch Wettbewerb niedrigere Preise und eine bessere Versorgung ergeben. Durch die Lizenzgebühren könnten die Ausgaben für die öffentliche Forschungsfinanzierung teilweise kompensiert werden. Die bisherige staatliche Forschungsfinanzierung, die in Deutschland derzeit Bund und Länder durch Projektförderung und institutionelle Förderung praktizieren, könnte dann abgesetzt werden. Ob es politisch durchsetzbar ist, die Differenz aus Forschungsausgaben und Lizenzeinnahmen aus dem Staatshaushalt zu finanzieren, ist ungewiss.

Öffentliche Prämien, die ein wissenschaftliches Gremium für die Erforschung bestimmter Wirkstoffe ausschreibt, wobei in einer Prioritätenliste die Kaufkraft potenzieller Nachfrager sowie Dringlichkeit und Bedarf der Wirkstoffe berücksichtigt werden. Vorbild könnte die Verordnung über Arzneimittel für seltene Leiden, so genannte „Orphan Drugs", sein (EG-Verordnung Nr. 141/2000). Das sind Medikamente für Krankheiten, an denen nur sehr wenige Menschen erkranken. Klassifiziert ein Ausschuss der Europäischen Arzneimittel-Agentur (EMEA) ein Medikament als „Orphan Drug", erhält das forschende Pharmaunternehmen eine anteilige Erstattung der Kosten für die Zulassung des Medikaments sowie ein zehnjähriges exklusives Vertriebsrecht. Für global auftretende lebensbedrohliche Krankheiten könnte ein Fonds eingerichtet werden, aus dem Pharmaunternehmen für ein zugelassenes Medikament Prämien erhalten, die dem sozialen Wert entsprechen. Die Herstellungsrechte gehen entweder auf den Fonds über, wodurch dieser anderen Unternehmen gegen Zahlung einer Lizenzgebühr die Herstellung erlauben kann; oder der Verkauf der Medikamente zu Grenzkostenpreisen wird zur Bedingung für die Prämienauszahlung gemacht.

Patent Buyouts. Hier kauft der Staat in einer Auktion aus sozialer Sicht besonders wertvolle Patente mit einem Aufschlag auf den Auktionspreis auf. Die Herstellungsrechte können über ein Lizenzmodell an mehrere Hersteller vergeben werden. Der soziale Wert eines Medikaments wird durch gesundheitsökonomische Studien ermittelt. Um Preistreiberei zu vermeiden, müsste der Staat allerdings unvorhersehbar auf den Aufkauf verzichten und dem zweithöchsten privaten Bieter das Patent überlassen.

5) *Wie hilfreich sind freiwillige Selbstverpflichtungen der Unternehmen und private Initiativen?* Seit 2000 gibt es die Accelerating Access Initiative (AAI) für einen schnelleren Zugang zu AIDS-Medikamenten in Entwicklungsländern. An ihr sind UNAIDS, WHO, UNICEF, UNFPA, Weltbank und sieben große forschende Pharmaunternehmen beteiligt. Die Initiative gewährt Patienten in Entwicklungsländern Preise, die gerade die Herstellungskosten decken, „no-loss-no-profit-Kondition" genannt. Von den ca. 31 Millionen HIV-Infizierten in Entwicklungsländern erhielten im Jahr 2008 gerade einmal 774.000 Patienten eine antiretrovirale Therapie aus dieser Initiative (http://www.globalhealthprogress.org/programs). Die Beteiligung an der AAI ist für die forschenden Pharmaunternehmen Teil ihrer Corporate Social Responsibility (CSR). Die Medikamente für die AAI machen nur einen geringen Teil ihrer Produktion aus. Das strukturelle Problem relativ hoher Medikamentenpreise kann die Initiative nicht beseitigen.

Eine bedeutende private Initiative gegen HIV/AIDS und Malaria ist die Clinton Health Access Initiative (CHAI), die aus der Clinton Foundation des früheren US-Präsidenten hervorgegangen ist. Sie arbeitet in 72 Ländern und hat nach eigenen Angaben durch Verhandlungen mit Pharmaunternehmen dafür gesorgt, dass mehr als 4 Millionen Menschen mit günstigeren Medikamenten gegen HIV/AIDS versorgt werden (Stand 2014; Quelle: http://www.clintonhealthaccess.org). Angesichts von weltweit 35,3 Millionen Erkrankten (Stand 2012; Quelle: www.unaids.org/en/dataanalysis/) stellt dieses private Engagement allenfalls eine Ergänzung zu einer strukturellen Problemlösung dar. Ethisch sind freiwillige Selbstbindungen und private Initiativen problematisch, da das Recht auf ein würdevolles Leben unbedingt gesichert werden muss und nicht vom Wohlwollen eines Unternehmens oder eines wohlhabenden Stiftungsgründers abhängen darf.

6) *Ist Medikamentenmangel alleinige Ursache für die epidemische Ausbreitung lebensbedrohlicher Krankheiten?*
Nein, dabei spielen unterschiedliche Faktoren eine Rolle:

- *Unterfinanzierte Gesundheitssysteme*, die die medizinische Versorgung insgesamt beeinträchtigen, wie etwa eine zu geringe Anzahl von Ärzten und Krankenhäusern.
- *Politische Instabilitäten*, so dass Regierungen sich nicht auf die Bekämpfung von Krankheiten konzentrieren.
- *Mangelnde Aufklärung* der Bevölkerung über die Erkrankungen und deren Ansteckungswege.
- *Mangel an anderen Dingen* wie zum Beispiel sauberes Trinkwasser oder Kondome, um die Ausbreitung von Krankheiten zu verhindern.
- *Gefälschte Medikamente*, die keinen oder einen falsch dosierten Wirkstoff enthalten.

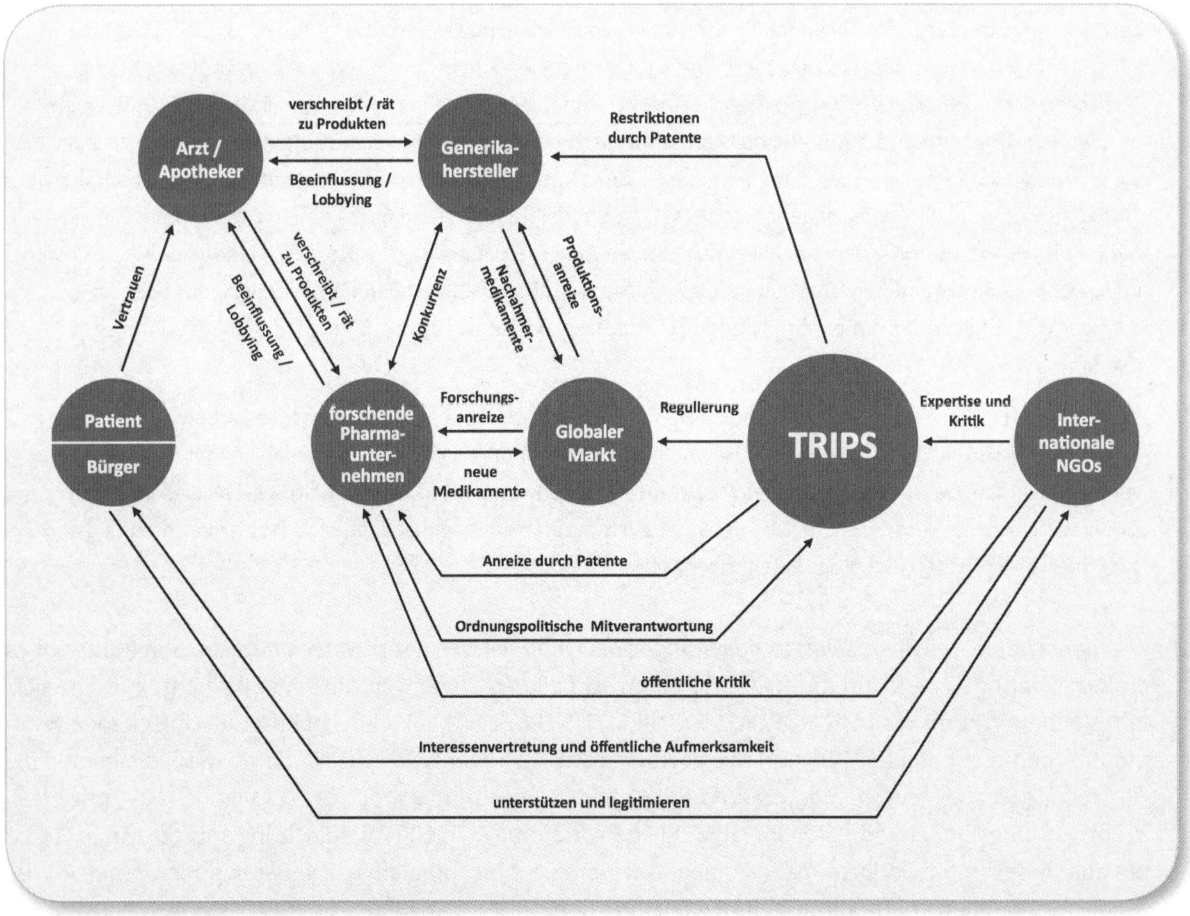

Abb. 1: Der globale Markt für Medikamente und das Wirkungs- und Beziehungsgeflecht der Akteure
Quelle: Eigene Darstellung in Anlehnung an Retzmann 2006: 298.

Unterrichtsplanung: Die wirtschaftsethische Sicht auf Patente für Medikamente

Beobachterperspektive. Die Thematik eignet sich dazu, Schülerinnen und Schülern aufzuzeigen, inwieweit die politische Entscheidung über die wirtschaftliche Rahmenordnung auf einer globalen Ebene zum Konfliktfeld wird. Anhand des Streits um Pharmapatente können Schülerinnen und Schüler die Anforderungen verschiedener Akteure an die Rahmenbedingungen nachvollziehen und deren Forderungen reflektieren und beurteilen. Die Schülerinnen und Schüler bearbeiten dieses Problem aus der Beobachterperspektive, da sie weder Akteur noch Adressat der Rahmenordnung sind und eine Einflussnahme als Bürgerin oder Bürger auf Grund der globalen Ebene sehr weit von ihrer Lebenswirklichkeit entfernt ist.

Kompetenzförderung. Die ökonomische Auseinandersetzung mit der politischen Rahmenordnung auf globaler Ebene kann zur Entwicklung ökonomischer Kompetenzen beitragen, so wie sie von der Deutschen Gesellschaft für Ökonomische Bildung (2009) für die gymnasiale Oberstufe formuliert wurden.

Die forschenden Pharmafirmen steuern ihre Investitionen in Forschung und Entwicklung mittels betriebswirtschaftlicher Kalküle. Ihre Handlungsspielräume ergeben sich auch durch ihre Erlöse, die sie mit Produkten aus früherer Forschungstätigkeit erzielen. Anhand von Produktportfolios, Unternehmenskennzahlen sowie deren Marktstellung können die Lernenden die Handlungsspielräume von Unternehmen im Wettbewerb identifizieren und Entscheidungen von Unternehmen unter Wettbewerbsbedingungen innerhalb einer bestimmten Rahmenordnung analysieren. Des Weiteren ist es möglich, den wirtschaftlichen Erfolg bzw. die wirtschaftliche Situation einer Branche zu analysieren, zu bewerten und – etwa in Bezug auf die Finanzierung der Forschung – Handlungsalternativen zu entwickeln. Diese können anreiztheoretisch analysiert, beurteilt und auf ihre Folgen für die wirtschaftliche Situation der deutschen Unternehmen im internationalen Wettbewerb hin überprüft werden.

Die Frage nach der grundsätzlichen Patentierbarkeit von geistigem Eigentum wird kontrovers diskutiert. Sie ist durch Wertekonflikte geprägt, die durch eine wirtschaftsethische Analyse nicht aufgelöst, jedoch beleuchtet werden können. Die Lernenden können anhand der Auseinandersetzung mit den Preisen für Medikamente, der Finanzierung der Pharmaforschung und der unterschiedlichen Positionen der Nationalstaaten in Bezug auf die Einhaltung und Durchsetzung globaler Handelsabkommen lernen, Konflikte perspektivisch und ethisch zu beurteilen. So bietet der Konflikt zwischen einer *Gesinnungsethik*, die in der Einhaltung von Verträgen bestünde, und einer *Verantwortungsethik*, welche die notwendige Versorgung von Kranken mit notwendigen Medikamenten betont, eine Möglichkeit, die Marktergebnisse eines internationalen Ordnungsrahmens multiperspektivisch einzuordnen und zu beurteilen.

Die Auseinandersetzung mit den ökonomischen Folgen der politischen Rahmenbedingungen bietet den Schülerinnen und Schülern die Möglichkeit, Prozesse der Globalisierung in ihren Auswirkungen zu beurteilen, in ihren Chancen und Risiken zu begreifen, Globalisierungsgewinner und -verlierer zu identifizieren und Möglichkeiten wirtschaftspolitischer Beeinflussung und internationaler Kooperation zu analysieren und zu beurteilen.

Die Lernvoraussetzungen sind je nach Einbettung unterschiedlich. In beiden Fällen müssen die Grundbegriffe des Wirtschaftens, zum Beispiel Bedürfnisse, Knappheit, Determinanten des Nachfrageverhaltens, Preisbildung auf verschiedenen Märkten, bekannt sein. Bei einer Einbettung in das Themenfeld der internationalen Wirtschaftsbeziehungen/Globalisierung sollte zuvor die politische Dimension der Globalisierung thematisiert werden und die Rolle internationaler Organisationen sowie der Nord-Süd-Konflikt behandelt sein.

Unterrichtsverlauf: Von der Problemanalyse zur Lösungssuche

Methodik. Die im Thema angelegte Polarität sollte nicht weiter zugespitzt werden, so dass sich eine Pro-Kontra-Debatte verbietet. Stattdessen wird eine Konferenzsimulation vorgeschlagen, in der die Schülerinnen und Schüler alternative Rahmenordnungen lösungsorientiert diskutieren und bestenfalls eine verbindliche Reform erarbeiten. Wichtig ist hierbei, in einer abschließenden Reflexionsphase mit den Schülerinnen und Schülern herauszuarbeiten, warum sich eventuell in der Simulation gefundene Lösungen in der Realität nur begrenzt umsetzen lassen.

Übersicht.

Vorbereitung	• Zentrale Problemstellung einführen und entfalten: Patente für lebenswichtige Medikamente – Lebensretter oder Todesurteil für Erkrankte? • Inhaltliche Grundlagen vermitteln: Anreizwirkungen von Patenten.
Durchführung	• Recherche zu verschiedenen Positionen in der Kontroverse um Alternativen zur bestehenden Rahmenordnung, • prozessorientierte Konferenzsimulation.
Auswertung	• Reflexion des Konferenzverlaufes, • Abgleich Simulation – Wirklichkeit hinsichtlich Verlauf und Ergebnis.

Detailplanung.

Einführung	Die Schülerinnen und Schüler (SuS) ... erschließen die mit den Patenten auf Medikamente verbundenen Probleme. ... lernen das TRIPS-Abkommen als Teil der internationalen Rahmenordnung des Wirtschaftens kennen. ... erkennen die Finanzierung der Forschung als einen wichtigen Teil des Problems. ... entwickeln die Fragestellung nach alternativen Finanzierungsmöglichkeiten der Forschung.	**M 1, M 2**
Erarbeitung	Die SuS erarbeiten sich Kenntnisse in Bezug auf die Problemstellung durch Textarbeit und Webrecherche. Sie machen sich mit den Grundzügen alternativer Möglichkeiten der Forschungsfinanzierung vertraut.	**M 3, M 4,** optional: **M 5, M 6, M 7**
Vertiefung	Die SuS bereiten in Gruppen ihre Rechercheergebnisse auf, um diese Position in der Konferenzsimulation zu vertreten. Eine vierte Gruppe vertritt das bisherige Patentsystem. Die SuS erschließen Vor- und Nachteile der verschiedenen Positionen. Sie finden Argumente für ihre Position und überlegen, was deren Umsetzung in der Realität entgegenstehen könnte.	**M 8.1 - M 8.4**
Erweiterung, Ergebnissicherung	Video-Dokumentation zum Abgleich bisheriger Rechercheergebnisse und zur Vorbereitung der Konferenzsimulation. Konferenzsimulation mit fünf Gruppen: deutsche Regierung, drei alternative Forschungsfinanzierungen, bestehendes Patentsystem. Durch diese Simulation vertiefen die SuS ihre Kenntnisse in Bezug auf die verschiedenen Positionen zur Finanzierung der Pharmaforschung und erweitern sie um die politische Perspektive der Regierung, die die Rahmenbedingungen des Wirtschaftens setzen muss. In einer anschließenden Reflexion bilden sich die SuS ein qualifiziertes Urteil über die Problematik und bewerten die verschiedenen Möglichkeiten auf Grund verschiedener Kriterien, wie etwa Effizienz, Gerechtigkeit, politische Durchsetzbarkeit etc.	**M 9**

Literatur

Deutsche Gesellschaft für Ökonomische Bildung (2009): Kompetenzen der ökonomischen Bildung für allgemeinbildende Schulen und Bildungsstandards für den Abschluss der gymnasialen Oberstufe. o. O.

Meyer, Christian (2009): Teilhabe durch Konsum? Ökonomische und politische Bildung zwischen Konsumentenrolle und Bürgerexistenz. In: Seeber, Günther (Hrsg.): Befähigung zur Partizipation. Gesellschaftliche Teilhabe durch ökonomische Bildung. Schwalbach/Ts., S. 71-88.

Retzmann, Thomas (2006): Didaktik der berufsmoralischen Bildung in Wirtschaft und Verwaltung, Eine fachdidaktische Studie zur Innovation der kaufmännischen Berufsbildung. Norderstedt.

Stolpe, Michael (2001): Weltweiter Patentschutz für pharmazeutische Innovationen. Gibt es sozialverträgliche Alternativen? Kieler Arbeitspapier 1079, hrsg. vom Institut für Weltwirtschaft, http://www.ifw-members.ifw-kiel.de/publications/weltweiter-patentschutz-fur-pharmazeutische-innovationen-gibt-es-sozialvertragliche-alternativen/kap1079.pdf (abgerufen am 1.1.2014).

Internet (Stand: 1.1.2014)

BUKO Pharma-Kampagne, http://www.medico.de/datei/arzneimittelforschung.pdf

Bundeszentrale für gesundheitliche Aufklärung, www.gib-aids-keine-chance.de

Bundesministerium der Justiz (Hrsg.): Arzneimittelpreisverordnung, http://www.gesetze-im-internet.de/ampreisv/BJNR021470980.html

Bundeszentrale für politische Bildung (Hrsg.): Dossier Urheberrecht, http://www.bpb.de/gesellschaft/medien/urheberrecht/63389/adventure-trips

Europäische Kommission (Hrsg.): Seltene Krankheiten, http://ec.europa.eu/health/rare_dieseases/policy/index_de.htm

Forschung ist die beste Medizin, www.vfa.de

Health Impact Fund, http://healthimpactfund.org

M 1 *Vorwurf und Rechtfertigung*

Quelle: Aktionsbündnis gegen Aids.

Arbeitsauftrag:

Recherchieren Sie im Internet ein Poster der Werbekampagne „Forschung ist die beste Medizin" des Verbandes der forschenden Arzneimittelhersteller. Beschreiben Sie anschließend die beiden Poster:

- Nennen Sie hierbei Ihre Assoziationen.
- Setzen Sie die Aussagen in Beziehung zueinander.
- Gehen Sie auf die Frage ein: „Welche Wirkungen sollen die beiden Poster erzielen?"

Notizen:

....

....

....

M 2 *Declaration on the TRIPS Agreement and Public Health*

Adopted on 14 November 2001

1. We recognize the gravity of the public health problems afflicting many developing and least-developed countries, especially those resulting from HIV/AIDS, tuberculosis, malaria and other epidemics.
2. We stress the need for the WTO Agreement on Trade-Related Aspects of Intellectual Property Rights (TRIPS Agreement) to be part of the wider national and international action to address these problems.
3. We recognize that intellectual property protection is important for the development of new medicines. We also recognize the concerns about its effects on prices.
4. We agree that the TRIPS Agreement does not and should not prevent Members from taking measures to protect public health. Accordingly, while reiterating our commitment to the TRIPS Agreement, we affirm that the Agreement can and should be interpreted and implemented in a manner supportive of WTO Members' right to protect public health and, in particular, to promote access to medicines for all.

WTO OMC

Quelle: WTO Agreements & Public Health. A Joint Study by the WHO and the WTO Secretariat, 2002.

Arbeitsauftrag:

Erklären Sie die Zielsetzung des TRIPS-Abkommens in Ihren eigenen Worten.

Notizen:

M 3 *Von der Idee zum Medikament – Medikamentenentwicklung bei Roche*

Roche

http://www.youtube.com/watch?v=JBc4NToi-8I

Arbeitsaufträge:

1. **Vor dem Film:**
   a) Stellen Sie Vermutungen über den Inhalt an und halten Sie Ihre Erwartungen in Stichworten fest.
   b) Während des Films: Schreiben Sie die wesentlichen Kernaussagen des Filmes mit.
   c) Vergleichen Sie anschließend Ihre Aufzeichnungen mit einem Partner und ergänzen Sie eventuell Ihre Ergebnisse.
2. **Nach dem Film:**
   a) Erläutern Sie die im Video dargestellte Position von Roche zum Thema Patente.
   b) Beschreiben Sie die zu Beginn und am Ende des Videos genutzten filmischen Stilmittel, zum Beispiel Schnitt, Musik, Text und Bildausschnitt oder Blenden, um herauszuarbeiten, wie diese die Position Roches unterstützen.
   c) Überprüfen Sie Ihre Erwartungen hinsichtlich des Inhaltes.
   Was wurde bestätigt, wo wurden Sie überrascht?

Notizen:

M 4 *Ärzte Ohne Grenzen – Aktion G8 2007*

ÄRZTE OHNE GRENZEN

http://www.youtube.com/watch?v=fdrSd2fQK8w

Arbeitsaufträge:

1. **Vor dem Film:**
   a) Stellen Sie Vermutungen über den Inhalt an und halten Sie Ihre Erwartungen in Stichworten fest.
   b) Schreiben Sie die wesentlichen Kernaussagen des Filmes mit.
   c) Vergleichen Sie anschließend Ihre Aufzeichnungen mit einem Partner und ergänzen Sie eventuell Ihre Ergebnisse.
2. **Nach dem Film:**
   a) Erläutern Sie die im Video dargestellte Position von *Ärzte Ohne Grenzen* zum Thema Patente.
   b) Beschreiben Sie die im Video genutzte Symbolik und erläutern Sie, wie diese die Position der Organisation unterstützen.
   c) Überprüfen Sie Ihre Erwartungen hinsichtlich des Inhaltes. Was wurde bestätigt, wo wurden Sie überrascht?

Notizen:

M 5 *Auszug aus dem Geschäftsbericht 2011 der Novartis International AG*

Optional für Leistungsstarke Lerngruppen mit Vorkenntnissen in BWL

KURZFASSUNG DES KONSOLIDIERTEN ZWISCHENABSCHLUSSES

Konsolidierte Erfolgsrechnungen **Viertes Quartal** (ungeprüft)	**4. Quartal 2011 Mio. USD**	4. Quartal 2010 Mio. USD	Veränderung Mio. USD
Nettoumsatz	**14781**	**14199**	**582**
Andere Erlöse	215	265	-50
Herstellungskosten der Verkauften Produkte	-5118	-4524	-594
Bruttoergebnis	**9878**	**9940**	**-62**
Marketing & Verkauf	-3999	-3990	-9
Forschung & Entwicklung	-2523	-2592	69
Administration & allgemeine Kosten	-804	-794	-10
Übrige Erträge	90	568	-478
Übrige Aufwendungen	-1325	-665	-660
Operatives Ergebnis	**1317**	**2467**	**-1150**
Ertrag aus assoziierten Gesellschaften	130	175	-45
Zinsaufwand	-174	-196	22
Übriger Finanzertrag und -aufwand	-12	-26	14
Gewinn vor Steuern	**1261**	**2420**	**-1159**
Steuern	-51	-155	104
Reingewinn	**1210**	**2265**	**-1055**
Zuzurechnen:			
Aktionären der Novartis AG	1175	2169	-994
Nicht beherrschenden Anteilen	35	96	-61
Durschnittliche Anzahl ausstehender Aktien-unverwässert (Millionen)	**2412,6**	**2289,8**	**122,8**
Unverwässerter Gewinn pro Aktie (USD)[1]	**0,49**	**0,95**	**-0,46**
Durchschnittliche Anzahl ausstehender Aktien-verwässert (Millionen)	2436,8	2307,0	129,8
Verwässerter Gewinn pro Aktie (USD)[1]	0,48	0,94	-0,46

[1] Der Gewinn pro Aktie wird auf Basis des den Aktionären der Novartis AG zuzurechnenden Reingewinns berechnet.

Quelle: http://www.novartis.com/downloads/investors/financial-results/quarterly-results/q4-2011-media-release_de.pdf, S. 38.

Arbeitsaufträge:

1. Analysieren Sie die konsolidierte Erfolgsrechnung der Novartis International.
2. Suchen Sie im Internet nach weiteren Geschäftsberichten forschender Pharmaunternehmen, um deren Angaben mit denen von Novartis zu vergleichen.
3. Berechnen Sie den durchschnittlichen Prozentanteil der Ausgaben für Forschung und Entwicklung an den Gesamtausgaben aller untersuchten Unternehmen.

M 6 *Warum sind pharmazeutische Innovationen so teuer geworden?* Seite 1

Alternativen zum weltweiten Patentschutz für pharmazeutische Innovationen

Die historische Kostenentwicklung kann helfen zu verstehen, warum die private Rendite pharmazeutischer Innovationen für viele Gesundheitsprobleme – vor allem in den Entwicklungsländern – nicht ausreicht, ein sozial wünschenswertes Angebot hervorzurufen.

Tatsächlich sind die Kosten der Pharmaforschung (bis zur Markteinführung eines neuen pharmakologischen Wirkstoffs) seit den 60er Jahren stark gestiegen. Vieles spricht dafür, dass diese Entwicklung zu einem großen Teil durch politische Entscheidungen in den reichen Ländern verursacht wurde. Daher dürfen wir die besondere Kostenstruktur, die in der pharmazeutischen Industrie entstanden ist, nicht unkritisch als eine von vornherein gegebene und zeitlos gültige Rechtfertigung für das Setzen von Forschungsanreizen durch temporäre, patentrechtlich abgesicherte Monopole betrachten.

Eine einflussreiche empirische Studie (DiMasi 2003) hat den Kostenanstieg bei der Entwicklung einer großen Zahl neuer Medikamente im Zeitverlauf analysiert. Danach haben sich die gesamten inflationsbereinigten Entwicklungskosten bis zur Markteinführung eines neuen Medikaments in den 90er Jahren auf durchschnittlich 800 Millionen US-Dollar mehr als verdoppelt, seit Ende der 70er Jahre sogar fast versechsfacht. Den größten Anteil an dieser scheinbar explosionsartigen Entwicklung hatten die Kosten klinischer Tests, die sich allein in den 90er Jahren fast verfünffacht haben. Bis zur Zulassung neuer pharmazeutischer Wirkstoffe entstehen im Durchschnitt etwa 90 Prozent der kapitalisierten Forschungs- und Entwicklungskosten, lediglich ein kleiner Teil der Verkaufserlöse wird für die Deckung variabler Kosten in Produktion und Vertrieb benötigt, wenn man die Kosten für Werbekampagnen zur Markteinführung eines neuen Medikaments zu den Fixkosten hinzuzählt.

Das Verhältnis der nach Markteinführung nicht mehr variierbaren (im Fachjargon „versunkenen") Fixkosten zu den variablen Kosten bestimmt die Größe des Dilemmas zwischen statischer und dynamischer Effizienz, zwischen der möglichst großen Verbreitung existierender Medikamente, deren Preis aus diesem Grund möglichst nicht höher als die variablen Produktions- und Vertriebskosten sein sollte, und den Innovationsanreizen, die zur Belohnung der ursprünglichen Forschungsinvestition einen deutlich höheren Preis verlangen. Um dieses Dilemma zu verstehen, muss man ein gegebenes Monopol für ein bereits eingeführtes Medikament mit der Vorab-Kalkulation eines Pharmaunternehmens vergleichen, das überlegt, ob sich die Entwicklung eines neuen Medikaments lohnt. Die Investition kann sich aus privater Sicht nur rentieren, wenn der Erlös aus der patent-geschützten Monopolsituation nach Abzug aller im Zeitverlauf entstehenden Kosten der Herstellung und des Vertriebs ausreicht, die dann bereits „versunkenen" Fixkosten der Forschung, Entwicklung und Markteinführung wieder hereinzuholen. Je höher die Fixkosten, desto seltener wird diese Bedingung erfüllt sein und desto weniger werden gewinnorientierte Unternehmen in die Pharmaforschung investieren. Je weniger neue Medikamente für die Behandlung einer Krankheit auf den Markt kommen, desto geringer bleibt wiederum die Intensität des Wettbewerbs und desto größer ist die langfristige Preissetzungsmacht der verbleibenden Anbieter, sodass höhere Preise für die dann in geringerer Vielfalt angebotenen Medikamente zu erwarten sind.

Aus diesen Gründen ist die Frage nach den Ursachen stark gestiegener Kosten in der Pharmaforschung für die Politik von großer Bedeutung. Für den langfristigen Kostenanstieg in der Pharmaforschung seit den frühen 60er Jahren werden in der Literatur unter anderem die folgenden zwei Ursachen diskutiert:

Die zunehmende Regulierung zum Schutz der Patienten vor unerwünschten Nebenwirkungen – und in einigen Ländern auch zur Ermittlung der Kosteneffektivität vor der Zulassung eines Medikaments – wird oft als wichtigste Ursache steigender Kosten bei klinischen Tests genannt. Allerdings besteht gleichzeitig der Verdacht, dass die Pharmaindustrie zum Teil unnötige klinische Tests durchführen lässt, um deren Ergebnisse im Rahmen von Marketingkampagnen als Argumentationshilfe zu verwenden.

M 6 *Warum sind pharmazeutische Innovationen so teuer geworden?* Seite 2

Der These des Mining-out zufolge stellen die heute noch nicht heilbaren Krankheiten die Forschung vor immer größere Probleme. Die Kosten klinischer Tests sind zum Beispiel bei Medikamenten zur Behandlung von chronischen und Verschleißkrankheiten, die in einer alternden Bevölkerung zunehmen, schon deshalb höher, weil eine längere Beobachtungszeit und eine größere Zahl von Versuchspersonen benötigt werden. Allerdings scheint sich das Wachstum der „vorklinischen" Forschungskosten im Laufe der 90er Jahre verlangsamt zu haben, was möglicherweise auf Effizienzgewinne durch neue wissenschaftliche Instrumente und Verfahren zurückzuführen ist.

Quelle: Stolpe, Michael (2006): Alternativen zum weltweiten Patentschutz für pharmazeutische Innovationen. In: Drossou, Olga et al.: Die wunderbare Wissensvermehrung. Wie Open Innovation unsere Welt revolutioniert, S. 121 ff. (gekürzt und angepasst).

Arbeitsaufträge:

1. Fassen Sie die Kostenentwicklung in der Pharmaforschung mit Ihren Worten zusammen.
2. Listen Sie die Gründe für die Kostensteigerungen auf.

Notizen:

M 7 *Die Probleme mit traditionellen Anreizmechanismen*

Alternativen zum weltweiten Patentschutz für pharmazeutische Innovationen

In der wirtschaftswissenschaftlichen Literatur wird ein weltweiter Patentschutz für pharmazeutische Innovationen oft damit gerechtfertigt, dass er allein in Verbindung mit einer perfekten Preisdiskriminierung auf der Ebene einzelner Patienten einen optimalen Innovationsanreiz setze. In Wirklichkeit ist aber auf dem internationalen Pharmamarkt weder eine perfekte Preisdiskriminierung* noch eine zwischen Ländern nach ihrem Pro-Kopf-Einkommen systematisch diskriminierende Preisvariation zu beobachten. Stattdessen spielen seit langem auch andere Anreizmechanismen eine wichtige Rolle.

Bei der Wahl zwischen verschiedenen Instrumenten zur Finanzierung der Forschung muss sich die Politik an den spezifischen Zielen der Innovationsförderung bei Pharmaka orientieren:

Erstens soll bereits die Auswahl zu fördernder Forschungsvorhaben sowohl die erwarteten Nutzen für die Patienten, die ja deutlich über dem gezahlten Preis liegen können, als auch die Kosten veralteter existierender Produkte berücksichtigen.

Zweitens sollen parallele Forschungsanstrengungen vermieden werden, die knappe Ressourcen verschwenden würden.

Und drittens sollen die dezentral verteilten Informationen über die technologischen Erfolgschancen, über Forschungskosten und über den erwarteten Wert von Durchbrüchen in bestimmten Forschungsrichtungen möglichst effizient genutzt werden.

Weil verschiedene Instrumente öffentlicher Förderung jeweils unterschiedlich in das Innovationsverhalten privater Unternehmen eingreifen, hängt die Auswahl und Dosierung ihres Einsatzes im Einzelfall von der Gewichtung der drei Ziele ab.

* Perfekte Preisdiskriminierung liegt vor, wenn ein Pharmaunternehmen die Preise für ein Medikament in den einzelnen Ländern derart unterschiedlich gestaltet, dass es auf den verschiedenen Märkten jeweils den maximalen Gewinn erzielt.

Quelle: Stolpe, Michael (2006): Alternativen zum weltweiten Patentschutz für pharmazeutische Innovationen. In: Drossou, Olga et al.: Die wunderbare Wissensvermehrung. Wie Open Innovation unsere Welt revolutioniert, S. 127 f. (gekürzt und angepasst).

Arbeitsauftrag:

Geben Sie die Ziele der Innovationsförderung in eigenen Worten wieder.

Notizen:

M 8.1 *Erste Alternative: Öffentliche Forschungsfinanzierung* Seite 1

Alternativen zum weltweiten Patentschutz für pharmazeutische Innovationen

Bei Product Development Partnerships (PDP) [...] arbeiten staatliche Institutionen oder nichtstaatliche Organisationen und Stiftungen mit akademischen Forschungsgruppen und forschenden Pharma-Unternehmen zusammen und teilen sich die Kosten und wirtschaftlichen Risiken, aber auch die Nutzungsrechte an so entstandenen Medikamenten. Beispiele für PDPs sind die TB Alliance, das Medicines for Malaria Venture (MMV), die PATH Malaria Vaccine Initiative (MVI) und die Drugs for Neglected Diseases Initiative (DNDi). Sie koordinieren die Entwicklung neuer Medikamente und überprüfen ständig, welche Projekte am aussichtsreichsten und damit weiter finanzierungswürdig sind. Patente sind dabei ein Teil der Lösung und nicht Teil des Problems, ermöglichen sie doch klare Vereinbarungen der Partner über die Nutzungsrechte. Diese können dann beispielsweise zwischen nicht-kommerziellen Organisationen (Vertrieb in Entwicklungsländern) und Pharma-Unternehmen (Vertrieb in Industrienationen) aufgeteilt werden. Dass heute mehr als 130 Projekte für Medikamente gegen Malaria, Tuberkulose und tropische Armutskrankheiten vorangetrieben werden, ist zu einem wesentlichen Teil PDPs zu verdanken.

Quelle: http://vfa: Forschung für das Leben, Berlin 2013, S. 33.

PPIs als neues Modell der Zukunft?

Die Zauberformel Public Private Partnership (PPP) durchdringt auch die Debatte um eine bedarfsorientierte Arzneimittelforschung. Wir ziehen den Begriff Public Private Initiatives (PPI) vor, da der Begriff der „Partnerschaft" eine Freiwilligkeit und Gleichberechtigung suggeriert, den PPIs nicht haben. Vor allem im Bereich der vernachlässigten Krankheiten hat sich die Forschungslandschaft durch PPIs stark verändert. Es sind Dutzende neuer Forschungsprojekte entstanden, die demnächst schon erste Produkte auf den Markt bringen. Allerdings ist der Beitrag der Pharmaindustrie nur gering. Die Projekte finanzieren sich nahezu vollständig aus Stiftungen, Spenden und öffentlichen Geldern, die „Partnerschaft" der Industrie besteht meist aus Auftragsarbeiten, für die sie auch bezahlt wird.

Interessanterweise können diese PPIs wesentlich günstiger arbeiten als die Industrie. Während die Industrie ihre Kosten für die Entwicklung eines Medikaments mit durchschnittlich 800 Mio. US$ angibt, benötigt die Drugs for Neglected Diseases Initiative (DNDi) nur 40 Mio. US$. Medicines for Malaria Venture (MMV) kommt sogar mit 21 Mio. US$ aus.

Warum öffentliche Erfindungen Geld sparen

Was bringt ForscherInnen dazu, etwas Neues zu entwickeln? Geld ist nötig, um die Forschung durchzuführen, aber es ist nicht die einzige Motivation für die Arbeit. Ebenso ist es ein Trugschluss, dass Innovationen zwangsläufig mit Monopolen belohnt werden müssen. Die meisten ForscherInnen sind motiviert, gute Produkte zu entwickeln, die anderen Menschen helfen. Eine verlässliche öffentliche Finanzierung gewährleistet neue Medikamente, die auch wissenschaftlichen Erfolg bedeuten. Öffentliche Forschungsförderung konsequent zu Ende gedacht – das bedeutet, Arzneimittel als finanziert wurde, muss auch der Allgemeinheit zugänglich sein. Dass so etwas funktioniert, zeigen zwei Beispiele:

Die Entwicklung des Impfstoffs gegen Kinderlähmung: Als der Entdecker der Polio-Impfung, Jonas Salk, gefragt wurde, wem denn das Patent dazu gehören würde, antwortete er: „Nun ja, der Menschheit, würde ich sagen. Es gibt kein Patent. Könnten Sie die Sonne patentieren?" Salks Position wurde zum Segen für viele Menschen. Bis zur Einführung der Polio-Impfung kam es weltweit immer wieder zu verheerenden Epidemien. Dank der billigen Impfstoffe sind heute über 200 Länder frei von Polioerregern.

Mit dem *Ausbruch des SARS-Virus* kam es weltweit zu einer beeindruckenden Kooperation vieler WissenschaftlerInnen bei der Bestimmung des Erregers und der Entwicklung von Gegenmaßnahmen. Der Kampf gegen die Bedrohung hatte oberste Priorität.

Der Blick auf die Arzneimittelforschung zeigt, dass das Konzept Arzneimittel als öffentliches Gut keine Utopie bleiben muss. Ein Großteil der Grundlagenforschung wird bereits in staatlichen Labors durchgeführt. Zudem ist das Dogma, dass nur die Pharmaindustrie klinische Studien durchführen kann, längst hinfällig geworden. Die US-ame-

M 8.1 *Erste Alternative: Öffentliche Forschungsfinanzierung* Seite 2

rikanischen National Institutes of Health geben jährlich mehrere hundert Millionen US$ für klinische Versuche aus. Das sind staatliche Gelder. Auch in Deutschland wächst die Fähigkeit zu öffentlichen klinischen Studien, eine Tendenz, die vom Forschungsministerium durch die Einrichtung von klinischen Kompetenzzentren gefördert wird. Die Europäische Union hilft mit dem EDCTP-Programm, klinische Kompetenz in Entwicklungsländern aufzubauen.

Ein genaues Hinschauen zeigt, dass selbst Big Pharma viele klinische Studien nicht mehr selbst durchführt. Schätzungsweise zwei Drittel der Studien werden inzwischen als Auftragsarbeiten an sogenannte Contract Research Organisations vergeben.

Am häufigsten wird die Frage gestellt, wie so eine öffentliche Forschung denn finanziert werden soll. Wie in den anderen Beiträgen bereits ausgeführt wurde, ist die industrielle Forschung ziemlich uneffektiv und teuer. Zudem wird doppelt so viel Geld für Werbung ausgegeben wie für die eigentliche Forschung. Da diese Kosten ja durch hohe Arzneimittelpreise rückfinanziert werden müssen, liegt hier ein enormes Sparpotenzial. Der Ökonom Dean Baker hat errechnet, dass alleine in den USA durch die hohen Preise patentierter Medikamente Mehrkosten von jährlich 25 Milliarden US$ entstehen. Diese Mehrkosten wären vermeidbar durch andere Forschungssysteme, die nicht auf Patentschutz beruhen. Baker rechnet folgendes Szenario durch: Würde Arzneimittelforschung ab sofort ausschließlich öffentlich finanziert und die neuen Medikamente patentfrei unter Wettbewerbsbedingungen verkauft, dann würde das staatliche US-Gesundheitssystem bis zum Jahr 2014 unter dem Strich 110 Milliarden US$ einsparen.

Es gibt verschiedene Wege, wie das „öffentliche Geld" für die Forschungsfinanzierung organisiert werden könnte. Es könnte ein internationaler Forschungsfonds gegründet werden, in den möglichst viele Länder Gelder einzahlen, die dann für Auftragsforschung vergeben werden. Diskutiert wird auch das Modell eines Forschungsvertrages, in dem sich die unterzeichnenden Länder verpflichten, sich entsprechend ihrer Wirtschaftskraft an derartigen öffentlichen Forschungsprojekten zu beteiligen. So ein Vertrag würde dafür sorgen, dass die finanzielle Last der Forschung auf möglichst vielen Schultern ruht und auch ärmere Länder sich mit ihren Möglichkeiten beteiligen. Die einzelnen Länder können ihren Beitrag entweder aus Steuergeldern finanzieren oder zum Beispiel über Krankenkassenbeiträge. Die erhöhte Forschungsbeteiligung würde über die sinkenden Arzneimittelpreise mehr als ausgeglichen.

Quelle: http://www.medico.de/datei/arzneimittelforschung.pdf (gekürzt und angepasst).

Öffentlich finanziert – öffentlich zugänglich

Im Gegensatz zu Patenten können Preisausschreibungen und Verträge die Forschungsergebnisse sofort allen Interessierten frei zugänglich machen. Direkte Verträge aber können nach Wright (1983) nur dann das optimale Instrument sein, wenn der öffentliche Geldgeber von Anfang an gut über die gesamtwirtschaftlichen Prioritäten bei technologischen Innovationen sowie über die Kosten und Erfolgsaussichten einzelner Forschungsvorschläge informiert ist. Allerdings können Anreizprobleme entstehen, wenn der öffentliche Geldgeber die tatsächliche Anstrengung zur Erreichung des vereinbarten Forschungszieles im Nachhinein nicht verifizieren kann; denn dann haben die Forscher von Anfang an einen Anreiz, ihre Anstrengung auf private Ziele, beispielsweise ihre akademische Karriere, umzulenken.

Quelle: Stolpe 2001: 10.

Der Vorteil von Forschungsverträgen ist, dass der Staat bei der Auswahl seiner Vertragspartner nicht nur unnötige Parallelforschung vermeiden, sondern auch vorab festlegen kann, dass alle Ergebnisse sofort frei verfügbar sind. Der Nachteil ist, dass der Staat für eine optimale Vertragsgestaltung gut über die Kosten und Erfolgsaussichten sowie über den sozialen Wert informiert sein muss.

Quelle: Stolpe, Michael (2006): Alternativen zum weltweiten Patentschutz für pharmazeutische Innovationen. In: Drossou, Olga et al.: Die wunderbare Wissensvermehrung. Wie Open Innovation unsere Welt revolutioniert. S. 128 (gekürzt und angepasst).

Arbeitsaufträge:

1. Werten Sie das Material im Hinblick auf Ihre Konferenzgruppe aus.
2. Erörtern Sie dessen Inhalt mit den anderen Mitgliedern Ihrer Konferenzgruppe.

M 8.2 *Zweite Alternative: Globale medizinische Gerechtigkeit* Seite 1

Thomas Pogge, Yale-Professor und globaler Gerechtigkeitstheoretiker, war – laut Eigenbezeichnung – ein typischer „Schreibtischphilosoph". Dann entdeckte er vor vier Jahren das Thema „Globale medizinische Gerechtigkeit", entwickelte das Konzept des Health Impact Fund und engagiert sich seither für dessen konkrete politische Umsetzung. Wenn eine Pharmafirma ein Medikament hat, das der Patient ein Leben lang einnehmen muss, dann ist das ein lukratives Geschäft. Ganz sicher wird sie dann nicht noch an einem zweiten Medikament forschen, das den Patienten auf einen Schlag heilt. Sind die Pharmaproduzenten also böse Menschen? Das System schaffe falsche Anreize, meint Thomas Pogge, Gerechtigkeitstheoretiker und Schüler von John Rawls, und schlägt ein anderes System vor, dass gewonnene Lebensjahre belohnt: Den Health Impact Fund.

Die Furche: Herr Professor Pogge, wissen Sie, wie viele Menschen leiden, weil es an entsprechenden Medikamenten fehlt?

Thomas *Pogge:* Das lässt sich nicht präzise sagen. Wir wissen aber, dass es 18 Millionen Todesfälle pro Jahr gibt – das sind 50.000 pro Tag –, die durch Armut bedingt sind. Eine sehr große Zahl davon ließe sich durch Medikamente vermeiden, viele aber auch durch andere Maßnahmen wie durch sauberes Trinkwasser oder Moskitonetze.

Das Ganze ist natürlich bedauerlich. Sie gehen nun aber so weit zu behaupten, dass es unsere Pflicht wäre zu helfen. Wie begründen Sie das?

Pogge: Zunächst: Wir Philosophen unterscheiden zwei Arten von Pflichten. Die positiven und die negativen. Die positiven sind Hilfspflichten. Wir sind angehalten, Leute vor Übeln zu bewahren. Die negativen besagen, dass wir Leute nicht schädigen sollen. Von fast allen Philosophen werden diese letzteren, die negativen Pflichten, als moralisch schwerwiegender erachtet.

Die Länder des Südens mit Medikamenten zu versorgen, wäre dann wohl eine schwächere, positive Pflicht?

Pogge: Nein, mein Punkt ist, dass es sich bei dieser Pflichtverletzung um eine negative handelt, weil diese Armut nur fortbesteht, weil wir ein bestimmtes Wirtschaftssystem aufrechterhalten.

Was meinen Sie damit genau?

Pogge: Viele von diesen rohstoffreichen, aber ganz armen Länder werden von Diktatoren beherrscht, weil wir diese ständig unterstützen. Wir akzeptieren sie als Besitzer dieser Rohstoffe, obwohl sie keinerlei demokratische Legitimität haben. Sie können sich von uns Geld leihen, das ihr Land dann zurückzahlen muss. Sie können von uns Waffen kaufen, um sich an der Macht zu halten. Es ist nicht nur Pech, dass die Leute in Afrika oft schlecht regiert werden, sondern oft auch eine Sache, bei der wir mitwirken.

Und daraus leiten Sie eine Pflicht ab, es anders zu machen?

Pogge: Ja, und zwar eine negative Pflicht: Wir sollen den Schaden, den wir mit verursachen, abwenden.

Um die medizinische Versorgung zu verbessern, schlagen Sie nun eine Strukturveränderung vor: Die Errichtung eines Health Impact Fund.

Pogge: Mit dem Health Impact Fund sollen zwei Probleme gelöst werden: Erstens fehlt es an neuen Medikamenten, die wir unbedingt brauchen. Zweitens müssen wir die Medikamente nicht nur theoretisch haben, sie müssen praktisch verfügbar sein.

Wie soll das gehen?

Pogge: Es gibt zwei Schienen. Erstens die Monopolschiene: Eine Firma hält für eine bestimmte Zeit ein Monopol. Wenn das Medikament für einen Dollar herstellbar wäre, kann man es noch für zehn Dollar verkaufen. Mit diesem Profit, den einem niemand streitig machen kann, lassen sich die entstandenen Kosten für Forschung und Entwicklung abdecken. Die zweite Schiene belohnt die globalen Auswirkungen eines Medikaments – den Health Impact. Die Gelder dafür kommen aus einem mit sechs Milliarden Dollar pro Jahr dotierten Fonds. Die Medikamente selbst werden von den Firmen zum niedrigsten Kostenpreis abgegeben. Der niedrigste Kostenpreis ist der niedrigste Preis, für den es sich produzieren und vertreiben ließe.

Und wer kommt für die Milliarden im Health Impact Fund auf?

Pogge: Die Kernfinanzierung käme von Regierungen, weil die Pharmafirmen sich so darauf verlassen können, dass sie zehn Jahre lang Geld erhalten. Die brauchen diese Garantien, weil sie sonst gar nicht anfangen, an neuen Medikamenten zu forschen.

M 8.2 *Zweite Alternative: Globale medizinische Gerechtigkeit* Seite 2

Heißt das, wir sollen mit unserem Gesundheitssystem, das schon schwer belastet ist, auch noch die Gesundheitssysteme der armen Länder mitfinanzieren?

Pogge: Es sollen nicht nur die reichen, sondern auch die armen Länder daran teilnehmen. Wir arbeiten etwa eng mit Indien, China und Brasilien zusammen. Die Armen können auf einer Pro-Kopf-Basis nicht so viel beitragen. Aber jedes Land soll einen kleinen Prozentsatz seines Bruttoinlandsprodukts beisteuern – wir rechnen mit 0,03 Prozent. Es entstehen so Kosten für Österreich, aber auch Vorteile für den Steuerzahler. Sie können nun Medikamente, die beim Health Impact Fund registriert sind, auch viel billiger kaufen.

Ein Krebsmedikament ja, aber wozu brauchen wir ein Malariamittel?

Pogge: Bei gewissen Medikamenten gibt es vielleicht Verluste. Aber man kann es auch so sehen: Viele dieser Krankheiten, die wir bisher ignoriert haben, könnten für uns gefährlich werden. Denken Sie an Vogelgrippe, SARS oder XDR-TB (Anm.: extrem arzneimittelresistente Formen von Tuberkulose). Können wir es uns mit dem globalen Verkehr leisten, die armen Länder zu Brutstätten von exotischen Krankheiten werden zu lassen, über die wir nichts wissen und gegen die wir schutzlos sind?

Das Konzept steht und fällt mit der Messung des Health Impact. Dafür gibt es Geld. Doch wie misst man Gesundheit?

Pogge: Der Maßstab ist eine gut eingeführte Größe, nämlich die QALYs – Quality Adjusted Life Years. Ein Extrajahr zählt ein QALY.

Und wie stellt man genau fest, welchen QALY-Verlust das Medikament XY verhindert hat?

Pogge: Für die entsprechenden empirischen Daten gibt es drei Quellen. Erstens die klinischen Versuche, die jedes Medikament durchlaufen muss, um überhaupt auf den Markt zu kommen. Das gibt einen guten Anhaltspunkt dafür, wie sehr lebensverlängernd und/oder gesundheitsverbessernd Medikamente wirken. Zweitens verlangen wir, dass jede Packung mit einer Seriennummer versehen wird. So können wir Stichproben machen und schauen, wie es den Patienten vor Ort geht. Und schließlich gibt es Statistiken über globale Krankheitslasten. Wenn viele Packungen nach Uganda gegangen sind, erwarten wir auch, dass dort die Krankheit nach unten geht. Diese Infos lassen sich auch mit den Stichproben korrelieren.

Inwiefern könnte man die Datenerhebung manipulieren?

Pogge: Wenn man vorher weiß, wo wir Stichproben machen, kann man tricksen. Etwa indem man schaut, dass es in dem Dorf, das wir prüfen wollen, sicher keine Malaria mehr gibt. Aber solchen Betrügereien müssen wir eben vorbeugen, indem wir etwa eine Lotterie machen und vorher keiner weiß, wo wir genau hingehen werden.

Wie reagieren eigentlich Politiker auf Ihre Idee?

Pogge: Im Wesentlichen sehr positiv. Anfang November sprach ich auf einer Veranstaltung der SPD in Berlin. Das norwegische Außenministerium hat sich auch sehr positiv geäußert. Wir arbeiten jetzt auch eng mit den Spaniern zusammen und Ende dieser Woche bin ich in England auf drei Veranstaltungen. Jedenfalls sind die Politiker nicht so, dass sie sagen, das ist ja vollkommen lächerlich. Die sind sehr aufgeschlossen. Und natürlich gibt es ein großes Problembewusstsein dafür, dass das TRIPS-Abkommen ... viel Schaden angerichtet hat. Sehr vielen Leuten wurde dadurch der Zugang zu Medikamenten abgeschnitten. Deshalb will man da auch Lösungen.

Und was antworten die Pharmafirmen?

Pogge: Die sind hellwach. Von Pfizer wurde ich eingeladen, mit Glaxo und Merck habe ich auch gesprochen. Sie können nicht akzeptieren, dass sie ihre geistigen Eigentumsrechte an den Medikamenten aufgeben müssten. Das war meine erste Idee: Wenn ihr eure Produkte beim Health Impact Fund registrieren wollt, müsst ihr eure Eigentumsrechte aufgeben. Jede andere Firma sollte dieses Medikament auch produzieren können. Sie wollen aber die Kontrolle haben und das war ein Grund, das Ganze so zu gestalten, dass sie ihre Eigentumsrechte behalten.

Pharmafirmen machen ja zum Teil Milliardenumsätze. Wollen die überhaupt in den Health Impact Fund rein, wo es maximal sechs Milliarden Dollar pro Jahr zu holen gibt?

Pogge: Wenn es mit sechs Milliarden gut funktioniert, könnte man mehr hineinstecken. Dieses System könnte nämlich viel effizienter sein. Man muss es ausprobieren.

Es klingt wie eine schöne Utopie. Die heutige Politik ist jedoch eine der kleinen Schritte. Sehen Sie da überhaupt eine Chance für einen so großen Wurf?

Pogge: Ich sehe eine kleine Chance, die aber so viel Gutes bewirken würde in dieser Welt, dass es zwingend ist, sie wahrzunehmen. Man könnte sicherlich Millionen von Menschenleben retten und vielleicht wäre das nur ein erster Schritt für noch mehr Gutes. Die derzeitige Bankenkrise ist diesbezüglich furchtbar negativ, weil jeder jetzt mit dem Geld wieder zaudert. Aber andererseits ist es sehr positiv, weil ich glaube, dass die Magie des Markts jetzt erschüttert ist. Viele Leute glauben, dass es an der Zeit ist, neue Regelungen zu finden, die die Defizite des Markts kompensieren und die Schwachen besser schützen. Deshalb kann ich mir vorstellen, dass man in dieser Krisensituation vielleicht sogar eher Erfolg haben kann.

Quelle: Die Furche vom 28.11.2008: 48.

M 8.2 *Zweite Alternative: Globale medizinische Gerechtigkeit* Seite 3

Der Health Impact Fund: Medikamente für alle

Zwei Bedürfnisse sollte die Pharmaindustrie in der Welt befriedigen, so Aidan Hollis und Thomas Pogge in ihrem Buch „The Health Impact Fund": Sie sollte Pillen entwickeln, die für die globale Gesundheit wichtig sind, und sie sollte es ermöglichen, dass alle Leute Zugang dazu haben. Das jetzige System läuft in eine andere Richtung: Die Firmen stecken 90 Prozent ihrer Forschungsmittel in zehn Prozent der Krankheiten – jene Krankheiten, an denen vor allem reiche Menschen leiden und die sich diese Medikamente (gegen Akne, Haarausfall etc.) auch leisten können. Viel Geld wird derzeit in das Marketing der Pillen investiert, weil sich so Marktanteile effektiv steigern lassen. Und das Kopieren von Blockbuster-Medikamenten ist eine bewährte Strategie, verspricht sie doch hohe Gewinne bei einem Minimum an Forschungsaufwand. Entsprechend wenig innovativ sind diese „Me-Too-Drugs" dann aber auch. Offensichtlich erfüllen die Pharmafirmen ihren Zweck nicht: Sie verbessern die globale Gesundheit nicht. Sie deshalb als „böse" zu verurteilen, halten die Autoren jedoch für falsch. Es seien die Rahmenbedingungen, die falsche Anreize schafften. Diese wären denn auch zu ändern. Konkret schlagen sie die Errichtung eines Health Impact Fund vor – eines (vorerst) mit sechs Milliarden Dollar pro Jahr dotieren Fonds, der Firmen für die konkreten gesundheitlichen Auswirkungen ihrer Medizin-Produkte finanziell belohnt. Die Medikamente sollen dabei zum niedrigstmöglichen Kostenpreis an die Kranken abgegeben werden, wodurch sie sehr viel mehr Menschen zugutekommen würden. Das Konzept ist faszinierend, weil es die Regeln des Marktes nicht ausschalten, sondern den Markt lediglich neu dirigieren will. Gleichzeitig ist es so revolutionär, dass die Autoren wohl noch sehr viel Erklärungsarbeit werden leisten müssen, um den Fond auch realisieren zu können.

Quelle: Die Furche vom 28.11.2008: 48.

Arbeitsaufträge:

1. Werten Sie das Material im Hinblick auf Ihre Konferenzgruppe aus.
2. Erörtern Sie dessen Inhalt mit den anderen Mitgliedern Ihrer Konferenzgruppe.

Notizen:

M 8.3 *Dritte Alternative: Neue Anreizmechanismen – Patent Buyouts*

Alternativen zum weltweiten Patentschutz für pharmazeutische Innovationen

An dieser Stelle sollen lediglich zwei neue Anreizmechanismen vorgestellt werden, mit denen sich – auf unterschiedliche Weise – einige Probleme der traditionellen Anreizmechanismen vermeiden lassen. Bei den so genannten „Patent Buyouts" versucht der Staat oder ein anderer Sponsor – zum Beispiel eine internationale Organisation – die Effizienzprobleme des Patentschutzes dadurch zu vermeiden, dass Patente mit besonders großen sozialen Erträgen aufgekauft und zur allgemeinen Verwendung freigegeben werden. Auf diese Weise würde der Vorteil von Patenten, das dezentrale Wissen über Kosten und Erträge unterschiedlicher Forschungsrichtungen zu nutzen, mit dem Vorteil von Preisausschreibungen verknüpft, den Erfinderlohn direkt an die geschätzten sozialen Erträge zu koppeln. Weil die sozialen Erträge pharmazeutischer Innovationen oft mehr als zwei- bis dreimal so hoch sind wie die privaten Erträge patentgeschützter Monopole, könnte der Staat ankündigen, dass er alle aus sozialer Sicht besonders wertvollen unter den künftig angemeldeten Pharmapatenten im Rahmen eines Auktionsverfahrens zu einem deutlichen Aufpreis auf das jeweils höchste private Gebot aufzukaufen beabsichtigt.

Ein Preisaufschlag, der die – auf gesundheitsökonomische Studien gestützte – Einschätzung des sozialen Werts eines Patents widerspiegelt, würde den größtmöglichen Anreiz für private Unternehmen setzen, ihre Forschung von vornherein auf pharmazeutische Innovationen auszurichten, die einen besonders hohen sozialen Ertrag erwarten lassen. Um Anreizprobleme zu vermeiden, die in der praktischen Anwendung von Auktionen oft zu übertriebenen Bewertungen geführt haben (die „winner's curse"), sollte in einer vorab bekannt gegebenen Zahl von Fällen – für die Auktionsteilnehmer überraschend – auf den Aufkauf verzichtet und das Patent dem höchsten Bieter zum zweithöchsten gebotenen Preis überlassen werden.

Dass die Ergebnisse gesundheitsökonomischer Studien zum sozialen Wert einzelner Medikamente aus methodischen Gründen umstritten sein können, ist ein zunächst unvermeidlicher Nachteil dieses Vorschlags. Er dürfte aber durch die Weiterentwicklung der Methoden in Zukunft an Gewicht verlieren. Gleichwohl kann die Anwendung von Patent Buyouts wegen der Fixkosten der gesundheitsökonomischen Studien und der Vorbereitung von Auktionen nicht für alle Arten von Medikamenten zur Regel werden, sondern muss voraussichtlich auf einzelne Krankheiten beschränkt bleiben, in denen die größten sozialen Erträge und das größte Marktversagen zu erwarten sind.

Quelle: Stolpe, Michael (2006): Alternativen zum weltweiten Patentschutz für pharmazeutische Innovationen. In: Drossou, Olga et al.: Die wunderbare Wissensvermehrung.
Wie Open Innovation unsere Welt revolutioniert, S. 128 (gekürzt und angepasst).

Arbeitsaufträge:

1. Werten Sie das Material im Hinblick auf Ihre Konferenzgruppe aus.
2. Erörtern Sie dessen Inhalt mit den anderen Mitgliedern Ihrer Konferenzgruppe.

Notizen:

....

....

....

....

....

....

M 8.4 *Pro Patente: Virus im Fadenkreuz – Innovative Therapien gegen AIDS* Seite 1

Herausforderung für alle: Kampf gegen die globale AIDS-Krise

AIDS ist eine globale Bedrohung: Etwa zwei Millionen Todesopfer fordert AIDS pro Jahr, die meisten in Entwicklungs- und Schwellenländern, wo auch 94 % aller rund 33 Millionen HIV-Infizierten leben. Einige Staaten, viele internationale Organisationen und die Hersteller von AIDS-Tests und -Medikamenten kämpfen darum, das zu ändern.

Am härtesten getroffen sind einige afrikanische Länder wie Botsuana oder Swaziland, in denen wahrscheinlich mehr als ein Drittel aller 15- bis 49-Jährigen HIV-positiv sind. Hier bedeutet HIV nicht nur großes individuelles Leid und eine Belastung für den Staatshaushalt; die massive Schwächung der Produktivkraft der Bevölkerung droht auch alle wirtschaftlichen Fortschritte der letzten Jahrzehnte einzuäschern. Viele Länder Südamerikas und Asiens sind ebenfalls hart getroffen; und aus Osteuropa und China wird eine dramatische Zunahme der Infektionen berichtet.

Mehrere Faktoren haben zur großen Verbreitung von HIV gerade in armen Ländern beigetragen, darunter Kriegswirren und Unkenntnis der Bevölkerung über die Krankheit. Viele HIV-Infizierte haben das Virus unwissentlich übertragen: Wer keine Chance auf Behandlung hat und als HIV-Positiver Stigmatisierung fürchten muss, ist schwer für einen AIDS-Test zu motivieren – wenn überhaupt ein Test angeboten wird.

Internationale Anstrengungen

Während die Regierungen einiger betroffener Staaten AIDS bis heute verdrängen, investieren andere in Aufklärung und Behandlungsprogramme. Einige wenige wie Botsuana haben AIDS-Bekämpfung sogar zur vorrangigen Staatsaufgabe gemacht. Die Programme müssen gut auf die Gegebenheiten der Region abgestimmt sein.

Große Anstrengungen gegen AIDS unternimmt die Weltgesundheitsorganisation WHO, die sich dazu mit vielen weiteren internationalen Organisationen zusammengetan hat. Forschende Pharmaunternehmen sind an den Bemühungen wesentlich beteiligt, auch einige Generikaunternehmen. Dennoch konnte die WHO ihr für 2005 angepeiltes Ziel, dass mindestens 3 Millionen Infizierte eine antiretrovirale Therapie erhalten (Projektname: „3 by 5“), erst mit zwei Jahren Verspätung erreichen.

Das größte Hindernis bei der Patientenversorgung ist, dass viele Länder kein entwickeltes Gesundheitswesen haben. Es mangelt – außer in wenigen privaten Kliniken und Praxen für Gutsituierte – extrem an Ärzten, Pflegekräften, Krankenhäusern, Apotheken und seriösen Arzneimittellieferanten. Und die wenigen vorhandenen Ärzte und Schwestern reagieren häufig auf Angebote aus wohlhabenderen Ländern, dort unter besseren Bedingungen zu arbeiten. Wie aber sollen HIV-Infizierte eine Therapie erhalten, wenn niemand da ist, der sie untersucht, der die passenden Medikamente auswählt, deren Einnahme erklärt und regelmäßig überprüft, ob sie noch wirken?

Ein großes Problem sind auch Arzneimittelfälscher. Die WHO schätzt, dass in Entwicklungsländern 10 bis 30 Prozent der Arzneimittel gefälscht und damit wirkungslos oder sogar giftig sind. Fälschungen schaden nicht nur dem einzelnen Patienten, sie untergraben auch das Vertrauen der Bevölkerung in die Medikamente.

Problematisch ist aber auch der Einsatz von zwar legalen, aber minderwertigen AIDS-Präparaten, wie sie leider von einigen der auf Nachahmerpräparate spezialisierten Unternehmen (Generikaunternehmen) verkauft werden. Sie sind nur kurz wirksam; danach haben die Viren des Patienten Resistenzen gegen sie entwickelt. Den forschenden Pharmafirmen ist es deshalb wichtig, dass die von ihnen entwickelten Präparate nur von solchen Unternehmen nachgeahmt werden, die den Qualitätstest der WHO bestehen, die so genannte Präqualifikation. Patente geben ihnen die Möglichkeit, Hersteller von Medikamenten minderer Qualität von Lizenzvereinbarungen auszuschließen.

Der Beitrag forschender Pharmafirmen

Forschende Pharmafirmen helfen auf verschiedene Weise bei der AIDS-Bekämpfung mit. Ihr genuiner Beitrag sind natürlich Medikamente: Im Rahmen der im Jahr 2000 begonnenen Accelerating Access Initiative (AAI) liefern alle Originalhersteller von HIV-Medikamenten diese Präparate an Entwicklungsländer zu „no-profit-no-loss“-Konditi-

M 8.4 *Pro Patente: Virus im Fadenkreuz – Innovative Therapien gegen AIDS* Seite 2

onen. Im März 2008 wurden rund 850.000 Patienten durch das Programm versorgt. Die Preise werden auch immer wieder gesenkt, wenn sich die Produktionskosten – etwa aufgrund größerer Produktionsmengen – verringern. In Schwellenländern verlangen die meisten Hersteller ebenfalls wesentlich niedrigere Preise als in Industrienationen.

Dieses System der Preisabstufungen kann jedoch nur funktionieren, wenn die zu Sonderkonditionen gelieferten Präparate in ihren Bestimmungsländern bleiben und nicht in Industrienationen zurückverkauft werden. So etwas geschah beispielsweise 2002, als ein Hersteller ein Fünftel seiner Sonderlieferung für fünf afrikanische Länder in deutschen und anderen Apotheken in der EU wiederfand. Aus solchen Vorfällen haben die Hersteller gelernt und versehen die für Entwicklungsländer bestimmten Tabletten oder Packungen mit eindeutigen Unterscheidungsmerkmalen. Forschende Firmen liefern aber nicht nur selbst; mehrere von ihnen vergeben auch Lizenzen für Herstellung und Vertrieb ihrer Präparate in Entwicklungsländern an Generikahersteller.

Die Rolle von Patenten

Patente fördern die Entwicklung neuer Präparate gegen HIV, indem erfinderische Unternehmen darauf vertrauen können, dass sie selbst und nicht Nachahmer die Früchte ihrer Anstrengungen ernten. Aber ähnlich hartnäckig wie der Mythos, AIDS-Viren seien eine Erfindung aus Geheimdienstlabors, hält sich auch der Glaube, Patente seien Schuld daran, dass nicht alle HIV-Patienten auf der Welt eine Therapie erhalten. Dass das nicht stimmen kann, zeigt schon das Beispiel Indien: Dort sind fast alle Medikamente ohne Patentschutz, und viele auf Nachahmerpräparate spezialisierte Arzneimittelfirmen gibt es auch. Dennoch haben von rund 2 bis 3 Millionen HIV-positiven Indern nur schätzungsweise 70.000 tatsächlich Zugang zur Therapie. Fakt ist: Entscheidend für die Therapie sind Ärzte und verfügbare Medikamente zu günstigen Konditionen. Dem stehen Patente nicht im Wege, wenn Unternehmen ihre Präparate für arme Patienten zu Sonderkonditionen abgeben oder Produktionslizenzen an andere Unternehmen vergeben. Zudem ermöglichen Patente, wie schon erläutert, den Originalanbietern die Qualitätssicherung für Nachahmerpräparate. [...]

Quelle: vfa, Wirtschaftsverband der forschenden Pharma-Unternehmen in Deutschland. http://www.vfa.de/de/forschung/aktuellfo/therapien-gegen-aids-3.html

Arbeitsaufträge:

1. Werten Sie das Material im Hinblick auf Ihre Konferenzgruppe aus.
2. Erörtern Sie dessen Inhalt mit den anderen Mitgliedern Ihrer Konferenzgruppe.

M 9 *Anregungen für die Konferenzsimulation*

Die deutsche Bundesregierung will ihre Teilnahme an der nächsten Konferenz der Weltgesundheitsorganisation vorbereiten und dort ein alternatives Modell zur Finanzierung von Pharmaforschung vorschlagen. Die Regierung hat daher Wirtschaftsexperten zu einer wissenschaftlichen Konferenz eingeladen, um Vor- und Nachteile verschiedener Alternativen abzuwägen. Die Experten sollen erklären, welche Gründe es für Probleme im Hinblick auf die globale Versorgung mit Medikamenten gibt, insbesondere welche Rolle bisherige Patentregelungen in diesem Zusammenhang spielen.

An der Konferenz nehmen folgende fünf Gruppen teil:

- Vertreter der deutschen Bundesregierung,
- Vertreter der forschenden Pharmaunternehmen,
- Experten, die das Modell der öffentlichen Forschungsfinanzierung favorisieren,
- Experten, die das Modell eines Forschungsfonds mit Prämienausschüttung favorisieren und
- Experten, die das Modell der Patent-Buyouts favorisieren.

Die Konferenz wird von der Regierung geleitet und moderiert. Ihr Interesse ist es, sich einen Überblick über die verschiedenen Positionen zu verschaffen sowie die Vor- und Nachteile jeder Option festzuhalten. Die Expertengruppen möchten die Regierung jeweils von ihrem Modell überzeugen und sind daran interessiert, es möglichst positiv darzustellen. Die Gruppe der Pharmaunternehmen ist den neuen Ideen gegenüber grundsätzlich aufgeschlossen, zweifelt jedoch stark an deren globaler Durchsetzbarkeit und hält das bestehende System der Patente für unverzichtbar.

Hinweise für die Durchführung

Der Klassenraum sollte entsprechend einer Tagung bzw. einer Konferenz gestaltet sein. Die Tische und Stühle sollten so aufgestellt werden, dass sich alle teilnehmenden Gruppen gut sehen können.

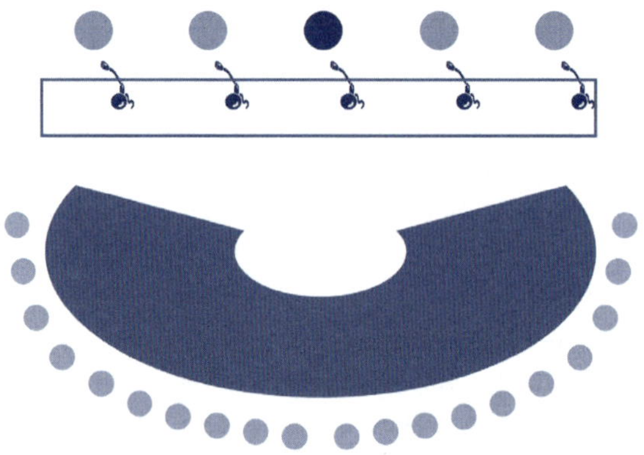

Der Beginn und das Ende der Simulation müssen klar definiert sein.

Während der Simulation sollten „out-of-character"-Äußerungen vermieden werden. Der Sprachstil, die Wortwahl und auch die Körpersprache sollten der Rolle entsprechend angepasst werden.

Besonders wichtig ist bei einem solchen Spiel, die Rolle am Ende wieder zu verlassen und dies auch den anderen zuzugestehen. Dies bedeutet konkret, dass in der Auswertung der Ergebnisse nach der Simulation die Äußerungen der Charaktere nicht den Rollenträgern zugeschrieben werden. Beispiel: Nicht: „Lydia hat ja behauptet, dass ...", sondern: „Die Vertreterin der Pharmaindustrie hat gesagt, dass..."!

Nach der Konferenz findet eine Auswertung und Ergebnissicherung statt, in der die verschiedenen Positionen schriftlich nebeneinander gestellt werden (Poster, Tafel oder Folie). Zu allen Optionen werden noch einmal die Vor- und Nachteile festgehalten. Die Klasse reflektiert zusammen über Möglichkeiten und Hindernisse bei der Um- und Durchsetzung der verschiedenen Optionen.

Arbeitsaufträge:

1. Nennen Sie tabellarisch die Vor- und Nachteile der unterschiedlichen Alternativen zur Finanzierung der Pharmaforschung.
2. Nehmen Sie zu den Alternativen persönlich Stellung.
3. Welcher Alternative räumen Sie die größten Durchsetzungschancen ein? Begründen Sie Ihre Entscheidung.

Dirk Loerwald

Der Markt für illegale Drogen – Drogen als Ware und der Staat als Drogenhändler?

Staatliche Drogenpolitik im Lichte ökonomischer Gesetzmäßigkeiten

Hrsg. von Thomas Retzmann und Tilman Grammes

Informationen für Lehrende

Materialien für Lernende

Hemmen Aufklärung, Verbote und Strafen den Drogenkonsum? Oder schafft sich jedes Angebot seine Nachfrage?

In diesem ethos-Baustein dreht sich alles um ‚Stoff' – nicht etwa um ‚Unterrichtsstoff' und auch nicht um den Stoff, den man im Textileinzelhandel kaufen kann. Gemeint ist vielmehr, was umgangssprachlich als ‚Stoff' bezeichnet wird: Es geht um den Handel mit *illegalen* Drogen. Unsere Gesellschaft geht mit Drogen wie Alkohol und Nikotin vergleichsweise liberal um, obwohl die Folgen von Alkohol- und Nikotinsucht gravierend sind: für den Abhängigen und seine Umgebung wie auch für die Gesellschaft insgesamt. Man kann diese Suchtmittel dennoch nahezu an jeder Ecke kaufen. Der Einzelhandel vertreibt sie, wie tausend andere Waren des täglichen Bedarfs auch. Es gibt einen legalen Markt für sie. Zwar wird gegen den öffentlichen Tabakkonsum in jüngster Zeit immer repressiver vorgegangen, ein komplettes Verbot des Alkohols wird dagegen mit Blick auf die schlechten Erfahrungen mit der Prohibition in den USA (1919-1933) nicht ernsthaft erwogen. Auch wenn Alkohol und Nikotin zum Teil hoch besteuert werden, so bildet sich ihr Preis inklusive dieser Verbrauchssteuern doch nach den Gesetzen von Angebot und Nachfrage. Dagegen sind Drogen wie Cannabis, Kokain und Heroin unter Androhung von Strafe verboten. Heißt das, dass dort die Gesetze von Angebot und Nachfrage außer Kraft gesetzt sind? Oder gelten sie auch auf illegalen Märkten wie dem Drogenmarkt? Immerhin scheint der Handel mit illegalen Drogen zu blühen: Den staatlichen Drogenberichten zufolge werden derzeit so viele Drogen konsumiert wie nie zuvor.

Es geht in diesem ethos-Baustein nicht darum, ob der Konsum illegaler Drogen schädlich ist oder nicht. Es geht darum, welche Wege (repressiv oder liberal) der Staat in der Anti-Drogenpolitik gehen kann und gehen sollte? Welchen Rat erteilt die Ökonomik dem Politiker in dieser Frage? An diesem für die ökonomische Bildung zugegeben ungewöhnlichen und deshalb besonders neugierig machenden Beispiel werden folgende Fragen im Unterricht fundiert diskutierbar:

- **Wie funktioniert der Markt für illegale (‚harte') Drogen? Wie bildet sich der Preis?**
- **Warum verschenken Dealer manchmal ihre Drogen?**
- **Warum können Dealer von ihren Kunden unterschiedlich hohe Preise für den ‚Stoff' verlangen?**
- **Warum werden nicht einfach alle Drogen konsequent verboten (oder zum Konsum freigegeben)?**
- **Wie kann schädlicher Drogenkonsum effektiver und effizienter als bislang bekämpft werden?**
- **Sollte man bislang illegale Drogenmärkte legalisieren?**

Schülerinnen und Schüler werden in der Schule mit dem Thema ‚Drogen' konfrontiert, weil sie als besonders gefährdete Gruppe vor den negativen Folgen des Drogenkonsums gewarnt werden sollen. Dieser ethos-Baustein geht anders vor und spricht die Schülerinnen und Schüler als mündige Wirtschaftsbürger, als politisch interessierte Mitglieder der Gesellschaft an. Sie sollen sich ein eigenes, fachlich fundiertes und wirtschaftsethisch aufgeklärtes Urteil über alternative Wege staatlicher Drogenpolitik bilden. Dass die staatliche Drogenpolitik zwischen den Polen der Liberalisierung und der Repression schwankt, kann beispielsweise an Ländern wie der Schweiz, den Niederlanden oder Uruguay abgelesen werden. Und hierzulande hat zuletzt die Piratenpartei das Thema wieder auf die Agenda gesetzt.

LEHRPLAN-BEZUG. Dieser ethos-Baustein kann der Vermittlung allgemeiner Kenntnisse zur Funktionsweise von Märkten (Gesetze von Angebot und Nachfrage) und zur Dynamik von Preisbildungsprozessen unmittelbar folgen. In allen Lehrplänen zur ökonomischen und politischen Bildung ist auch die Thematisierung des Verhältnisses von Markt und Staat vorgesehen. Mit diesem ethos-Baustein kann der Staat als Gestalter der Rahmenbedingungen des Wirtschaftens thematisiert und sein Handeln am konkreten Beispiel anhand ökonomischer Denkkategorien problematisiert werden. Der Markt für illegale Drogen ist nur ein Beispiel für die Funktionsweise und die Wirkungen von illegalen Märkten überhaupt und kann dazu dienen, die übergreifende Problematik von staatlichen Maßnahmen gegen Schwarzmärkte zu verdeutlichen.

Thomas Retzmann und Tilman Grammes

Drogen – Eine ganz besondere ‚Ware' auf legalen und illegalen Märkten

DROGENKONSUM. Bill Clinton hat es zugegeben: Er hat in seiner Jugend gekifft – aber nicht inhaliert. Auch auf den Toiletten des Deutschen Bundestags wurden Kokainspuren gefunden. Bahnhofstoiletten werden mit Schwarzlicht erhellt, damit Junkies mit der Spritze die Venen nicht finden. Jährlich reisen zahlreiche deutsche Drogentouristen zum ‚Eindecken' nach Holland. Drogenkonsumenten sind keine Randgruppe der Gesellschaft, sondern mitten unter uns. Den Daten des Drogen- und Suchtberichts (2012) zufolge raucht in Deutschland ca. ein Viertel der Bevölkerung ab 15 Jahren, fast 10 Millionen Menschen konsumieren Alkohol in riskanter Weise, ca. 1,3 Millionen sind alkohol- und über 1,4 Millionen medikamentenabhängig. Darüber hinaus hat jeder vierte in Deutschland lebende Erwachsene (26,5%) im Alter von 18 bis 64 Jahren schon einmal eine illegale Droge probiert. Cannabis konsumieren mehr als 525.000 Deutsche in mindestens problematischer Art und Weise. Opiate, Kokain, Amphetamine, Halluzinogene und andere illegale Substanzen werden von etwa 200.000 Personen in Deutschland risikohaft konsumiert.

KONSUMENTENSOUVERÄNITÄT. Wer Drogen missbräuchlich konsumiert, schädigt zunächst einmal sich selbst. Extensiver Drogenkonsum ist je nach Art der konsumierten Droge mehr oder weniger gesundheitsschädigend und mitunter sogar lebensgefährdend. Damit ist extensiver Drogenkonsum aber nicht automatisch ein *gesellschaftliches* Problem. Gehört zu dem Recht des Menschen, selbst über den eigenen Geist und Körper bestimmen zu dürfen, nicht auch das Recht auf *Selbstschädigung*? Oder handelt es sich bei Drogen um Waren der besonderen Art, vor deren Konsum die Menschen durch staatliche Regelungen bewahrt werden müssen? Und: Betreffen die Auswirkungen des Drogenkonsums tatsächlich nur die Drogenkonsumenten selbst oder sind davon ebenso Unbeteiligte betroffen?

STAATLICHE RAHMENBEDINGUNGEN. In unserer Gesellschaft wird der staatliche Handlungsbedarf je nach Art der Droge unterschiedlich gesehen. Der Konsum von Nikotin und Alkohol wird verhältnismäßig liberal gehandhabt. Sie sind *legale* Drogen und werden in Supermärkten, Kiosken, Restaurants und anderen Verkaufsstätten neben anderen Waren des täglichen Bedarfs im Rahmen der Jugendschutzbedingungen angeboten. Ökonomisch ausgedrückt: Sie werden als Waren auf legalen Märkten gehandelt und unterliegen den Gesetzen von Angebot und Nachfrage. Anders verhält es sich mit den in Deutschland als illegal eingestuften Drogen wie beispielsweise Cannabis, Kokain oder Heroin. *Illegale* Drogen werden in Deutschland nicht in offiziellen Verkaufsstätten angeboten. Das bedeutet aber nicht, dass sie gar nicht angeboten werden: Illegale Drogen werden auf Schwarzmärkten gehandelt. Auch hier unterliegen sie grundsätzlich den Gesetzen von Angebot und Nachfrage, allerdings ohne staatliche Rahmensetzung.

ÖKONOMIK UND ETHIK. Im Folgenden geht es im Kern um konkurrierende drogenpolitische Konzeptionen und deren (möglichst) rationale Bewertung. Dazu wird die politische Kontroverse aufgearbeitet und auf der Basis ökonomischer Theorie eingeordnet und beurteilt. Es geht inhaltlich nicht um die medizinischen, psychologischen und sozialen Konsequenzen von Suchtphänomenen, sondern um die Wirksamkeit politischer Maßnahmen zur Entschärfung des Drogenproblems (Effektivität) und das Verhältnis von angestrebten Zielen und eingesetzten Mitteln (Effizienz). Welche ökonomischen Argumente sprechen für eine Bekämpfung des Marktes für illegale Drogen, welche für dessen ordnungspolitische Gestaltung? Aus wirtschaftethischer Sicht ist darüber hinaus die grundsätzliche Auseinandersetzung mit der Frage interessant, ob die Annäherung an ein gesellschaftlich erwünschtes Ziel mit möglichst effizienten Mitteln legitim ist, oder ob auch die Mittel, die zur Zielerreichung eingesetzt werden, ethisch legitimiert werden sollten.

Unterrichtsplanung: Der Markt für Drogen – Besonderheiten und ordnungspolitische Gestaltungsnotwendigkeit

HARTE UND WEICHE DROGEN. Ganz allgemein werden solche Substanzen als Droge bezeichnet, die nach Einnahme die Funktionen eines lebenden Organismus verändern. Zu den weichen Drogen zählen all die Wirkstoffe, die psychisch abhängig machen. Sie rufen ein starkes Verlangen nach erneuter Einnahme hervor. Als harte Drogen werden Substanzen bezeichnet, die psychisch *und* physisch abhängig machen. Mit deren Entzug gehen körperliche Begleiterscheinungen einher. Diese Einteilung erweist sich in manchen Fällen als unscharf und ist damit analytisch wenig hilfreich. *Kokain* gilt beispielsweise als eine der gefährlichsten Drogen weltweit. Sie ruft jedoch in vielen Fällen keine körperliche Abhängigkeit hervor und wäre somit eine ‚weiche Droge'. Umgekehrt müsste *Koffein* als harte Droge gelten, da Koffein-Entzug körperliche Auswirkungen haben kann, auch wenn diese nur gering sind.

Legale und Illegale Drogen. Die juristische Unterscheidung zwischen *legalen* und *illegalen* Drogen ist formal exakter. Das Betäubungsmittelgesetz (BtMG) listet alle in Deutschland bekannten und als illegal eingestuften Substanzen auf, sodass unterschiedliche Rauschmittel einwandfrei zugeordnet werden können. Die Unterscheidung zwischen legalen und illegalen Drogen hat nicht nur definitorischen Charakter, sie impliziert auch unterschiedliche politische Maßnahmen. Während der Verkauf und der Konsum legaler Drogen (zum Beispiel Alkohol und Nikotin) prinzipiell erlaubt sind, ist der Konsum und Verkauf illegaler Drogen (zum Beispiel Kokain, Opiate, Ecstasy, LSD oder Meskalin) gesetzlich verboten. Der Staat stellt bestimmte Tauschakte zwischen Anbietern und Nachfragern unter Strafe. Andere Tauschakte mit Drogen vollziehen sich alltäglich und sind sogar Gegenstand beruflichen Handelns unter anderem von Einzelhandelskaufleuten (Warenkaufleuten).

Der Markt für legale drogen. Drogen wie *Alkohol* oder *Nikotin* werden auf legalen Märkten gehandelt. Sie werden als Waren in Supermärkten, an Kiosken, an Tankstellen oder in Gaststätten verkauft und sie werden beworben und vermarktet. In den meisten Verkaufsstätten gibt es ein breites Sortiment an legalen Drogen, die sich in Preis und Qualität voneinander unterscheiden (*vertikale Produktdifferenzierung*) oder die sich durch (vermeintliche) Alleinstellungsmerkmale hinsichtlich des Geschmacks oder anderer Wareneigenschaften voneinander abgrenzen (*horizontale Produktdifferenzierung*). Der Handel mit legalen Drogen unterscheidet sich vom Handel mit anderen Waren lediglich durch die Jugendschutzbestimmungen (siehe §§ 9 und 10 JuSchG).

Der MArkt für illegale Drogen. Auch illegale Drogen werden – wie andere Waren – auf einem Markt gehandelt. Der Markt für diese Drogen ist aber ein *illegaler* Markt. Illegale Märkte können beschrieben werden als der unkontrollierte Tausch von Gütern, die einem staatlich verordneten Handelsverbot unterliegen (vgl. Beck/Prinz 2002: 24). Der illegale Drogenmarkt zeichnet sich durch Besonderheiten aus: Illegale Drogen sind für Abhängige teuer, Einsteigern werden sie hingegen oft kostenlos angeboten. Anbieter auf illegalen Drogenmärkten können von Nachfragern unterschiedliche Preise verlangen. Außerdem ist der Markt für illegale Drogen durch eine geringe Wettbewerbsintensität und ein hohes Maß an staatlichen Reglementierungen gekennzeichnet. Im Einzelnen:

- *Warum sind illegale Drogen so teuer?* Auf illegalen Märkten sind die Transaktionskosten höher als auf legalen Märkten. Die Anbieter müssen mit Geldstrafen rechnen, mit Freiheitsstrafen und die zeitlichen Aufwendungen zum Auffinden geeigneter Transaktionspartner ‚einpreisen' (vgl. Hartwig/Pies 1995: 75 f.). Das Kriminalitätsrisiko erhöht die Kosten für Anbieter und Nachfrager. Dies führt dazu, dass die Anbieter die Wahrscheinlichkeit erwischt zu werden und die Höhe der Geldstrafen einpreisen und höhere Preise verlangen. Die Kosten des Kriminalitätsrisikos wirken wie eine Verbrauchssteuer (vgl. ebd.).
- *Warum verschenken Dealer manchmal ihre Ware?* Illegale Drogenmärkte können unterteilt werden in Einsteigermärkte und Abhängigenmärkte (vgl. Prinz 1994: 551 f.). Im Vorstadium der Sucht ist die Nachfrage preiselastisch und die Konsumenten können bei hohen Preisen noch recht leicht auf (legale) Substitute umsteigen (zum Beispiel Alkohol oder Tabletten) oder Konsumverzicht leisten. Daher ist es für die Anbieter lohnenswert, die Drogen auf Einsteigermärkten zu niedrigen Preisen oder gar als kostenlose Proben anzubieten. Ist der Konsument hingegen abhängig, so ist seine Nachfrage preisunelastisch, was bedeutet, dass er auf Preissteigerungen nur unwesentlich mit einer Verringerung der nachgefragten Drogenmenge reagiert. Die Sucht zwingt zum Kauf und ein Anbieterwechsel ist auf illegalen Märkten aufgrund der hohen Suchkosten (nicht: Suchtkosten!) nicht einfach. Hat der Nachfrager erst einmal spezifisch in eine Tauschpartnerschaft investiert, wird er in der Regel langfristig bei diesem Anbieter bleiben.
- *Warum können Dealer Konkurrenz auf Abstand halten?* Der illegale Drogenmarkt ist in der Regel durch eine geringe Wettbewerbsintensität gekennzeichnet. Dominierende Marktstrukturen sind Gebietsmonopole, enge Oligopole und Anbieterkartelle (vgl. Erlei 1994: 145). Dies lässt sich unter anderem darauf zurückzuführen, dass der Verkauf illegaler Drogen unter Strafe steht, wodurch nur wenige risikobereite und gut organisierte Anbieter auf dem Markt verbleiben. Eine weitere Ursache für die Marktmacht der Drogenanbieter ist die preisunelastische

Nachfrage, die dem Anbieter Preissetzungsspielräume verschafft. Darüber hinaus existieren Markteintrittsbarrieren, da Newcomer auf dem illegalen Drogenmarkt durch Hinweise an die Polizei leicht wieder vom Markt verdrängt werden können (vgl. ausführlich Prinz 1994: 551).

- *Warum verlangen Dealer unterschiedliche Preise von ihren Käufern?* Die einfache Antwort auf diese Frage lautet: Weil sie es können! Aus den monopolistischen Strukturen auf illegalen Drogenmärkten resultiert nicht nur die Preissetzungsmacht der Anbieter, sondern auch die Möglichkeit zur Preisdifferenzierung. Die Dealer kennen ihre Kundschaft recht gut und können vor dem Hintergrund von Zahlungsmöglichkeiten und Suchtpotenzial einschätzen, zu welchem (maximalen) Preis sich die Ware jeweils absetzen lässt. Die (vermeintliche) Qualität des jeweiligen Rauschmittels kann der Nachfrager vor dem Kauf nicht verlässlich beurteilen (Informationsasymmetrien). Sie kann vom Anbieter als Begründung für unterschiedlich hohe Preise vorgeschoben werden. So kann der Anbieter den letzten Cent aus seinen Kunden ‚herauspressen'.
- *Warum greift der Staat ein?* Drogen sind – genau wie Glücksspiele oder Benzin – demeritorische Güter, deren Konsum als schädlich eingeschätzt wird und deren Nachfrage aus gesellschaftlicher Sicht zu hoch ist. Der Nutzen des Konsums demeritorischer Güter wird kurzfristig überschätzt (zum Beispiel Drogenrausch), die negativen Folgen des Konsums (zum Beispiel gesundheitliche Risiken bis hin zur Überdosis) werden hingegen unterschätzt. Demeritorische Güter legitimieren staatliche Eingriffe in die Konsumentensouveränität.

Dies dient einerseits zum Schutz der Drogenkonsumenten vor Konsumhandlungen, die sie zu einem späteren Zeitpunkt aller Wahrscheinlichkeit nach bereuen werden. Andererseits sollen unbeteiligte Dritte geschützt werden, denn auch Nicht-Konsumenten können negative Folgen des Drogenkonsums anderer zu spüren bekommen.

Negative externe Effekte des Drogenkonsums:

- rauschbedingte Gewaltausbrüche,
- rauschbedingte Unfälle im Straßenverkehr,
- bei schwangeren Abhängigen: gesundheitliche Risiken für das ungeborene Kind,
- steigende Kosten für alle Bürgerinnen und Bürger aufgrund suchterkrankungsbedingter Inanspruchnahme von Gesundheits- und Sozialleistungen,
- Beschaffungskriminalität.

Effektivität und Effizienz der Drogenpolitik. Grundsätzlich gibt es drei staatliche Möglichkeiten, das Drogenproblem zu entschärfen: Illegale Drogenmärkte können (1) bekämpft, (2) legalisiert oder (3) staatlicher Substitutionskonkurrenz ausgesetzt werden. Diese unterschiedlichen Wege sind auch aus ethischer Sicht auf ihre Wirksamkeit zu prüfen (*Effektivität*), denn eine moralische Norm kann keine Gültigkeit beanspruchen, solange ihre Durchsetzung nicht sicher gestellt ist. Im Beispiel: Es reicht nicht aus, drogenpolitische Maßnahmen normativ zu fundieren, vielmehr sind wirksame Strategien zu entwickeln, die zur Annäherung an die ethisch legitimierten Ziele beitragen. Darüber hinaus ist zu beachten, dass die Bekämpfung illegaler Märkte kostspielig ist (zum Beispiel Kosten für Strafverfolgung, Gerichtsverfahren, Inhaftierung). Deshalb sind nicht nur *effektive*, sondern auch *effiziente* Strategien zu identifizieren, das Drogenproblem zu entschärfen. Die auch ethisch begründbare Direktive muss lauten, die politischen Ziele mit möglichst wenig Ressourcen zu erreichen bzw. mit den gegebenen Ressourcen eine bestmögliche Annäherung an die Ziele zu realisieren.

Sachstruktur. Die systematische Analyse der *wirtschaftsethischen* Dimension des Drogenproblems kann durch eine Berücksichtigung möglichst aller ‚Orte' des ethischen Räsonnements und Engagements sichergestellt werden. Die gesellschaftlichen und wirtschaftlichen Akteure, die im Kontext der Drogenproblematik relevant sind, sowie die Verflechtungen zwischen diesen lassen sich wie folgt abbilden:

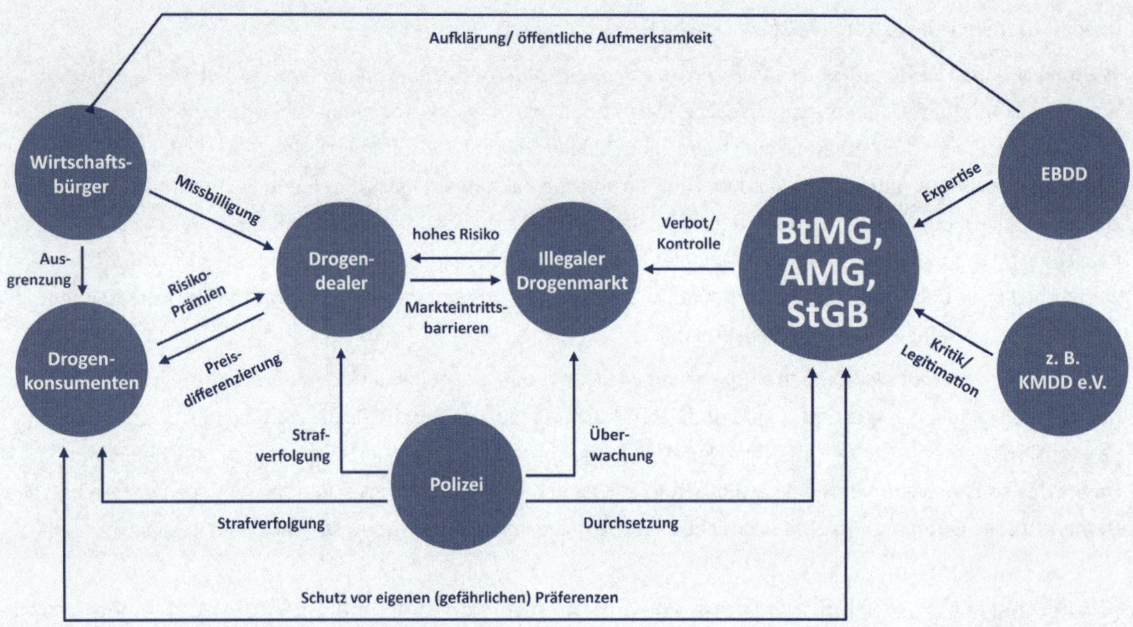

BtMG: Betäubungsmittelgesetz
AMG: Arzneimittelgesetz
StGB: Strafgesetzbuch
KMDD: Keine Macht den Drogen
EBDD: Europäische Beobachtungsstelle für Drogen und Drogensucht

Abbildung 1: Illegale Drogenmärkte – Das Beziehungsgeflecht der Akteure
Quelle: Eigene Darstellung in Anlehnung an Retzmann 2006: 298.

Erläuterung:

- Auf einem *Markt*, der aufgrund staatlicher Restriktionen als illegal eingestuft werden muss, tauschen verbotener Weise *Drogendealer* und *Drogenkonsumenten* illegale Drogen gegen Geld.
- Die *Polizei* setzt die gesetzlichen Grundlagen um und geht dabei – mehr oder weniger konsequent und effektiv – gegen den Handel und den Konsum illegaler Drogen vor.
- Die Anbieter auf dem illegalen Drogenmarkt gehen ein hohes Risiko ein, können aber aufgrund einer geringen Preiselastizität der Drogenabhängigen und der Möglichkeit zur Preisdifferenzierung auch hohe Gewinne erzielen, indem sie einen Großteil der Konsumentenrente abschöpfen.
- Die *Drogenkonsumenten* können aufgrund ihrer Sucht auf Preisschwankungen kaum mit einer reduzierten Nachfragemenge reagieren und tragen somit letztlich die eingepreisten Risikoprämien über die hohen Preise auf dem illegalen *Drogenmarkt*. Hinzu kommt, dass sie oftmals gesellschaftlich ausgrenzt werden, obwohl sie auch als Kranke gesehen werden könnten.
- *Internationale Nichtregierungsorganisationen* und die *kritische Öffentlichkeit* klären über die Drogenpolitik auf und die aufgeklärten *Wirtschaftsbürger* missbilligen das Verhalten der Drogendealer. Unterrichtsplanung: Die ökonomische Sicht auf die Drogenproblematik

Bürger-Perspektive. Drogenkonsum ist nicht nur für die konsumierenden Individuen und ihr unmittelbares Umfeld mit Problemen verbunden, sondern auch für die Gesellschaft insgesamt. Im vorliegenden Unterrichtsmaterial soll die gesellschaftliche Problemdimension fokussiert werden. Die Schülerinnen und Schüler werden nicht als betroffene oder gefährdete *Akteure* angesprochen. Sie lernen vielmehr, als *Wirtschaftsbürger* zum gesellschaftlichen Problem des Drogenhandels und -konsums, fundiert Stellung zu beziehen und politische Alternativen begründet zu gewichten.

KOMPETENZERWERB. Die ökonomische Auseinandersetzung mit alternativen politischen Handlungsmöglichkeiten zur Entschärfung der Drogenproblematik kann zur Entwicklung ökonomischer Kompetenzen beitragen, so wie sie von der Deutschen Gesellschaft für Ökonomische Bildung 2004 formuliert wurden.

Negative externe Effekte des Drogenkonsums:

- *Rahmenbedingungen des Wirtschaftens verstehen:* In marktwirtschaftlich organisierten Volkswirtschaften ist der Staat Rahmensetzer für den Tausch auf Märkten. Eine unterrichtliche Auseinandersetzung mit politischen Alternativen in der Drogenpolitik ist besonders geeignet, diesen Aspekt zu thematisieren, da hier die Frage nach der Art und Weise und dem Ausmaß der staatlichen Rahmensetzung für Markttransaktionen intensiv diskutiert wird.
- *Ökonomische Systemzusammenhänge erklären:* Die wirtschaftlichen Zusammenhänge auf dem Drogenmarkt sind komplex. Schülerinnen und Schüler können anhand einer systematischen Auseinandersetzung mit den komplexen Kausalketten auf dem Drogenmarkt lernen, die Aus-, Neben- und Folgewirkungen politischer Maßnahmen offenzulegen.
- *Konflikte perspektivisch und ethisch beurteilen:* Die Debatte um den richtigen Weg in der Drogenpolitik wird kontrovers geführt. Sie ist durch Wertekonflikte geprägt. Solche Wertekonflikte kann eine wirtschaftsethische Analyse nicht auflösen; sie kann aber einen rationalen Erklärungsbeitrag liefern und unterschiedliche Lösungsvorschläge auf Effektivität und Effizienz prüfen (siehe oben). Insbesondere die Unterscheidung zwischen Prinzipienethik und Folgenethik kann am Beispiel des Drogenmarktes anschaulich werden.

EXEMPLARITÄT. Am Beispiel einer ökonomischen Analyse des Drogenmarktes können Schülerinnen und Schüler grundlegende Kenntnisse über die Funktionsweise von Märkten festigen und anwenden. Darüber hinaus können die Erkenntnisse einer ökonomischen Analyse des Drogenmarktes auf andere illegale Märkte übertragen werden (zum Beispiel auf den Waffenmarkt). Die üblicherweise emotionsgeladene Diskussion über die Bekämpfung illegaler Märkte kann um einen rationalen, analytischen Zugang ergänzt und bereichert werden. Schülerinnen und Schüler lernen am Beispiel des Drogenmarktes, wie man das Problem illegaler Märkte nicht nur gegen (Verbot), sondern mit dem Markt (ordnungspolitische Gestaltung) entschärfen kann.

CURRICULARE EINORDNUNG. Eine ökonomische Auseinandersetzung mit der Funktionsweise und staatlichen Rahmensetzung des illegalen Drogenmarktes kann in Kernlehrplänen und Kerncurricula überall dort eingebettet werden, wo ganz allgemein Markt und Preisbildung oder die Rolle des Staates als Rahmensetzer für den Tausch auf Märkten behandelt werden. Über Grundkenntnisse hinsichtlich der Funktionsweise von Märkten sollten Schülerinnen und Schüler aber idealerweise bereits verfügen. Vor allem sollten sie den typischen Verlauf von Angebots- und Nachfragekurve im Marktmodell, die Eigenschaften des Marktgleichgewichts und die Preisbildungsprozesse auf Märkten kennen.

Unterrichtsverlauf: Vernetztes Denken als Bildungsziel

EINSTIEG. Drogen sind spätestens seit den 1970er-Jahren und Ian Durys Rock'n'Roll-Hymne „Sex and Drugs and Rock and Roll" fester Bestandteil der Jugendkultur. Nicht nur in alternativen Musikszenen wie Punk-Rock oder Rap-Musik werden Drogen zum Gegenstand von Texten gemacht. Auch im Bereich des Mainstream-Pops sind entsprechende Songs zu finden. So produzierte Stefan Raab 2001 den Song „Wir kiffen" und legte 2002 gemeinsam mit Shaggy mit „Gebt das Hanf frei" nach. Da das Thema Drogen in der Musik von Jugendlichen thematisiert wird, eignet sich ein Einstieg in das Thema über entsprechende Songtexte, die Schülerinnen und Schüler mit in den Unterricht einbringen **[M 1]**. Dieser aktivierende Einstieg führt aber noch nicht zum Kern der vorliegenden Problemstellung. Deshalb soll mit einem Text zum so genannten „Hasch-Pass" als Instrument gegen den Drogentourismus an der deutsch-holländischen Grenze **[M 2]** der Drogenmarkt exemplarisch veranschaulicht werden.

Erarbeitung. Daran kann sich eine grundsätzliche Diskussion darüber anschließen, ob man illegale Drogen legalisieren sollte oder nicht. Die Schülerinnen und Schüler lernen, repressive von liberalen drogenpolitischen Konzepten zu unterscheiden **[M 3]** und können die Argumente für und gegen die Legalisierung illegaler Drogen nennen und beurteilen **[M 4]**. Auf dieser Grundlage ist es den Schülerinnen und Schülern möglich, Abgrenzungen vorzunehmen und Zusammenhänge herzustellen.

Ökonomische Analyse. Durch eine ökonomische Auseinandersetzung mit dem Thema Drogen kann die Erklärungskraft des ökonomischen Denkansatzes deutlich gemacht werden. Eine ökonomische Analyse kann effektive und effiziente (ggf. kontraintuitive) Lösungsansätze offen legen. Diese Lösungsansätze können in politischen Gestaltungsempfehlungen münden, die ohne eine ökonomische Bearbeitung des Themas nicht in den Blick geraten wären, obwohl sie tragfähig und erklärungskräftig erscheinen. Den grundsätzlichen Ansatz der Drogenökonomik können die Schülerinnen und Schüler mit Hilfe der Materialien **M 5** und **M 6** erarbeiten.

Methodik. Die komplexen Vernetzungen auf illegalen Drogenmärkten, die durch eine ökonomische Analyse ans Licht gebracht werden können, sind für den schulischen Lehr-Lern-Prozess didaktisch zu reduzieren. Mit Hilfe der *Netzwerktechnik* (vgl. Pilz 2011) können die Dynamik des illegalen Drogenmarktes und die durch drogenpolitische Maßnahmen hervorgerufenen Wirkungsketten veranschaulicht werden. **[M 7, M 8, M 9]**. Die Netzwerktechnik hat zum Ziel, das vernetzte Denken von Schülerinnen und Schülern zu fördern. Unter vernetztem Denken versteht man „eine Denkform im fachspezifischen und im fächerübergreifenden Unterricht, die im Unterschied zu linearem, logisch deduktivem Denken Probleme im Wirkungszusammenhang verschiedener Variablen systematisch zu verstehen sucht" (Dubs 1989: 50).

Unterrichtsverlauf. Die Netzwerktechnik kann ganz unterschiedlich in den Unterricht eingebracht werden. Ein Netzwerk kann beispielsweise eine gesamte Unterrichtsreihe strukturieren oder innerhalb einer Unterrichtsstunde (Doppelstunde) erarbeitet werden. Die Elemente eines Netzwerks können mit den Lernenden gemeinsam entwickelt oder durch die Lehrkraft vorgegeben werden. Ebenso können Teilnetzwerke entwickelt werden, die anschließend in einem Gesamtnetzwerk zusammengeführt werden. Grundsätzlich können für die Erstellung und Reflexion eines Netzwerks die nebenstehenden Schritte empfohlen werden (Pilz 2011: 27).

1. Formulierung und Abgrenzung des Systems (Problems)
2. Ermittlung der zentralen Systemelemente
3. Einfügung der Wirkungsverläufe (Vernetzungen) mit Auswirkungsart
4. Erweiterung von Elementen und Beziehungen sowie Kontrolle auf Stimmigkeit
5. Gesamtbeurteilung des Netzwerks
6. Ableitung von Schlussfolgerungen

Literatur

Beck, Hanno/Prinz, Alois (2002): Ordnungspolitik auf illegalen Märkten: Der Drogen- und Waffenmarkt In: Perspektiven der Wirtschaftspolitik. 3. Jahrgang, Heft 1, S. 23-35.

Bundesministerium für Gesundheit (2012): Drogen- und Suchtbericht. Mai 2012. Berlin (Online erhältlich unter: www.bmg.bund.de).

Dubs, Rolf (1989): Vernetztes Denken im Wirtschaftsunterricht. In: Zeitschrift für Berufs- und Wirtschaftspädagogik. Stuttgart, S. 50-61.

Erlei, Matthias (1994): Recht auf Selbstschädigung oder Recht auf Selbstschutz? Eine Betrachtung der Rauschgiftproblematik aus ökonomischer Sicht. In: LIST Forum für Wirtschafts- und Finanzpolitik. Band 20, Heft 2, S. 144-153.

Hartwig, Karl-Heinz/Pies, Ingo (1995): Rationale Drogenpolitik in der Demokratie. Wirtschaftswissenschaftliche und wirtschaftsethische Perspektiven einer Heroinvergabe. Tübingen.

Pilz, Matthias (2011): Netzwerktechnik. In: Retzmann, Thomas (Hrsg.): Methodentraining für den Ökonomieunterricht. 2. Aufl., Schwalbach/Ts., S. 21-33.

Prinz, Alois (1994): Rauschgift aus dem Supermarkt? Eine ökonomische Analyse der Drogenpolitik. In: Zeitschrift für Wirtschafts- und Sozialwissenschaften. 114. Jahrgang, S. 547-571.

Retzmann, Thomas (2006): Didaktik der berufsmoralischen Bildung in Wirtschaft und Verwaltung. Eine fachdidaktische Studie zur Innovation der kaufmännischen Berufsbildung. Norderstedt.

M 1 *Jeder dritte Popsong handelt von Drogen*

Das verruchte Image wird die Popmusik nicht los, meinen US-Forscher. In jedem dritten Song aus der amerikanischen Hitparade geht es um Alkohol, Tabak oder andere Drogen, ergab ihre Analyse. Drogenkonsum sei in der populären Musik positiv besetzt, warnen die Wissenschaftler.

Sex, Drugs and Rock'n'Roll – die alte Formel des Musikgeschäfts gilt nur noch eingeschränkt. Stattdessen sollte man besser von Sex, Drugs and Hip-Hop sprechen, wie Forscher der University of Pittsburgh jetzt herausgefunden haben. Drogen, Alkohol und Tabak finden sich zwar in etwa jedem dritten Popsong der US-Hitparade. Doch Rapper thematisieren besonders häufig den Gebrauch von Drogen, berichten Brian Primack und seine Kollegen im Fachblatt „Archives of Pediatrics & Adolescent Medicine" (Bd. 162, S. 169).

„Während sich bei 15- bis 18-Jährigen die Einstellung zur Gesundheit herausbildet, die ein Leben lang anhält, hören sie bis zu 2,4 Stunden Musik pro Tag", schreiben die Forscher. Sie stützen sich in ihrer Studie nicht auf Vorurteile, wie Rapper sind Kiffer und Rocker Säufer. Vielmehr haben sie die 279 populärsten Titel des Jahres 2005 aus dem US-Musikfachblatt „Billboard Magazine" analysiert und genau gezählt, wie oft die fraglichen Substanzen in den Hits vorkamen.

Zu den untersuchten Genres zählten Pop, Rock, Rap, Hip-Hop sowie Rhythm & Blues und Country. Fündig wurden die Forscher in insgesamt 116 Songs (41,6 Prozent). In 93 Liedern (33,3 Prozent) fanden sich explizite Hinweise zur Benutzung der verschiedenen Drogen. 23,7 Prozent der 279 Lieder machten Alkohol zum Thema, 2,9 Prozent das Rauchen. Marihuana kam auf 11,5 Prozent, andere Drogen oder „nicht spezifizierter Drogengebrauch" brachten es auf 11,5 Prozent.

Besonders anfällig ist Rap: In diesem Genre waren 48 von insgesamt 62 Liedern betroffen (77 Prozent). Auf Platz zwei landete die Country-Musik mit 36 Prozent (22 von 61 Songs). Der Gebrauch von Drogen in den Liedern sei assoziiert mit Party (54 Prozent), Sex (46 Prozent), Gewalt (29 Prozent) oder Humor (24 Prozent), heißt es.

„Nur vier Popsongs enthielten explizite Warnhinweise", schreiben die Autoren. Die meisten Titel, in denen es um Drogen gehe, würden diese in einem positiven Zusammenhang darstellen. Der Drogenkonsum sei in der populären Musik positiv besetzt, warnt Primack und regt an, die Auswirkungen der entsprechenden Botschaften in der Musik näher zu erforschen.

Quelle: Spiegel Online http://www.spiegel.de/wissenschaft/mensch/textanalyse-jeder-dritte-popsong-handelt-von-drogen-a-533068.html (abgerufen am 5.2.2008).

Arbeitsaufträge:

1. Kennen Sie aus eigener Erfahrung Musiktexte, in denen Drogen thematisiert werden?
   a) Nennen Sie welche.
   b) Falls ja: Wird der Konsum von Drogen in diesen Texten kritisch dargestellt (zum Beispiel: Tod durch Überdosis) oder grundsätzlich befürwortet (zum Beispiel Aufruf zur Legalisierung)?

Notizen:

....

....

....

....

M 2 *Haschpass wird abgeschafft*

Der Haschpass hat die Holländer sehr verärgert. Sollten sie doch für eine Registrierung ihre persönlichen Daten preisgeben. Froh stimmt sie deshalb der Plan der neuen Regierung, den Pass wieder abzuschaffen. Doch sie fragen sich, warum Coffeeshops für Ausländer verboten bleiben sollen.

Die vorige Regierung, die hatte ganz harte Seiten aufgezogen. Hasch oder Marihuana im Coffeeshop – nur noch gegen Mitgliedsausweis. Und so ein Mitgliedsausweis, in Holland auch Haschpass genannt, wurde Ausländern einfach nicht ausgestellt.

„Ich finde das blöd, dass wir Deutschen nicht mehr nach Holland kommen und unser Gras rauchen dürfen", sagt ein Passant. Und ein anderer meint: „Irgendwie ist das auch eine Art Diskriminierung. Die dürfen, wir dürfen nicht. Ist ja irgendwie nicht richtig. Entweder alle oder keiner."

Aber auch die Niederländer fanden die Idee nicht so toll, die in den Provinzen entlang der Grenze schon bald im ganzen Land eingeführt werden sollte: sich im Coffeeshop registrieren zu lassen und alle persönlichen Daten preiszugeben für einen Haschpass.

Und so entbrannte ein regelrechter Neben-Wahlkampf. Angezettelt von Coffeeshop-Besitzern wie Rene van Valkenburg: „Stimm am 12. September für die Rettung Deines Coffeeshops." So lautete der griffige Slogan.

Und wirklich: Die rechte Regierung, in der auch Populist Geert Wilders mitmischte, wurde abgewählt. Jetzt regiert bald eine neue Koalition. Und in deren Koalitionsvertrag steht: Der Haschpass wird wieder abgeschafft. Schön für die Niederländer. Die müssen jetzt nur noch nachweisen, dass sie im Land leben. Dumm aber für die Ausländer, die müssen weiter draußen bleiben.

Auch viele Einheimische verstehen das nicht. „Warum dürfen nur wir das kaufen und die deutschen Leute nicht", fragt eine Niederländerin. „Warum kann ein Deutscher nicht in den Shop gehen und einen Joint rauchen?"

Weil die neue Große Koalition eben einen Kompromiss geschlossen hat. Mehr Freiheiten für die Niederländer, so wie die Sozialdemokraten das gefordert hatten. Aber Schluss mit dem Drogen-Tourismus aus dem Ausland, wie die rechtsliberale Partei von Regierungschef Mark Rutte das will.

Mark Josemanns, Sprecher der Coffeeshop-Betreiber aus der Grenzstadt Maastricht, fühlt sich von den Sozialdemokraten hinters Licht geführt. Im Wahlkampf hätten die sich für eine viel weitergehende Liberalisierung stark gemacht. Und nun hätten sie doch einem Kompromiss zugestimmt, mit dem er jedenfalls nicht zufrieden ist: „Weil Artikel 1 von unserem holländischen Grundgesetz sagt, dass man nicht diskriminieren darf. Ich will nicht sagen, weil du gelbe Augen hast oder braune Haare oder vielleicht eine braune Haut, oder du lebst zufällig in Deutschland, dass du nicht in meinen Coffeeshop reinkommen dürftest."

Kiffern aus den Nachbarländern bleibt nur der Trost: Abseits der holländischen Grenzen, also zum Beispiel in Amsterdam oder Den Haag, dürfen Ausländer immer noch rein in den Coffeeshop. Und bis nun wieder ein ganz neues Gesetz gemacht wird, wird das wohl auch so bleiben. Jedenfalls für die nächsten Monate.

Quelle: tageschau.de; verfügbar unter: http://www.cannabis-med.org/german/acm-mitteilungen/ww_de_db_cannabis_artikel.php?id=114&search_pattern=krebs (abgerufen am 15.5.2014)

Arbeitsaufträge:

1. Warum betrifft die Diskussion um den Hasch-Pass nur die Coffeeshops an der Landesgrenze und nicht die im Landesinneren? Stellen Sie dieses zum Beispiel anhand von Amsterdam oder Den Haag dar.
2. Was ist unter ‚Drogentourismus' zu verstehen? Erläutern Sie den Begriff mit eigenen Worten.
3. Zeigen Sie die Unterschiede zwischen der deutschen und niederländischen Reglungen für den Umgang mit Cannabis auf.
   a) Recherchieren Sie hierzu im Internet die aktuellen Regelungen für Cannabis-Konsum in Holland.
   b) Vergleichen Sie anschließend diese mit der Situation in Deutschland.

M 3 *Zur Begriffsklärung: Repressive und liberale Drogenpolitik*

Die Auseinandersetzung mit Drogen und Sucht wird in den meisten Nationen als eine gesamtgesellschaftliche Aufgabe gesehen, der sich die Politik anzunehmen hat. Auch in Deutschland ist die Drogenpolitik ein fester Bestandteil des politischen Aufgabenspektrums, der von der Drogenbeauftragten im Bundesministerium für Gesundheit verantwortet wird.

Der Begriff Drogenpolitik umfasst „politische Maßnahmen, die darauf gerichtet sind,

- die Verbreitung und den Konsum von Rausch- und Suchtmitteln zu unterbinden (Primärprävention) oder zumindest einzuschränken (Sekundärprävention) und/oder
- die Folgen des Konsums von Drogen zu mildern.

Obwohl zum Beispiel die abhängig machende Wirkung von Alkohol nachgewiesen ist, werden im engeren Sinne zu den Rausch- und Suchtmitteln nur sog. harte Drogen (Heroin/Kokain) bzw. die neuen synthetischen Drogen (Extasy) gezählt. Drogenpolitik ist Teil der Sicherheits-, Sozial- und Gesundheitspolitik."

Quelle: Stichwort ‚Drogenpolitik', in Schubert, Klaus/Klein, Martina: Das Politiklexikon. 4., aktual. Aufl. Bonn 2006.

In der politischen Diskussion haben sich zwei konkurrierende Lager herausgebildet:

Auf der einen Seite stehen

diejenigen, die den richtigen politischen Weg im *strikten Verbot illegaler Drogen* und in der möglichst harten Ahndung von Drogenverkauf, Drogenbesitz und Drogenkonsum sehen.

→ repressive Drogenpolitik

Auf der anderen Seite stehen

die Befürworter einer liberalen Position. Sie fordern die *(Teil-)Legalisierung von bis dato illegalen Drogen* und die ordnungspolitische Rahmung des Marktes für diese Drogen.

→ liberale Drogenpolitik

Quelle: Autorentext.

Arbeitsauftrag:

Teilen Sie die Klasse/den Kurs in zwei Gruppen ein.

Gruppe 1: Fertigen Sie eine Mind-Map zur repressiven Drogenpolitik an.

Gruppe 2: Fertigen Sie eine Mind-Map zur liberalen Drogenpolitik an.

Diese Schritte helfen Ihnen beim anfertigen der Mind-Map:

(1) Schreiben Sie den jeweiligen Begriff (repressive bzw. liberale Drogenpolitik) in die Mitte eines Blattes oder eines Plakates.

(2) Sammeln Sie Oberbegriffe zu dem jeweiligen Zentralbegriff und tragen Sie diese als Hauptäste in die Mind-Map ein.

(3) Überlegen Sie, welche Hauptäste sinnvollerweise weiter unterteilt werden können und tragen Sie die entsprechenden Begriffe ein.

(4) Präsentieren Sie ihre Mind-Map der jeweils anderen Gruppe.

M 4 *'Legalize it' – Ein Entscheidungsspiel zur Drogenpolitik*

legalize it.

Drogenkonsum hat für die Abhängigen und deren Umfeld eine Reihe negativer Konsequenzen wie beispielsweise körperlicher und geistiger Verfall, Verschuldung und sozialer Abstieg sowie Beschaffungskriminalität und Prostitution. Über das Ziel einer Verringerung des Drogenkonsums und seiner negativen Begleiterscheinungen besteht weitestgehend Einigkeit. Über die politischen Wege zur Erreichung dieses Ziels wird hingegen kontrovers debattiert.

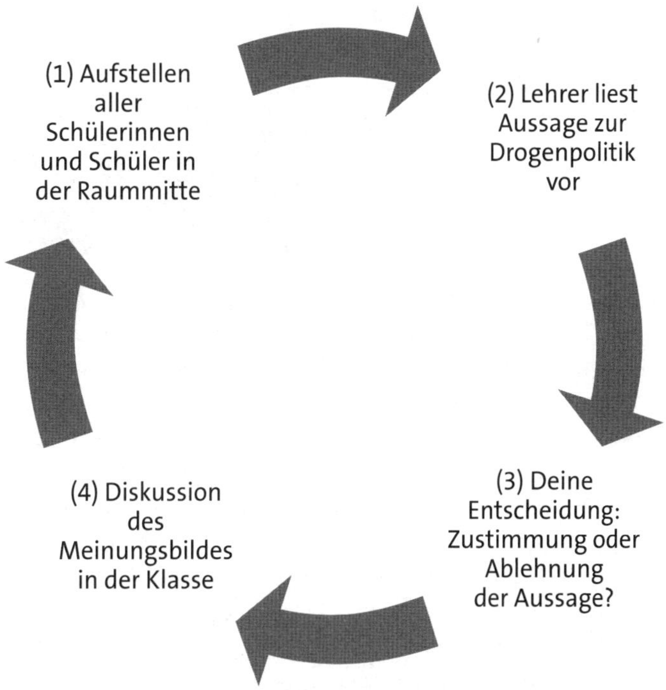

Arbeitsaufträge:

Führen Sie ein einfaches Entscheidungsspiel durch. Gehen Sie wie folgt vor:

(1) Vorbereitung: Räumen Sie Tische und Stühle an den Rand und teilen Sie den Klassenraum mit einem Kreppband in zwei Hälften. Hängen Sie in der einen Seite ein 'Ja'-Schild an die Wand und in der anderen ein 'Nein'-Schild.

(2) Spielbeginn: Stellen Sie sich gemeinsam mit Ihren Mitschülern in der Mitte auf das Kreppband.

(3) Spielverlauf: Die Lehrerin/Der Lehrer liest Aussagen zur Drogenpolitik vor. Hören Sie sich die jeweiligen Aussagen genau an und entscheiden Sie sich, ob Sie der Aussage zustimmen oder nicht. Je stärker Sie zur Zustimmung tendieren, desto näher stellen Sie sich an das 'Ja'-Schild und umgekehrt. Hinweis: Haben Sie Mut zu einer möglichst eindeutigen Entscheidung und wählen Sie nur im Ausnahmefall die Mitte.

(4) Spielauswertung: Diskutieren Sie nach jeder Aussage das Meinungsbild, das im Klassenraum sichtbar geworden ist.

Aussagen für das Entscheidungsspiel ***(nur für den Lehrer/die Lehrerin)***

- Die Möglichkeit, Drogen zu konsumieren, sollte jedem Menschen frei gestellt werden.
- Drogenkonsum schadet vor allem den Konsumenten selbst.
- Der Staat sollte den Handel mit harten Drogen (z. B. Heroin) grundsätzlich bestrafen.
- Der Staat sollte den Konsum harter Drogen (z. B. Heroin) grundsätzlich bestrafen.
- Durch das staatliche Drogenverbot werden Menschen in die Illegalität gedrängt.
- Eine Legalisierung illegaler Drogen führt zu einem Rückgang der Kriminalität.
- Drogenkonsumenten können nicht selbstständig entscheiden, was für sie gut ist.
- Eine Drogenlegalisierung führt zu 'Drogentourismus'.
- Auf einem legalen Drogenmarkt kann der Staat für Ordnung sorgen.

M 5 *Den Schwarzmarkt austrocknen*

In den meisten westlichen Ländern sind Besitz, Konsum und Handel harter Drogen unter Androhung von Strafen verboten. Begründet wird dies mit dem Interesse an Gesundheits- und Jugendschutz. Darüber hinaus soll die Gesellschaft vor den Folgen von Drogenkonsum (Beschaffungskriminalität) geschützt werden. In jüngster Zeit wird die absolute Verbotspolitik nicht nur durch die legale Abgabe des Ersatzstoffes Methadon, sondern auch durch die ab 2010 vorgesehene Aufnahme pharmazeutisch hergestellten Heroins im Therapiekatalog der Gesetzlichen Krankenversicherung aufgeweicht. Auch aus wirtschaftlicher Sicht macht dies Sinn.

Ein Verbot verknappt das Angebot und treibt dadurch den Schwarzmarktpreis in die Höhe. Zudem ist der Schwarzmarkt von Kartellen organisierter Kriminalität beherrscht, die aufgrund fehlenden Wettbewerbs Monopolpreise kassieren. Harte Drogen machen in der Regel süchtig. Deshalb wird die Nachfrage bei Preiserhöhungen umso weniger sinken, je weniger (preiswertere) Ersatzdrogen verfügbar sind. Diese Anreizstrukturen führen dazu, dass trotz Verbots Herstellung und Vertrieb von harten Drogen „attraktives Geschäftsfeld" bleiben. Da aufgrund des kartellierten Angebots auch kein Qualitätswettbewerb herrscht und Anbieter für ihre Produkte nicht haften, werden die gesundheitlichen Risiken für die Konsumenten zusätzlich erhöht. Auch dem Jugendschutz hilft die Verbotspolitik nicht wirklich. Zwar schrecken hohe Schwarzmarktpreise Erstkonsumenten ab, aber darauf reagieren die Anbieter mit Einstiegspreisen, die deutlich geringer sind als die Preise, die später Abhängige zahlen müssen.

Eine völlige Liberalisierung harter Drogen ist allerdings keine Alternative. Zwar würden die Preise durch den Markteintritt neuer Anbieter sinken und Wettbewerb die Produktqualität anheben. Aber gerade dies würde generell die Nachfrage stimulieren und den Jugendschutz in Frage stellen. Insofern kann ein Verbot harter Drogen für Jugendliche nicht fallen. Wenn zudem die Abhängigkeit von harten Drogen dazu führt, dass das Gros der Süchtigen in die Abhängigkeit von der Sozialhilfe getrieben wird, ist auch in einer liberalen Demokratie ein Drogenverbot legitim und ökonomisch sinnvoll.

Deshalb kommt als Alternative zur völligen Legalisierung nur die Lizenzierung des Konsums und des Angebots harter Drogen in Frage. Dabei erhalten ausschließlich Abhängige eine Konsumlizenz, die sie berechtigt, von einem ebenfalls lizenzierten Anbieter Drogen zu beziehen. Dies trocknet den Schwarzmarkt aus, weil zum einen Abhängige abwandern, da sie auf Rezept besser und billiger versorgt werden.

Zum anderen wird es für die organisierte Kriminalität uninteressant, Neukunden durch günstige Einstiegspreise zu gewinnen. Gemessen am hier skizzierten Vorschlag sind die jüngsten Reformen zwar noch zu restriktiv, aber sie gehen in die richtige Richtung.

Quelle: WAZ vom 17.8.2009. Rubrik: Der Montagsökonom. Autor: Helmut Karl.

Arbeitsauftrag:

Filtern Sie aus dem Text die ökonomischen Argumente heraus und erläutern Sie diese mit eigenen Worten.

Notizen:

....

....

....

M 6 *Drogen vom Staat?*

Aus ökonomischer Sicht sind Drogen knappe Güter. Wie andere Güter auch werden sie auf einem Markt gehandelt, der Angebot und Nachfrage über Preise koordiniert. Allerdings weist der Drogenmarkt eine Besonderheit auf: Ein Großteil der Nachfrage, nämlich die der bereits Süchtigen, reagiert äußerst preisunelastisch, das heißt, selbst bei starken Preiserhöhungen konsumieren sie nur geringfügig weniger. Zudem ist der Drogenmarkt illegal.

Die Ziele einer vernünftigen Drogenpolitik dürften sein: Schutz potentieller Erstkonsumenten, Schaffung menschenwürdiger Bedingungen für bereits Süchtige, Förderung des Entzugs für Ausstiegswillige, Schutz der Gesellschaft vor den Folgen des Drogenkonsums. Ganz offensichtlich wird keins dieser Ziele erreicht. Der Grund: Das Konzept, Drogen zu verbieten, ist schlicht verfehlt, weil es die Besonderheiten des Drogenmarktes, seine Logik, außer Acht läßt. Im Verbot stecken, ökonomisch betrachtet, drei Kardinalfehler.

Erstens: Handel und Konsum eines Gutes können nie völlig unterbunden werden – die Kosten wären exorbitant. Allerdings kann die Angebotsmenge verknappt werden. Auf dem Drogenmarkt trifft dann das reduzierte Angebot auf eine preisunelastische Nachfrage. Folglich steigen die Preise enorm, und den weitaus größten Teil des Marktumsatzes kassiert die Händlermafia – als Knappheitsprämie. Diese – vom Staat nicht gewollte, aber doch bewirkte – enorme Verdienstspanne bringt international agierende Verbrecherorganisationen ins Spiel. Milliardengewinne locken; gegen ein solches Kosten-Ertrags-Kalkül ist mit den üblichen Repressionen nicht anzukommen.

Zweitens: Wer süchtig ist, braucht den Stoff um fast jeden Preis und gerät dadurch in wirtschaftliche Not. Neben der Prostitution bleiben ihm meist nur zwei Möglichkeiten, die Sucht zu finanzieren: die Beschaffungskriminalität oder der Drogenhandel. Die so verursachten gesellschaftlichen Kosten sind hoch, das Leid der Süchtigen, die zu einem Leben im Ghetto verurteilt sind, ist groß.

Drittens: Die staatliche Drogenbekämpfung wird ungewollt zum eigentlichen Motor des Marktes, denn je strenger das Drogenverbot durchgesetzt wird, desto stärker steigt der Preis. Je höher der Drogenpreis, desto höher der Gewinn, desto größer das Interesse der organisierten Verbrecher an einer dynamischen Geschäftsentwicklung. Mit steigenden Preisen wächst aber auch der Druck auf die drogenabhängigen Dealer, neue Kunden zu gewinnen. Insofern sind diese noch als Täter die Opfer einer verfehlten Politik. [...]

Da die Gesetze des Drogenmarktes so völlig missachtet werden, verkehren sich die beabsichtigten Wirkungen des Verbots in ihr Gegenteil. Was aber derzeit so systematisch falsch gemacht wird, könnte man ebenso systematisch richtig machen – und zwar durch eine kontrollierte Teilliberalisierung des Drogenmarktes: Abhängige können ihre Drogen gegen eine Kostenerstattung auf Rezept vom Staat beziehen; der nichtstaatliche Handel bleibt weiterhin verboten. Generell könnten dann also alle Drogenkonsumenten ganz legal harte Drogen bekommen, wenn sie ein ärztliches Rezept haben. Wer zum ersten Mal Drogen in einer Apotheke haben will, muss vorher an einer intensiven Beratung teilgenommen haben. Um jugendlichen Leichtsinn im Umgang mit harten Drogen möglichst auszuschließen, kann man für den Erstkonsum ein Mindestalter festlegen. Für eine Übergangszeit sollte der Staat allerdings auch Minderjährige, die schon abhängig sind, mit Drogen versorgen. [...]

Quelle: Die Zeit, Ausgabe 10, 3.3.1989.
Autoren: Karl-Hans Hartwig und Ingo Pies.

Arbeitsauftrag:

Identifizieren Sie die wichtigsten ökonomischen Begriffe im Text und erläutern Sie diese knapp.

M 7 *Grundlegende Regeln für die Erstellung von Netzwerken*

Bei der Erstellung des Netzwerks sollten folgende Visualisierungsregeln beachtet werden.

Einflussrichtung darstellen

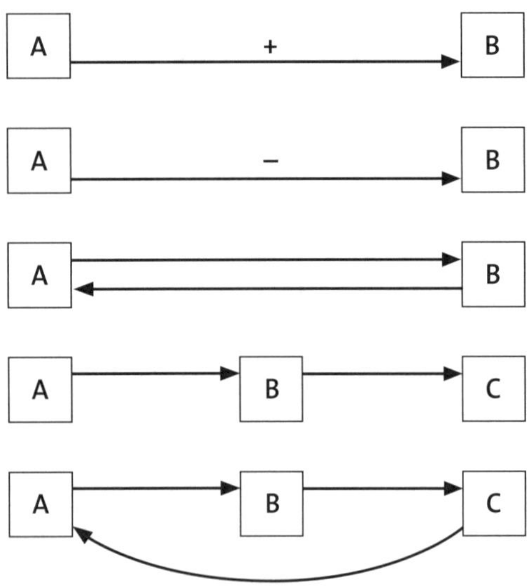

- je mehr A, desto mehr B/je weniger A, desto weniger B
- je mehr A, desto weniger B/je weniger A, desto mehr B
- Wechselwirkung (direkt) von A und B
- Indirekte Wirkung von A auf C
- Indirekte Wechselwirkung zwischen A und C

Quelle: Eigene Darstellung in Anlehnung an Pilz 2007.

Notizen:

M 8 *Netzwerk zu repressiven Maßnahmen auf dem Drogenmarkt*

repressive Drogenpolitik

Kosten der Drogenanbieter

Drogenpreise

Gewinne der Drogenanbieter

Ausmaß der Beschaffungs-kriminalität

Angebotsmenge

Zahl der Drogenanbieter

Nachfragemenge

Arbeitsaufträge:

1. Welche ökonomischen Auswirkungen sind bei einer *repressiven Drogenpolitik* zu erwarten?
2. Erstellen Sie mit den folgenden Elementen ein Netzwerk.

Diese Schritte helfen Ihnen bei dem Erstellen eines Netzwerkes:

(1) Zeichnen Sie dazu Pfeile zwischen all den Elementen ein, die sich untereinander beeinflussen.

(2) Mit Hilfe von Pluszeichen (je mehr/desto mehr bzw. je weniger/desto weniger) oder Minuszeichen (je mehr/desto weniger bzw. je weniger/desto mehr) können Sie die Art der Wechselwirkung bestimmen.

(3) Darüber hinaus haben Sie weitere Möglichkeiten das Netzwerk zu zeichnen. Beachten Sie dazu die Regeln für die Erstellung von Netzwerken **[M 7]**.

M 9 *Netzwerk zur Liberalisierung des Drogenmarktes*

liberale Drogenpolitik

Kosten der Drogenanbieter

Drogenpreise

Gewinne der Drogenanbieter

Ausmaß der Beschaffungs-kriminalität

Angebotsmenge

Zahl der Drogenanbieter

Nachfragemenge

Arbeitsaufträge:

1. Welche ökonomischen Auswirkungen sind bei einer *liberalen Drogenpolitik* zu erwarten?
2. Erstellen Sie mit den folgenden Elementen ein Netzwerk.

Diese Schritte helfen Ihnen bei dem Erstellen eines Netzwerkes:

(1) Zeichnen Sie dazu Pfeile zwischen all den Elementen ein, die sich untereinander beeinflussen.

(2) Mit Hilfe von Pluszeichen (je mehr/desto mehr bzw. je weniger/desto weniger) oder Minuszeichen (je mehr/desto weniger bzw. je weniger/desto mehr) können Sie die Art der Wechselwirkung bestimmen.

(3) Darüber hinaus haben Sie weitere Möglichkeiten das Netzwerk zu zeichnen. Beachten Sie dazu die Regeln für die Erstellung von Netzwerken **[M 7]**.

Christian Meyer-Heidemann

Die Kampagne für „Saubere" Kleidung – ein legitimer und wirksamer Ansatz zur Verbesserung von Sozialstandards in der Textilproduktion?

Öffentlicher Druck auf Unternehmen durch zivilgesellschaftliche Kampagnen

Hrsg. von Thomas Retzmann und Tilman Grammes

Informationen für Lehrende

Materialien für Lernende

Rote Karte für Markenartikler und Discounter im Einzelhandel? Und eine weiße Weste für „König Kunde"?

„Der Kunde ist König!" – von dieser Devise *sollen* sich Unternehmen in der Marktwirtschaft leiten lassen. Weil dieser sich nicht zuletzt am Preis orientiert, trifft der Werbeslogan „Geiz ist geil" den Nerv – nicht nur der Kunden mit leeren Geldbörsen. Schnäppchen machen es möglich, sich auch einmal etwas Teures zu leisten. Aus Kostengründen lassen selbst hochpreisige Markenartikler in Niedriglohnländern fertigen. Dort sind die *Umwelt- und Sozialstandards* auf so niedrigem Niveau, dass die Hersteller hierzulande kaum konkurrieren können. Und die Discounter geben sich gezielt das Image, ihre Kunden mit preisgünstigen Waren zu versorgen. Doch um welchen Preis sind deren Schnäppchenpreise möglich? Wer zahlt die Zeche? Ist „König Kunde" bereit, *Verantwortung* für die Sozial- und Umweltstandards bei der globalen Warenproduktion zu übernehmen?

Internationale Nichtregierungsorganisationen machen die Missstände in der globalen Zulieferkette öffentlich. Sie stellen renommierte Markenartikler an den Pranger und üben mit gezielten Kampagnen Druck aus. Die betroffenen Unternehmen fürchten um ihre Reputation und reagieren mit Ethik-Kodizes. Dieser ethos-Baustein thematisiert diese *warenethische Problemstellung* am Beispiel der Textil- und Bekleidungsbranche und der Clean Clothes Campaign. Er wirft Fragen auf wie:

- Mit welcher Legitimation stellen NGOs Markenhersteller an den Pranger, selbst wenn sich deren Zulieferer an die Gesetze in den Produktionsländern halten?
- Erreichen Anti-Unternehmens-Kampagnen mehr als nur kurzfristige Empörung? Mündet die Skandalisierung einzelner Missstände in dauerhaft wirksame Strukturen?
- Wie lässt sich eine bloße Imagekampagne von Marken- und Handelsunternehmen (Greenwashing) von echtem Engagement für bessere Umwelt- und Sozialstandards unterscheiden?
- Führt die betriebswirtschaftliche Strategie, Waren dort herstellen zu lassen, wo dies am günstigsten möglich ist, zu einem höheren Wohlstandsniveau für alle Menschen auf der Welt oder nur für Wenige?
- Nimmt ein besserer Schutz der Arbeitnehmer und ein höheres Lohnniveau in den Herstellungsländern den dort ansässigen Unternehmen ihren Standortvorteil im globalen Wettbewerb?

Die Lernenden beginnen mit dem selbstkritischen Blick in den eigenen Kleiderschrank und nehmen dann eine Bürgerperspektive ein. Aktuelle Falldarstellungen in unterschiedlichen Medien sollen die Öffentlichkeit und kritische Gegenöffentlichkeit herstellen. Besonders gut eignet sich dafür ein Klassenzimmer, das mit Smartboard zivilgesellschaftliche demokratische Öffentlichkeiten unmittelbar in der Lernumgebung abbilden kann. Mit optionaler Expertenbefragung oder Podiumsdiskussion am Schluss der Reihe können die Schülerinnen und Schüler sich selbst in den Bürgerdialog einmischen.

Lehrplanbezug. Die Möglichkeiten und Grenzen der politischen und ökonomischen Teilhabe können ebenso diskutiert werden wie die ethischen Anforderungen an die globale Rahmenordnung des Wirtschaftens und die bestehenden Defizite. In der Berufsausbildung im Einzelhandel sind wirtschafts- und warenethische Bezüge innerhalb der Lernfelder sogar durch den Rahmenlehrplan gefordert.

Transfer. Wie können globale warenethische Standards etabliert werden, wenn für die einzelnen Nationalstaaten Anreize bestehen, diese zu unterbieten? Der hier drohende „race to the bottom" ist exemplarisch und ermöglicht einen Transfer des Gelernten auf ähnlich gelagerte Problemstellungen, zum Beispiel die Besteuerung von Unternehmensgewinnen oder Standards für den Finanzsektor.

Thomas Retzmann und Tilman Grammes

Der Preis stimmt – aber für wen eigentlich?

Aufmerksamkeit vs. Gedankenlosigkeit. Wenn wir einkaufen, machen wir uns bei vielen importierten Produkten nur wenig Gedanken, unter welchen Bedingungen diese produziert wurden. Oft kommt es uns Verbrauchern vor allem darauf an, dass der Preis stimmt, wie es beispielsweise die Werbung des Textil-Discounters KiK verspricht. Dass wir als Kunde König sind, spüren wir dort und anderswo an den günstigen Preisen für T-Shirts, Jeans oder Sportschuhe. Gegen diese einseitige Preisorientierung wollen uns Nichtregierungsorganisationen (NGOs) mit unternehmenskritischen Kampagnen darauf aufmerksam machen, dass günstige Preise beim Discounter für andere ihren Preis haben. Texte wie der folgende sollen die Konsumenten aufklären:

„Unsere Kleidung wird zu rund 90 Prozent in Asien, Mittelamerika, Osteuropa und einigen Ländern Afrikas hergestellt. Die meisten Einzelhandelsunternehmen wie auch die Discounter Lidl und KiK lassen dort produzieren. Das ‚Alternative Movement for Resources and Freedom Society' (AMRF) untersuchte die Einkaufsstrategien von Discountern und die Arbeitsbedingungen bei sechs ausgewählten Lieferanten von Lidl und KiK in Bangladesch. Die Ergebnisse – massive Verletzungen von Arbeits- und Menschenrechten [...]. Durch den Konzentrationsprozess im Einkauf haben die Discounter eine gewaltige Macht entwickelt, durch die sie imstande sind, die Preise zu drücken, Lieferfristen zu kürzen und immer mehr Verantwortung auf ihre Lieferanten abzuschieben. Das Motto lautet: Billiger, schneller, flexibler, das Risiko sollen die Lieferanten tragen. Die Produzenten in Bangladesch stehen diesen großen Konzernen machtlos gegenüber. Sie geben den Druck weiter an die NäherInnen, auf deren Rücken letztlich der Kampf um die niedrigen Preise ausgetragen wird. Die NäherInnen arbeiten ohne Arbeitsverträge zu Niedrigstlöhnen, Überstunden werden nicht oder nicht korrekt bezahlt, das Recht sich zu organisieren, wird ihnen verwehrt. Frauen werden diskriminiert – sie werden von Vorarbeitern schlecht behandelt. Sie werden schlechter bezahlt als die Männer. [...] Was können wir dagegen tun? Die freiwilligen Selbstverpflichtungen der Handelskonzerne haben bisher zu keinen Verbesserungen der Arbeitsbedingungen geführt – sie sind das Papier nicht wert, auf dem sie stehen."

Quelle: Kampagne für ‚Saubere' Kleidung (Hrsg.): Wer bezahlt unsere Kleidung bei Lidl und KiK?
Eine Studie über die Einkaufspraktiken der Discounter Lidl und KiK und ihre Auswirkungen auf die Arbeitsbedingungen bei den Lieferanten in Bangladesch, o. O., 2008, S. 7

Transparenz und Druck. Die *Kampagne für Saubere Kleidung*, die Teil der internationalen *Clean Clothes Campaign (CCC)* ist, hat es sich zum Ziel gesetzt, die Arbeitsbedingungen in der Bekleidungsindustrie weltweit zu verbessern. Sie ist ein Beispiel dafür, wie Anti-Corporate Campaigns versuchen, Sozialstandards in der Warenproduktion durchzusetzen. Die an der Kampagne beteiligten Nichtregierungsorganisationen setzen dabei vor allem auf die Öffentlichkeit. Sie versuchen über die Herstellungsbedingungen aufzuklären, die global beschaffende Unternehmen gerne verschweigen. Die Strategie der Kampagne: Durch eine Veränderung des Konsumverhaltens möglichst vieler Verbraucher soll wirtschaftlicher Druck auf Textilhandelsunternehmen und ihre Lieferanten ausgeübt werden. Doch:

Führt dieses *Drohpotenzial* tatsächlich zu einer Verbesserung von Arbeitsbedingungen und Sozialstandards in der Bekleidungsindustrie?

Mit welcher *Legitimation* stellen NGOs Unternehmen an den Pranger, selbst wenn sich diese an die Gesetze in den Produktionsländern halten?

Haben *Konsumentinnen und Konsumenten* eine weiße Weste oder sind sie durch den Kauf von Waren nicht ebenso verantwortlich für die Bedingungen, unter denen diese hergestellt werden?

Welche Gestaltungsmöglichkeiten haben *Bürgerinnen und Bürger* auf globaler Ebene?

Problemfelder, Adressaten und Strategien der Clean Clothes Campaign

NUTZUNG VON KOSTENVORTEILEN. Global agierende Unternehmen versuchen ihre Beschaffung und Produktion geographisch so auszurichten, dass ihre Kosten minimiert werden. Der Grundsatz, Waren dort herstellen zu lassen, wo dies am günstigsten möglich ist, lässt sich durch die *Theorie komparativer Vorteile* erklären. Das Lohnniveau und die Sozialstandards sind dabei wesentliche Einflussfaktoren beim Standortwettbewerb **[M 2]**.

NACHFRAGEMACHT. Global beschaffende Textilhandelsunternehmen befinden sich in der Situation eines *Nachfrageoligopols*. Sie haben wegen der hohen Stückzahlen gegenüber den Lieferanten eine bedeutende *Marktmacht*. Während im nationalen oder europäischen Rahmen Kartellbehörden für die Missbrauchsaufsicht aufgrund marktbeherrschender Stellung zuständig sind, fehlt im globalen Warenhandel ein vergleichbares Ordnungsinstrument der Sozialen Marktwirtschaft. So können Handelsunternehmen ihre Marktmacht nutzen und ihre Forderungen nach Preissenkungen ggf. durch die Drohung unterstreichen, ansonsten bei einem anderen Lieferanten bzw. in einem anderen Land einzukaufen. Die Lieferanten, die ebenfalls Gewinne erzielen möchten, versuchen ihre Einsparungen vor allem bei den Lohnkosten vorzunehmen. Sie geben so den Kostendruck zu einem Großteil an ihre Arbeiterinnen und Arbeiter weiter. Da die Mitbestimmungsrechte und der gewerkschaftliche Organisationsgrad in vielen Betrieben gering sind, können sich die Arbeiter nicht wirksam dagegen wehren.

LOKALE ARBEIT – GLOBALES KAPITAL. Die globale Mobilität des *Kapitals* bei gleichzeitiger Lokalität des Produktionsfaktors *Arbeit* verschärft den internationalen Standortwettbewerb. Während Handelsunternehmen global beschaffen und investieren können, sind Arbeitnehmer mit ihrer Arbeitskraft lokal bzw. regional gebunden. Dies hat zur Schwächung von Arbeitnehmern und nationalen Gewerkschaften beigetragen. Daraufhin haben die Gewerkschaften begonnen, sich verstärkt auch international zu engagieren, zum Beispiel in der International Labour Organization (ILO) oder eben in der CCC.

UNMENSCHLICHKEIT. Das wirtschafts- und warenethische Problem dieser globalen Beschaffungspraxis im Textilsektor besteht darin, dass die Textilproduzenten in den Herstellungsländern oft Mindeststandards unterschreiten, die wir in Deutschland gesetzlich festgeschrieben haben. Die *Universalität der Menschenwürde* gebietet es, dass bei den minimalen Anforderungen an Sozialstandards nicht mit zweierlei Maß gemessen werden darf. Kritiker fordern daher, dass niedrigere Standards in den Herstellungsländern den Arbeiterinnen und Arbeitern dennoch ein *menschenwürdiges Leben* ermöglichen müssen.

MODERNER PRANGER. Viele Textilhandelsunternehmen in Deutschland versuchen dieses warenethische Problem zu verschleiern. Es werden zwar Kontrollen (Audits) in den Produktionsstätten der Lieferanten durchgeführt, deren Ergebnisse werden jedoch nur sehr selten veröffentlicht. Viele Unternehmen halten ihre Lieferanten und deren Produktionsstätten sogar geheim (vgl. Klawitter 2009). Nichtregierungsorganisationen versorgen durch unternehmenskritische Kampagnen die Öffentlichkeit mit entsprechenden Informationen. Im Textilsektor klärt etwa das europäische Aktionsbündnis *CCC*, gegründet 1990 in den Niederlanden, über die Herstellungsbedingungen auf. Die weitgehend autonome deutsche Teilinitiative *Kampagne für Saubere Kleidung* (seit 1996) wird von 20 Organisationen getragen, darunter Kirchen und Gewerkschaften (vgl. www.saubere-kleidung.de). Um ihren Forderungen Nachdruck zu verleihen, greifen die Kampagnen immer wieder auf das Mittel der *Skandalisierung* zurück. „Häufig wird gezielt ein bekanntes Unternehmen exemplarisch herausgegriffen und an den Pranger einer kritischen Öffentlichkeit gestellt" (Baringhorst et al. 2010: 11). Die Kampagnen sind dabei zeitlich begrenzt und orientieren sich am allgemeinen öffentlichen Interesse: So werden etwa Sportartikelhersteller insbesondere während sportlicher Großereignisse (Fußball-WM, Olympische Spiele) medienwirksam kritisiert.

AUFKLÄRUNG DER KONSUMENTEN. Während bestimmte Qualitätsmerkmale von Kleidungsstücken leicht beurteilt werden können, sind ihnen die Herstellungsbedingungen nicht anzusehen. Durch diese versteckten Produkteigenschaften werden Kleidungsstücke zu Vertrauensgütern. Daher setzt die Kampagne für Saubere Kleidung zunächst bei der Aufklärung über die Bedingungen bei der Textilproduktion in Schwellen- und Entwicklungsländern an und versucht, *Informationsasymmetrien* zu beseitigen. Dies soll die Konsumenten zu einem veränderten Kaufverhalten bewegen: Sie sollen Kleidung nicht nur nach Preis und Qualität, sondern auch nach den in der Produktion berücksichtigten Sozialstandards auswählen. Die Kampagne verzichtet bewusst auf *Boykott*-Aufrufe, da eine sinkende Nachfrage letztlich den Produzenten und deren Arbeiterinnen und Arbeitern schadet. Die Hoffnung der NGOs: Eine wachsende Nachfrage nach Kleidungsstücken, die strengeren Standards genügen, bringt die Textilunternehmen dazu, auf die Einhaltung dieser Standards bei ihren Lieferanten zu achten. Diese gezielte Unterstützung eines Unternehmens heißt *Buykott*. Ob Konsumenten tatsächlich von ihrem Sanktions- bzw. Belohnungspotenzial Gebrauch machen, ist nicht nur eine Informations-, sondern auch eine Kostenfrage. Je geringer der Preisunterschied für Produkte mit höheren Standards ausfällt, desto eher wirkt sich eine Aufklärungskampagne auf das Konsumverhalten aus.

Mobilisierung der Bürger. Gleichzeitig wendet sich die Kampagne für Saubere Kleidung an ihre Adressaten als Bürger. Sie sollen informiert und mobilisiert werden, damit sie sich für verbesserte Sozialstandards einsetzen. Die Bürger können sich durch die Beteiligung an verschiedenen Aktionen engagieren, zum Beispiel Protestkundgebungen vor Filialen von Handelsunternehmen, Demonstrationen, Verteilen von Informationsmaterial oder Protestmails. Eine weitere Möglichkeit der Unterstützung sind Spenden für die an der Kampagne mitwirkenden NGOs. In einer wichtigen Teilhabemöglichkeit aber stößt das bürgerschaftliche Engagement im Fall der globalen Textilindustrie an die Grenzen des Nationalstaats. Ginge es um die Arbeitsbedingungen in Deutschland, könnten die Bürger durch politische Beteiligung an Wahlen oder Kontaktaufnahme zu Abgeordneten Einfluss auf die nationale Gesetzgebung nehmen. Doch global besteht keine direkte Teilhabemöglichkeit an der nationalen Gesetzgebung in den Herstellerländern. Daher bleibt die Einflussnahme auf die Regierungen in den Herstellerländern durch internationale Organisationen wie die ILO und eben international vernetzte Kampagnen wie die CCC die bedeutendste globale Teilhabemöglichkeit.

Dialog mit Unternehmen. Die Kampagne für Saubere Kleidung sucht zudem den Dialog mit den Textilhandelsunternehmen in Deutschland, um diese davon zu überzeugen, verstärkt auf die Einhaltung von Sozialstandards bei ihren Lieferanten zu achten. Vereinzelt entstehen daraus gemeinsame Initiativen und Pilotprojekte; eine langfristige, strukturelle Änderung lässt sich jedoch bislang nicht feststellen.

Recherche vor Ort. Nicht zuletzt leisten die NGOs durch die Finanzierung von Recherchen vor Ort Aufklärungsarbeit. Lieferanten werden ausfindig gemacht und die dort beschäftigten Arbeitnehmer zu ihren Arbeitsbedingungen interviewt. So kann die CCC ihre Expertise internationalen Organisationen wie auch lokalen Gewerkschaften Verfügung stellen. Außerdem werden Arbeiterinnen über ihre Rechte aufgeklärt und lokale Initiativen zur Gründung von Gewerkschaften oder Betriebsräten unterstützt.

Reaktionen von Unternehmen. Textilhandelsunternehmen sind sich zunehmend ihrer Reputationsanfälligkeit bewusst geworden und haben auf die vermehrte öffentliche Aufmerksamkeit für die Produktionsbedingungen von Kleidung reagiert. Zum einen gehen Unternehmen durch Verhaltenskodizes (engl.: code of conduct) Selbstverpflichtungen ein, ihre Lieferanten bezüglich Sozialstandards auszuwählen und deren Einhaltung zu kontrollieren. Zum anderen versuchen Bekleidungsunternehmen durch soziale Projekte in den Produktionsländern sowohl die dortigen Bedingungen als auch gleichzeitig das Image des Unternehmens zu verbessern. Als Reaktion auf Anti-Corporate Campaigns veröffentlichen Unternehmen diese Bemühungen in Berichten über ihre Corporate Social Responsibility (CSR).

Watchdog. Nichtregierungsorganisationen kritisieren die Aktionen der Unternehmen als *Greenwashing*. In Wirklichkeit hätten die Unternehmen kein Interesse an verbesserten Sozialstandards, sondern würden sich lediglich um ihren guten Ruf sorgen. Immer wieder berichten Arbeiterinnen hinter vorgehaltener Hand, dass es sich bei den Bemühungen der Arbeitgeber nur um Vorzeigeprojekte handele, um die Audits zu bestehen. Kritik der NGOs entzündet sich vor allem daran, dass die Textilunternehmen die Ergebnisse dieser Lieferanten-Kontrollen nicht veröffentlichen.

Ein Beispiel für eine erfolgreiche Tätigkeit als *watchdog* (Wachhund): Nach einer Klage der Verbraucherzentrale Hamburg, die sich unter anderem auf Material der CCC stützte, musste der Discounter Lidl Werbung für soziale Produktionsbedingungen seiner Textilien unterlassen. Lidl hatte damit geworben, sich weltweit für faire Arbeitsbedingungen einzusetzen; die CCC hatte hingegen massive Verstöße gegen die angeblich eingehaltenen Sozialstandards aufgedeckt.

MEDIALE ÖFFENTLICHKEIT. Grundsätzlich nutzen Anti-Corporate Campaigns zwei Strategien zur Erzeugung von Öffentlichkeit: Zum einen versuchen NGOs, dass herkömmliche Medien wie TV, Rundfunk und Zeitungen über ihre Kampagnen berichten. Hierzu dienen spektakuläre Inszenierungen des Protests, aber auch Pressemitteilungen und Pressekonferenzen. Zum anderen entwickeln die NGOs selbst alternative Medien, zum Beispiel Informationsmaterial, Flyer und Websites, um so eine Gegenöffentlichkeit zu konstituieren. Die medial vermittelte Öffentlichkeit des Internets eröffnet dabei insbesondere in der konfrontativen Adressierung von Unternehmen durch Social Media, Smartmobs oder Protestmails neue Möglichkeiten und gewinnt aufgrund der schnellen, globalen Verbreitungsmöglichkeit von Informationen immer mehr an Bedeutung.

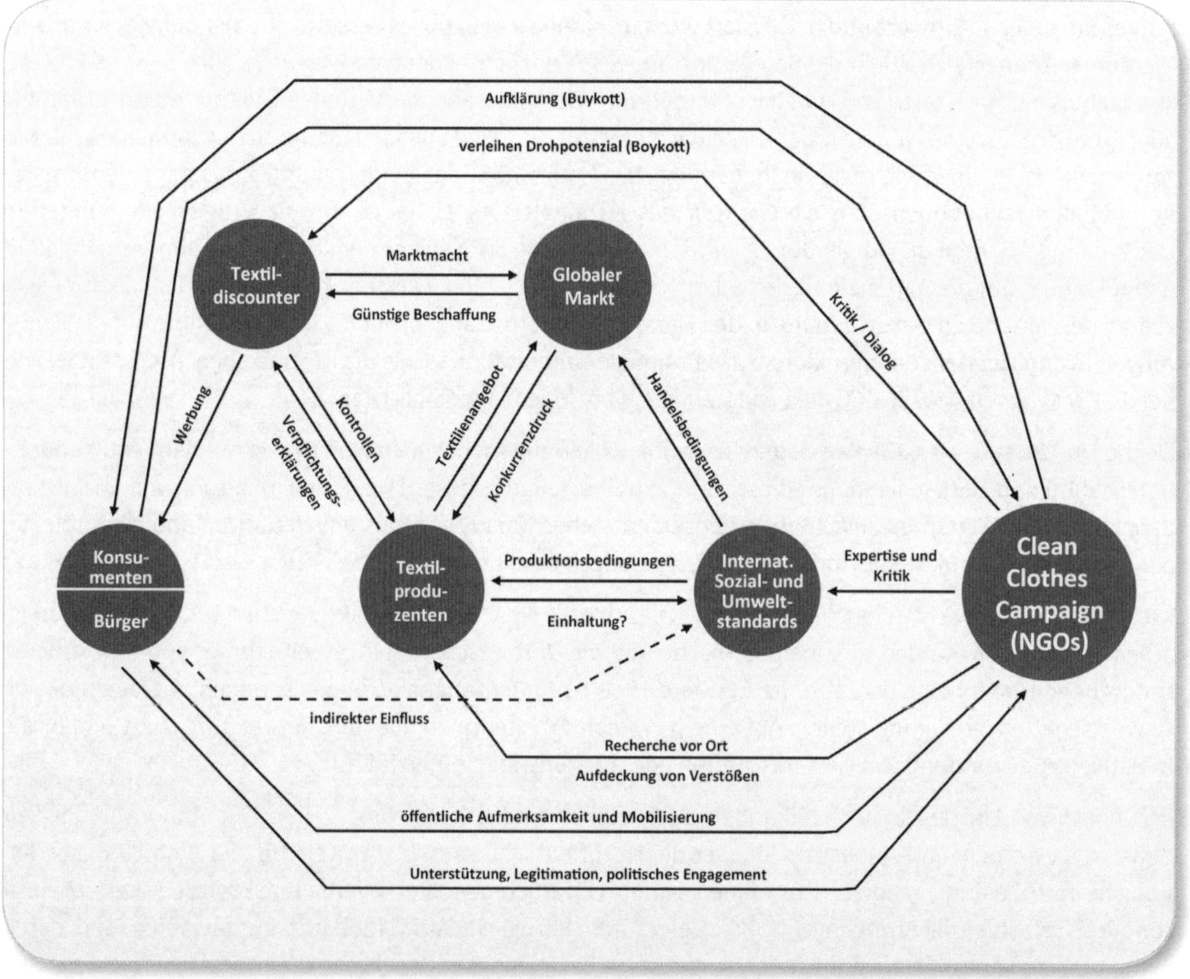

Abbildung 1: Die Durchsetzung von Sozialstandards im Wirkungs- und Beziehungsgeflecht der Akteure
Quelle: Eigene Darstellung in Anlehnung an Retzmann 2006: 298.

Unterrichtsplanung: Kompetenzförderung für Konsumenten und Bürger

BÜRGERPERSPEKTIVE. Schülerinnen und Schüler sollen erkennen, dass politische Beteiligung einen öffentlichen Diskurs voraussetzt und auf welche Art und Weise Nichtregierungsorganisationen diesen Diskurs befördern. Die Perspektive geht über einen Beobachterstatus hinaus: Schülerinnen und Schüler sollen schwerpunktmäßig eigene politische Teilhabemöglichkeiten als Bürger erkennen und lernen, diese hinsichtlich ihres Erfolges auch jenseits des Nationalstaats zu bewerten. Die Handlungsmöglichkeiten als Konsumenten werden aber nicht ausgeblendet. Durch die Gegenüberstellung von Bürger- und Konsumentenperspektive lassen sich die widerstreitenden Interessen jedes Einzelnen analysieren und die Teilhabemöglichkeiten auf globaler Ebene als Bürger und Konsument beurteilen (vgl. Meyer 2009: 71 ff.).

Kompetenzförderung. Die Thematik eignet sich, „Globalisierungsgewinner und -verlierer identifizieren und Möglichkeiten wirtschaftspolitischer Beeinflussung und internationaler Kooperation analysieren und beurteilen" (DeGÖB 2009: 7) zu lernen. Insbesondere durch die ethische Dimension fördert die Unterrichtssequenz Kompetenzen im Bereich *Konflikte perspektivisch und ethisch beurteilen*. Es lassen sich „Möglichkeiten und Grenzen staatlichen Handelns zur Gewährleistung von Effizienz, Nachhaltigkeit und Gerechtigkeit an ausgewählten Beispielen erörtern" (DeGÖB 2009: 8), „die Interdependenz politischer und wirtschaftlicher Freiheit begründen und deren Auswirkungen auf die Lebenssituation der Menschen evaluieren", ebenso „gemeinsame, konkurrierende und konfligierende Interessen erkennen" (ebd.).

Im Kompetenzbereich *Politische Urteilskraft* ermöglicht es dieser ethos-Baustein, exemplarisch „Logiken und Mechanismen medialer Politikinszenierung zu entschlüsseln (zum Beispiel mediale Inszenierung von Politik, Agenda-Setting, Meinungsbildung, Skandalisierung)" (GPJE 2004: 25). Im Bereich *Politische Handlungsfähigkeit* werden schließlich Kompetenzen gestärkt, „verschiedene Formen politischen Engagements für eine konkrete politische Situation vorschlagen (zum Beispiel Parteien, Verbände, Nichtregierungsorganisationen, Bürgerinitiativen, ggf. Bürger-/Volksentscheide, Klagerechte) und ggf. realisieren" (GPJE 2004: 25 f.) zu können.

Exemplarität. Die Kampagne für Saubere Kleidung dient als *Beispiel* dafür, wie sich NGOs um die globale Etablierung und Kontrolle von Sozialstandards bemühen. Die daran erkennbaren Strukturen und Strategien sind *idealtypisch* für global agierende NGOs. Die Problemlage der Etablierung globaler warenethischer Standards, bei denen für die einzelnen Nationalstaaten Anreize bestehen, diese durch weniger strenge Gesetze zu unterbieten (Gefahr eines *race to the bottom*), ist exemplarisch für ähnlich gelagerte Problembereiche, zum Beispiel Umweltstandards, die Besteuerung von Unternehmensgewinnen oder Standards für die Bankenaufsicht. Die Frage nach der Reichweite der Verantwortung für das eigene Handeln, die am Beispiel der globalen Textilindustrie aufgeworfen wird, begegnet Schülerinnen und Schülern zum Beispiel beim Thema Fair-trade und in weiteren *Dilemmasituationen* wie etwa dem Klimaschutz.

Curriculare Einbettung. Es besteht eine thematische Nähe zu den Möglichkeiten und Grenzen politischer und ökonomischer Teilhabe auf nationaler und globaler Ebene, ebenso zum Thema *Nachhaltiger Konsum*. Wird der Fokus auf die Rahmenordnung des Wirtschaftens gelegt, kann der Baustein im Kontext der Globalisierung bis hin zu Anforderungen an eine Weltwirtschaftsordnung und deren Defizite stehen.

Lernvoraussetzungen. Die Schülerinnen und Schüler sollten grundlegende Faktoren der Preisbildung auf Güter- und Arbeitsmärkten erläutern sowie die Bedeutung arbeitsrechtlicher Rahmenbedingungen und die Funktion von Gewerkschaften für die Soziale Marktwirtschaft erklären können, um die Kritik der Kampagne inhaltlich bewerten zu können. Allgemeine Kenntnisse über Arbeitsweisen und Strategien von NGOs sind hilfreich, aber keine notwendige Voraussetzung.

Aktualität. Das Thema unterliegt wiederkehrender Aktualität. In den Unterrichtsmaterialien wird daher auf aktuelle und authentische Materialien aus dem Internet zurückgegriffen. Die angegebenen Links sind als Anregung für die eigene Aufgabengestaltung zu verstehen und müssen unbedingt vor dem Einsatz im Unterricht überprüft bzw. durch aktuellere Materialien ersetzt werden.

Unterrichtsverlauf

Problemorientierung. Zum Einstieg können Schülerinnen und Schüler die Herkunft ihrer eigenen Kleidung recherchieren **[M 1]**. Ein kurzer Text **[M 2]** liefert die Begründung, warum Kleidung überwiegend in Schwellen- und Entwicklungsländern hergestellt wird. Zur Veranschaulichung der dortigen Produktionsbedingungen kann die ARD-Reportage „Die KiK-Story" angesehen und ein Kommentar zum Bericht diskutiert werden **[M 3]**. Ein authentisches Informationsmaterial der *Kampagne für Saubere Kleidung* **[M 4]** soll den Schülerinnen und Schülern sowohl Inhalt als auch Form der Kampagne vorstellen. Ein Pressebericht **[M 5]** dient der weiteren Informationsgewinnung und Vertiefung. Die Bemühungen der Unternehmen in Form von Selbstverpflichtungen und Audits können exemplarisch für den Textildiscounter KiK **[M 6]** analysiert werden. Die Effektivität von Selbstverpflichtungen sollen die Schülerinnen und Schüler anhand eines von der Kampagne über das Internet verbreiteten Videos **[M 7]** kritisch bewerten. Die Probleme lokaler Initiativen in Bangladesch werden analysiert **[M 8]**.

EXPERTENBEFRAGUNG. Um genauere Einblicke in die Arbeit der beteiligten NGOs zu bekommen, aber auch kritische Distanz zu ihrer Wirksamkeit einnehmen zu können, bietet sich zum Abschluss der Unterrichtseinheit eine Expertenbefragung oder die Organisation einer Podiumsdiskussion mit Vertretern von NGOs und Unternehmen an. Methodische Anregungen dafür geben Loerwald (2011) und Massing (2003). Der nötige zeitliche Vorlauf von Praxiskontakten ist zu beachten. Bei der Vor- und Nachbereitung helfen die Checklisten **[M 9, M 10]**.

Literatur

Baringhorst, Sigrid/Kneip, Veronika/März, Annegret/Niesyto, Johanna (2010): Unternehmenskritische Kampagnen. Politischer Protest im Zeichen digitaler Kommunikation. Wiesbaden.

Deutsche Gesellschaft für ökonomische Bildung (Hrsg.) (2009): Kompetenzen der ökonomischen Bildung für allgemein bildende Schulen und Bildungsstandards für den Abschluss der gymnasialen Oberstufe, www.degoeb.de.

Gesellschaft für Politikdidaktik und politische Jugend- und Erwachsenenbildung (Hrsg.) (2004): Anforderungen an Nationale Bildungsstandards für den Fachunterricht in der Politischen Bildung an Schulen. Ein Entwurf. 2. Aufl., Schwalbach/Ts.

Klawitter, Nils (2009): Wie teuer ist billig? In: Der Spiegel 40/2009: 74 ff., http://www.spiegel.de/spiegel/print/d-67036841.html (zuletzt abgerufen am 1.1.2014).

Loerwald, Dirk (2011): Praxiskontakte Wirtschaft. In Retzmann, Thomas (Hrsg.): Methodentraining für den Ökonomieunterricht. 2. Aufl., Schwalbach/Ts., S. 81-100.

Massing, Peter (2003): Die Expertenbefragung. In: Frech, Siegfried/Kuhn, Hans-Werner/Massing, Peter (Hrsg.): Methodentraining für den Politikunterricht. 4. Aufl., Schwalbach/Ts., S. 227-238.

Meyer, Christian (2009): Teilhabe durch Konsum? Ökonomische und politische Bildung zwischen Konsumentenrolle und Bürgerexistenz. In: Seeber, Günther (Hrsg.): Befähigung zur Partizipation. Gesellschaftliche Teilhabe durch ökonomische Bildung. Schwalbach/Ts., S. 71-88.

Retzmann, Thomas (2006): Didaktik der berufsmoralischen Bildung in Wirtschaft und Verwaltung. Eine fachdidaktische Studie zur Innovation der kaufmännischen Berufsbildung. Norderstedt.

Internet

www.cleanclothes.org

www.saubere-kleidung.de

www.kik-textilien.de

Praxispartner

Als mögliche Praxispartner kommen alle an der Kampagne für Saubere Kleidung beteiligten NGOs in Betracht. Kontaktdaten finden sich auf der Homepage der Kampagne unter www.saubere-kleidung.de → Wer wir sind → Struktur. Ebenfalls findet sich auf der Homepage eine Liste der kritisierten Unternehmen, so dass eine Kontaktaufnahme zu Unternehmensvertretern erfolgen kann.

M 1 *Vorbereitende Hausaufgabe: Die Kleiderschrank-Recherche*

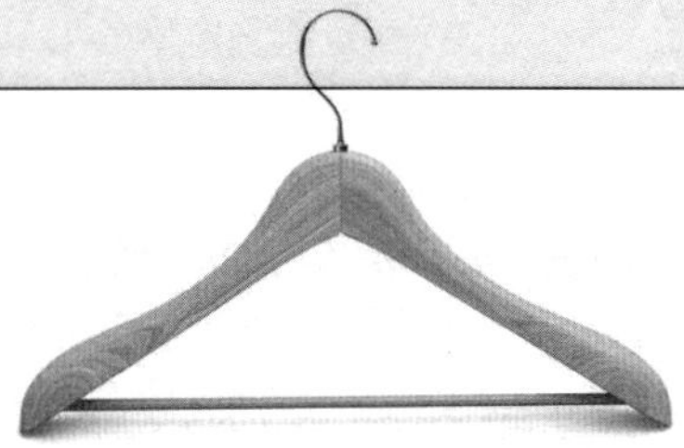

Arbeitsauftrag:

Werfen Sie einen Blick in Ihren Kleiderschrank. Finden Sie anhand der Etiketten in den Kleidungsstücken heraus, wo diese produziert wurden. Tragen Sie die Länder und die jeweilige Anzahl der dort hergestellten Kleidungsstücke in einer Tabelle zusammen.

Notizen:

Hinweis:

Diese Hausaufgabe ermöglicht den Einstieg ins Thema und kann als Vorbereitung auf die erste Stunde der Unterrichtseinheit dienen. Im Unterricht können die Daten der Schülerinnen und Schüler statistisch zusammengefasst und graphisch dargestellt werden. Das Europäische Parlament hat im Mai 2011 eine einheitliche europäische Kennzeichnung beschlossen. Laut neuer EU-Verordnung soll diese für nicht in der EU hergestellte Textilprodukte auf freiwilliger Basis erfolgen. Es sind jedoch auch Fälle von Falschetikettierungen bekannt geworden. Die begrenzte Aussagekraft der Etiketten über das tatsächliche Herstellungsland kann im weiteren Verlauf der Unterrichtseinheit thematisiert werden.

M 2 *Absolute und komparative Kostenvorteile*

Global agierende Unternehmen versuchen ihre Beschaffung und Produktion geographisch so auszurichten, dass ihre Kosten minimiert werden. Die Beschaffungsstrategie von Textilhandelsunternehmen, Kleidung dort auf der Welt produzieren zu lassen, wo die Herstellungskosten am geringsten sind, nutzt *absolute* Kostenunterschiede zwischen verschiedenen Standorten. Ein geringerer Stundenlohn für Näherinnen verursacht geringere Herstellungskosten als in den Industrieländern und macht es für global agierende Textilhandelsunternehmen rentabel, Textilien in Schwellen- und Entwicklungsländern zu beschaffen. Dies hat zu einer Intensivierung der internationalen Arbeitsteilung geführt. Als Folge wird in Deutschland verkaufte Bekleidung fast ausschließlich in Schwellen- und Entwicklungsländern hergestellt.

Die Spezialisierung verschiedener Länder in der globalen Warenproduktion lässt sich zudem durch die Theorie *komparativer* Vorteile erklären, wenn man modellhaft die Produktionsfaktoren Arbeit und Kapital in einem Land miteinander vergleicht. Das Verhältnis der Preise von Arbeit (= Lohn) und Kapital (= Zins) ist in den einzelnen Ländern unterschiedlich: In den Industrieländern sind die Löhne in Relation zu den Zinsen hoch; in Schwellen- und Entwicklungsländern sind die Löhne in Relation zu den Zinsen niedrig. Diese unterschiedlichen Faktorpreisrelationen führen dazu, dass in den Industrieländern (relativ hohes Lohnniveau, relativ gute Infrastruktur, relativ gut ausgebildete Fachkräfte) *kapitalintensive* Forschungs- und Entwicklungsleistungen rentabel sind, während Schwellen- und Entwicklungsländer (deutlich geringeres Lohnniveau) einen *komparativen* (vergleichsweisen) Vorteil bei der *arbeitsintensiven* Massenproduktion haben, zum Beispiel dem Nähen von Kleidungsstücken. Die Theorie komparativer Vorteile besagt, dass sich ein Land auf diejenige Produktion spezialisiert, bei der es vor allem seinen vergleichsweise günstigen Produktionsfaktor einsetzen kann und daher geringere Opportunitätskosten hat. Die auf diese Weise relativ günstig hergestellten Güter werden exportiert und andererseits diejenigen Güter, die vor allem den vergleichsweise teureren Produktionsfaktor benötigen, importiert.

Die Theorie komparativer Vorteile belegt, dass durch die Spezialisierung zwischen kapitalintensiven und arbeitsintensiven Produkten insgesamt eine Wohlfahrtssteigerung auftritt. In welchem Verhältnis die beteiligten Länder von diesen Wohlfahrtsgewinnen profitieren, hängt von vielen Faktoren (unter anderem dem Innovationspotenzial des Produkts) ab. Die Wohlfahrtsgewinne können jedoch dazu führen, dass in den Schwellen- und Entwicklungsländern das Lohnniveau langfristig ansteigt und sich die materiellen Lebensbedingungen verbessern.

Neben dem Lohnniveau spielen auch so genannte Sozialstandards eine entscheidende Rolle für die Auswahl eines Produktionsstandortes. Sozialstandards beinhalten zum Beispiel die maximale Wochenarbeitszeit, den Kündigungsschutz, die Lohnfortzahlung im Krankheitsfall, die Sicherheit am Arbeitsplatz und etliche weitere Arbeitnehmerrechte. In vielen Fällen sind die Sozialstandards in Schwellen- und Entwicklungsländern deutlich niedriger als in Industrieländern. Für global handelnde Textilunternehmen ist es rentabel, ihre Handelswaren in Ländern mit niedrigeren Sozialstandards produzieren zu lassen, da die Einhaltung geringerer Standards für die Unternehmen geringere Kosten bedeutet.

Zwischen verschiedenen Schwellen- und Entwicklungsländern kann es zu einer Konkurrenzsituation kommen. Denn zur Steigerung ihres Wohlstandsniveaus sind sie auf Direktinvestitionen und Exporte sowie die Arbeitsplätze in den Exportindustrien angewiesen. Es entsteht ein Standortwettbewerb um die Produktionsstandorte der Textilhandelsunternehmen. Diese Wettbewerbssituation kann dazu beitragen, dass Arbeiterinnen und Arbeiter oft nur dürftig durch nationale Gesetze sozial abgesichert werden. Ein besserer Schutz der Arbeiterschaft oder ein höheres Lohnniveau können im globalen Wettbewerb einen Standortnachteil für das jeweilige Land bedeuten.

Arbeitsaufträge:

1. Erklären Sie in eigenen Worten die Theorie komparativer Vorteile und begründen Sie, warum Textilien vorwiegend in Schwellen- und Entwicklungsländern produziert werden.
2. Erläutern Sie, warum höhere Sozialstandards einen Wettbewerbsnachteil im internationalen Standortwettbewerb bedeuten können.

M 3 *Das KiK-Geschäftsmodell – Stoff für eine Story?*

Schauen Sie sich den ARD-Bericht „Tod in der Fabrik: der Preis für billige Kleidung" an unter

http://www.youtube.com/watch?v=U4FmWsWtlQQ

Weitere Informationen können Sie der Dokumentation „Die KiK-Story" unter folgenden Links entnehmen:

a) http://www.youtube.com/watch?v=Cd2pze9YRys

b) http://www.youtube.com/watch?v=v-hGuVAPP7w

Arbeitsaufträge:

1. Beschreiben Sie, unter welchen Bedingungen die Kleidungsstücke hergestellt werden.
2. In einem Internet-Kommentar zu einem Video über die Arbeitsbedingungen in Bangladesch schreibt eine Nutzerin: *„Wer jetzt noch bei KiK einkaufen geht, ist echt das Letzte!"*
   Diskutieren Sie diesen Kommentar und thematisieren Sie auch die Möglichkeiten, Ihr eigenes Konsumverhalten zu verändern. Beurteilen Sie die Folgen, die ein Boykott der so produzierten Kleidung haben könnte.

Notizen:

M 4 *Sparpreise durch Ausbeutung?*

Schauen Sie sich den Prospekt der Kampagne für Saubere Kleidung an unter

http://www.saubere-kleidung.de/images/05_pdf/2010/2010-09-27_Aldi-ishopfair.pdf

Arbeitsaufträge:

1. Beschreiben Sie den abgewandelten Werbeprospekt.
2. Erklären Sie, worauf die Kampagne mit diesem Informationsmaterial aufmerksam machen möchte.
3. Beurteilen Sie die Strategie, die hinter dem abgewandelten Werbeprospekt steckt.

Notizen:

M 5 *Made in Bangladesch, aber unter welchen Bedingungen?*

Lesen Sie den Beitrag von Spiegel-Online vom 27. November 2008 unter

http://www.spiegel.de/wirtschaft/0,1518,592711,00.html sorgfältig.

Arbeitsaufträge:

1. Stellen Sie durch eine geeignete Grafik dar, wie groß der prozentuale Anteil der einzelnen Kostenfaktoren am Verkaufspreis eines T-Shirts ist. Beurteilen Sie, wie sich eine Lohnerhöhung in der Produktion auf den Verkaufspreis auswirken würde.
2. Beschreiben Sie, wie die von der Clean Clothes Campaign kritisierten Unternehmen auf die öffentliche Kritik reagieren.

Notizen:

M 6 *KiK – verantwortungsvoll und nachhaltig?*

Lesen Sie den Verhaltenskodex (Code of Conduct) und die Broschüre zur Unternehmensverantwortung (Corporate Social Responsibility) des Textilunternehmens KiK.

http://www.kik-textilien.com/unternehmen/de/verantwortung/lieferanten/

http://www.kik-textilien.com/unternehmen/de/verantwortung/nachhaltigkeit/

Arbeitsaufträge:

1. Beschreiben Sie, wie der Textildiscounter KiK seiner Unternehmensverantwortung gerecht zu werden versucht.
2. Beurteilen Sie, welche Auswirkung die Veröffentlichung von CSR-Broschüren und Verhaltenskodizes auf das Konsumverhalten hat.

Notizen:

M 7 *Selbstverpflichtungen – nichts weiter als Schönfärberei? (Videoclip)*

Schauen Sie sich den Videoclip der Kampagne für Saubere Kleidung an unter:

http://www.youtube.com/watch?v=2JomPtm00yU

Arbeitsaufträge:

1. Beschreiben Sie, welche Aussagen der Videoclip zur Wirksamkeit von Selbstverpflichtungen von Unternehmen macht.
2. Beurteilen Sie die Aussagen sowohl inhaltlich als auch deren Darstellungsform.
3. Diskutieren Sie, welche Alternativen es zu den Selbstverpflichtungen von Unternehmen gibt, um die Sozialstandards bei der Produktion für die Konsumenten transparent zu machen.

Notizen:

M 8 *Vor Ort in Bangladesch: Wenn Gewerkschaften nicht streiken dürfen ...*

Lesen Sie das Interview mit zwei Näherinnen aus Bangladesch unter

http://www.nosweat.org.uk/story/2009/02/02/interview-struggle-bangladeshi-garment-workers

Arbeitsaufträge:

1. Schlagen Sie wesentliche Ihnen unbekannte Vokabeln im Wörterbuch nach.
2. Erklären Sie, vor welchen Problemen Näherinnen in Bangladesch stehen, wenn sie sich in Gewerkschaften organisieren und öffentlich für bessere Arbeitsbedingungen protestieren wollen.

Notizen:

M 9 *Vorbereitung einer Expertenbefragung oder Podiumsdiskussion*

Durch eine Expertenbefragung oder eine Podiumsdiskussion können Sie vertiefte Einblicke in Problemfelder und Strategien der Kampagne für Saubere Kleidung und die Reaktionen von Unternehmen bekommen. Dafür sollten Sie zunächst grundlegende Entscheidungen für Ihr weiteres Vorgehen mit Hilfe der nachfolgenden Checkliste treffen.

- Welche Fragen und Probleme sind nach dem bisherigen Unterrichtsverlauf noch offen? Auf welche Fragen erhoffen Sie sich Antworten von den Experten?
- Welche Expertinnen und Experten können Ihre Fragen beantworten und stehen für ein Gespräch zur Verfügung?
- Möchten Sie mit möglichen Experten persönliche Gespräche oder schriftliche Interviews führen oder gar eine Videokonferenz schalten?
- Möchten Sie einzelne Expertenbefragungen durchführen, mehrere Experten gleichzeitig befragen oder sogar eine Podiumsdiskussion zwischen verschiedenen Experten organisieren?
- Wie soll die Kontaktaufnahme erfolgen? Wer versorgt die Expertin oder den Experten mit den nötigen Informationen über die bisherige Unterrichtseinheit und die Rahmenbedingungen der Befragung?
- Wie genau soll die Expertenbefragung oder Podiumsdiskussion ablaufen (Dauer, Gesprächsregeln)? Wie kann die Veranstaltung sinnvoll strukturiert werden?
- Wer übernimmt die Moderation? Wie sollte sich diejenige oder derjenige darauf vorbereiten?
- Wo soll die Expertenbefragung oder die Podiumsdiskussion stattfinden? Welcher Raum ist geeignet? Werden technische Hilfsmittel (Beamer, Mikrofone) benötigt? Sollen weitere Zuschauer (andere Klassen, Eltern o. Ä.) eingeladen werden?
- Wie sollen die Ergebnisse der Befragung bzw. Diskussion protokolliert werden? Wie sollen weitere Beobachtungen dokumentiert werden?

Notizen:

M 10 *Nachbereitung einer Expertenbefragung oder Podiumsdiskussion*

Bei der Nachbereitung der Expertenbefragung/Podiumsdiskussion kann Ihnen wiederum eine Checkliste behilflich sein:

- Welche Informationen haben Sie durch die Expertenbefragung gewonnen?
- Wurden alle Fragen beantwortet oder sind noch Fragen ungeklärt?
- In welchem Verhältnis steht die Expertenbefragung zur bisherigen Unterrichtseinheit? Sind neue Aspekte oder Widersprüche aufgetaucht?
- Wie können die Ergebnisse präsentiert werden?
- Welche allgemeinen Beobachtungen zu den Experten (Auftreten, Sprache, Argumentation) haben Sie gemacht?
- War die Methode der Expertenbefragung sinnvoll für den Lernprozess?

Notizen:

Mark Oliver Meßmer

Anbieter im CSR-Test – Ein Beitrag zur Förderung nachhaltigen Konsums?

Unternehmenspolitik und -verhalten auf dem ethischen Prüfstand

Hrsg. von Thomas Retzmann und Tilman Grammes

Informationen für Lehrende

Materialien für Lernende

CSR-Tests der Stiftung Warentest: Information overload? Oder interessieren sich Verbraucher für mehr als Preis und Qualität?

Die Stiftung Warentest trägt seit bald 50 Jahren durch ihre Waren- und Dienstleistungstests zu einer Verbesserung der Markttransparenz sowie der Produktqualität bei. Gut bewertete Produkte haben einen Wettbewerbsvorteil gegenüber Konkurrenzprodukten. Waren mit mangelhafter Qualität entfernt der Einzelhandel zum Teil gänzlich aus dem Sortiment. Nach eigenen Angaben wurden in ca. 5.000 Tests mehr als 85.000 Produkte getestet; hinzu kamen ca. 1.600 Dienstleistungstests. Neben alltäglichen Waren wie Frischmilch und Schokolade wurden auch Exoten wie heizbare Skibrillen, Schreckschusswaffen und Elektroschuhtrockner getestet. Dabei wird immer auch die Umweltverträglichkeit der Waren getestet und bewertet, so dass Verbraucher entsprechende Informationen beim Konsum berücksichtigen können. Dies umfasst jedoch überwiegend nur den Gebrauch und die Entsorgung der Ware und ggf. der Verpackung. Über die ökologische und soziale Prozessqualität bei der Herstellung und in der Zulieferkette ist damit wenig bis nichts besagt.

Seit 2003 untersucht die Stiftung mittels ergänzender *Unternehmenstests* auch das soziale und ökologische Engagement von Anbietern. Weil die ersten Pilotuntersuchungen auf gute Akzeptanz bei den Lesern stießen, erscheinen diese CSR-Tests inzwischen mit einer gewissen Regelmäßigkeit zusammen mit ausgewählten Warentests (darunter zum Beispiel Fußbälle, Fernlenkautos, Herrenhemden). Handelsunternehmen wie Aldi, Lidl, Tchibo, Otto und viele mehr standen bereits auf dem ethischen Prüfstand. Bei der *Warenethik* spielen dieselben Prüfsteine eine Rolle: Soziales, Umwelt und Ethik. Sie betont darüber hinaus die besondere Verantwortung des Handels und des Konsumenten. Hinsichtlich Ausmaß und Verbindlichkeit von CSR der Unternehmen gibt es unterschiedliche Bewertungen: Die Arbeitgeberverbände betonten die Freiwilligkeit und Subsidiarität der unternehmerischen gegenüber der staatlichen Verantwortung. Der Deutsche Gewerkschaftsbund fordert dagegen die gesetzliche Verankerung, damit verbindliche Standards für alle Anbieter gelten.

Dieser ethos-Baustein wirft eine Vielzahl interessanter Fragen auf, vor allem:

- Handelt es sich bei CSR-Tests um exotische Tests, an denen nur wenige Verbraucher wirkliches Interesse haben? Oder interessieren sich „test"-Leser für mehr als Preis und Qualität?
- Führen CSR-Tests zu mehr Markttransparenz oder zum Informationsoverload?
- Berücksichtigen die Konsumenten die zusätzlichen Informationen beim Einkauf? Oder lässt eine Informationsüberflutung sie womöglich sogar in Passivität versinken?
- Können Unternehmenstests so objektiv sein wie Warentests?
- Sind die CSR-Tests der Stiftung Warentest ein nennenswerter Beitrag zur Warenethik? Oder wird ihr Erfolg weit hinter dem der Waren- und Dienstleistungstest zurückbleiben?
- Verlangt man mit CSR zu viel von erwerbswirtschaftlichen Unternehmen in der Marktwirtschaft?

Der *Verbund von Waren- und Unternehmenstests* kann besonders leicht im Rahmen des medienpädagogischen Projekts „test macht Schule" realisiert werden. Dabei können ca. 3.000 Schülerinnen und Schüler aus 100 Klassen nach erfolgreicher Bewerbung durch die Lehrenden ein Schuljahr lang kostenlos die Zeitschrift „test" erhalten.

LEHRPLAN-BEZUG. Im Ökonomieunterricht kann dieser ethos-Baustein zum Beispiel an das Postulat der Konsumentensouveranität anknüpfen oder an die Erfahrungs- und Vertrauenseigenschaften von Gütern als Beispiel für Informationsasymmetrien auf Märkten, die Möglichkeit der Verbraucherinformation usw. Politisch interessant ist, wie eine nicht-staatliche Organisation, die in der Öffentlichkeit höchste Glaubwürdigkeit genießt, Transparenz über verborgene Eigenschaften von Waren herstellt. In der beruflichen Ausbildung zum Einzelhandelskaufmann/zur Einzelhandelskauffrau sind wirtschafts- und warenethische Bezüge innerhalb der Lernfelder zum Beispiel durch den Rahmenlehrplan gefordert.

Thomas Retzmann und Tilman Grammes

Shopping for a better world – Wie soll das gehen?

MISSSTÄNDE VERÖFFENTLICHT. *Kinderarbeit bei der Kaffeeernte! Schadstoffe in Kinderspielzeug! Hungerlöhne für Zimmermädchen!* Immer wieder machen die Medien auf Missstände bei der Herstellung von Waren und der Erbringung von Dienstleistungen aufmerksam. Ferner sollte nicht vergessen werden, dass *legales* – bzw. durch Gesetzeslücken ermöglichtes – unternehmerisches Verhalten nach den Wertevorstellungen der mündigen Wirtschaftsbürger noch lange nicht *legitim* sein muss. Besonders deutlich wird die Inkongruenz von Legalität und Legitimität, wenn bei der Produktion im Ausland ein „laxes" ausländisches Recht mit Wertevorstellungen der inländischen Bürger kollidiert (zum Beispiel Umweltschutzgesetze, Kinderarbeit, Korruption). Unterstellt man, dass sich Journalisten tendenziell für besonders eklatante Missstände interessieren, wird in den Medien nur die Spitze des Eisbergs sichtbar.

Mancher Konsument ist dankbar für solche Informationen, da er sich nicht nur für den Nutzen und den Preis einer Ware interessiert, sondern soziale, ökologische und ethische Aspekte der Warenproduktion in seine Kaufentscheidung einbeziehen möchte. Doch woher kann ein am nachhaltigen Konsum interessierter Verbraucher relevante und zuverlässige Informationen dazu beziehen?

CSR. Aufgeklärte Konsumenten können Anbieter durch eine „Abstimmung mit den Füßen" sanktionieren. Umgekehrt können sich Unternehmen durch ein „verantwortliches Verhalten" Wettbewerbsvorteile verschaffen. Ihre Aktivitäten und Standards können zum Beispiel mittels Jahresabschlussbericht, Internetauftritt oder Deklaration der Produkte mit anerkannten Siegeln (zum Beispiel Bio-Siegel nach der EG-Öko-Verordnung) kommuniziert werden. Für diese freiwilligen, über die gesetzlichen Anforderungen hinausgehenden Leistungen hat sich der Begriff *„Corporate Social Responsibility"* (CSR) etabliert.

GLAUBWÜRDIGKEIT? Problematisch an den Absichtserklärungen und Versprechungen der Unternehmen: Papier ist geduldig! Das Bewusstsein zieht nicht zwangsläufig ein Handeln nach sich – dies gilt auch für die Nachfrager! Wer garantiert dem Konsumenten, dass die Angaben des Unternehmens wahrheitsgemäß und nicht geschönt sind? Dem Kunden ist es i. d. R. nicht möglich, die Einhaltung der versprochenen sozialen, ökologischen und ethischen Standards zu überprüfen; insbesondere dann nicht, wenn im Ausland produziert wird und/oder es zahlreiche Zulieferer gibt. Solche Informationen haben also ein Glaubwürdigkeitsproblem – besonders, wenn sie von den Unternehmen selbst stammen und nicht von unabhängigen Institutionen. Sind die CSR-Tests der Stiftung Warentest eine Lösung für dieses Problem?

CSR-Tests. Seit 2003 testet die Stiftung Warentest nicht nur die Produktqualität, sondern „screent" in ausgewählten Fällen auch die CSR-Aktivitäten der Unternehmen. Dem Konsumenten werden belastbare Informationen hinsichtlich der unternehmerischen Verantwortung zur Verfügung gestellt. Da sich die Testergebnisse auf die Nachfrage der Konsumenten auswirken, haben Unternehmen mit CSR-Engagement einen Wettbewerbsvorteil. Negative Bewertungen können zu einem Reputationsverlust in der Öffentlichkeit führen. Deshalb wirkt bereits die Möglichkeit, von der Stiftung getestet zu werden, auf manche Unternehmen „disziplinierend".

Vor allem die folgenden Fragen werden in diesem ethos-Baustein erörtert:

- Was wird unter CSR verstanden?
- Wie sind die CSR-Tests der Stiftung Warentest aufgebaut?
- Welchen Nutzen haben Konsumenten, Unternehmen und die Volkswirtschaft davon?
- Schlagen sich die Ergebnisse der CSR-Tests im Kaufverhalten der Konsumenten nieder?

CSR-Tests: Viele Informationen, wenig Interessierte, kaum Marktbeeinflussung?

Shareholder/Stakeholder. 1970 erklärte der spätere Nobelpreisträger für Wirtschaftswissenschaften Milton Friedman: *„The social responsibility of business is to increase its profits and nothing else"*. Auch laut Shareholder-Value-Konzept soll die Unternehmensleitung die Einkommens- und Vermögensposition der Eigenkapitalgeber verbessern. Dies ist gleichbedeutend mit einer langfristigen Gewinnmaximierung der Unternehmung.

Dieses Konzept ist umstritten. Manche Autoren werfen ihm vor, die Interessen anderer Anspruchsgruppen (so genannte *Stakeholder*), zum Beispiel Kunden, Zulieferer, Arbeitnehmer, Öffentlichkeit, Umweltschutzorganisationen zu vernachlässigen. Das Management habe vielmehr die Aufgabe, die verschiedenen Interessen zusammenzuführen. CSR vereint – quasi als „Gegenentwurf" (imug 2007: 1) zum Shareholder-Value-Konzept – den Stakeholder-Ansatz sowie den Umweltschutz- und Nachhaltigkeitsgedanken. Eine besondere Rolle kommt dem Stakeholder *Öffentlichkeit* zu. Die Öffentlichkeit stellt die betriebsnotwendigen Ressourcen zur Verfügung (zum Beispiel Eigen-/Fremdkapital). Um diese zu erhalten, muss ein Unternehmen die normativen Voraussetzungen für die eigene Existenz darlegen. Schädigt ein Unternehmen das Gemeinwohl, kann die Öffentlichkeit Druck auf das Unternehmen ausüben (zum Beispiel BP und das im Golf von Mexiko ausgelaufene Öl). Möglich, dass die öffentliche Meinung in einem solchen Fall Einfluss auf die staatliche Ordnungspolitik nimmt (vgl. Retzmann 2005: 14).

CSR. Das CSR-Konzept verlangt, „dass Unternehmen nicht nur im unmittelbaren Sinne für den wirtschaftlichen Erfolg ihres Handelns zu sorgen haben, sondern dass sie auch für die sozialen und ökologischen Bedingungen und Folgen ihres wirtschaftlichen Handelns ‚mitverantwortlich' sind" (imug 2007: 1).

Wesentliche Handlungsfelder für Unternehmen (vgl. BMU 2008: 8):

- der betriebliche Umweltschutz,
- die Berücksichtigung von Arbeitnehmerinteressen,
- Umweltschutz und menschenwürdige Arbeitsbedingungen in der Zulieferkette,
- eine integrierte Produktpolitik und
- der Verbraucherschutz.

CSR und langfristige Gewinnmaximierung schließen sich nicht aus, wenn verantwortliches Handeln, das über gesetzliche Standards hinausgeht, durch mündige Konsumenten belohnt wird.

CSR-Tests. Die Stiftung Warentest untersucht seit 2003 parallel zum klassischen Warentest in ausgewählten Fällen auch die sozial-ökologische Unternehmensverantwortung und publiziert beide Ergebnisse zusammen in einem Heft. Der *Untersuchungsraum* beinhaltet die Zulieferkette. Diese CSR-Tests erfolgen anhand von Kriterien, die „eine aussagekräftige, reproduzierbare und vergleichende Untersuchung und Bewertung hinsichtlich der tatsächlichen Verantwortungsübernahme in der Praxis möglich machen" (Stiftung Warentest 2008: 1) sollen. *Wie sind die CSR-Tests der Stiftung Warentest aufgebaut?* Diese Frage soll hier am Beispiel der Anbieter von Röstkaffee beantwortet werden. Die 40 *Kriterien* werden in diesem CSR-Test den *Themenfeldern* „Unternehmungspolitik", „Soziales/Produktion", „Umwelt/Produktion; Produkt" und „Verbraucher und Gesellschaft" (vgl. ebd.: 2) zugeordnet. Die Kriterien können unter www.test.de eingesehen werden. Mittels *Indikatoren* wird der Erfüllungsgrad der Kriterien beurteilt; er reicht von umfassend bis unzureichend. Abhängig von der getesteten Produktart wird eine *Gewichtung* der Kriterien vorgenommen: geringes, mittleres, hohes Gewicht. Auffällig ist, dass bei den CSR-Tests nicht die bekannten Urteile (sehr gut, gut usw.), sondern moralisch aufgeladene Aussagen (stark engagiert, engagiert, Ansätze, bescheidene Ansätze, Auskunft verweigert) (vgl. Schoenheit 2007: 18) verwendet werden.

Beispiele. Für folgende Produkte liegen bislang ergänzende CSR-Tests vor: Wetterjacken, Tiefkühllachs, Vollwaschmittel, Spielzeug, Garnelen, Fußbälle, Herrenhemden, Kochschinken, Flachbildfernseher, Waschmaschinen, Kaffee, Laufschuhe, Digitalkameras, Damen-T-Shirts, Hähnchenbrustfilets.

Bewertung. Die CSR-Tests der Stiftung Warentest sind recht aufwendig gestaltet und durch die Offenlegung des Testprocedere nachvollziehbar. Die für Wettbewerb notwendige Markttransparenz wird verbessert; Hintergrundinformationen werden der Öffentlichkeit zugänglich gemacht. Der Konsument kann sich kostengünstig und in relativ kurzer Zeit (Transaktionskosten!) einen seriösen Marktüberblick verschaffen. Die umfassende Betrachtung hilft, Fehlentscheidungen, wie sie Produktsiegel mit nur einem Kriterium hervorrufen können, zu vermeiden. In praxi hat die Auswahl der Testobjekte (Produkttest) und Untersuchungsobjekte (CSR-Test) wettbewerbliche Konsequenzen. Einige Unternehmen verweigern bei den CSR-Tests die Auskunft. Unwillkürlich entsteht der Verdacht, dass der Öffentlichkeit etwas vorenthalten werden soll. Dieses Verhalten kann hinsichtlich der Unternehmensreputation „Kratzer im Lack“ hinterlassen. Ganz gewiss ist es ein Indiz, dass der Kunde mit seinem Wunsch nach Information nicht ernst genommen wird.

POLITISCHER KONSUM. Manchen Menschen dient der Konsum nicht nur zur unmittelbaren Nutzenbefriedigung. Für sie spielen auch soziale, ökologische und ethische Belange eine Rolle (zum Beispiel Wachstumstrend der Bio-Produkte, ethisches Investment). Sie übernehmen als mündige Wirtschaftsbürger – ganz im Sinne der Warenethik – eine Mitverantwortung für die Nachhaltigkeit der Warenproduktion. Von den produzierenden Unternehmen werden Beiträge zur Lösung der gesellschaftlichen und ökologischen Probleme in der Welt erwartet. Die Konsumforschung spricht in diesem Kontext vom „politischen Konsum“. Er kann als Artikulation gesellschaftlicher Präferenzen betrachtet werden. Mit dem Kauf nachhaltiger Güter wird eine Weltanschauung bekundet und der Versuch unternommen, Einfluss auf das Verhalten anderer zu nehmen. Gründe für den nachhaltigen Konsum könnten in der „geringen Differenzierbarkeit und Austauschbarkeit der Produkte“ (Schoenheit 2007: 4) liegen und in dem Wunsch nach Wohlstand und Sinn (Homann 2006: 1). Relativiert wird das Phänomen politischer Konsum, wenn man bedenkt, dass ethischer Konsum auf Käufermärkten eine *Kleinkostenentscheidung* ist. Bei homogenen Gütern mit annähernd gleichen Preisen, kann man für wenig Geld „Politik mit dem Einkaufskorb“ betreiben.

INFORMATIONSÖKONOMIK. *Wie kann der Konsument sicher sein, dass er eine nachhaltig produzierte Ware konsumiert?* Das Überprüfen der Hersteller durch den Konsumenten scheidet als Möglichkeit aus, da dieses *Screening* mit erheblichen Kosten verbunden ist. Volkswirtschaftlich effizient wäre es, wenn die Produzenten die Informationen bereitstellten, schließlich kennen sie das Produkt und die Produktionsbedingungen am besten. Die Crux: Bei zahlreichen Informationen zum CSR handelt es sich informationsökonomisch um Vertrauenseigenschaften: Der Käufer kann die zugesicherten Eigenschaften des Guts weder vor noch nach dem Kauf verifizieren bzw. nur mit einem unverhältnismäßig hohen Aufwand. Beispiele für Vertrauenseigenschaften sind die Einhaltung von Sozialstandards bei der Produktion, die Schadstoffemissionen eines PKW, der Verzicht auf Gentechnik bei Lebensmitteln. Die glaubwürdige Kommunikation von Vertrauenseigenschaften setzt Vertrauen beim Empfänger der Botschaft voraus (vgl. Schoenheit 2005: 21 f.), daher ist auch *Signalling* durch die Unternehmen keine befriedigende Lösung des Problems. Der Konsument antizipiert die Möglichkeit des opportunistischen Verhaltens der Produzenten, das heißt, dass positive Eigenschaften übertrieben und negative euphemistisch dargestellt werden. Einer gesellschaftlich anerkannten Verbraucherorganisation ist es dagegen möglich, dieses Informationsproblem in Form von unabhängigen CSR-Tests zu mildern. Das Risiko des opportunistischen Verhaltens seitens der Anbieter ist bei der Anfrage einer Verbraucherorganisation wie der Stiftung Warentest vermutlich stark reduziert, da ein „Flunkern“ zum Bumerang in puncto Unternehmensimage werden könnte: Wer falsche Angaben macht, muss eine Negativberichterstattung fürchten, wenn dies entdeckt wird. Darüber hinaus bietet ein professionell durchgeführter CSR-Test eine Fülle an für einen Außenstehenden schwer bzw. nur mit erheblichem Zeitaufwand recherchierbaren Informationen. Verbraucherorganisationen bauen mit ihren Tests die Informationsasymmetrie zwischen Konsumenten und Anbietern ab. Die dadurch verbesserte Markttransparenz trägt dazu bei, dass auf dem Markt qualitativ hochwertige Produkte und Innovationen reüssieren.

KAUFVERHALTEN. *Folgt dem Problembewusstsein der Konsumenten ein dem entsprechendes Handeln?* Unbestritten nahm das Umweltbewusstsein der Bürger in den vergangenen Jahrzehnten zu. Ebenso dürfte das Bewusstsein für die sozialen Zusammenhänge in einer globalisierten Welt zugenommen haben. Kann daraus geschlossen werden, dass die Konsumenten nachhaltig konsumieren? Die empirische Konsumforschung trägt Bedenken vor **[M 2]**. Setzen sich die Leserinnen und Leser der Stiftung Warentest mit dem umfangreichen Informationsangebot auseinander? Beeinflusst der CSR-Test ihr Kaufverhalten? Das imug-Institut führte dazu eine Befragung durch.

Ergebnisse:

- Die CSR-Tests wurden von einer Mehrheit wahrgenommen.
- Die Mehrheit der Leser stufte die Tests als „sehr interessant“ bzw. „eher interessant“ ein.
- Eine überwältigende Mehrheit spricht sich für die Fortführung der CSR-Tests aus.
- Nahezu jeder zweite befragte Leser beabsichtigte, die Informationen beim Einkaufen zu nutzen.

LIPPENBEKENNTNISSE? *Wie ist es um die Validität der letzten Aussage bestellt?* Exemplarisch wurde diese Frage anhand des CSR-Tests „Tiefkühllachs“ untersucht. Ergebnis: 26 % der Leser dieses Tests wurden in ihrer Kaufentscheidung tatsächlich vom CSR-Test beeinflusst. Die Wirtschaftsgeschichte zeigt, dass besonders negativ „auffällige“ Unternehmen mit drastischen Sanktionen seitens der Konsumenten rechnen müssen (zum Beispiel Royal Dutch Shell im Fall Brent Spar, Electrolux angesichts der Schließung des AEG-Werks in Nürnberg). Repräsentativ ist die imug-Studie im Hinblick auf die Gesamtbevölkerung wegen des relativ hohen Bildungsgrades der Leser der Zeitschrift „test“ wohl nicht. Dennoch zeigt sie, dass Informationsangebote zum Thema CSR einen Einfluss auf das Kaufverhalten haben. Fraglich ist, ob das Kaufverhalten der Leser auch noch Monate nach Studium des CSR-Tests – also nachhaltig – beeinflusst wird.

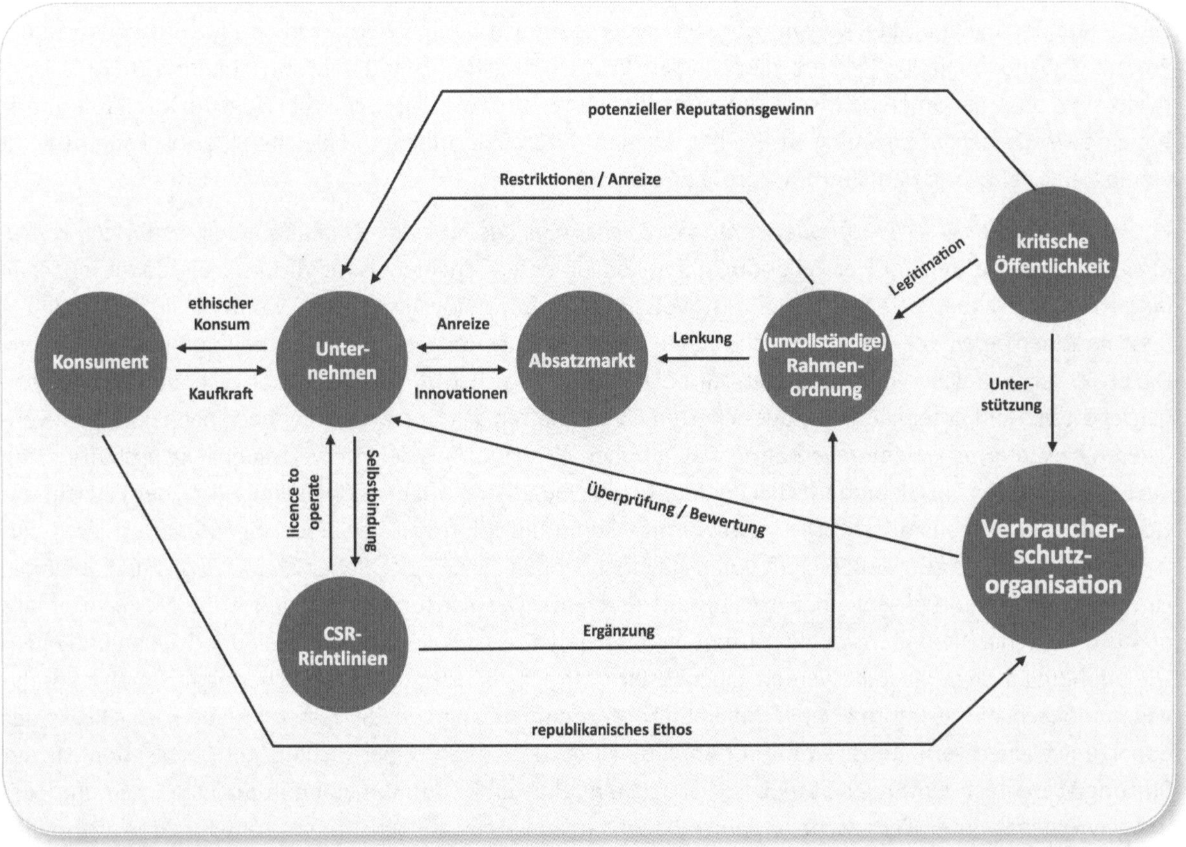

Abbildung 1: Topologie der Corporate Social Responsibility-Tests
Quelle: Eigene Darstellung in Anlehnung an Retzmann 2006: 298.

Unterrichtsplanung: CSR als Bindeglied zwischen Konsum und Unternehmensverantwortung

BILDUNG FÜR NACHHALTIGES WIRTSCHAFTEN. Das Thema *Nachhaltigkeit* (Sustainability) ist wegen seines Gegenwarts- und Zukunftsbezugs in den Fokus der Wirtschaftsdidaktik gerückt. Vor diesem Hintergrund stellen sich Fragen nach der *gesellschaftspolitischen Verantwortung* von Unternehmen und *nachhaltigem Konsum*. Mündige Wirtschaftsbürger sollten diesen Konflikt perspektivisch und ethisch beurteilen können. Als Bindeglied dieser zwei Problemfelder kann das *Corporate Social Responsibility* betrachtet werden. CSR weist eine vielfältige betriebs- und volkswirtschaftliche sowie ethische Verflechtung auf und ist deshalb prädestiniert für einen Ökonomieunterricht mit dem Anspruch vernetzten Denkens.

WIRTSCHAFTSETHIK. CSR kann *individualethisch* (Ethik des Konsumenten) und *institutionenethisch* (Ethik des Unternehmens) thematisiert werden. Ferner hat CSR einen *einzelwirtschaftlichen* (Konsument, Unternehmen) und einen *gesamtwirtschaftlichen* (Informationsasymmetrie, Markttransparenz und -steuerung, Wettbewerb) Bezug. Dem entspricht, dass die Schülerinnen und Schüler später in verschiedenen Rollen agieren (Arbeitnehmer, Unternehmer, Konsument). Die unterschiedlichen Rollen können divergierende Interessen mit sich bringen. Sowohl die Unternehmer- als auch die Konsumentensicht haben ihrerseits eine *ethische* und ökonomische Relevanz. Aus ethischem Blickwinkel wird die Frage aufgeworfen, ob Unternehmen überhaupt eine *gesellschaftspolitische Verantwortung* tragen.

WERTEBILDUNG. In einem lebensnahen Wirtschaftslehreunterricht nimmt die Entwicklung von Werten eine zentrale Rolle ein, da ökonomischen Problemen häufig das Gerechtigkeitsproblem inhärent ist. Um das Überleben der Institution ‚Unternehmung' zu sichern, bedarf es der Inklusion sozialer und ökologischer Dimensionen unternehmerischen Handelns. Nachhaltiges Wirtschaften gewinnt in diesem Kontext eine neue Akzentuierung, weil das Bewusstsein der Konsumenten für soziale, ökologische und ethische Fragen in den letzten Jahren/Jahrzehnten stetig gewachsen ist (homo sustineus). In einer Welt standardisierter, kaum unterscheidbarer Güter werden Weltanschauungen für das Kaufverhalten relevant. Durch die Marktmacht der Nachfrager werden diese Themen in den Strategieüberlegungen des Managements berücksichtigt. Dies wirft die Frage auf, ob CSR-Aktivitäten nur dann moralisch sind, wenn sie aus *altruistischen Motiven* durchgeführt werden. Oder ist auch die Instrumentalisierung der selbst gesetzten Standards als Werttreiber legitim?

ORDNUNG UND SYSTEM. Die Stiftung Warentest hat sich als neutrale, kompetente *Verbraucherorganisation* profiliert. Sie sorgt mit ihren Produkt- und CSR-Tests für eine höhere *Markttransparenz*. Diese ist volkswirtschaftlich erwünscht, da sie den Konsumenten ermöglicht, das Angebot den Bedürfnissen entsprechend zu *lenken*. Für die verantwortungsvoll handelnden Unternehmen wiederum sind die Tests von Vorteil, wenn sie einen *Wettbewerbsvorteil* schaffen. Voraussetzung dafür ist aber, dass sich die Konsumenten an den Testergebnissen orientieren. Von wissenschaftlicher Seite wird behauptet, dass Konsumenten im Kern an ihrer Nutzenmaximierung (Preis-Leistungs-Verhältnis im engeren Sinne, d. h. weitgehende Exklusion ökologischer, sozialer und ethischer Aspekte) interessiert sind. Dies bedeutet, dass ein *Bewusstsein* nicht zwangsläufig zu einem entsprechenden *Handeln* führen muss. Diese Erkenntnis betrifft ebenso die Unternehmensseite. Dafür verantwortlich können unter anderem *Rahmenbedingungen* sein, die das moralische Handeln des Individuums be- bzw. verhindern. Eine probate Anreizstruktur sorgt für das (moralisch) erwünschte Handeln.

Unterrichtsverlauf: Perspektiveneinnahme und -wechsel

DISKURSE. Ethische, ökologische und soziale Probleme werden nach kultur- und zeitspezifischen Deutungsmustern erfasst. Eine objektive Lösung haben sie oft nicht. Aus diesem Grund wird in diesem ethos-Baustein besonderer Wert auf *Diskussionen im Klassenverband* gelegt, bieten sie doch die Möglichkeit, Normen, Werte und die eigene Position darzulegen. Durch die Konfrontation mit dem Welt- und Naturverständnis anderer sowie deren sozio-ökonomischen, kulturellen und politischen Zielsetzungen und Handlungsweisen, kann eine kritisch-reflexive Auseinandersetzung erfolgen.

M 1: ***CSR auf dem Prüfstand*** [geeignet für Mittelstufe, Berufsschule (BS), Oberstufe]

Kaffee ist ein beliebtes Getränk. Die Schülerinnen und Schüler dürften daher mehrheitlich eine Affinität zu der ausgewählten Ware haben. Interessant ist ein Vorher-Nachher-Vergleich der Konsumpräferenzen: Welcher Kaffee wird nach dem Lesen des Warentests präferiert, welcher nach dem sich anschließenden Studium des CSR-Tests? In der sich anschließenden Partnerarbeit werden unterschiedliche Perspektiven eingenommen (Unternehmen, Konsument, Stiftung Warentest). Der CSR-Test wird einer Evaluation unterzogen, der „trade-off" Waren-/CSR-Test aus Konsumentensicht wird problematisiert.

M 2: ***Konsumentenverhalten aus wissenschaftlicher Sicht*** [leistungsstarke Berufsschulklasse, Oberstufe]

Zunächst werden die Schülerinnen und Schüler mit Aussagen der Wissenschaft zum Konsumentenverhalten konfrontiert. Auch hier werden die Perspektiven von Unternehmen und Konsument eingenommen. Es wird eine Querverbindung von der Forschung zum Marketing (Entwicklung einer Marketingstrategie) hergestellt. Erörtert werden können an dieser Stelle die Annahmen der Standardökonomik, das Modell des Homo oeconomicus und das Phänomen „politischer Konsum". Im nächsten Schritt werden die Ergebnisse von Konsumentenbefragungen interpretiert. Es werden Vermutungen angestellt, ob das produktbezogene Verhalten auf andere Güter übertragen werden kann. Sämtliche Arbeitsaufträge können sowohl in Einzel- als auch Partnerarbeit bearbeitet werden.

M 3: ***Konsumenten- und Produzentenverhalten im Alltag*** [Mittel-/Oberstufe, BS]

Die Schülerinnen und Schüler wissen bereits aus **M 2**, dass ein Bewusstsein nicht automatisch zu einem stringenten Verhalten führt. Dieses Arbeitsblatt problematisiert Gründe für diese Inkongruenz. Die Fallbearbeitung mündet in einem moralischen Urteil über die gebotene Handlungsweise.

M 4: ***CSR(-Tests) und die volkswirtschaftlichen Bezüge*** [BS, Oberstufe]

Die Aufgabenstellung, volkswirtschaftliche Begriffe anhand der Themen CSR-(Tests) exemplarisch zu erklären, dient als Lernsicherung oder „frischt" bereits Gelerntes wieder auf (revolvierendes Lernen). Gleichzeitig verdeutlicht sie die Verschränkung einzelwirtschaftlicher und gesamtwirtschaftlicher Themen.

M 5: ***Vertiefungswissen CSR*** [leistungsstarke Berufsschulklassen, Oberstufe]

Arbeitsauftrag 1: Vermutlich sind den Schülern Begriffe wie „Fair Trade" oder „Bio-Siegel" bekannt, es kann aber nicht davon ausgegangen werden, dass sie das CSR-Konzept kennen (siehe auch ethos-Bausteine „Umwelt- und Sozialsiegel" und „CSR"). Auch in dieser Phase nehmen die Schülerinnen und Schüler einen Perspektivwechsel (Unternehmen/Konsument) vor. Ethische Aspekte werden problematisiert: Opportunistisches Verhalten der Unternehmen, Altruismus vs. Eigennutz. Die Präsentation dient der Gewährleistung des fachlichen Wissens und des Austauschs kontroverser Ansichten hinsichtlich der Fragen mit ethischem Charakter.

Arbeitsauftrag 2: Es wird die Brücke zur (CSR-)Praxis geschlagen. Die Vorschlagliste enthält Unternehmen aus diversen Branchen. Diskutiert werden könnte die Frage, ob CSR-Aktivitäten von Unternehmen in Bezug zum Kerngeschäft stehen sollen. Erneut aufgegriffen werden kann in diesem Kontext das Problem Altruismus vs. Eigennutz.

Arbeitsauftrag 3: Nachdem sich die Schülerinnen und Schüler einen tieferen Einblick in das Thema verschafft haben, kann die Frage zur Unternehmensverantwortung fundierter beantwortet werden. Es bietet sich an, einen Bezug (vernetztes Denken!) zur Thematik Wirtschaftsordnung (unvollständige Rahmenordnung, Subsidiarität) herzustellen.

Transfer. Die Ware *Kaffee* kann wie folgt charakterisiert werden: günstig, unkompliziert, Verbrauchsgut, Naturprodukt, wird vergleichsweise häufig eingekauft, Fehlkauf finanziell verschmerzbar. Der Transfer auf eine andere Ware sollte für die Schüler eine Herausforderung sein. Aus diesem Grund bietet es sich an, ein Gut mit diametral entgegengesetzten Eigenschaften zu thematisieren (zum Beispiel CSR-Test „Flachbildschirme").

Lernvoraussetzungen. Die Schülerinnen und Schüler kennen die Institution Markt und die Grundlagen der Angebots- und Nachfragetheorie. Insbesondere die Begriffe Nutzen(-maximierung) und Homo oeconomicus sollten bekannt sein. Sie wissen, was sich hinter dem Konstrukt Markttransparenz verbirgt und dass sie eine Voraussetzung für Wettbewerb ist. Darüber hinaus sollten die Schülerinnen und Schüler die Funktionsweise der Wirtschaftsordnung „Soziale Marktwirtschaft" verstehen. Den Schülern ist bewusst, dass die Ausprägungen der Ordnungsmerkmale als systembestimmende Elemente den Marktteilnehmern Handlungsspielräume lassen. Sie sollten für **M 5** mit dem Medium Internet (gezielte Internetrecherche) und der Arbeitstechnik und Kreativitätsmethode Mind-Mapping vertraut sein.

Literatur

BMU – Bundesministerium für Umwelt, Naturschutz und Reaktorsicherheit (2008): Corporate Social Responsibility. Eine Orientierung aus Umweltsicht. Berlin.

BDA – Bundesvereinigung der Deutschen Arbeitgeberverbände (2005): Internationale Aspekte von Corporate Social Responsibility (CSR). Praxishinweise für Unternehmen. Berlin.

DGB – Deutscher Gewerkschaftsbund (2009): Verbindliche Regeln, die für alle gelten! 10-Punkte-Papier des DGB zu Corporate Social Responsibility (CSR). Berlin.

Homann, Karl (2004): Gesellschaftliche Verantwortung der Unternehmen. Philosophische, gesellschaftstheoretische und ökonomische Überlegungen. Wittenberg-Zentrum für Globale Ethik, Diskussionspapier Nr. 04-6. Wittenberg.

Homann, Karl (2006): Gesellschaftliche Verantwortung von Unternehmen in der globalisierten Welt: Handlungsverantwortung – Ordnungsverantwortung – Diskursverantwortung. Wittenberg-Zentrum für Globale Ethik, Diskussionspapier Nr. 2006-1. Wittenberg.

imug – Institut für Markt-Umwelt-Gesellschaft e. V. (2007): CSR und Verbraucher. Imug news, Sonderausgabe. Hannover.

Retzmann, Thomas (2000): Förderung des ökologischen Verantwortungsbewusstseins mit der Produktlinienanalyse. In: Politische Bildung an Berufsbildenden Schulen zwischen individueller Benachteiligung und globaler Herausforderung. Hrsg. v. Eberhard Jung/Thomas Retzmann. Bielefeld, S. 63-81.

Retzmann, Thomas (2005): Berufsmoralische Bildung kaufmännischer Auszubildender im Handel. Systematik des Curriculums und Systematik der Kasuistik, in: Warenethik und Berufsmoral im Handel. Hrsg. v. Helmut Lungershausen/Thomas Retzmann. Essen, S. 9-18.

Retzmann, Thomas (2006): Didaktik der berufsmoralischen Bildung in Wirtschaft und Verwaltung. Eine fachdidaktische Studie zur Innovation der kaufmännischen Berufsbildung. Norderstedt.

Schoenheit, Ingo (2005): Der subjektive Informationsbedarf der Konsumenten, in: Was Verbraucher wissen wollen. Verbraucherinformation als Wirtschaftsfaktor. Hrsg. v. Bundesverband Verbraucherzentrale. Berlin.

Schoenheit, Ingo (2005a): Die verborgenen Qualitäten der Waren – Transparenz über Produktion und Wertschöpfungsketten durch vergleichende Unternehmenstests. In: Warenethik und Berufsmoral im Handel. Hrsg. v. Helmut Lungershausen/ Thomas Retzmann. Essen, S. 19-24.

Schoenheit, Ingo (2007): Politischer Konsum. Ein Beitrag zum faustischen Konsumentenverhalten. In: Ambivalenzen des Konsums und der werblichen Kommunikation. Hrsg. v. Michael Jäckel. Wiesbaden, S. 211-235.

Schoenheit, Ingo/Grünewald, Markus (2006): Absichterklärung oder Kaufverhalten? Die Wirkungen der CSR-Tests der Stiftung Warentest bei Kaufentscheidungen. In: Forum Ware, Heft 34, S. 63-67.

Stiftung Warentest (2008): Kriterien für die Untersuchung der sozial-ökologischen Unternehmensverantwortung der Anbieter von Röstkaffee. www.test.de → Bildung + Soziales → Infodokumente.

Internet

www.bda-online.de

www.bmu.de

www.dgwt.de

www.imug.de

www.nachhaltigkeitsrat.de

www.test.de

www.transfair.org

M 1 *Unternehmensverhalten auf dem ethischen Prüfstand: Stiftung Warentest prüft Anbieter von Röstkaffee*

Seite 1

Herausforderung für alle: Die „klassischen" Warentests werden durch CSR-Tests ergänzt

Die Stiftung Warentest genießt bei Unternehmen und Konsumenten eine hohe Wertschätzung und Glaubwürdigkeit. Gründe hierfür sind die Unparteilichkeit und wissenschaftliche Vorgehensweise (Offenlegung der Kriterien, Nachvollziehbarkeit des Testprocedere). Mit ihren Tests trägt die Stiftung Warentest permanent zur Verbesserung der Waren und Dienstleistungen bei. Unternehmen dürfen die getesteten Produkte mit einem Siegel kennzeichnen.

Aufgrund der Reputation der Stiftung Warentest haben die Hersteller, deren Waren/Dienstleistungen dem kritischen Blick der Tester standhalten, einen Wettbewerbsvorteil auf dem Markt. Produkte mit schlechter Beurteilung werden vom Einzelhandel nicht selten aus dem Sortiment entfernt. Die Tests berücksichtigen die Umwelt- und Sozialverträglichkeit der Produkte.

Seit einigen Jahren werden Produkte vereinzelt auch auf ihre ökologische und soziale Prozessqualität hin überprüft (Corporate-Social-Responsibility-Tests). An nachhaltigem Konsum interessierte Bürger erhalten dadurch belastbare Informationen zum verantwortlichen Unternehmensverhalten.

Produkttest Röstkaffee (test 5/2009)

Kaffee ist ein außerordentlich beliebtes (Kult-)Getränk in Deutschland. Der Pro-Kopf-Verbrauch betrug im Jahr 2008 nahezu 150 Liter! Vielleicht gehören auch Sie zu den Genießern, die zu einer gemütlichen Tasse Kaffee nicht nein sagen können. Doch haben Sie sich schon einmal Gedanken über die Schadstoffbelastung oder das „Mundgefühl" gemacht? Der Produkttest der Stiftung Warentest gibt Ihnen Auskunft darüber.

Arbeitsaufträge:

1. Bitte lesen Sie den Warentest „Röstkaffee" der Zeitschrift „test". Für welche Kaffeemarke sollte sich ein Konsument beim nächsten Einkauf entscheiden? Welche Argumente führen zu dieser Entscheidung?
   Begründen Sie Ihre Entscheidung!

CSR-Test Röstkaffee (test 5/2009)

Der CSR-Test vermittelt dem interessierten Leser wichtige Informationen zur Unternehmensverantwortung für Soziales und Umwelt.

2. Bitte lesen Sie den CSR-Test „Röstkaffee" der Zeitschrift „test". Für welche Kaffeemarke sollte sich ein Konsument nach Lesen des Warentests und des CSR-Tests beim nächsten Einkauf entscheiden? Welche Argumente führen zu dieser Entscheidung?
   Begründen Sie Ihre Ergebnisse!

Hinweise für den Lehrenden:

Arbeitsauftrag:1: Der Produkttest Röstkaffe (test 5/2009) ist kostenlos als Download verfügbar unter:
http://www.test.de/themen/essen-trinken/test/Kaffee-31-Marken-im-Test-1772611-1771568/

Arbeitsauftrag 2: Der CSR-Test Röstkaffe (test 5/2009) ist kostenlos als Download verfügbar unter:
http://www.test.de/themen/essen-trinken/test/Kaffee-CSR-Wer-produziert-oekologisch-und-fair-1772547-1771532/

Es bietet sich im Anschluss an die Bearbeitung jeder einzelnen Aufgabe eine **Diskussion im Klassenverband** an.

M 1 *Unternehmensverhalten auf dem ethischen Prüfstand: Stiftung Warentest prüft Anbieter von Röstkaffee*

Seite 2

3. Beantworten Sie bitte die folgenden Fragen zum Warentest Röstkaffee bzw. CSR-Test Röstkaffee: Begründen Sie hierbei Ihre Aussagen und halten diese schriftlich fest.

1. Welchen Nutzen hat der Konsument bzw. Produzent vom Waren- und CSR-Test?
2. Prüfen Sie folgende Aussage: „Für ein starkes CSR-Engagement und eine geringe Schadstoffbelastung muss der Konsument einen vergleichsweise höheren Produktpreis bezahlen."
3. Auch der aufwendige CSR-Test der Stiftung Warentest ist nicht völlig objektiv.
   a) An welchen Stellen spielen subjektive Elemente eine Rolle? Nehmen Sie dazu – neben dem Produkt- und CSR-Test – den Kriterienkatalog zum CSR-Test Röstkaffee zu Hilfe.

   Kostenloser Download:
   http://www.test.de/themen/bildung-soziales/infodok/Sozial-oekologische-Unternehmensverantwortung-RoestkaffeeProjektspezifische-Kriterien-1774017-2774017/

   b) Wie hätte man alternativ testen können? Unterbreiten Sie einen Vorschlag.
4. Das Management des Lebensmittelkonzerns F & G diskutiert die CSR-Tests der Stiftung Warentest. Zwar wurden die Produkte des Konzerns bislang nicht getestet, dennoch macht sich das Management Sorgen. Bezüglich der sozialen und ökologischen Unternehmensverantwortung gibt es „Schwachstellen" bei den Sozialstandards in den ausländischen Werken. Die Meinungen reichen von „im Falle eines Tests die Auskunft verweigern" bis „ein Unternehmen muss sich seiner Verantwortung stellen". Beraten Sie den Konzern hinsichtlich des Umgangs mit seinen Schwachstellen bei den Sozialstandards.
5. Nachfrager haben in der Marktwirtschaft eine wichtige Aufgabe: Sie entscheiden durch die „Abstimmung mit den Füßen", welche Produkte sich am Markt durchsetzen.
   a) Wie stark wird *Ihrer Meinung nach* der „Lenkungseffekt" der beiden Tests sein?
   b) Welcher der beiden Tests wird *Ihrer Ansicht nach* einen stärkeren Einfluss auf die Konsumenten haben?
   c) Kann ein schlechtes Testergebnis beim CSR-Test durch ein „Gut" beim Warentest kompensiert werden?
   d) Kann umgekehrt ein „Mangelhaft" beim Warentest durch ein starkes CSR-Engagement ausgeglichen werden?

Hinweise für den Lehrenden:

Arbeitsauftrag 3: Hier bietet sich eine Partnerarbeit an. Als Zeitvorgabe sind **2 Unterrichtsstunden** zu empfehlen.

Auch hier bietet sich im Anschluss an die Bearbeitung, zur Sicherung, eine **Diskussion im Klassenverband** an.

M 2 *CSR-Tests: Viele Informationen, wenig Interessierte, kaum Marktbeeinflussung?* Seite 1

Sie wissen mittlerweile, was man unter CSR versteht, weshalb Unternehmen CSR betreiben und welche Informationen der Konsument den CSR-Tests der Stiftung Warentest entnehmen kann.

Offen ist, ob die Konsumenten die Testergebnisse bei ihren Kaufentscheidungen tatsächlich berücksichtigen. Es stellt sich die Frage, ob der am nachhaltigen Konsum interessierte Nachfrager nur ein Leitbild oder bereits gängige Praxis ist.

Was sagt die Konsumentenforschung?

- Konsumenten sind in aller Regel nur daran interessiert, ihren eigenen, unmittelbaren Nutzen zu optimieren.
- Sie sind je nach Situation, Einkommen und Lebensstil eher preis- oder qualitätsorientiert.
- Sie verfolgen soziale und ökologische Zielsetzungen bestenfalls, wenn sie Motivallianzen ansprechen, also auch einen Vorteil für das eigene Wohlbefinden, am besten für die Gesundheit suggerieren.
- Sie verhalten sich vielfach gewohnheitsmäßig, vermeiden – so es irgend geht – zu komplizierte Entscheidungssituationen und nutzen Informationsangebote nur selektiv.
- Sie sind sehr stark durch ihre objektive wirtschaftliche Lage beeinflusst, die in den letzten Jahren das Preismotiv besonders wichtig werden ließ.

Quelle: Schoenheit/Grünewald 2006: 63.

Arbeitsaufträge:

1. a) Überprüfen Sie, inwieweit die Aussagen der Konsumentenforschung mit dem Modell des „homo oeconomicus" der Volkswirtschaftslehre übereinstimmen.
   b) Gibt es in Ihrem Bekanntenkreis Menschen, die so gar nicht in diese Beschreibung passen? Was kennzeichnet diese Menschen? Inwiefern unterscheidet sich ihr Kaufverhalten von den oben gemachten Aussagen?
   c) Angenommen, Tchibo möchte in Zukunft deutlich besser bei den Tests der Stiftung Warentest abschneiden. Was müsste Ihrer Meinung nach im Hause Tchibo, was in der Zuliefererkette unternommen werden, um künftig Spitzenbewertungen zu erhalten? Wie könnte Tchibo seine Bemühungen/Erfolge nach außen (Konsumenten/Öffentlichkeit) kommunizieren?

Notizen:

....

....

....

....

....

....

Hinweise für den Lehrenden:

Arbeitsauftrag 1: Als Zeitvorgabe sind **2 Unterrichtsstunden** zu empfehlen.

Im Anschluss an die Bearbeitung bietet sich, zur Sicherung, die **Besprechung der Lösungen im Klassenverband** an.

M 2 *CSR-Tests: Viele Informationen, wenig Interessierte, kaum Marktbeeinflussung?* Seite 2

Leitfragen:

1) Interessieren sich die Konsumenten für die Informationen der CSR-Tests?
2) Werden die Informationen wahrgenommen?
3) Wie werden die Informationen bewertet?
4) Finden sie Berücksichtigung im Kaufverhalten?

Mit diesen Fragen beschäftigte sich eine Studie des Instituts für Markt-Umwelt-Gesellschaft e. V. (imug). Befragt wurden 542 Abonnenten/Einzelheftkäufer der Zeitschrift „test". Zum Zeitpunkt der Befragung waren die drei ersten CSR-Tests der Stiftung Warentest bereits veröffentlicht.

Das Ergebnis der Befragung:

- Die Mehrheit (77 %) der befragten Abonnenten hat mindestens einen der drei veröffentlichten CSR-Tests wahrgenommen und gelesen.
- 54 % der befragten Abonnenten bewerten den CSR-Test als „sehr interessant", weitere 31 % als „eher interessant".
- Insgesamt 91 % der befragten Abonnenten sprechen sich für eine Fortsetzung der CSR-Tests aus. Davon – und das ist bemerkenswert – sprechen sich 56 % für eine uneingeschränkte Fortführung aus, was – so war die Frage formuliert – auch Einschränkungen bei der Zahl der Produkttests bedeuten könnte.
- Je nach Produkt (Wetterjacken, Vollwaschmittel, Tiefkühllachs) will fast jeder zweite der befragten Abonnenten die Informationen des CSR-Tests der Stiftung Warentest auch beim Einkaufen nutzen.

Quelle: Schoenheit/Grünewald 2006: 65.

Arbeitsaufträge:

2. a) Werfen Sie nochmals einen Blick auf die Leitfragen.
   b) Versuchen Sie, die Leitfragen mit Hilfe des Ergebnisses der Befragung zu beantworten. Begründen Sie Ihre Antworten.
   c) Wie zuverlässig lässt sich Leitfrage 4) (Berücksichtigung im Kaufverhalten) beantworten? Begründen Sie Ihre Ansicht.

Notizen:

....

....

....

....

Hinweise für den Lehrenden:

Arbeitsauftrag 2: Als Zeitvorgabe sind **10 Minuten** zu empfehlen.

Im Anschluss an die Bearbeitung bietet sich, zur Sicherung, die **Besprechung der Lösungen im Klassenverband** an.

M 2 *CSR-Tests: Viele Informationen, wenig Interessierte, kaum Marktbeeinflussung?* Seite 3

Leitfrage: Kann man den Verhaltensbekundungen der befragten Teilnehmer trauen?

Am Beispiel Tiefkühllachs wurde dieser Frage nachgegangen. Von den 542 Teilnehmern der Studie kauften 280 nach Erscheinen des CSR-Tests Tiefkühllachs. Durch geschickte Befragung (Filter) kam das Institut zu folgendem Ergebnis:

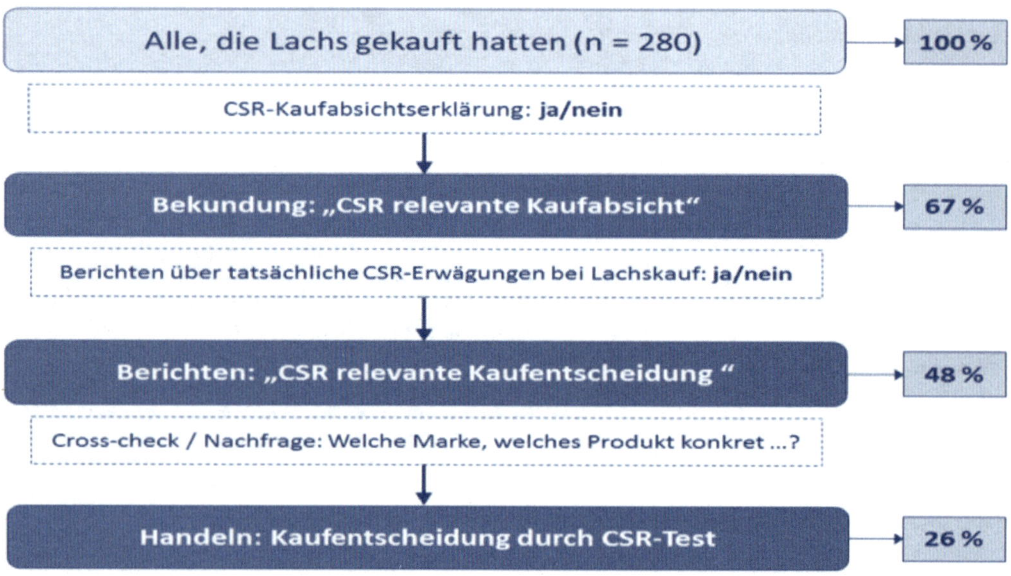

Basis: Abonnentenpanel der Stiftung Warentest
n = 542; Angaben in Prozent; bei den Handlungsoptionen Präferenz oder Boykott waren Mehrfachnennungen möglich.
Filter: nur die 52 % der Befragten, die seit Erscheinen des CSR-Tests Tiefkühl-Lachs gekauft haben.

Quelle: Schoenheit/Grünewald 2006: Wirkungen von CSR-Tests: 66.

Letztendlich orientierten sich 26 % der befragten Lachskäufer am CSR-Test Tiefkühllachs. Ferner stellte sich heraus, dass Konsumenten eher dazu neigen, verantwortungsvoll handelnde Unternehmen zu belohnen, als weniger verantwortungsvoll handelnde mit Boykott zu bestrafen.

Arbeitsaufträge:

3. a) Was bezweckte das imug-Institut mit dem „Einbau“ der Filter-Fragen? (siehe Schaubild)
   b) Wie erklären Sie sich, dass sich letztendlich nur 26 % der Befragten am CSR-Test Tiefkühllachs orientierten?
   c) Bei welchen Gütern werden sich die Konsumenten vermutlich stärker an einem CSR-Test orientieren? Begründungen Sie Ihre Ansicht.
   d) Weshalb kann die Befragung der Abonnenten/Leser der Zeitschrift „test“ nicht als repräsentativ betrachtet werden? (Tipp: Bildungsniveau der Leserschaft berücksichtigen)
   e) In welche Richtung (Wert > oder < 26 %) würde sich eine repräsentative Befragung im Beispiel Tiefkühllachs wohl ändern? Begründungen Sie Ihre Prognose.
   f) Welche Auswirkungen wird ein großer zeitlicher Abstand zwischen dem Lesen eines CSR-Tests und dem Kauf des Guts vermutlich haben? Begründungen Sie Ihre Prognose.
   g) Sehen Sie die Aussagen der empirischen Konsumentenforschung eher bestätigt oder eher widerlegt?

Hinweise für den Lehrenden:

Arbeitsauftrag 3: Als Zeitvorgabe ist **eine Unterrichtsstunde** zu empfehlen.

Im Anschluss an die Bearbeitung bietet sich, zur Sicherung, die **Besprechung der Lösungen im Klassenverband** an.

M 3 *Nachhaltigkeit: Nicht immer leicht umzusetzen!?*

Das Bewusstsein für soziale, ökologische und (waren-)ethische Probleme führt nicht zwangsläufig zu einem entsprechenden Handeln. Dies zeigen die folgenden drei Fälle.

Sabine Kowalski ist 28 Jahre alt und arbeitet in einem Dortmunder Krankenhaus als „Springerin", d.h. sie wird in verschiedenen Abteilungen eingesetzt. Ihr monatliches Nettoeinkommen beträgt 950 €. Ihr Sohn Daniel ist 10 Jahre alt. Er soll nächstes Jahr auf das Gymnasium wechseln. Sabine wurde während der Schwangerschaft mit Daniel von ihrem Freund verlassen und brach ihre Ausbildung zur Arzthelferin ab. Geldsorgen prägen den Alltag von Sabine. Oft muss sie sich Geld von ihrer verwitweten Mutter (Rentnerin) borgen. Daniels Ausbildung liegt Sabine sehr am Herzen, deshalb hat sie einen Sparvertrag für ihren Sohn abgeschlossen (50 €/Monat). Sabine ist ein sehr sozialer Mensch. Sie weiß, dass der westliche Lebensstil für manches Unheil in der Welt mitverantwortlich ist. Gerne würde sie nachhaltig konsumieren, tut es aber wegen der manchmal höheren Preise für nachhaltige Produkte nicht immer.

Rolf Behrendt (58 Jahre, 3 Kinder) ist Inhaber eines metallverarbeitenden Betriebes in der Nähe von Karlsruhe. Herr Behrendt ist gelernter Werkzeugmacher, den Betrieb gründete er im Jahr 1977. Das Unternehmen produziert Metallteile. Abnehmer seiner Produkte sind hauptsächlich Zulieferer der Automobilindustrie. Gerne würde er im Unternehmen Umweltschutzmaßnahmen (vor allem in der Produktion gäbe es Handlungsbedarf) forcieren, dies hätte allerdings Auswirkungen auf die Preise seiner Produkte. Behrendt ist sich bewusst, dass er die Existenz seiner Unternehmung nur sichert, wenn er günstiger ist als die zahlreichen Konkurrenten im In- und Ausland. Der Kostendruck ist enorm! Zurzeit blickt Herr Behrendt sehr sorgenvoll in die Zukunft. Die Überproduktion im Fahrzeugbau bekommt auch er zu spüren. Arbeiter entlassen zu müssen, wäre für ihn eine persönliche Niederlage.

Thorsten Bühler, 38 Jahre, ist Rechtsanwalt bei einer international agierenden Wirtschaftsprüfungsgesellschaft in Frankfurt/Main. Sein Jahresgehalt liegt deutlich über 150.000 €. Thorsten liebt das luxuriöse Leben und hat keine Hemmungen, einen Großteil seines Einkommens für schöne Dinge auszugeben. Sein „Lieblingsspielzeug" ist ein Porsche 911 Cabrio. Da er beruflich stark engagiert ist, hat er nur selten Zeit, mit dem Wagen zu fahren. Gegenüber gesellschaftspolitischen Fragen ist er aufgeschlossen. Thorsten weiß, dass soziale und ökologische Fragen in unserer Gesellschaft zunehmend von Bedeutung sind. Die CSR-Tests der Stiftung Warentest liest er mit Interesse. Beim Einkaufen von Lebensmitteln blendet er allerdings sämtliche Testergebnisse aus und greift grundsätzlich zu den billigsten Lebensmitteln. Thorsten redet sich ein, dass sehr viele Konsumenten nachhaltig konsumieren. Sein Konsumverhalten falle da nicht ins Gewicht.

Arbeitsaufträge:

Lesen Sie die Fälle und beantworten Sie die nachfolgen Fragen:

1. Welche *Missstände* werden in den Fällen jeweils beschrieben?
2. Beschreiben Sie, wie das *Umfeld* des Konsumenten/Produzenten aussieht.
3. Welche der drei Personen befinden sich in einem moralischen *Dilemma*?
4. Was spricht für, was gegen das *Verhalten* der Personen?
5. Wie *sollen* sich die Personen verhalten?

Hinweise für den Lehrenden:

Arbeitsauftrag: Als Zeitvorgabe sind **30 Minuten** zu empfehlen.

Für die Beantwortung der Fragen bietet sich die **Einzelarbeit** an.

M 4 *Volkswirtschaftliche Begriffe rund um das Thema CSR*

Trittbrettfahrer (free rider): Person, die in den Genuss eines Gutes kommt, ohne dafür zu bezahlen.

Signalling: Eine von unterrichteter Seite unternommene Aktion zur Aufdeckung privater Informationen gegenüber einer unwissenden Partei. Beispiel: Gewährung einer Garantie, um die unwissende Partei zum Kauf zu veranlassen.

Screening: Aktion einer uninformierten Partei mit dem Ziel, die informierte Partei zur Preisgabe von Informationen zu veranlassen. Beispiel: Versicherungsunternehmen bietet Verträge mit 0 € und 1.000 € Selbstbeteiligung an.

Vertrauensgut: Gut, dessen zugesicherte Eigenschaft vom Käufer nicht bzw. nur unter unverhältnismäßig hohem Aufwand überprüft werden kann, z. B. Inhaltsstoffe, Umweltverträglichkeit der Produktion.

Suchgut: Gut, das der Käufer bereits vor dem Kauf vollständig beurteilen kann, z. B. Passform, Preis.

Erfahrungsgut: Gut, dessen Eigenschaften sich dem Käufer erst nach dem Kauf voll erschließen, z. B. Haltbarkeit.

Rolle der Nachfrager: In einer Marktwirtschaft steuern die Nachfrager über ihre (Gesamt-)Nachfrage das Güterangebot.

Marktransparenz (Marktübersicht): Wichtige Voraussetzung funktionierenden Wettbewerbs.

Bundesvereinigung der Deutschen Arbeitgeberverbände: Deutsche Unternehmen sind weltweit führend mit ihrem Engagement für Umwelt, Gesellschaft und die Arbeitswelt in den Unternehmen selbst. CSR soll weiterhin freiwillig sein. Unternehmen können Verantwortung der Staaten nicht ersetzen!

Transaktionskosten: Kosten, die den Vertragspartnern aus dem Abschluss und der Durchführung von Geschäften entstehen, z. B. Informationsbeschaffung, Partnersuche, Streitigkeiten.

Anreiz: Versuch, jemanden zu einem bestimmten Verhalten zu bewegen, z. B. Umsatzbeteiligung für Mitarbeiter.

Informationsasymmetrie: Unterschiede im Zugang zu relevantem Wissen, z. B. Qualität eines Guts.

Opportunistisches Verhalten: Verschärfte Form eigennützigen Verhaltens, vor allem durch das Zurückhalten oder Verzerren von Informationen, z. B. Produkteigenschaften beschönigen.

Arbeitsauftrag:

Versuchen Sie, die Begriffe/Aussagen in den Feldern mit dem Themenkomplex CSR bzw. CSR-Test in Verbindung zu bringen.

Hinweise für den Lehrenden:

Arbeitsauftrag: Als Zeitvorgabe sind **30 Minuten** zu empfehlen.

Für die Bearbeitung des Arbeitsauftrages bietet sich die **Partnerarbeit** an.

M 5 *„The social responsibility of business is to increase its profits and nothing else“*

Seite 1

Internetrecherche zum Thema „Corporate Social Responsibility (CSR)“

Adam Smith: Verhältnis von Eigennutz zu Gemeinnutz

„Der Einzelne ist stets darauf bedacht, herauszufinden, wo er sein Kapital, über das er verfügen kann, so vorteilhaft wie nur irgend möglich einsetzen kann. Und tatsächlich hat er dabei den eigenen Vorteil im Auge und nicht etwa den der Volkswirtschaft. Aber gerade das Streben nach seinem eigenen Vorteil ist es, das ihn ganz von selbst oder vielmehr notwendigerweise dazu führt, sein Kapital dort einzusetzen, wo es auch dem ganzen Land den größten Nutzen bringt.“

Arbeitsaufträge:

1. Bitte klären Sie mit Hilfe des Internets folgende Fragen zum Thema CSR und halten diese stichwortartig auf Folie(n) fest:
   a) Was versteht man unter dem Begriff „Corporate Social Responsibility“?
   b) Wie könnte man den Begriff „CSR“ treffend ins Deutsche übersetzen?
   c) In welchem Zusammenhang steht das Schlagwort „Nachhaltigkeit“ zu CSR?
   d) Weshalb handeln Unternehmen nach dem CSR-Konzept? Welche Vorteile erhoffen sie sich?
   e) Bei der Kommunikation von CSR-Aktivitäten kann ein „Schönfärben“ seitens der Unternehmen nicht ausgeschlossen werden. Welche Auswirkungen kann dieses Verhalten in Bezug auf die Beziehung Unternehmen – Konsument haben? Wie könnte man Unternehmen dazu bringen, ein „Schönfärben“ nicht in Betracht zu ziehen?
   f) Diskutieren Sie in der Gruppe folgende Aussage: „CSR ist nur moralisch, wenn es aus altruistischen (= selbstlosen, uneigennützigen) Gründen betrieben wird!“
   Begründen Sie Ihre Meinung!
   Lesen Sie dazu auch die Aussage Adam Smiths (1723-1790, Begründer der klassischen Volkswirtschaftslehre).
2. Bereiten Sie sich darauf vor, Ihre Ergebnisse anhand der Folie vorzutragen.

Hinweise für den Lehrenden:

Arbeitsauftrag 1: Als Zeitvorgabe sind **2 Unterrichtsstunden** zu empfehlen.

Es bietet sich an über die **gesamte Bearbeitung des M 5** S. 1 und S. 2 die Schülerinnen und Schüler in **Gruppen von max. vier Mitgliedern** zusammenarbeiten zu lassen.

M 5 *„The social responsibility of business is to increase its profits and nothing else"* Seite 2

Arbeitsaufträge:

3. Nachdem Sie die notwendigen (theoretischen) Vorarbeiten geleistet haben, wollen wir uns jetzt mit den tatsächlichen CSR-Aktivitäten von Unternehmen befassen.
   a) Überprüfen Sie hierzu mit Hilfe des Internets ein Unternehmen Ihrer Wahl auf dessen CSR-Tätigkeiten. Sollte das Unternehmen keine CSR-Aktivitäten durchführen, können Sie eines der folgenden Unternehmen auswählen: Aldi, Daimler, Deutsche Bank, Deutsche Post DHL, Puma, Siemens.

Untersuchen Sie insbesondere diese Aspekte:

- Sind die Inhalte zu CSR auf der Internetseite leicht zu finden?
- Welche (Kern-)Aussagen werden zu CSR getroffen?
- Wie umfangreich sind die Aussagen zum Thema CSR?
- Ordnen Sie die (Kern-)Aussagen – soweit möglich – den Themenfeldern „Ökologie", „Soziales" und „Ethik" zu.
- Wie beurteilen Sie die Gestaltung der Seiten zum Thema CSR?
- Welche Aktivitäten zu CSR haben Sie von diesem Unternehmen erwartet bzw. vermissen Sie?

   b) Präsentieren Sie der Klasse die CSR-Aktivitäten „Ihres" Unternehmens in Form einer MindMap auf einer Metaplanwand. Gehen Sie – soweit nicht in der MindMap beantwortet – auch auf die oben gestellten Fragen ein. Stellen Sie das Unternehmen zunächst verbal kurz vor (Branche, Umsatz, Mitarbeiter). Achten Sie bei der Gestaltung der Metaplanwand auf eine ansprechende Darstellung.

4. Sie sind mittlerweile in der Lage, die Überschrift dieses Arbeitsblattes kritisch zu bewerten. Es stellt sich die grundsätzliche Frage, ob Unternehmen eine gesellschaftliche Verantwortung haben oder nicht.
   Die Aussage: „The social responsibility of business is to increase its profits and nothing else", aus dem Jahr 1970 stammt übrigens von dem Wirtschaftswissenschaftler und späteren Nobelpreisträger Milton Friedman.

   Diskutieren Sie in Ihrer Gruppe über die Aussage.
   Sammeln Sie Pro- und Contra-Argumente.
   Versuchen Sie, eine Verbindung zur Wirtschaftsordnung „Soziale Marktwirtschaft" herzustellen.

Hinweise für den Lehrenden:

Arbeitsauftrag 2 und 3: Als Zeitvorgabe sind insgesamt **3 Unterrichtsstunden** zu empfehlen.

Es bietet sich an **direkt nach der Bearbeitung der Aufgabe 2** die Gruppen Ihre Ergebnisse **präsentieren** zu lassen und erst dann die Bearbeitung des Arbeitsauftrages 3 zu beginnen.

Herausgeber, Autorinnen und Autoren

Herausgeber

Thomas Retzmann, Dr. rer. pol., Diplom-Handelslehrer, Professor für Wirtschaftswissenschaften und Wirtschaftsdidaktik an der Universität Duisburg-Essen, Campus Essen, Vorsitzender International Board of Economics and Business Knowledge e. V.

Tilman Grammes, Dr. phil., M. A., Professor für Erziehungswissenschaft unter besonderer Berücksichtigung der Didaktik sozialwissenschaftlicher Fächer/Politikdidaktik an der Universität Hamburg

Autorinnen und Autoren

Franziska Birke, Dr. rer. pol., Professur für Wirtschaftslehre und Wirtschaftspädagogik an der Pädagogischen Hochschule Freiburg

Tim Engartner, Dr. phil., Professor für Didaktik der Sozialwissenschaften an der Goethe-Universität Frankfurt am Main

Thomas Faust, Dr. rer. pol., Diplom-Sozialökonom, Wissenschaftliches Mitglied der Kueser Akademie für Europäische Geistesgeschichte in Bernkastel-Kues

Siegfried Kaiser, Diplom-Ökonom, Oberstudienrat an der Kaufmännischen Schule Göppingen, 2006-2013 abgeordnet an die Pädagogische Hochschule Schwäbisch Gmünd, Abteilung Ökonomie und ihre Didaktik

Dirk Loerwald, Dr. päd., Professor für Ökonomische Bildung an der Carl von Ossietzky Universität Oldenburg und Leiter des Bereichs „Schulpraxis und Unterrichtsforschung" am Institut für Ökonomische Bildung, An-Institut der Carl von Ossietzky Universität Oldenburg

Christian Meyer-Heidemann, Dr. phil., Verwaltungsprofessor für Politikdidaktik an der Leuphana Universität Lüneburg

Mark Oliver Meßmer, Diplom-Handelslehrer, Studienrat an der Kaufmännischen Schule 1 in Stuttgart

Werner Nagel, Dr. paed., Schulrat in Brandenburg, Baden-Württemberg

Markus Niederastroth, Diplom-Kaufmann, Studienrat am Ludwig-Erhard-Berufskolleg der Bundesstadt Bonn

Arne Rogg-Pietz, Dr., Studienrat am Gymnasium Schloss Plön

Thomas Retzmann:

Didaktik der berufsmoralischen Bildung in Wirtschaft und Verwaltung

Eine fachdidaktische Studie zur Innovation der kaufmännischen Berufsbildung. (Moderne der Tradition, hrsg. v. Hans-Carl Jongebloed, Bd. 3) Kiel, 688 S., ISBN 978-3833463761, € 69,80

Die moderne *Wirtschafts- und Unternehmensethik* hat bislang kaum mehr als erste Spuren in der kaufmännischen Berufsbildung hinterlassen. Eine systematische Integration wirtschaftsethischer Problemstellungen und Lösungsansätze in das kaufmännische Curriculum steht bis dato aus. Angehende Kaufleute werden daher – in Berufsschule und Ausbildungsbetrieb – völlig unzureichend auf die steigenden ethischen Anforderungen an die Politik und das Handeln von privaten wie öffentlichen Unternehmen vorbereitet. Gleichzeitig wird unter Pädagogen die Notwendigkeit der *schulischen Wertebildung* oder gar der *Werteerziehung* verstärkt diskutiert. Deren Vorschläge für Unterricht und Erziehung taugen jedoch kaum für Bildungsgänge, die nicht zuletzt der beruflichen Qualifizierung dienen.

In diesem Opus magnum entwickelt der Verfasser das erste *wirtschaftsdidaktische Modell* für die berufsmoralische Bildung im Berufsfeld Wirtschaft und Verwaltung. Ergebnis ist eine theoretisch fundierte und zugleich praktikable Didaktik für kaufmännische Schulen. Umfassend ausgearbeitete Beispiele zeigen, wie dies curricular umgesetzt werden kann. Ziel ist die Entfaltung der *Fähigkeit und Bereitschaft zum moralischen Handeln im Beruf.* Maßstab ist eine moderne *Ethik des Kaufmanns*, die den wirtschaftsethischen Anforderungen an seine berufliche Praxis gerecht wird.

WOCHEN SCHAU VERLAG

Thomas Retzmann (Hrsg.):
Methodentraining für den Ökonomieunterricht I
208 S., DIN A4, ISBN 978-3-89974234-3, € 29,80

Thomas Retzmann (Hrsg.):
Methodentraining für den Ökonomieunterricht II
224 S., DIN A4, ISBN 978-3-89974654-9, € 29,80

Günther Seeber, Thomas Retzmann, Bernd Remmele, Hans-Carl Jongebloed
Bildungsstandards der ökonomischen Allgemeinbildung
Kompetenzmodell – Aufgaben – Handlungsempfehlungen
192 S., ISBN 978-3-89974796-6, € 19,80

Thomas Retzmann (Hrsg.):
Ökonomische Allgemeinbildung in der Sekundarstufe II
Konzepte, Analysen und empirische Befunde
336 S., ISBN 978-3-89974841-3, € 34,80

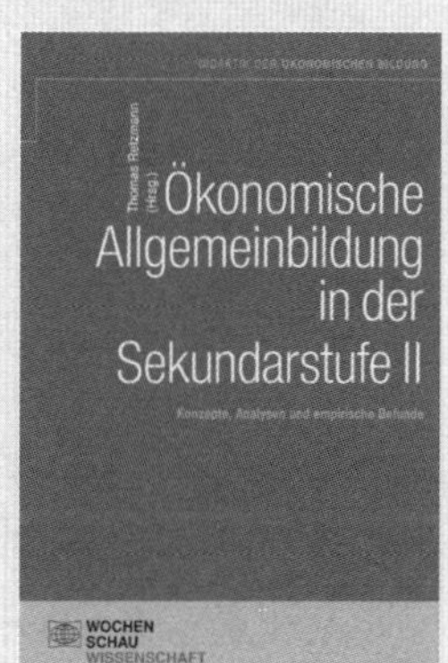